idéaux de preuves

œuvres choisies
volume 1

MATHESIS

Directrice : Hourya Benis-Sinaceur

Michael Detlefsen

idéaux de preuves

œuvres choisies
volume 1

Choix de textes et traduction sous la direction de

E. Haffner, D. Rabouin et A. Arana

PARIS

LIBRAIRIE PHILOSOPHIQUE J. VRIN

6, Place de la Sorbonne, V^{e}

2024

ISSN 1147-4920
ISBN 978-2-7116-3190-2

www.vrin.fr

Imprimé en France

INTRODUCTION

Le projet d'un recueil de ses principaux articles avait été envisagé par Michael Detlefsen de son vivant, sous la suggestion d'un grand éditeur anglophone. Il avait alors préparé une première sélection de ses écrits qu'il avait fait circuler auprès de ses étudiants et collègues pour avis. C'est ce projet ancien, complété par quelques articles plus récents, et qui n'a pas encore fait l'objet d'une publication en langue originale, qui a servi de base aux présentes traductions françaises. Il paraîtra en deux volumes, la répartition des thèmes s'imposant d'elle-même au vu des activités de Mic Detlefsen en France. La plupart d'entre nous, éditeurs et traducteurs de ce volume, avions, en effet, été des collaborateurs du projet initié lors de la chaire d'excellence ANR « Ideals of Proofs » (2007-2011), qui donnait son fil directeur à nombre de ses travaux – l'autre partie concernant des aspects plus spécifiques de philosophie de la logique, notamment autour du programme de Hilbert et de ses prolongements actuels. Pour les plus jeunes, arrivés après la chaire d'excellence, la première approche de la manière de faire de Mic Detlefsen se fit le plus souvent à travers le séminaire Philmath Intersem (2010-2023) qui avait prolongé ces thématiques et donné à la plupart un goût de cette combinaison singulière de philosophie analytique et d'intérêt pour l'histoire des mathématiques et de la philosophie.

On trouvera donc dans ce premier volume un certain nombre d'études consacrées aux « idéaux de la preuve » comme la rigueur, la pureté, la mécanisation, l'intuition, la justice, etc. L'aspect qui intéressait particulièrement Mic Detlefsen, comme il avait coutume de le souligner, était la combinaison entre contrainte et liberté qui s'y manifestait en mathématiques

– à quoi s'ajoutait la difficulté que présentait, surtout à qui s'intéressait à la pratique mathématique dans son histoire, la possibilité d'en fournir une caractérisation fixe et claire.

Nous avons fait précéder cette série d'articles par une longue étude, désormais classique, écrite en 1994 pour le volume de la *Routledge History of Philosophy* consacré à la philosophie des sciences. Mic Detlefsen y présentait à un large public les lignes de force de la philosophie des mathématiques au XXe siècle (essentiellement dans un contexte anglo-saxon). On trouvera également, en ouverture du volume, une présentation par G. Heinzmann, M. Panza et J.-J. Szczeciniarz, des liens étroits que Mic Detlefsen entretenait avec la philosophie des mathématiques en France et du rôle qu'il a pu jouer dans son développement récent.

Les traductions des articles ont été réalisées par des collègues de Mic Detlefsen, jeunes ou moins jeunes, qui ont voulu ainsi lui rendre hommage. Nous indiquons leur nom en regard des références complètes des articles originaux :

- « Philosophy of Mathematics in the 20th Century », dans Stuart G. Shanker (ed.), *Philosophy of Science, Logic and Mathematics in The Twentieth Century*, Routledge History of Philosophy, vol. IX, 1994, p. 50-123 : Emmylou Haffner et David Rabouin.
- « Poincare Against the Logicians », *Synthese*, volume 90, 1992, p. 349-378 : Gerhard Heinzmann (relu par Chloé Eckert).
- « Rigor, Reproof and Bolzano's Critical Program », dans P.-E. Bour, M. Rebuschi & L. Rollet (eds.), *Construction, Festschrift for Gerhard Heinzmann*, 2010, Kings College Publications, p. 171-184 : Paola Cantù et Frédéric Patras.
- « Dedekind Against Intuition : Rigor, Scope and the Motives of his Logicism », dans C. Cellucci, E. Grosholz & E. Ippoliti (éds.), *Logic and Knowledge*, Cambridge Scholars Publishing, 2011, p. 205-217 : Emmylou Haffner.
- « Abstraction, Axiomatization & Rigor : Pasch and Hilbert », dans G. Hellman and R. Cook (eds.), *Hilary Putnam on Logic and Mathematics*, Springer, 2018, p. 161-178 : Pascal Bertin.
- « Purity as an Ideal of Proof », dans P. Mancosu (ed.), *Philosophy of Mathematical Practice*, OUP, 2008, p. 179-197 : David Waszek.
- « Purity of Methods », avec A. Arana, dans *Philosophers' Imprint* 11(2), 2001, p. 1-20 : Nicolas Michel.
- « Peace, Justice and Computation : Leibniz' Program and the Moral and Political Significance of Church's Theorem », dans C. Anderson

& M. Zelëny (eds.), *Logic, Meaning, and Computation : Essays in honor of Alonzo Church*, 2001, p. 445-467 : Baptiste Mélès.
- « Löb's Theorem as a Limitation on Mechanism », *Minds and Machines* 2, 2002, p. 353-381 : Adrien Champougny.
- « The Four Color Theorem and Mathematical Proof », *Journal of Philosophy* 77 (12), 1980, p. 803-820 : Marco Panza et Sébastien Maronne.
- « Fregean Hierarchies and Mathematical Explanation », in *International Studies in the Philosophy of Science, International Studies in the Philosophy of Science* 3(1), 1988, p. 97-116 : Brice Halimi.

Certains choix délicats de traduction ont été explicités par les traducteurs en note dans les textes eux-mêmes. Pour certains termes, l'original a été indiqué entre parenthèses en italiques (les expressions en langue originale entre crochets sont celles qu'indiquait déjà Mic Detlefsen dans son texte). La bibliographie, quoique datée, a été maintenue en l'état afin de préserver la cohérence des citations de l'auteur. On trouvera dans la bibliographie les traductions françaises que nous avons utilisées.

Nous remercions David Waszek pour son soutien technique, ainsi que Baptiste Mélès et Richard Zach pour leur travail sur le modèle LaTeX.

Cette publication a bénéficié d'un financement du CNRS dans le cadre du Laboratoire International Associé *RiGoK* (*Rigor and the Growth of Knowledge*), collaboration entre le Laboratoire SPHERE et Notre Dame University.

IN MEMORIAM MICHAEL DETLEFSEN

Michael Detlefsen (Mic, pour la plupart de ceux qui le connaissaient) nous a soudainement quittés. Il était né le 20 octobre 1948 à Scottsbluff (Nebraska) et il est décédé le 21 octobre 2019 à l'hôpital universitaire de Chicago.

Il était un ami et un maître pour nombre d'entre nous, philosophes et historiens des mathématiques en France. Entre une conversation et une autre sur le programme de Hilbert, l'intuitionnisme de Brouwer, la pureté des méthodes ou les idéaux de preuve, il nous racontait volontiers l'histoire incroyable de son arrière-grand-père et de son arrière-grand-oncle qui, à l'âge de 9 et 11 ans, décidèrent de quitter le Danemark et leur famille pour se lancer à la conquête du « rêve américain ». La longue et éprouvante aventure qui s'ensuivit les conduisit, en bateau, en train, puis à pieds, jusqu'au village de Dannebrog, dans le Nebraska. Le gouvernement leur donna des terres à condition qu'ils les cultivent pendant au moins cinq ans. Le rêve était devenu réalité. Et Mic se demandait alors : « Pourquoi ces enfants ont-ils décidé de quitter leur famille ? » La vérité, telle qu'elle lui a été racontée par son frère aîné, était-elle une vérité ? Une seule vérité à propos de notre passé existe-t-elle jamais, ou est-elle affectée par notre propre histoire ? Et qu'en est-il de notre propre histoire par rapport à l'ensemble de l'histoire ?

Au Wheaton College, dans la grande banlieue de Chicago, où il a commencé ses études, Mic s'était tourné vers les sciences, les mathématiques, la physique, ainsi que vers la philosophie. Après une thèse sur le second théorème d'incomplétude de Gödel en 1976 à Johns Hopkins

University, il a d'abord été *Associate Professor* à l'Université du Minnesota-Duluth (1975-1983), puis à Notre Dame University (1984-1989), avant d'être nommé professeur sur la chaire McMahon-Hank dans cette même université.

Les concepts mathématiques sont-ils donnés par la nature des choses ou des idées, ou ne sont-ils qu'une création de l'esprit, qui tend à rationaliser l'ordre du monde et à les employer pour y projeter sa vérité ? C'est une question qui a fourni le point de départ d'un processus de pensée que Mic a suivi tout au long de sa carrière, qui s'est déroulée surtout aux États-Unis, à la suite du rêve de ses jeunes ancêtres, mais qui l'a aussi souvent porté en de nombreux autres lieux du monde, en en particulier, sur la fin de son parcours, vers la France, à Paris et à Nancy.

Ses thèmes de recherche principaux en histoire et philosophie des mathématiques ont été le programme de Hilbert et les conceptions formalistes de ce dernier, la signification philosophique des théorèmes d'incomplétude de Gödel, ainsi que le constructivisme ancien et moderne, tant dans ses premières versions que dans celles de Kronecker, de Brouwer et de Poincaré. Parmi les nombreuses publications qui lui ont valu une si grande renommée internationale, il est impossible de ne pas mentionner le livre de 1986, *Hilbert's Program*, paru cher Reidel [1], ainsi que des articles précurseurs dans leur domaine, tels : « *Brouwerian Intuitionism* » (*Mind*, 1990) [2] ; « *Poincaré Against the Logicians* » (*Synthese*, 1992) [3] ; « *Philosophy of Mathematics in the 20th Century* » (*Routledge History of Philosophy*, vol IX, 1994) [4] ; ou encore « *Formalism* » (*The Oxford Handbook of the Philosophy of Mathematics and Logic*, 2005) [5].

En qualité de professeur de philosophie à Notre Dame University, Mic a également cofondé et codirigé (avec Julia Knight, professeure au Département de Mathématiques de cette même université) le programme doctoral en logique et fondements des mathématiques. Il a été le directeur, à partir de 1984, du *Notre Dame Journal of Formal Logic*, une des revues les plus influentes du domaine, puis également membre du comité éditorial de la nouvelle série de *Philosophia Mathematica* (Oxford University Press), dès son lancement en 1993. Membre de la Société des amis de Jean

1. Detlefsen, 1986.
2. Detlefsen, 1990a, traduit en français dans Gandon et Smadja, 2014.
3. Detlefsen, 1992a, traduit en français ci-après, chapitre II.
4. Detlefsen, 1994, traduit en français ci-après, chapitre premier.
5. Detlefsen, 2005, dont la traduction en français paraîtra dans un second volume de ces *Œuvres choisies*.

Cavaillès, de l'Académie Internationale de Philosophie des Sciences et président fondateur de la *Philosophy of Mathematics Association*, il a aussi fondé et dirigé le *Midwest PhilMath Workshop* à partir de 2001, inspiré le *French PhilMath Workshop* (commencé sous sa direction comme *Paris-Nancy PhilMath workshop* en 2009), et conduit jusqu'à ses derniers jours le séminaire *Philmath Intersem*, co-organisé à Paris par Notre Dame University et l'Université Paris Cité. Mic était un moteur de la communauté scientifique internationale, et, en particulier, un ami et un collaborateur très rigoureux et très actif de notre communauté française. Nos premiers contacts avec lui remontent aux années 1990 : Gerhard lui avait envoyé le manuscrit de son mémoire d'habilitation sur Poincaré, encore inédit, et Mic lui avait répondu en lui envoyant un tiré à part de son « Brouwerian Intuitionism ». Gerhard fit ensuite un compte rendu dans *History and Philosophy of Logic* de son recueil *Proof, Logic and Formalization* [6], paru en 1992, incluant l'article célèbre « *On an Alleged Refutation of Hilbert's Program Using Gödel's First Incompleteness Theorem* » [7]. Marco l'avait invité au symposium sur « Analyse et Synthèse en Mathématiques », qu'il avait organisé avec Michael Otte en 1993, au congrès International de Philosophie de Sciences de Zaragoza. Il y était revenu sur le même thème, en argumentant contre la position alors standard de Smorinsky, selon laquelle le premier théorème de Gödel va à l'encontre des idées de Hilbert sur la conservativité des mathématiques idéales – l'idée que toute affirmation réelle établie au moyen de méthodes idéales peut tout aussi bien être établie au moyen de méthodes réelles. Mic affirmait que Smorynski avait à son tour une vision erronée de la distinction réel/idéal de Hilbert, car il comprenait mal la conception instrumentaliste des mathématiques idéales : « le but de la théorie idéale est », écrivait-il, « de prouver plus efficacement ce que la théorie réelle ne prouverait que moins efficacement » [8]. Il n'y a donc aucune raison pour que la théorie idéale prouve une phrase donnée, à moins que la théorie réelle ne le fasse.

En 1992, parut un autre essai bien connu : *Poincaré against the Logicians*. Ce fut une sorte de choc pour plusieurs d'entre nous. Il formulait, en effet, mieux et plus clairement une thèse à propos de l'interprétation des idées de Poincaré que Gerhard avait soutenue à partir d'une approche complètement

6. Detlefsen, 1992c.

7. Detlefsen, 1990b, dont la traduction en français paraîtra dans un second volume de ces *Œuvres choisies*.

8. *Ibid.*, p. 215.

différente : Poincaré ne croyait pas qu'une logique formelle pouvait exprimer la structure essentielle d'une preuve en vue de sa compréhension. Il insistait plutôt sur la non-invariance du raisonnement mathématique par rapport à son contenu et avançait, pour ainsi dire, une conception locale du raisonnement : selon cette vision, une lacune dans une preuve n'est pas une lacune logique, mais une lacune dans la compréhension mathématique. Mais si le calcul universel n'est plus le critère de rigueur mathématique, comment maintenir la rigueur ? Les réponses de Poincaré tiennent surtout à un élément de condensation. Celui-ci est obtenu en combinant le principe d'économie de la pensée d'Ernst Mach avec le concept d'harmonie : grâce à des « inventions heureuses du langage » qui introduisent une structure d'ordre, la complexité d'un domaine d'objets est rendue plus harmonieuse. Ainsi, dans le raisonnement mathématique, l'argument est placé dans le contexte d'une « architecture mathématique » dont l'expression la plus simple se trouve dans le principe mathématique de l'induction complète.

Sa relation avec nous tous est devenue plus personnelle depuis le Congrès International « Henri Poincaré, Science et Philosophie » à Nancy, en 1994, auquel Mic participa avec une conférence intitulée « *Poincaré and Synthetic proof* ». En mai 2005, Marco et Paolo Mancosu l'invitèrent à Lille à un colloque sur la preuve mathématique. Ceci fut le point de départ d'une collaboration encore plus étroite avec la communauté française, qui trouva plus tard un ancrage institutionnel, lorsqu'il fut lauréat, entre 2007 et 2011, d'une chaire d'excellence de l'ANR portée par nous trois et Jacques Bouveresse auprès des Universités de Lorraine, et Paris Diderot (aujourd'hui Université Paris Cité), avec la collaboration du Collège de France, des Archives Poincaré, de REHSEIS (aujourd'hui SPHERE) et de l'IHPST. Grâce à la dotation très substantielle de cette chaire, Mic pût inviter un grand nombre de jeunes et de moins jeunes chercheuses et chercheurs du monde entier à Nancy et à Paris. Ils y ont passé du temps, en nous enseignant beaucoup et – nous l'espérons – en y apprenant aussi. Lorsque cette chaire parvint à son terme, Mic lança, en coopération avec les collègues de Paris Diderot, le séminaire annuel *Philmath Intersem*.

Mic avait une conception de la philosophie des mathématiques qui faisait place à leur histoire, non seulement celle du XXe siècle, en relation avec la discussion sur les fondements, mais aussi l'histoire plus ancienne, en particulier à l'âge classique. C'est ce qui fit de Mic, pendant plus de vingt ans, un interlocuteur privilégié, autant de l'IHPST, que de SPHERE, des Archives Poincaré et d'autres équipes à Toulouse, Clermont, Aix, et ailleurs, ainsi que du GDR de philosophie des mathématiques, en un mot de la communauté française dans ce domaine.

Tout au long de nos relations et de nos collaborations avec Mic, nous avons constaté une évolution tant de notre côté que du sien. Nous avons par exemple appris ses modalités d'écoute, ce qui a été parfois compliqué – irritant, même – du fait d'une différence d'approche initiale, l'une plus ancrée sur la recherche historique, la tradition philosophique et la pratique des mathématiques, l'autre plus tournée vers la logique.

Un exemple concerne le concept d'idéal, qui a été au centre du programme de recherche mené dans le cadre de sa chaire d'excellence. Conjoindre un sens général, philosophique de ce concept avec son sens mathématique n'allait pas de soi. D'abord parce que son double sens est déjà à l'œuvre dans chacun des sens pris pour lui-même, mais aussi parce qu'on retrouve en mathématiques nombreuses sortes d'idéaux : factoriel, euclidien, principal, premier, hensélien, maximal, artinien, pour n'en citer que quelques-uns ; sans compter l'ampleur des questions que soulève la théorie des idéaux. De fait, la normativité des concepts philosophiques ne suppose pas nécessairement l'univocité des notions employées. Les idéaux organisent finement la structure de l'anneau dont ils sont les idéaux. Et même si nombre d'exposés qui regardaient les choses d'un point de vue bien plus en général, en parlant d'autres sortes d'idéaux, ne pouvaient qu'exaspérer quelques mathématiciens, dont Jean-Jacques entre nous, il ne pouvait que leur apparaître que la force du concept mathématique d'idéal permettait aux « philosophes des idéaux » de rester cohérents. Cela pourrait sembler étrange. Mais ça ne l'est pas tant que cela : pour réfléchir mathématiquement sur une structure, il faut en déterminer une partie stable pour certaines opérations qui soit aussi capable d'absorber des éléments extérieurs dans ses propres sous-ensembles. On pourrait penser ainsi les idéaux au sens algébrique. Et c'est un sens qui se prolonge en philosophie : les idéaux sont ceux qui satisfont cette condition fondamentale et primitive. Il reste à comprendre comment le faire : d'où les différentes sortes d'idéaux, non seulement en algèbre.

En proposant son programme, *Ideals of Proofs*, Mic a ainsi conjoint le sens d'idéal algébrique avec un sens plus directement philosophique d'idéal, où l'idéal s'oppose au réel, mais en restant capable d'en indiquer le structure profonde. D'où la façon de faire qui a caractérisé le programme. Même si parfois loin de la réalité effective des mathématiques, les analyses de Mic se laissaient penser comme introductions de différentes sortes d'idéaux, venant autant d'autres domaines des mathématiques – comme quand il s'agissait d'unités imaginaires ou des point à l'infini, que des programmes fondationnels – comme quand il s'agissait de complétude, ou d'extension conservatives, ou encore de la philosophie des mathématiques, plus proprement dite – comme pour la thématisation à la Cavaillès, ou la pureté des méthodes, si chère à Mic lui-même, et de la tradition philosophique – comme dans le cas des principes leibniziens de continuité et de raison suffisante.

C'est sans parler de l'un des apports les plus orignaux de l'œuvre de Mic : sa notion d'efficacité épistémique. Du point de vue de la pratique, il est tout à fait approprié de voir le développement de la pensée comme une recherche d'économie de ressources. C'est comme cela que Mic nous a appris à penser : un autre idéal qui a plusieurs sens, non seulement épistémique ou cognitif, mais aussi directement mathématique. Tout mathématicien se pose la question des ressources. Et Mic nous a donné d'excellents exemples, tels que les preuves par dualisation de la géométrie projective.

Mic a été un phare pour nous, et un ami de la France. Nous nous souviendrons du séminaire dans un chalet dans les Vosges, de la promenade philosophique sur la voie romaine conduisant au rocher de Dabo, de ses lettres touchantes lors des attentats de Paris en novembre 2015 ou de l'incendie récent de Notre Dame. Il aimait la cuisine française comme il aimait voir pousser ses légumes dans son propre jardin; il avait ses restaurants de choix à Nancy et à Paris. Sa générosité est restée dans tous les esprits.

L'homme s'est éteint, mais la lumière qui a émané et qui émane de ses idées et de ses actes nous illuminera encore pour longtemps.

Gerhard Heinzmann
Marco Panza
Jean-Jacques Szczeciniarz

CHAPITRE PREMIER

LA PHILOSOPHIE DES MATHÉMATIQUES AU XXe SIÈCLE

1 INTRODUCTION

La philosophie des mathématiques du XXe siècle a pris forme sous l'influence de trois orientations principales. La première est l'œuvre de Kant et, plus spécifiquement, la problématique qu'il a définie pour le sujet à la fin du dix-huitième siècle. La deuxième est la réaction à la conception de la géométrie de Kant qui a émergé auprès des penseurs du XIXe siècle et qui s'est d'abord centrée, dans les années 1820, sur la découverte des géométries non euclidiennes. La troisième est celle des nouvelles découvertes en logique qui ont émergé avec une rapidité et une force croissantes au cours de la seconde moitié du XIXe siècle. D'une manière ou d'une autre, les principaux courants de la philosophie des mathématiques du XXe siècle – et, en particulier, les mouvements dits logicistes, intuitionnistes et formalistes – sont tous des tentatives pour réconcilier l'entreprise révolutionnaire de Kant en épistémologie des mathématiques avec les idées tout aussi révolutionnaires de Gauss, Bolyai et Lobatchevsky en géométrie, et les idées et techniques puissantes développées par Boole, Peirce, Peano, Frege et d'autres figures du XIXe siècle en logique.

Pour comprendre la philosophie des mathématiques du XXe siècle, il faut donc d'abord avoir une certaine connaissance des idées de Kant et des idées qui ont été au cœur des réactions du XIXe siècle à ses vues. Nous consacrerons donc le reste de cette introduction à passer en revue ces idées.

Nous commençons par Kant et la *Problematik* qu'il a établie pour l'épistémologie des mathématiques. Cette *Problematik* était focalisée sur la conciliation de deux traits apparemment incompatibles de la pensée mathématique : à savoir, sa riche *substantialité* en tant que science, qui lui donne l'apparence de quelque chose qui provient de sources extérieures à l'intellect humain, et son apparente certitude ou *nécessité*, qui lui donne l'apparence de quelque chose qui est indépendant de la seule source extérieure la mieux fondée et la mieux connue, à savoir l'expérience sensorielle.

Pour résoudre cette difficulté, Kant a formulé une théorie de la connaissance qui importait beaucoup de ce qui avait été pensée traditionnellement au titre d'information provenant de sources extérieures (plus spécifiquement, les caractéristiques spatiales élémentaires de la pensée sensorielle, et les caractéristiques temporelles de la pensée aussi bien sensorielle que non-sensorielle) à l'intérieur de l'esprit humain lui-même. Il les représenta comme le produit de certains traits profonds et permanents de la cognition humaine. Au centre de cette théorie se trouvait une certaine conception du jugement qui représentait l'intersection de deux schémas différents pour classer les propositions. Selon le premier, les propositions étaient réparties selon le type de connaissance qu'elles admettaient ; ceux qui nécessitaient une expérience sensorielle étaient appelés *a posteriori*, ceux qui ne le nécessitaient pas était appelés *a priori*. Selon le second, elles étaient réparties selon que le terme qui y entrait comme prédicat était contenu dans le terme du sujet (au sens où *penser* le terme du sujet devait impliquer, comme partie de l'acte lui-même, *penser* le terme du prédicat). Les jugements dans lesquels le terme sujet contenait le terme prédicat dans ce sens devaient être appelés *analytiques*. Les jugements dans lesquels aucune relation d'inclusion n'étaient obtenues étaient soit des faussetés, parce qu'il n'y avait aucune connexion entre les concepts du sujet et du prédicat, soit des vérités *synthétiques*. Dans les jugements synthétiques vrais, les concepts de sujet et de prédicat étaient reliés non pas par une relation d'inclusion, mais plutôt par une relation d'*association*. L'association d'un prédicat avec un sujet permettait de les penser ensemble en tandem, bien qu'elle n'exigeât pas, comme l'inclusion, que la pensée du terme prédicat d'un jugement soit une partie constituante de toute pensée de son terme sujet [1].

1. *Cf.* Friedman, 1990 pour une bonne discussion de la doctrine kantienne des concepts, spécifiquement en lien avec sa conception de l'intuition.

Kant érigea son épistémologie des mathématiques sur ces distinctions entre jugements *a priori* et *a posteriori*, analytiques et synthétiques. Il tenta d'expliquer ce à quoi il référait comme la « certitude » ou la « nécessité » des jugements mathématiques en montrant que la connaissance que nous en avons est *a priori*. Une telle connaissance dérivait, d'après son argumentation, de deux capacités permanentes de l'esprit humain. L'une d'entre elles, que Kant associait à notre intuition *a priori* de l'espace, était considérée comme fonctionnant comme une contrainte formelle de notre expérience sensorielle en nous forçant à le représenter comme un espace euclidien à trois dimensions. L'autre, appelée intuition *a priori* du temps, servait formellement à contraindre à la fois l'expérience sensorielle et non-sensorielle en la représentant comme temporellement ordonnée. Aussi bien l'intuition *a priori* de l'espace que l'intuition *a priori* du temps fonctionnaient donc comme moyen de contrôler les sens plutôt que le contraire. Cela était dû au fait que Kant concevait les jugements qui en naissaient (c'est-à-dire les jugements de la géométrie et de l'arithmétique) comme imperméables à la falsification par l'expérience sensorielle.

Ceci, en bref, était la proposition de Kant pour rendre compte de la nécessité des mathématiques. Il propose de rendre compte de leur substantialité en établissant que ces jugements sont de nature synthétique plutôt qu'analytique. Si les jugements mathématiques sont de nature synthétique, alors ils ne peuvent pas être vus comme consistant dans une pure appréhension de l'*inclusion* entre un concept de sujet et un concept de prédicat. Ils doivent plutôt être vus comme la fusion dans la pensée de deux conceptions qui ne sont pas reliées analytiquement par l'un des deux moyens suivants : ou bien la conjonction des concepts procurée par une expérience sensorielle répétée, ou bien l'association invariante et inévitable procurée par une structure *a priori* de notre esprit de sorte que les deux soient rapprochés *dans la pensée*. Une telle union de concepts non reliés analytiquement, dans laquelle la pensée du concept de prédicat n'est pas, au sens logique, requise strictement pour la pensée du concept du sujet était, d'après Kant, l'ingrédient essentiel de la substantialité des jugements. Cette notion de concepts non reliés analytiquement, mais joints nécessairement par la pensée, permettait à Kant de disposer d'un cadre pour rendre compte de la substantialité des jugements mathématiques autorisant le jugement mathématique à être nécessaire sans restreindre, dans le même temps, le degré et la nature de l'information contenus dans les jugements mathématiques au degré et à la nature de la complexité que les relations d'inclusion logique sont capables d'exhiber. Kant estimait, en effet, que cette dernière était une limitation qu'il était important d'éviter.

Kant adopta une vue synthétique semblable en ce qui concerne la nature du *raisonnement* mathématique. Il soutint que l'inférence mathématique (par opposition à l'inférence logique ou analytique) possède la même richesse substantielle que celle qui distingue le jugement mathématique du jugement logique ou analytique. Il fit également valoir que la connexion entre les prémisses et la conclusion d'une inférence mathématique exige des moyens de liaison synthétiques plutôt qu'analytiques [2].

Pour illustrer son propos, il traita d'un cas élémentaire d'inférence géométrique, à savoir l'inférence en géométrie euclidienne ordinaire qui permet, à partir d'une prémisse selon laquelle une figure donnée est un triangle, de conclure que la somme de ses angles intérieurs est égale à celle de deux angles droits. Il soutint [3] qu'aucune analyse du concept de triangle ne pourra jamais révéler que la somme de ses angles intérieurs est égale à deux angles droits. Au contraire, disait-il, afin d'arriver à une telle conclusion (c'est-à-dire une conclusion qui étend notre connaissance des triangles au-delà de ce qui est donné dans la définition du concept lui-même), nous devons nous appuyer principalement non pas sur la définition du concept, mais sur les moyens par lesquels les triangles nous sont présentés dans l'intuition. En d'autres termes, nous devons construire un triangle dans l'intuition (c'est-à-dire représenter l'objet qui « correspond » [4] au concept de triangle), puis en extraire la conclusion non du simple concept de triangle, mais plutôt *des conditions universelles régissant la construction des triangles dans notre intuition* [5]. « De cette façon », avance Kant, le mathématicien arrive à sa conclusion « par une chaîne de raisonnements, toujours guidé par l'intuition » [6].

Ceci constitue, pour faire bref, les propositions de Kant pour la résolution de ce qu'il considérait comme les problèmes centraux de la philosophie des mathématiques. Mais bien que les problèmes eux-mêmes soient restés la matière première de la réflexion sur le sujet au XXᵉ siècle, les propositions particulières que Kant avait élaborées pour leur résolution ne le furent pas. Ce qui a provoqué ce déclin de la popularité des idées de Kant, c'est avant tout l'émergence, au XIXᵉ siècle, de contestations de sa conception de la

2. *Cf.* Kant, 1787, p. 741-747.
3. *Ibid.*
4. *Ibid.*, p. 742.
5. *Ibid.*, p. 742, 744.
6. *Ibid.* p. 745.

géométrie et de sa vision de la relation entre la géométrie et l'arithmétique. C'est vers ces idées que nous nous tournons maintenant, en commençant par la géométrie.

Selon la conception kantienne, la géométrie est le produit d'une intuition *a priori* de l'espace, qui spécifie l'espace dans lequel l'expérience spatiale humaine est « établie », pour ainsi dire. Le caractère de cet espace visuel *a priori* est celui décrit par les axiomes pour l'espace tridimensionnel euclidien. En appelant cet espace tridimensionnel euclidien l'espace de l'expérience visuelle humaine, on ne signifie pas, bien sûr, qu'il s'agit du seul espace qui soit intelligible ou logiquement cohérent pour l'esprit humain. La visualisation est une chose, l'intelligibilité ou la cohérence logique une autre. La position de Kant était que l'espace tridimensionnel euclidien était le seul espace *visualisable* par les humains [7].

Peu de temps après que Kant eut élaboré sa conception dans la *Critique de la raison pure*, des mathématiciens exprimèrent des doutes à son sujet. Gauss, par exemple, formula clairement ses doutes concernant le caractère *a priori* de la géométrie dans une lettre écrite en 1817 à Olbers [8]. Il réexprima ces mêmes vues dans une lettre à Bessel de 1829 [9] et ajouta que c'était ce qu'il pensait depuis près de quarante ans. Voici ses mots :

> Ma conviction profonde est que la théorie de l'espace a une position complètement différente dans notre connaissance *a priori* que la théorie des grandeurs... nous devons admettre humblement que, tandis que le nombre est un pur produit de notre esprit, l'espace a également une réalité extérieure à nos esprits qui nous empêche de pouvoir en fournir une spécification complète à l'aide de loi *a priori*. [10]

Plus tard, dans une lettre écrite en 1832 au père de Bolyai [11], il répéta sa conception, avançant que les résultats de Bolyai fournissaient une preuve du caractère incorrect des conceptions kantiennes :

> C'est précisément dans l'impossibilité de décider *a priori* entre Σ [Note de l'auteur : la géométrie euclidienne] et S [Note de l'auteur : la géométrie non euclidienne du jeune Bolyai] que nous trouvons la preuve la plus claire que Kant avait tort d'affirmer que l'espace est la forme de notre intuition.

7. *Cf.* Friedman, 1985 pour une discussion utile des vues de Kant sur la géométrie.
8. *Cf.* Gauss, 1976, p. 651-652.
9. *Cf.* Gauss, 1870-1927, VIII, p. 200.
10. Des années plus tard, dans son seul essai philosophique (voir Kronecker, 1887), Kronecker citera ce point de vue avec approbation.
11. *Cf.* Gauss, 1870-1927, VIII, p. 224.

Ainsi est née, parmi les penseurs du XIXe siècle, la croyance (à laquelle les travaux de Bolyai et Lobatchevsky ont donné une impulsion particulière) qu'il existe des différences épistémologiques fondamentales entre la géométrie et l'arithmétique. En bref, la différence est que l'arithmétique est plus centrale, et la géométrie moins centrale, à la pensée et à la raison humaines. L'arithmétique, selon ce point de vue, est considérée comme étant entièrement un produit ou une création de l'intellect humain ; la géométrie, de son côté, est considérée comme étant déterminée au moins en partie par des forces extérieures à l'intellect humain. La différence était impliquée par un principe épistémologique large (que nous pourrions appeler le principe de création) selon lequel ce que l'esprit crée ou produit de lui-même lui est mieux connu que ce qui vient de l'extérieur.

La croyance en l'asymétrie épistémologique entre arithmétique et géométrie (même quand il ne s'agissait pas nécessairement de la conception particulière que Gauss s'en faisait) devint ainsi un principe majeur de la pensée du XIXe siècle concernant la connaissance mathématique. Elle devint également une force de première importance dans la constitution des courants principaux de la philosophie des mathématiques du XXe siècle. Dans l'ensemble, deux types fondamentaux de réactions émergèrent, correspondant aux deux manières fondamentales de faire face à cette asymétrie. La première consistait à conserver une conception kantienne de l'arithmétique (fondée sur une intuition *a priori* du temps) et à adopter une conception non kantienne de la géométrie (fondée sur une intuition *a priori* de l'espace). L'autre consistait à adopter une conception non kantienne de l'arithmétique tout en conservant une conception kantienne de la géométrie. La première de ces deux tactiques est essentiellement celle qui a été adoptée par les intuitionnistes Brouwer et Weyl, tandis que la seconde est devenue l'idée centrale motivant le logicisme de Frege et Dedekind. Le programme finitiste de Hilbert, le troisième grand mouvement de la philosophie des mathématiques du XXe siècle, a en quelque sorte adopté et en quelque sorte rejeté les deux. Il a maintenu à la fois la symétrie épistémologique de l'arithmétique et de la géométrie et leur caractère fondamentalement *a priori*. Il a cependant rejeté les intuitions *a priori* de l'espace et du temps proposées par Kant comme étant leurs bases.

La puissante confirmation de la croyance en l'asymétrie épistémologique de l'arithmétique et de la géométrie fournie par la découverte au XIXe siècle des géométries non euclidiennes a donc été un facteur majeur contribuant au déclin des vues positives de Kant en philosophie des mathématiques, ainsi qu'à l'émergence de principales alternatives à ses vues au XXe siècle.

Le deuxième facteur majeur contribuant à l'affaiblissement de l'influence de Kant dans la philosophie des mathématiques du XXe siècle est le développement spectaculaire de la logique au cours de la dernière partie du XIXe siècle et du début du XXe siècle. Cela incluait notamment l'introduction des méthodes algébriques par Boole et De Morgan, l'amélioration du traitement des relations par Peirce, Schröder et Peano, le remplacement de l'analyse aristotélicienne de la forme basée sur la relation sujet-prédicat par l'analyse plus féconde de la forme basée sur la notion générale de fonction logique chez Frege, et les progrès de la formalisation procurée par l'introduction (par Frege, Russell et Whitehead, et Peano) de langages et de systèmes symboliques précisément définis et contrôlés [12].

Ces développements ont conduit la logique à un point bien supérieur à ce qu'elle était à l'époque de Kant, ce qui a amené certains à penser que c'est l'état relativement sous-développé de la logique à l'époque de Kant qui était principalement responsable de sa croyance en la nécessité d'une base synthétique pour le jugement et l'inférence mathématiques. Russell, par exemple [13], a adopté une telle position, arguant que, bien que les vues de Kant aient pu sembler raisonnables compte tenu de l'état lamentable de la logique à son époque, elles n'auraient jamais été prises en compte sérieusement si notre connaissance de la logique avait été alors ce qu'elle est aujourd'hui. (NB : Mais si Russell considérait l'enrichissement de l'analyse de la forme logique apporté par la logique moderne des relations et la conception fonctionnelle de la proposition comme étant d'une importance particulière pour la correction des déficiences de Kant, il croyait également que certains développements dans les mathématiques proprement dites étaient d'une grande importance. Les plus importants sont (i) l'arithmétisation de l'analyse par Weierstrass, Dedekind et d'autres ; et (ii) la découverte par Peano d'une axiomatisation de l'arithmétique. Ces découvertes ont conduit à ce que Russell considère comme une codification des mathématiques pures au sein d'un certain système axiomatique d'arithmétique (à savoir l'arithmétique de Peano du

12. Ironiquement, c'est probablement le développement continu de la logique au cours des trois derniers quarts de ce siècle qui a contribué le plus à l'aveuglement de la philosophie des mathématiques actuelle face à la question kantienne de savoir si la preuve mathématique peut à juste titre utiliser des inférences logiques. Il y a, bien sûr, des raisons pour cette nouvelle orientation. Mais il y a aussi, comme nous le voyons, quelques inconvénients. *Cf.* Detlefsen, 1990a, Detlefsen, 1992a [*cf.* le chapitre II de ce volume pour cette dernière référence], Detlefsen, 1993 et Tragesser, 1992 pour des tentatives de revitalisation de la question kantienne.

13. *Cf.* Bernays, 1967, Russell, 1903, Russell, 1907, Russell, 1919.

second ordre), et ont ainsi permis leur « logicisation ». Russell estime que l'importance de ces développements pour la philosophie des mathématiques de Kant est aussi grande que celle de la découverte des géométries non euclidiennes) [14].

Pour l'essentiel, les vues de Russell sur ces questions ont été reprises par les empiristes logiques, qui, comme Russell, étaient très impressionnés par la nouvelle logique, et qui étaient également attirés par un logicisme comme celui de Russell [15], parce qu'il leur permettait de résoudre les difficultés que les mathématiques avaient traditionnellement posées aux épistémologies empiristes [16]. La nouvelle logique, se trouvant prise comme la base de l'élaboration de la forme radicale de logicisme professée par Russell, a finalement conduit à la résurgence d'épistémologies empiristes pour les mathématiques, et celles-ci, très clairement, représentaient un écart important par rapport à l'épistémologie kantienne des mathématiques. En outre, elle posait ce qui s'est avéré être un défi durable à la vision kantienne selon laquelle le raisonnement mathématique est essentiellement distinct du raisonnement logique [17].

Ainsi s'achève notre panorama des influences majeures qui ont façonné la philosophie des mathématiques au XXe siècle. L'histoire plus longue, que nous allons maintenant raconter en plus grand détail, est, pour l'essentiel, l'histoire du flux et du reflux des idées de Kant à mesure qu'elles rencontraient et interagissaient avec les nouveaux développements en géométrie, en logique, en science et en philosophie.

14. *Cf.* Russell, 1903, Russell, 1907.

15. En parlant d'un logicisme « comme celui de Russell », nous entendons un logicisme qui s'applique à l'ensemble des mathématiques et pas seulement à sa partie arithmétique. Les logicismes très différents de Frege et de Dedekind n'auraient pas été très attrayants pour les empiristes logiques car, s'ils avaient permis un traitement analytique du jugement arithmétique, ils n'auraient pas permis d'étendre ce traitement à la géométrie. Les empiristes logiques auraient donc dû traiter l'apparente « nécessité » du jugement géométrique d'une autre manière.

16. Ce qu'ils firent en autorisant à traiter le jugement mathématique comme un jugement analytique, qu'ils ont ensuite traité comme découlant du phénomène général de la convention linguistique. Nous y reviendrons plus tard.

17. Il convient toutefois de noter que le logicisme de Frege et de Dedekind a constitué un défi pour Kant sur ce point aussi. En effet, il exigeait de manière programmatique que tous les raisonnements apparaissant dans une preuve mathématique soient réductibles à des raisonnements logiques, et même à des raisonnements logiques d'une sorte si claire et si limpide qu'ils ne pouvaient rien dissimuler d'une nature non logique.

2 LA PREMIÈRE PÉRIODE ET LE DÉVELOPPEMENT DES TROIS « ISMES »

Nous commençons notre discussion par les trois premières décennies (ce que nous appelons la « première période »), qui, si elle n'a pas été *la* période la plus active de production, a certainement été l'une des plus importantes de toute l'histoire du sujet. Le développement majeur de cette période furent les trois « ismes » de la philosophie contemporaine des mathématiques : logicisme, intuitionnisme et formalisme (hilbertien). Toutes ces théories, nous le verrons, ont été profondément influencées par les idées kantiennes. Dans le cas du logicisme, cependant, il faut prendre soin de distinguer la version de Frege de celle de Russell. La version de Frege était beaucoup plus proche de l'épistémologie kantienne que celle de Russell. En effet, il a tenté de conserver plusieurs des idées les plus importantes de Kant, y compris, comme nous le verrons, certaines de ses idées concernant la nature de la raison.

2.1 Le logicisme

Frege a été ébranlé par la découverte des géométries non euclidiennes et s'est consacré à la tâche d'expliquer ce qu'il considérait comme le principal produit de cette découverte, à savoir l'asymétrie entre arithmétique et géométrie en ce qui concerne leur caractère fondamental (*basicness*) pour la pensée humaine. La pensée géométrique, bien que largement appliquée dans la pensée humaine, ne l'était pas au point de suggérer qu'elle ne repose pas sur une intuition *a priori* de type kantien. Ainsi, Frege soutenait l'épistémologie géométrique de Kant [18]. L'arithmétique, en revanche, était trop omniprésente dans les applications de la pensée humaine pour être attribuée de manière plausible au fonctionnement d'une faculté d'intuition similaire. Non, sa source épistémologique devait être recherchée ailleurs – et ultimement, comme le vit Frege, dans une faculté de la raison repensée.

Les bases de ce point de vue furent exposées de manière évidente dans les écrits de Frege dès le début. Ainsi, déjà dans sa thèse de doctorat de 1873, il soulignait que « toute la géométrie repose, en dernière analyse, sur des principes qui tirent leur validité du caractère de notre intuition » [19]. Et, dans son *Habilitationsschrift* de 1874 [20], il élargit cette observation pour

18. *Cf.* Frege, 1884, section 89.
19. *Cf.* Frege, 1873, p. 3. Nous traduisons [NdT].
20. Frege, 1874.

inclure sa vision de la relation entre la géométrie et l'arithmétique vis-à-vis de leur dépendance à l'égard de l'intuition.

> Il est tout à fait clair qu'il ne peut y avoir d'intuition d'un concept aussi omniprésent et abstrait que celui de grandeur [*Größe*]. Il existe donc une différence notable [*bemerkenswerter*] entre la géométrie et l'arithmétique concernant la manière dont leurs lois fondamentales sont fondées. Les éléments de toutes les constructions géométriques sont des intuitions, et la géométrie se réfère à l'intuition comme source de ses axiomes. Puisque l'objet de l'arithmétique n'est pas intuitionnable, il s'ensuit que ses lois fondamentales ne peuvent pas être fondées sur l'intuition [21].

Le même point fondamental concernant le caractère « non intuitionnable » (*unintuitedness*) des objets de l'arithmétique se retrouve dans les *Grundlagen*, où Frege remarque que :

> Dans l'arithmétique, nous ne sommes pas confrontés à des objets que nous apprenons à connaître comme quelque chose d'étranger venant de l'extérieur par le biais des sens, mais à des objets donnés directement à notre raison et, comme son plus proche parent, totalement transparents pour elle [22].

Le même contraste fondamental entre géométrie et arithmétique est établi dans les sections 13 et 14 des *Grundlagen* [23]. Frege y aborde la question de la place relative des lois empiriques, géométriques et arithmétiques dans notre pensée. Sa conclusion est que les lois arithmétiques sont plus profondes que les lois géométriques, et les lois géométriques plus profondes que les lois empiriques. Il arrive à cette conclusion en menant une expérience de pensée dans laquelle il considère les dommages cognitifs que l'on peut s'attendre à subir en niant chacun des différents types de lois. La négation d'une loi géométrique, conclut-il, risque de causer des dommages plus importants à l'orientation cognitive d'une personne que la négation d'une loi physique. En effet, cela conduirait à un conflit entre ce que les gens peuvent concevoir et ce qu'ils peuvent intuitionner dans l'espace. Cela entraînerait une grave désorientation des processus cognitifs d'une personne. Cela l'obligerait, par exemple, à déduire des choses qu'auparavant elle était simplement capable de « voir ». Et cela rendrait même ces déductions étranges et peu familières. Cela n'entraînerait cependant pas un effondrement global de sa pensée rationnelle. Un tel

21. *Cf.* Frege, 1874, p. 50. [Traduction de MD dans l'original.]
22. Frege, 1884, Section 105.
23. *Ibid.*.

effondrement global du fonctionnement rationnel d'une personne est plutôt celui qui résulterait de la négation d'une loi arithmétique. La négation d'une loi arithmétique n'empêcherait pas seulement de voir ce que l'on voyait auparavant, elle interdirait, selon Frege, toute déduction ou tout raisonnement. Selon lui, cela entraînerait une « confusion totale », de sorte que « même penser ne semblerait plus possible » [24].

Frege entendait expliquer cette prédiction d'un effondrement global de la pensée rationnelle en argumentant que la portée de la loi arithmétique, contrairement à celle de la loi physique et géométrique, est universelle. Elle gouverne non seulement ce qui est physiquement actuel et ce qui est spatialement intuitionnable, mais, en fait, tout ce qui est dénombrable – et ceci, selon Frege, a la portée la plus large possible, s'étendant à tout ce qui est pensable et concevable de manière cohérente [25]. Ainsi, concluait-il, les lois de l'arithmétique doivent « être reliées très intimement avec les lois de la pensée » [26] – c'est-à-dire, avec les lois de la logique [27].

Cette différence proclamée entre arithmétique et géométrie dans leur prévalence dans la pensée est donc devenue, dans la pensée de Frege, la (ou du moins une) donnée fondamentale pour la philosophie des mathématiques. Il pensait également que c'était une donnée que Kant avait négligée. En effet, s'il en avait eu connaissance, Frege en était convaincu, Kant n'aurait jamais essayé, comme il l'a fait, d'étendre essentiellement la même épistémologie pour couvrir à la fois l'arithmétique et la géométrie. Au contraire, il aurait essayé de rendre justice aux différences « observables » de l'arithmétique et de la géométrie en termes de profondeur à la pensée rationnelle.

Le défaut ultime de Kant, selon Frege, était qu'il n'avait reconnu que deux sources fondamentales de connaissance – la sensation et l'entendement. Cela ne laissait place qu'à une distinction entre la connaissance sensorielle et la connaissance *a priori*. Cela ne permettait pas de faire une distinction – du moins pas une distinction de nature – entre différentes sous-espèces de connaissance *a priori*. Frege, en revanche, distinguait l'expérience

24. *Ibid.*

25. Frege développe un peu plus cette idée dans la section 24, où des idées similaires sont citées chez Locke et Leibniz. Voir également Frege, 1885.

26. *Op. cit.*

27. Dans une remarque ultérieure (*cf.* l'introduction à Frege, 1893, p. xv), Frege a clarifié davantage le lien entre les lois de la logique et les lois de la pensée auxquelles il est fait allusion ici : « Les lois de la logique ont un droit particulier à être appelées "lois de la pensée" seulement parce que nous les reconnaissons comme les lois les plus générales, qui prescrivent universellement la manière dont la pensée doit procéder, quand elle procède tout court ». [Traduction MD]

sensorielle, source de notre connaissance des sciences naturelles, l'intuition, source de notre connaissance géométrique, et la raison [28], que Frege décrivait comme source de notre connaissance arithmétique. Selon lui, cette modification de l'épistémologie générale de Kant était nécessaire si l'on voulait rendre compte des différences perceptibles dans les prévalences relatives de l'arithmétique et de la géométrie [29].

(NB : il n'est pas clair, en fait, que l'épis*cf.*témologie de Kant ne lui permît pas de faire quelque chose de cette sorte. Elle *distinguait* assurément deux types d'expérience [30], « interne » et « externe », et notait que l'une (l'expérience interne) utilisait des ressources intuitives (à savoir l'intuition *a priori* du temps) qui sont plus prévalentes que celles (à savoir l'intuition *a priori* de l'espace) sur lesquelles est basée l'autre. Si l'on ajoute à cela que Kant soutenait que la pensée arithmétique est fondée sur l'intuition plus prévalente du temps et la pensée géométrique sur l'intuition moins prévalente de l'espace, il semblerait que la distinction entre l'expérience interne et l'expérience externe chez Kant soit capable d'opérer au moins quelque chose de ressemblant au type général d'asymétrie entre arithmétique et géométrie que Frege considérait comme si important pour l'épistémologie mathématique. Frege semble n'avoir jamais considéré ce point.)

Nous ajoutons toutefois cette remarque surtout à titre d'aparté. Car, de toute évidence, il y a des différences importantes entre Frege et Kant concernant la prévalence de l'arithmétique. Kant, par exemple, tout en reconnaissant que l'arithmétique est applicable à une large échelle, la considère néanmoins comme limitée à ce qui est *expérimentable*. Il ne la considérait pas comme s'appliquant à l'ensemble de ce qui est (rationnellement) imaginable ou *concevable*. Par conséquent, s'il jugeait la loi arithmétique comme ayant un caractère *a priori*, il la jugeait également comme étant synthétique. Frege, en revanche, croyait que l'arithmétique s'appliquait à tout ce qui est concevable, et c'est précisément dans cet

28. *Cf.* Frege, 1884, section 26, p. 105.

29. Cette critique à l'égard de Kant s'appliquerait avec encore plus de force à Leibniz, puisque ce dernier ne reconnaissait qu'une *unique* source fondamentale de connaissance (à savoir la raison) et considérait toute vérité comme étant de nature analytique (et donc qualitativement identique). Il semble donc probable que Frege n'aurait pas trouvé l'épistémologie mathématique de Leibniz aussi satisfaisante que celle de Kant, et ce malgré le fait que Leibniz défendait une sorte de point de vue logiciste.

30. *Cf.* Kant, 1787, p. 37-53.

écart par rapport à Kant qu'il a été amené à la considérer comme ayant un caractère analytique plutôt que synthétique.)

Frege était donc en désaccord avec Kant concernant la prévalence de la pensée arithmétique dans la pensée humaine rationnelle. Ce désaccord ne peut cependant pas être pris au pied de la lettre pour expliquer pourquoi Kant avait une conception synthétique et Frege une conception analytique de l'arithmétique. Car tous deux ont employé des conceptions différentes des notions d'analyticité et de synthéticité. Ainsi, pour mieux comprendre les véritables différences qui séparent Kant et Frege, nous devons examiner plus attentivement les définitions que chacun utilisait pour formuler les notions clés de sa position.

Kant définit une vérité analytique comme une vérité dans laquelle le prédicat « appartient » au sujet comme quelque chose d'« implicitement contenu » en lui, et une vérité synthétique comme une vérité qui n'est pas analytique [31]. Il n'a pas caractérisé la distinction analytique/synthétique, comme il l'a fait pour la distinction *a priori/a posteriori*, en termes de caractère des justifications possibles d'un jugement. Frege, en revanche, a fait exactement cela. Dans son schéma [32], les distinctions analytique/synthétique et *a priori/a posteriori* font partie d'un système de classification concernant les différents types de *justifications* qu'un jugement donné peut avoir.

Chaque vérité, selon Frege, possède une sorte de preuve ou de justification *canonique*. Il s'agit d'une preuve qui, dans ses prémisses ultimes, remonte jusqu'aux « vérités primitives » du sujet auquel le théorème appartient. Elle donne « la base ultime sur laquelle repose la justification pour tenir [le théorème prouvé] pour vrai » [33]. Elle présuppose donc un ordonnancement des vérités, et son objectif est précisément de retrouver le segment de l'ordonnancement donné qui relie la proposition à prouver aux *ur*-vérités de son sujet qui sont responsables de sa vérité. Elle vise, en d'autres termes, à révéler ce que l'on pourrait appeler les *fondements* (*grounds*) de la vérité de la proposition prouvée – sa *raison suffisante* leibnizienne, pour ainsi dire [34].

Une proposition ou un jugement est dit analytique, dans ce schéma, si sa preuve canonique ne contient que des « lois logiques générales » et des

31. *Cf.* Kant, 1787, p. 9-11.
32. *Cf.* Frege, 1884, sections 3, 17, p. 87-88.
33. *Ibid.*, section 3.
34. *Ibid.*, sections 3, 17.

« définitions » [35]. Elle est dite synthétique si sa preuve canonique contient au moins une prémisse appartenant à « une science spéciale » [36]. Elle est dite *a posteriori* si sa preuve canonique comporte un « appel aux faits », c'est-à-dire à des vérités qui ne peuvent être prouvées et qui ne sont pas générales » [37]. Et, enfin, elle est considérée comme *a priori* si sa preuve canonique utilise exclusivement des « lois générales, qui elles-mêmes n'ont pas besoin de preuve et n'en admettent pas » [38]. (en d'autres termes, si sa connaissance peut découler de la seule faculté fregéenne de la raison) [39].

Frege pensait que trouver les preuves canoniques des vérités arithmétiques révélerait une connexion intime entre celles-ci et les lois fondamentales de la pensée (c'est-à-dire les « lois logiques générales ») [40]. En même temps, cependant, il était parfaitement conscient de l'objection kantienne à une telle proposition, à savoir qu'elle rend difficile de rendre compte de la productivité ou de la substantialité épistémique de l'arithmétique. En effet, immédiatement après avoir abordé le point de vue selon lequel l'arithmétique est analytique dans la section 15 des *Grundlagen*, Frege a poursuivi dans la section 16 en notant que la principale difficulté à laquelle se heurte un tel point de vue est d'expliquer comment « le grand arbre de la science des nombres tel que nous le connaissons, imposant, s'étendant, et toujours en croissance continue » peut « avoir ses racines dans des identités nues ». Il considère donc clairement que sa tâche principale est d'expliquer comment le jugement analytique et l'inférence analytique peuvent donner un produit épistémique ayant la robustesse que l'arithmétique semble avoir.

35. *Ibid.*, section 3.
36. *Ibid.*
37. *Ibid.*
38. *Ibid.*
39. Frege dit (*cf.* Frege, 1884, première note de bas de page de la section 3) qu'il a essayé de saisir ce que les auteurs antérieurs, et en particulier Kant, avaient à l'esprit dans leur utilisation des termes ci-dessus. Il est toutefois difficile d'accepter cette affirmation à première vue, car Frege insiste sur le fait que *et* la distinction *a priori/a posteriori et* la distinction analytique/synthétique « concernent [...] non pas le contenu d'un jugement, mais la justification de ce jugement » (*ibid.*, section 3), alors que Kant ne considérait que la première comme une distinction de ce type. En outre, Frege dira plus tard (*cf.* Frege, 1884, section 88) que Kant a sous-estimé la productivité épistémique potentielle des jugements analytiques parce qu'il les a « définis de manière trop étroite ». Ce qu'il semble vouloir dire par là, c'est que Kant, en raison de la notion aristotélicienne appauvrie de forme logique qu'il avait, a défini l'analyticité uniquement pour les propositions sujet-prédicat, alors que, bien sûr, la notion s'applique à une classe de propositions bien plus large. Rien n'indique cependant que Frege ait considéré Kant comme ayant voulu que la distinction analytique/synthétique concerne le contenu d'un jugement plutôt que sa justification.
40. *Cf.* Frege, 1884, section 14.

Sa réponse peut être considérée comme divisée en deux parties. La première consiste à rendre compte de l'« objectivité » des jugements analytiques sans faire appel à la sensation ou à l'intuition. La seconde concerne le problème plus général d'expliquer comment on peut obtenir une conclusion qui étend la connaissance représentée par les prémisses d'une inférence à partir de prémisses qui ne peuvent être manipulées par inférence que par des moyens purement logiques.

Sa réponse peut être considérée comme divisée en deux parties. La première consiste à rendre compte de l'« objectivité » des jugements analytiques sans faire appel à la sensation ou à l'intuition. La seconde concerne le problème plus général d'expliquer comment on peut obtenir une conclusion qui étend la connaissance représentée par les prémisses d'une inférence à partir de prémisses qui ne peuvent être manipulées par inférence que par des moyens purement logiques.

En ce qui concerne la première, l'idée de Frege était d'attribuer des propriétés spéciales aux concepts, ou aux pensées objectivement existantes qui, par le biais du principe du contexte (le principe selon lequel c'est seulement dans le contexte d'une proposition [*Satz*] que les mots ont un sens [41]), leur sont antérieurs. Les nombres devaient donc être définis en termes d'extensions de concepts, et les extensions de concepts devaient être traitées comme des « objets logiques » (que nous saisissons en quelque sorte en saisissant les concepts dont ils sont les extensions). Les caractéristiques épistémologiques saillantes de cet arrangement ont été résumées dans la remarque suivante des *Grundlagen* [42] :

> l'objet propre de la raison est la raison. L'arithmétique traite d'objets dont nous ne prenons pas la connaissance comme d'un élément étranger, apporté de l'extérieur par la méditation des sens ; ces objets sont donnés immédiatement par la raison, et elle peut les pénétrer totalement, comme ce qui lui le plus propre [43].

Dans des écrits postérieurs, Frege développa un peu – mais seulement un peu – sa pensée sur cette notion d'extensions de concept comme objets logiques. Il écrivit, par exemple :

41. *Cf.* Frege, 1884, section 60.
42. *Ibid.*, section 105.
43. Bien que Frege ne cite pas la source originale de son inspiration, l'idée principale exprimée clairement fait écho à une remarque de la préface de la première édition de la *Critique de la raison pure* : « dans un inventaire de ce qui nous est acquis par la raison pure [. . .] rien ne peut nous échapper. Car tout ce que la raison fait surgir [*hervorbringt*] entièrement d'elle-même ne peut lui être caché » .

> il est vain de prendre l'extension d'un concept comme une classe, et de la faire reposer, non pas sur le concept, mais sur des choses individuelles [...] l'extension d'un concept ne se compose pas d'objets relevant du concept, à la manière, par exemple, dont un bois se compose d'arbres [...] elle s'attache au concept et au concept seul [...] le concept prime logiquement sur son extension [44].

Ainsi, ce qui fait d'une classe un objet logique, selon Frege, n'est que sa relation avec le concept dont elle constitue l'extension. Il lui fallait cependant, en fin de compte, établir le sens de l'existence des objets logiques, puisque, selon lui, ils n'étaient pas réels (c'est-à-dire qu'ils n'étaient pas spatiaux ou « manipulables »). Ici, il n'avait que des analogies à offrir, citant des exemples tels que l'axe de la terre et le centre de masse du système solaire [45]. Ces exemples illustrent sa caractérisation généralement négative des objets logiques en tant qu'objets « indépendants de notre sensation, de notre intuition et de notre imagination, et de toute construction d'images mentales, de souvenirs et de sensations antérieures, mais pas [...] indépendants de la raison » [46].

Frege devait également établir que les objets logiques méritent d'être appelés « logiques ». Il n'a pas fait cela dans les *Grundlagen*, étant à ce moment-là incertain s'il avait besoin d'extensions de concepts ou seulement de concepts [47]. Il n'a poursuivi la question jusqu'à une fin (pour lui) satisfaisante que dans la conférence de 1891 *Funktion und Begriff* [48], où il a argumenté (i) que la notion d'extension de concept peut être réduite à celle de domaine de valeurs d'une fonction ; et (ii) que cette dernière notion est clairement une notion logique.

Une des choses les plus importantes que la croyance de Frege en la préséance logique des concepts sur leurs extensions lui permit de faire fut de réduire la connaissance des infinis à une connaissance logique. En même temps, il dut accepter une restriction sur la façon dont nous en venons à *acquérir* des concepts, à savoir que nous le faisons par des

44. Frege, 1895, p. 455.

45. *Cf.* Frege, 1884, section 26.

46. *Ibid. Cf.* également la section 27 où il dit que le nombre n'est « ni spatial ni physique [...] ni subjectif comme les représentations, mais qu'il est insaisissable par les sens et objectif » et que « le fondement de l'objectivité ne peut pas être dans l'impression du sens, laquelle en tant qu'affection de l'âme est entièrement subjective, mais [...] dans la seule raison ».

47. *Cf.* Frege, 1884, sections 69, 107.

48. Frege, 1891.

moyens autres que l'abstraction des particuliers qui tombent sous eux [49]. Une telle conception de l'acquisition des concepts était de la plus haute importance pour son logicisme. En effet, si les concepts ne pouvaient être obtenus que par un tel processus d'abstraction, la connaissance du concept de nombre ne pourrait également être obtenue que par la connaissance préalable des particuliers qui en relèvent. Si tel était le cas, cependant, il faudrait rendre compte au préalable de la manière dont nous parvenons à la connaissance des particularités à partir desquelles la connaissance du concept abstrait est dérivée. Et pour que cet exposé ne détruise pas le caractère « logique » des nombres, il faudrait s'assurer qu'il ne fait pas appel à des éléments comme la sensation ou l'intuition kantienne. En outre, même s'il réussissait à éviter les appels à l'intuition kantienne, un tel compte rendu abstrait de l'acquisition des concepts poserait de graves problèmes pour la connaissance des ensembles infinis. En effet, il n'est guère plausible de croire que nous pourrions soit obtenir des intuitions distinctes pour chaque membre d'une collection infinie, soit recevoir des ensembles infinis de particuliers dans l'espace d'une seule intuition de leurs membres (par le biais de dispositifs tels que, par exemple, la soi-disant « unité synthétique de l'aperception » de Kant) [50].

Le traitement logiciste du nombre par Frege s'appuyait donc fortement sur l'idée que les concepts sont donnés avant et indépendamment de leurs extensions. Ceci, en effet, semble avoir été l'idée principale derrière sa fameuse Loi V, le principe selon lequel chaque concept a une extension (ou, pour le dire dans sa forme originale, le principe que tous les et seulement les ϕs sont ψs si et seulement si l'extension de ϕ est identique à l'extension de ψ) [51].

49. *Cf.* Frege, 1884, sections 49-51.

50. Sur ce dernier point, voir Frege, 1884, section 48.

51. La croyance frégéenne dans la priorité des concepts ne peut cependant pas expliquer complètement son opposition à Kant. Car Kant, comme on le sait, croyait en une forme (par opposition à une substance ou contenu) d'intuition qui « précède dans ma subjectivité toutes les impressions actuelles par lesquelles je suis affecté par les objets » (*cf.* Kant, 1783, section 9 [Traduction MD]) et la considérait comme la base de notre connaissance mathématique. Il n'était donc pas attaché à une conception de la base intuitive de notre connaissance mathématique selon laquelle elle repose sur des intuitions de choses sensibles particulières. Pourquoi, alors, Frege a-t-il senti qu'il avait besoin de concepts plutôt que, simplement, des formes d'intuition kantienne? Je crois qu'il est difficile de répondre à cette question. Les réponses que l'on pourrait donner semblent exiger le recours à la conviction de Frege que (i) les concepts possèdent un pouvoir unificateur spécial (et, en particulier, un pouvoir unificateur

La découverte par Russell [52] que cette façon de penser la relation entre concepts et objets (logiques) est sujette à paradoxe a donc mis en crise toute l'« amélioration » par Frege de l'épistémologie arithmétique de Kant. Car sans un principe qui rende les concepts antérieurs à leurs extensions, une philosophie fregéenne de l'arithmétique aura de grandes difficultés à développer un modèle cognitif approprié pour notre connaissance des extensions de concepts qui ne repose pas sur l'intuition. Et sans un modèle non-intuitif de notre connaissance des extensions de concepts, la nouveauté majeure (c'est-à-dire l'élément non-kantien majeur) manquera à l'explication proposée par Frege de la robustesse épistémique ou de la substantialité de l'arithmétique.

La découverte russellienne a donc soulevé le problème de savoir comment nous pourrions arriver à appréhender les objets logiques (et donc les nombres), même si l'on suppose qu'ils existent. Sans un schéma de compréhension de type frégéen, qui considère l'appréhension des nombres comme dérivée de l'appréhension des concepts, et qui permet aux concepts d'être appréhendés sans aucune appréhension non conceptuelle préalable des particuliers, il est difficile d'éviter au moins un appel minimal à la connaissance non conceptuelle des ensembles ou des extensions – une connaissance dont il est difficile de rendre compte sans faire appel à la sensation ou à l'intuition [53]. Le paradoxe de Russell a donc soulevé de graves problèmes pour l'épistémologie frégéenne des objets logiques.

Mais même en supposant que ces problèmes aient été résolus, il restait, de l'aveu même de Frege (comme il y insista, en fait, lui-même !), de sérieuses difficultés à surmonter pour expliquer la productivité épistémique de l'*inférence* mathématique. Pour les résoudre, Frege fit appel au

supérieur à celui que possède l'intuition en général) ; et que (ii) le nombre est applicable à plus que ce qui peut être senti. Kant, en revanche, considère que :

> toute connaissance mathématique a cela de propre, qu'elle doit exposer ses notions tout d'abord en intuition... sans quoi elle ne peut faire un seul pas. Ses jugements sont donc toujours intuitifs, au lieu que la philosophie peut se contenter de jugements discursifs par simples notions, tout en expliquant ses doctrines apodictiques par une intuition, mais sans pouvoir jamais les en dériver. (*Ibid.*, section 7)

52. Russell, 1902a.

53. Bien sûr, en dehors des inquiétudes concernant sa cohérence, on peut se demander comment la Loi V peut être défendue en tant que principe logique. Pour sa défense, Frege a utilisé sa distinction bien connue entre sens et référence (qui est liée à sa croyance en la priorité des concepts sur leurs extensions) et a construit un argument selon lequel les deux côtés du biconditionnel dans la Loi V ont le même sens.

phénomène général du *Sinn* et à la possibilité de réarranger (ou « retailler » (*recarving*)) le contenu d'une proposition de manière à exposer des contenus qui n'avaient pas été détectés jusqu'alors.

Les concepts occupaient également une place importante dans cette explication. Celle-ci contenant, en particulier, contenait un appel à la relation supposée entre les concepts et les propositions qui permettait à une proposition d'être à la fois comprise et connue même si tous les concepts qu'elle contient n'étaient pas appréhendés. Cette caractéristique, d'une importance cruciale, de la relation entre les propositions et leurs concepts constituants était considérée comme fondée sur les principes suivants : (i) pour appréhender une proposition, il faut seulement connaître une *définition* de ses concepts constituants immédiats ; et (ii) connaître la définition d'un concept n'exige pas que tout le contenu tacite soit appréhendé. C'est la reconstitution du contenu tacitement contenu (c'est-à-dire la découverte de sa présence et de son caractère) qui permet ainsi à la conclusion d'une inférence analytique de représenter quelque chose de plus, en termes d'accomplissement cognitif, que ce qui est représenté par l'appréhension et la connaissance de ses prémisses. Comme Frege lui-même l'a dit, l'identification et l'utilisation d'un tel contenu revient à quelque chose de plus que de simplement « sortir de la boîte ce que nous venons d'y mettre » [54]. Car ce que nous mettons dans une « boîte » inférentielle est la connaissance des concepts que nous utilisons pour parvenir à la compréhension et à la connaissance de ses prémisses. Ce que, selon Frege, nous sommes capables d'extraire d'une telle boîte, ce ne sont pas seulement des jugements formés à partir de ces concepts, mais aussi des jugements formés à partir de concepts identifiés, voire *formés*, par le « découpage » (*carving up*) ou le réarrangement conceptuel des prémisses [55].

54. *Ibid.*, section 88. Pour plus de détails à ce sujet, ainsi que quelques exemples, voir Frege, 1884, sections 64-66, 70, 88, 91.

55. Frege donne un exemple des différentes manières de découper le contenu dans la section 70 de Frege, 1884. Il en discute également dans la section 9 de Frege, 1879, où l'un des exemples qu'il considère est la proposition « Caton a tué Caton ». Il y remarque que si nous considérons cette proposition comme permettant le remplacement de la première instance de « Caton », nous la voyons comme formée à partir de la fonction propositionnelle « x a tué Caton ». Si nous la considérons comme permettant le remplacement de la dernière instance de « Caton », nous la voyons comme formée de la fonction « x a été tué par Caton ». Enfin, si nous considérons qu'il permet le remplacement des deux occurrences de « Caton » à la fois, nous le voyons comme formé à partir de la fonction « x a tué y ». Aucune de ces manières de voir la proposition n'est nécessaire à son appréhension. Par conséquent, chacune d'entre elles peut être considérée à son tour comme une « redécoupage » de son contenu.

Cependant, si Frege exigeait que l'inférence analytique soit épistémiquement productive, il exigeait également qu'elle soit (au moins en partie) rigoureuse. Par conséquent, dans un certain sens, il exigeait que le jugement analytique soit *incapable* de dissimuler le contenu. De fait, il a lui-même avancé avec insistance que son logicisme exigeait de donner des preuves tout à fait rigoureuses des lois de l'arithmétique. C'est « seulement si chaque lacune dans la chaîne déductive est éliminée avec le plus grand soin », disait-il, que nous pouvons « dire avec certitude sur quelles vérités primitives » elles reposent[56]. Et ce n'est qu'en voyant avec certitude les vérités sur lesquelles reposent les vérités de l'arithmétique que nous serons en mesure de juger si ces fondements [*grounds*] sont ou non de caractère logique.

Ce que Frege ne semble pas avoir vu aussi clairement, cependant, c'est que nous pouvons être certain qu'une proposition canoniquement prouvée est analytique seulement dans la mesure où nous pouvons être certains que ses prémisses ne contiennent pas tacitement un contenu synthétique. Quoi qu'il en soit, la manière d'atteindre la certitude sur ce point est un sujet sur lequel il semble avoir peu parlé. Il croyait fermement qu'il existe des propositions – les soi-disant « lois fondamentales » de l'arithmétique – qui sont à la fois si riches qu'elles sont capables de livrer l'ensemble de l'arithmétique et aussi si clairement analytiques qu'elles ne cachent pas, de manière évidente, de contenu synthétique. Ce qu'il considérait comme une justification pour soutenir cette confiance est moins clair.

(N.B. Leibniz, le premier logiciste, croyait également en une telle couche de vérités analytiques. Cependant, pour lui, les choses étaient différentes. Car, en premier lieu, il croyait que toutes les propositions sont analytiques. Deuxièmement, les propositions qu'il considérait comme constituant les « lois fondamentales » – à savoir, les soi-disant identités logiques de la forme « A est A » – étaient analytiques de manière transparente. Il en est ainsi parce que, pour Leibniz, l'analyticité consistait à ce que le prédicat d'une proposition soit inclus dans son sujet, et que les propositions de la forme « A est A » satisfont à cette exigence d'inclusion de la manière la plus claire ou la plus certaine concevable. Leibniz avait donc un point d'arrêt naturel pour sa réduction à la vérité analytique. Frege, en revanche, ayant adopté une définition plus complexe et sophistiquée de l'analyticité, semble avoir perdu la capacité d'identifier une classe de vérités qui étaient aussi clairement et certainement analytiques que les « identités » de Leibniz. Par

56. *Ibid.*, section 4 ; *cf.* aussi l'introduction à Frege, 1893.

conséquent, il ne disposait pas d'un point aussi clair pour mettre un terme à la réduction des lois arithmétiques à des vérités analytiques.)

La conception frégéenne de l'inférence mathématique devait donc faire face à deux exigences apparemment divergentes : d'une part, la nécessité de doter les jugements analytiques d'un contenu tacite afin de permettre à l'inférence analytique d'être épistémiquement productive ; et, d'autre part, la nécessité de restreindre les mécanismes produisant le contenu tacite de sorte que le contenu synthétique ne puisse jamais être tacitement contenu dans ce qui passe pour un contenu analytique. Au bout du compte, je crois qu'il n'a pas réussi à répondre adéquatement à ces deux exigences. Il n'a pas réussi à fournir un ensemble de lois fondamentales et un critère de contenu tacite qui soient tous deux garantis pour ne permettre comme contenu tacite des lois fondamentales que la production de vérités analytiques. Il n'a pas non plus réussi à garantir que la productivité épistémique soutenue par les mécanismes de production de contenu tacite soit capable de correspondre à celle que l'on peut observer en arithmétique.

Le premier échec a été clairement illustré par le paradoxe de Russell, qui montre que le contenu latent caché par les axiomes de Frege (en particulier, son axiome de compréhension) pourrait inclure non seulement des vérités synthétiques, mais même des faussetés analytiques ! Le second échec est devenu le cœur de la critique du logicisme par les intuitionnistes, que nous aborderons plus loin.

Le logicisme de Russell était très différent de celui de Frege. Tout d'abord, il n'était pas motivé principalement par la découverte de géométries non euclidiennes et la croyance en l'asymétrie épistémologique entre la géométrie et l'arithmétique qui l'accompagnait. Il n'était pas non plus fondé sur la croyance en des choses telles que les objets logiques, et la division de la cognition en facultés (les sens, l'intuition et la raison) qui lui était associée. Enfin, Russell n'a pas non plus limité son logicisme à l'arithmétique, mais l'a étendu à l'ensemble des mathématiques, et même à certains domaines extérieurs aux mathématiques traditionnelles [57]. À la place, il a pris comme points de départ (i) une certaine définition générale

57. Cependant, comme nous l'avons mentionné plus haut, Russell étant convaincu que l'ensemble de ce que l'on considère habituellement comme des mathématiques pures peut être réduit à l'arithmétique (de Peano du second ordre), la distance entre Frege et lui sur ce point n'est pas aussi grande qu'il pourrait sembler à première vue (*cf.* Russell, 1907, p. 275-279 (esp. 276) ; Russell, 1903, p. 157-158, 259-260). Il convient également de noter que dans ces passages, Russell décrit le travail des « arithmétiseurs » des mathématiques (par exemple, Dedekind et Weierstrass) comme étant de plus grande importance pour la cause du logicisme que la découverte des géométries non euclidiennes.

des mathématiques ; (ii) un principe méthodologique pour poursuivre une généralisation toujours plus poussée en science ; et (iii) la croyance que la poursuite de ce principe en mathématiques mènerait finalement à la science la plus générale de toutes, à savoir la logique [58]. Il a été soutenu dans cette entreprise par les progrès rapides et impressionnants de la logique symbolique.

Dans le paragraphe introduction des *Principes des Mathématiques* [59], Russell a donné la définition suivante de la mathématique pure : « La mathématique pure consiste en la classe de toutes les propositions de la forme "p implique q", où ni p ni q ne contiennent de constantes sinon des constantes logiques ». Il poursuivait en décrivant son projet logiciste comme consistant à montrer « que quoi qu'on ait regardé dans le passé comme mathématique pure est inclus dans notre définition, et tout ce qui y est inclus possède ces marques par lesquelles nous distinguons ordinairement, quoique de manière vague, les mathématiques des autres disciplines » [60]. Russell soutenait également que, en plus d'asserter des implications, les propositions de la mathématique pure sont caractérisées par le fait qu'elles contiennent des variables » [61], et de fait, des variables de portée entière non restreinte [62].

Russell entendait défendre cette dernière affirmation, qu'il reconnaissait comme hautement contre-intuitive, en montrant que même des énoncés apparemment exempts de variables, tels que « 1 + 1 = 2 », peuvent être considérés comme contenant des variables une fois que leur signification et leur forme véritables ont été révélées. La découverte (ou, mieux, la *récupération* (*recovery*) de la signification et de la forme véritables de tels énoncés était rendue possible par le vaste enrichissement du stock de base des formes logiques rendu accessible par les travaux de Peirce, Schröder, Peano et Frege. En utilisant ces travaux, Russell a produit des analyses des formes profondes d'énoncés mathématiques ordinaires. Par exemple, « 1 + 1 = 2 » a été analysé comme suit : « Si x est un et y est un, et si x diffère de y, alors x et y sont deux ». Analysé de cette manière, soutient Russell,

58. Même ici, bien sûr, on voit des vestiges de Kant. En effet, lui aussi considérait que la raison poussait à une généralité toujours plus grande de la science. Mais il ne considérait pas cette procédure comme tendant vers un terminus – une science la plus générale (la VRAIE science !), pour ainsi dire. Et encore moins qu'elle tende vers une science de la logique.

59. Russell, 1903, p. 3. La pagination citée est celle de la septième impression de la deuxième édition, parue en 1956.

60. *Ibid* ; p.3.

61. *Ibid.*, p. 5.

62. *Ibid.*, p. 7.

l'énoncé « $1+1=2$ », supposé non implicatif et sans variable, est considéré à la fois comme contenant des variables complètement générales et comme exprimant une implication, exactement comme sa théorie logiciste l'avait prédit [63].

Bien sûr, « si x est un et y est un, et si x et y sont différents, alors x et y sont deux » n'exprime pas du tout une proposition authentique puisqu'elle contient des variables libres. Elle exprime plutôt ce qu'on pourrait appeler une forme propositionnelle ou un schéma de proposition. Russell l'appelle un « type de proposition » et poursuit en disant que « les mathématiques s'intéressent exclusivement aux types de propositions » [64] plutôt qu'aux propositions individuelles en soi. Selon ce point de vue, l'activité des mathématiques consiste à déterminer quelles propositions peuvent être généralisées (c'est-à-dire quelles constantes peuvent être transformées en variables), puis à mener ce processus de généralisation jusqu'à sa plus grande extension [65]. Ce maximum aura été atteint lorsque nous aurons pénétré jusqu'à un niveau de propositions dont les seules constantes sont des constantes logiques et dont les seules propositions non démontrées sont les vérités les plus fondamentales dont les seules constantes sont des constantes logiques [66]. Les constantes logiques elles-mêmes, en tant que classe, ne pouvaient être caractérisées que par énumération. En effet, de par leur nature même, elles n'admettent que ce type de caractérisation, puisque tout autre type de caractérisation serait contraint de faire appel à un élément de la classe à définir.

Au fond, le logicisme de Russell était donc motivé par une vision des mathématiques qui les considérait comme la science des vérités formelles les plus générales; une science dont les seuls indéfinissables sont ces constantes de la pensée rationnelle (appelées constantes logiques) qui ont l'usage le plus large et le plus répandu et dont les seuls indémontrables sont les propositions qui exposent les propriétés les plus fondamentales de

63. *Ibid.*, p. 6.
64. *Ibid.*, p. 7.
65. *Ibid.*, p. 8, 9.
66. *Ibid.*, p. 8. Russell a distingué le niveau de généralité où toutes les constantes sont des constantes logiques de ce que nous appelons ici le niveau de généralité maximale. Ce dernier était considéré comme nécessitant le premier. Mais en outre, il était considéré comme nécessitant une identification de ce que Russell appelait les « principes » de la logique, c'est-à-dire les vérités les plus fondamentales à partir desquelles toutes les autres vérités dont les seules constantes sont des constantes logiques peuvent être dérivées par des moyens logiques (*cf.* Russell, 1903, p. 10).

ces termes indéfinissables [67]. Selon lui, cela fournissait la seule description précise de ce que les philosophes avaient eu à l'esprit en décrivant les mathématiques comme une science *a priori* [68]. Les mathématiques ont donc pour vocation de généraliser. Leur objectif est d'identifier les vérités qui restent vraies lorsque leurs constantes non logiques sont remplacées par des variables [69]. Ce processus de généralisation peut nécessiter une certaine analyse afin de trouver la forme authentique de la phrase à généraliser. Mais une fois cette forme trouvée, le processus de généralisation devrait finalement conduire à la réalisation que la vérité mathématique en question exprime une vérité formelle dont les variables sont complètement générales et dont les seules constantes sont des constantes logiques.

Idéalement, la bonne méthode en mathématiques exige la poursuite de ce processus de généralisation jusqu'au degré ultime [70]. À ce moment-là, selon Russell, nous trouverons des vérités formelles d'une généralité maximale – des vérités d'une généralité telle qu'elles ne peuvent plus être généralisées – des vérités si générales qu'elles deviendraient des non-vérités si l'une de leurs constantes était remplacée, même par une analyse conceptuelle, par des variables. C'est là, d'après Russell, le seul point où la méthode mathématique (c'est-à-dire la recherche de la généralisation formelle maximale) peut, de manière appropriée et naturelle, s'achever. Il croyait également que c'est dans ce domaine des vérités formelles de la plus grande généralité, et dans ce domaine seulement, que nous pouvons à juste titre nous attendre à rencontrer ce qui est proprement considéré comme *lois de la logique*.

Selon Russell, ces lois sont justifiées de manière inductives à partir de leurs conséquences :

> en mathématiques, à part dans les premières étapes, les propositions dont une proposition donnée est déduite donnent généralement la raison pour laquelle nous croyons ladite proposition. Mais lorsque l'on s'intéresse aux principes des mathématiques, la relation est inversée. Nos propositions sont trop simples pour être faciles, et leurs conséquences sont donc généralement plus faciles qu'elles ne le sont. Ainsi, nous tendons à croire les prémisses parce que nous pouvons voir que leurs conséquences sont vraies, au lieu de croire les conséquences parce que nous savons

67. *Ibid.*
68. *Ibid.*
69. *Ibid.*, p. 7.
70. Russell a développé cette idée et en a étendu une version modifiée au cas des sciences empiriques dans Russell, 1906a et Russell, 1907.

> que les prémisses sont vraies [...] ainsi, la méthode de recherche des principes des mathématiques est vraiment une méthode inductive, et est en substance la même que la méthode de découverte des lois générales des autres sciences [71].

Ainsi, contrairement à ce qu'avait soutenu Kant, la recherche d'une plus grande généralité (ou ce que Kant appelait « unification ») a un point d'arrêt naturel et assez inévitable, à savoir le niveau des jugements ayant une large portée, des variables entièrement générales et des constantes absolument omniprésentes.

Frege et Russell, donc, bien qu'ils soient d'accord pour rejeter l'intuition kantienne comme base de la connaissance mathématique, n'en différaient pas moins quant à leurs estimations de la portée propre du logicisme et de la nature et des origines de ses lois fondamentales. Ils divergeaient également sur l'importante question de notre connaissance des infinis dont traitent les mathématiques, et sur la façon dont, exactement, cette connaissance est liée à notre connaissance des concepts.

Contrairement à Frege, Russell ne croyait pas que les concepts seuls puissent donner lieu à des extensions ou à des ensembles. De fait, il répondait à sa propre antinomie en proposant une conception des ensembles qui supposait une classe d'individus donnée avant la génération d'ensembles par les concepts. Selon lui, avant qu'il puisse y avoir un univers riche d'ensembles, il doit d'abord y avoir une totalité d'individus qui est donnée par des moyens autres que la saisie d'un concept. En utilisant ce domaine d'individus comme base, la compréhension par les concepts (ou ce que Russell appelait les « fonctions propositionnelles ») était alors censée fonctionner selon des principes prédicatifs de collection. Il y avait donc un ordre de « priorité » des *types* ou des niveaux induits parmi les entités, le domaine des individus constituant le niveau le plus bas et les niveaux supérieurs étant formés par l'application des opérations de compréhension aux entités situées aux niveaux précédents.

Cette façon de penser la compréhension des ensembles différait radicalement de la façon dont Frege la concevait. La compréhension fregéenne ne présumait pas un classement des entités selon un ordre de « priorité », et elle n'était pas limitée à des collections d'entités formées à des niveaux antérieurs. Peut-être plus important encore, elle ne posait pas un domaine d'entités de « niveau 0 » comme étant en quelque sorte donné avant toute

71. Russell, 1907, p. 273-274. Les numéros de page sont ceux de la réimpression dans Russell, 1973.

compréhension par concept. En effet, dans le schéma de Frege, toute l'idée était d'éviter la nécessité d'avoir une collection « de départ » – en particulier une collection infinie – pour servir de matière première à partir de laquelle la compréhension par concepts devrait démarrer. En effet, selon Frege, avoir un domaine d'individus compris de manière non-conceptuelle nécessitait quelque chose comme une intuition kantienne, et c'est exactement ce qu'il espérait éviter (puisqu'il ne voyait pas comment la connaissance d'un tel domaine pouvait à juste titre être considérée comme connaissance *logique*).

Russell, bien qu'il ait montré une certaine sensibilité à cette difficulté, semble n'avoir jamais trouvé le moyen de la résoudre. Dans ses premiers écrits, il s'exprima parfois [72] comme si tout énoncé posant un domaine d'existants, et donc tout axiome posant un domaine d'individus, ne dût pas être considéré comme une vérité de mathématiques pures en soi, mais plutôt comme une hypothèse dont les conséquences doivent être étudiées. Plus tard [73], cependant, il a déclaré à la fois qu'il croyait qu'une telle position était erronée et que lui-même n'avait jamais eu une telle position. Il y a également des éléments systématiques de sa pensée qui auraient pu (ou du moins auraient dû) le conduire à rejeter une telle position. Le plus important à cet égard était sa croyance en la nécessité de la méthode « régressive » dans les fondements des mathématiques (défendue à la fois dans Russell, 1907 et Russell, 1919).

Le recours à la méthode régressive permet d'inférer la vérité d'un principe à partir de son utilité pour unifier déductivement un ensemble de vérités reconnues. Ainsi, dans la mesure où la postulation d'un domaine d'individus (par exemple, un axiome de l'infini) a une utilité en tant que moyen d'organiser déductivement les vérités reconnues des mathématiques, elle hérite également d'une certaine plausibilité et mérite donc d'être « détachée » et affirmée comme une vérité à part entière. La méthode « régressive » de Russell élevait donc les axiomes d'existence au rang d'assertions justifiées, et en faisait plus que de simples « hypothèses » à utiliser comme antécédents de conditionnels (dont les conséquents sont des propositions dont la preuve requiert leur utilisation). Il semble donc y avoir une tension entre l'adoption par Russell de la méthode « régressive » en mathématiques et la partie de son logicisme (suggérée par les remarques qu'il a faites dans la deuxième édition des *Principia* [74]) qui considérait les

72. *Cf.* Russell, 1903, section 5, chap. 1.
73. *Cf.* introduction à Russell, 1903 (2e édition) et Russell, 1919.
74. Russell et Whitehead, 1910.

axiomes d'existence (et, en particulier, son axiome de l'infini) comme de simples hypothèses à placer dans les antécédents des conditionnels.

Mais s'il y avait des différences entre Russell et Frege en ce qui concerne la nature et la justification des lois fondamentales de la pensée mathématique, il y avait entre eux un accord substantiel sur la nature de l'inférence mathématique. En particulier, ils étaient d'accord sur le fait que les inférences mathématiques doivent toutes avoir un caractère strictement logique et que ceci est nécessaire pour satisfaire aux exigences de la rigueur.

Il n'est cependant pas toujours facile de voir les similitudes entre leurs points de vue, car ils utilisaient des définitions différentes de l'analyticité et de la synthéticité. Pour Frege, une inférence synthétique était une inférence dans laquelle la conclusion ne pouvait pas être extraite des prémisses par un quelconque redécoupage de leur contenu, mais nécessitait plutôt quelque chose comme une infusion d'intuition afin de connecter la conclusion avec les prémisses. Pour Russell, en revanche, une inférence était synthétique, et donc épistémiquement productive (au moins de manière minimale), si sa conclusion constituait une *proposition différente* de ses prémisses. Ainsi, de nombreuses inférences que Frege aurait classées comme « analytiques », auraient été classées par Russell comme « synthétiques ».

La norme de synthéticité dans les processus inférentiels proposée par Russell était plus faible que celle proposée par Frege. Par conséquent, de nombreuses inférences satisfaisant à la condition de Russell n'auraient pas satisfait à celle de Frege [75]. En effet, à la lumière de la définition de Russell, même les inférences élémentaires du raisonnement syllogistique, que Frege classait comme analytiques, auraient été considérées comme synthétiques par Russell. Pour Russell, c'était plutôt une bonne chose. En effet, cela lui permettait de relever le défi de Kant d'expliquer la substantialité épistémique du raisonnement mathématique tout en maintenant, en opposition à Kant,

75. Il n'est pas évident que la condition de Russell soit plus faible. En effet, elle n'est pas plus faible du tout si l'on adopte un critère d'individuation des propositions suffisamment rigide. Par exemple, si l'on devait adopter un critère d'individuation qui ferait que toutes les phrases logiquement équivalentes expriment la même proposition, alors le critère de Russell deviendrait considérablement plus exigeant qu'il ne le souhaitait. De plus, les problèmes s'intensifient au fur et à mesure que la notion d'équivalence logique s'élargit. Ainsi, pour le logiciste, qui a besoin d'une conception très large de l'équivalence logique, un critère d'identité propositionnelle qui identifie des propositions logiquement équivalentes rendrait pratiquement impossible le succès d'une norme de productivité épistémique inférentielle comme celle de Russell. Russell n'a pas explicitement proposé de norme d'individuation des propositions dans sa discussion sur l'inférence synthétique, mais ses remarques suggèrent qu'il n'aurait pas accepté une norme qui implique l'identité de phrases logiquement équivalentes (du moins pour toute conception large de l'équivalence logique).

que les inférences impliquées dans un tel raisonnement sont de nature purement formelle et logique et ne font pas appel à l'intuition [76]. Si l'accroissement de la connaissance par inférence consiste essentiellement à obtenir ainsi un jugement justifié dont le contenu propositionnel est simplement distinct de celui des jugements précédemment justifiés, alors même des inférences logiques très élémentaires peuvent être épistémiquement productives.

La « logicisation » de l'inférence mathématique n'avait donc, selon Russell [77], rien à craindre sur le plan épistémique. Ce qui avait empêché les générations précédentes de penseurs, et en particulier Kant, de l'adopter était simplement l'état relativement pauvre de la logique avant la fin du XIXe siècle. L'ancienne logique, avec son maigre stock de formes sujet-prédicat, était inadaptée aux richesses du raisonnement mathématique, mais la nouvelle logique, avec sa solide conception fonctionnelle de la forme, avait changé tout cela. Avec son aide, le raisonnement mathématique pouvait enfin être logicisé dans son intégralité, et « une réfutation finale et irrévocable » [78] de la doctrine kantienne selon laquelle l'inférence mathématique fait appel à l'intuition pouvait être donnée.

Contrer efficacement la conception kantienne de l'inférence mathématique comme reposant sur l'intuition était donc un élément important des programmes logicistes de Frege et de Russell. Ils semblaient croire que cela pouvait être accompli simplement en dérivant de grands ensembles de théorèmes mathématiques à partir d'axiomes spécifiés par des moyens purement logiques. À la réflexion, cependant, cela semble être erroné. Kant a sans doute sous-estimé le pouvoir de l'inférence logique. Son point principal, cependant, n'était pas qu'il existe des preuves mathématiques qui n'ont aucun équivalent logique. Il était plutôt que de telles contreparties, même si elles existaient, ne préserveraient pas les caractéristiques épistémologiquement essentielles des preuves mathématiques dont elles sont les contreparties « logicisées ».

Contre ce point essentiellement épistémologique, des tours de force détaillés (par exemple les *Grundgesetze* de Frege et les *Principles of Mathematics* et les *Principia Mathematica* de Russell) qui situent les contreparties logiques des preuves mathématiques même sur une plus grande échelle, ne peuvent avoir que peu d'effet. En effet, il ne s'agit pas

76. *Cf.* Russell, 1905.
77. *Cf.* Russell, 1903, p. 4.
78. *Ibid.*

d'affirmer qu'il n'existe pas de contreparties, mais plutôt qu'elles sont des substituts épistémologiquement inadéquats aux preuves mathématiques qu'elles doivent remplacer.

En résumé, revenons à notre affirmation initiale selon laquelle le logicisme de ce siècle est né de deux sources très différentes, à savoir la découverte des géométries non euclidiennes et le développement de la logique symbolique. Le logicisme de Frege devait l'essentiel de sa motivation et de son caractère à la première, tandis que celui de Russell était dû principalement à la seconde. C'est la raison fondamentale pour laquelle le logicisme de Frege, contrairement à celui de Russell, a pu préserver un degré remarquable de fidélité aux préceptes de l'épistémologie kantienne.

Frege n'était cependant pas d'accord avec la conception idéaliste de la faculté de raison proposée par Kant [79]. Pour obtenir une description réaliste, pourtant, il devait faire entrer les bonnes sortes d'objets dans le tableau. Ils devaient être indépendants de l'esprit humain afin d'assurer l'objectivité de l'arithmétique ; mais ils devaient aussi être intimement liés à l'opération de base de l'esprit humain afin d'éviter un appel à l'intuition et ainsi expliquer la plus grande prévalence de l'arithmétique par rapport à la géométrie. Sa solution était l'objet logique, dont la ur-forme était la classe en tant que concept-extension. Par sa relation essentielle avec les concepts, il pouvait être rapproché de la raison. Mais grâce à l'objectivité des concepts, il pouvait aussi être rendu objectif.

L'idée de Frege de donner un traitement réaliste plutôt qu'idéaliste à la faculté de la raison kantienne a achoppé sur le paradoxe de Russell. La réaction de Russell à son paradoxe a été assez différente. Loin de l'amener à abandonner le logicisme, il l'a plutôt conduit à chercher une autre base pour celui-ci – une base méthodologique dont le principe principal était la poursuite de la généralité maximale dans l'entreprise de théorisation, y compris la théorisation mathématique [80]. Juxtaposé à sa conviction que les affirmations mathématiques expriment des généralisations, ce principe l'a conduit de manière naturelle à une conception logiciste des mathématiques. En fin de compte, cependant, le paradoxe de Russell s'est avéré être un obstacle presque aussi grand pour le logicisme de Russell que pour celui de

79. *Cf.* la remarque citée précédemment de Frege, 1884, section 105, p. 14 pour une expression de ceci.

80. Nous devons laisser pour une autre fois l'explication de la différence avec la conception kantienne de la raison comme un idéal régulateur qui nous conduit à une généralité (c'est-à-dire une unité) toujours plus grande dans nos jugements.

Frege. En effet, de même que Frege n'a pas pu trouver le moyen d'intégrer des classes qui ne descendent pas des concepts dans son logicisme réaliste d'objets logiques donnés directement à la raison, de même Russell n'a pas pu trouver un moyen satisfaisant de justifier les lois affirmant l'existence de telles classes comme des lois véritablement logiques.

2.2 *L'intuitionnisme*

Comme le logicisme de Frege, l'intuitionnisme du début du XXe siècle était aussi dominé par (i) l'idée que ce que l'esprit produit purement de lui-même ne peut lui être caché ; et (ii) la conviction que l'existence des géométries non euclidiennes révèle des différences épistémologiques importantes entre la géométrie et l'arithmétique. Il semble que les prédécesseurs directs des intuitionnistes aient été Gauss et Kronecker, qui ont interprété la découverte des géométries non euclidiennes différemment de Frege. En effet, alors que Frege a proposé une modification réaliste du principe de création afin de rendre compte des différences apparentes entre arithmétique et géométrie mises en lumière par la découverte de la géométrie non euclidienne, Gauss et Kronecker, et les intuitionnistes après eux, ont interprété la différence entre arithmétique et géométrie à la lumière du principe de création (c'est-à-dire le principe (i) ci-dessus) dont ils ont adopté une lecture idéaliste.

Ainsi, plutôt que de maintenir la conception kantienne de la géométrie comme étant synthétique *a priori*, et d'essayer d'expliquer la différence entre géométrie et arithmétique en établissant l'arithmétique comme analytique, les premiers intuitionnistes ont rejeté la conception kantienne de la géométrie. Ils ont proposé d'expliquer les différences entre arithmétique et géométrie en considérant la première comme *a priori* et la seconde comme *a posteriori*. Comme l'ont souligné Gauss et Kronecker, l'arithmétique est un pur produit de l'intellect humain, tandis que la géométrie est déterminée par des éléments externes à l'intellect humain [81]. Plusieurs

81. La lectrice se souviendra de la fameuse remarque de Kronecker en 1886 selon laquelle si Dieu a fait les nombres entiers, tout le reste est l'œuvre de l'homme (« *Die ganzen Zahlen hat der liebe Gott gemacht, alles andere ist Mensckenwerk* »). Comment réconcilier ce Kronecker et le Kronecker qui accepte l'idée de Gauss que les nombres sont le produit de l'intellect humain mais la géométrie ne l'est pas ? La réponse semble être dans une distinction que fait Kronecker entre l'arithmétique en un sens « étroit » et l'arithmétique en un sens « large ». Le premier désigne l'arithmétique des nombres naturels, et le second inclut l'algèbre et l'analyse (*cf.* Kronecker, 1887, p.265). Une résolution de cet apparent conflit peut être obtenue en prenant le travail de Dieu comme étant l'arithmétique au sens étroit, et en prenant le « tout le

années plus tard, Weyl a repris les mêmes idées en remarquant que « les nombres sont, dans une mesure bien plus grande que les objets et les relations de l'espace, un libre produit de notre esprit, et, par conséquent, transparents à notre esprit » [82].

Brouwer a également exprimé des idées similaires, en identifiant la cause première de l'effondrement de l'intuitionnisme depuis l'époque de Kant [83] comme étant la réfutation de sa croyance en une intuition *a priori* de l'espace par la découverte des géométries non euclidiennes. Cependant, il prônait en même temps une adhésion ferme à une intuition *a priori* du temps, et a même soutenu qu'à partir de cette intuition, il était possible de recouvrir un système de jugements géométriques via l'« arithmétisation » de la géométrie de Descartes. Il a considéré que « l'intuition primordiale du temps » – qu'il décrivait comme la dissolution d'un moment de vie en une partie qui s'évanouit et une partie qui devient – comme le « phénomène fondamental de l'intellect humain » [84]. De cette intuition, il est possible de passer, par un processus d'abstraction, à la notion de « dyade pure » (*bare two-oneness*), que Brouwer considérait comme le concept de base de toutes les mathématiques. La reconnaissance additionnelle par l'intellect de la possibilité de continuer indéfiniment ce processus l'amène ensuite aux ordinaux finis, au plus petit ordinal transfini et finalement à l'intuition du continuum linéaire (c'est-à-dire à cette pluralité unifiée des éléments qui ne peuvent être pensés comme une simple collection d'unité, puisque la relation d'interposition qui les unit n'est pas épuisée par la seule interposition des unités). De cette manière, pour Brouwer [85], d'abord l'arithmétique puis la géométrie (quoique seulement la géométrie analytique), par la réduction de cette dernière à la première par le calcul des coordonnées de Descartes [86], en venaient à être qualifiées de synthétiques *a priori* [87].

reste » de la remarque de Kronecker comme se référant non pas à la géométrie, la mécanique, et autres, mais à l'arithmétique au sens large.

82. Weyl, 1949 p. 22.

83. *Cf.* Brouwer, 1912.

84. *Ibid.*, p. 43.

85. *Ibid.*, p. 44-45.

86. NdT : l'original indiquait « via reduction of the former to the latter through Descartes' calculus of coordinates », ce qui nous a semblé être une coquille.

87. Poincaré, 1902, un autre constructiviste de la première heure, sur lequel nous reviendrons plus tard, s'éloigne à la fois de Kant et des autres constructivistes sur ce point. Il a maintenu que « [l]es axiomes géométriques ne sont [...] ni des jugements synthétiques *a priori* ni des faits expérimentaux. Ce sont des conventions [...] des définitions déguisées » (voyez Poincaré, 1902, part. II, chap. 3, section 10). Pour une présentation (pas

Les premiers intuitionnistes ont donc conservé un semblant d'adhésion à la croyance kantienne en l'a prioricité synthétique de la connaissance arithmétique, tout en reniant sa croyance en l'a prioricité de notre connaissance des caractéristiques de base de l'espace visuel. Ils étaient aussi résolument kantiens dans leur conception de l'inférence mathématique. Poincaré et Brouwer, en particulier, y ont porté une attention particulière [88]. En effet, Poincaré, qui a mené un débat bien connu avec Russell au début du XXe siècle [89], a mis au cœur de sa critique du logicisme le rôle de l'inférence logique dans la preuve mathématique. C'est également, en fait, le cas de Brouwer, bien que sa critique ait été dirigée vers l'utilisation du raisonnement logique dans les mathématiques classiques en général, et non pas seulement vers la demande programmatique des logicistes concernant la logicisation de la preuve.

Au cœur de cette conception de la preuve qu'ils ont tous deux critiquée, se trouve une conception de l'évidence – la conception *classique* de l'évidence – qui la voit comme étant essentiellement un moyen de déterminer la valeur de vérité (classique) d'une proposition. De ce point de vue, l'évidence est une commodité relativement « malléable ». Ses effets s'étendent à une variété de propositions autres que celles qui forment son contenu direct. Cela résulte de la soumission d'une évidence à une analyse logique, qui est utilisée pour extraire de « nouveaux » contenus du contenu original. De cette manière, le pouvoir justificatif que l'évidence a fourni à son contenu peut être transféré au contenu analytiquement extrait. Ainsi, une seule et même évidence peut être utilisée pour identifier la valeur de vérité d'une variété de propositions. De plus, cela est valable malgré l'absence d'analyse parallèle dirigée vers l'évidence elle-même, dont le but est de révéler une partie séparable de l'évidence dont le contenu est précisément le nouveau contenu produit par l'analyse de son contenu. Du point de vue classique, donc, le contenu prépositionnel d'une évidence peut être « détaché » de l'évidence elle-même. En appliquant l'analyse logique à ce contenu « détaché », on peut alors transférer la garantie qui lui est attachée à toute nouvelle proposition extraite au moyen de cette analyse.

tout à fait exacte, de mon point de vue) de certaines des autres différences, voyez Brouwer, 1981, 2-4.

88. Poincaré, 1902, ainsi que Borel et Lebesgue, étaient qualifiés de « pré-intuitionnistes » dans Brouwer, 1981, p. 2-3. Pour ce qui nous concerne, les supposées différences entre « pré-intuitonnisme » et « intuitionnisme » ne sont pas importantes.

89. Voyez *Revue de métaphysique et de morale* 14, p. 17-34, p. 294-317, p. 627-650, p. 866-868 ; 17, p. 451-482 ; 18, p. 263-301 ; Russell, 1905, p. 412-418, 15, p. 141-143.

Brouwer et Poincaré ont tous deux réagit vivement à cette vision de l'inférence. La réaction de Brouwer était basée sur l'idée que la connaissance mathématique est essentiellement un produit de l'expérience introspective [90]. L'extension ou le développement d'une telle connaissance ne peut donc pas procéder par extrapolation logique de son contenu, puisqu'une telle extrapolation ne garantit pas une extension similaire de l'expérience ayant un contenu extrapolé similaire. L'extension de connaissances véritablement mathématiques demande donc l'extension de l'expérience mathématique servant d'évidence pour un contenu donné dans une expérience mathématique d'un autre contenu. (Ici, l'expérience est comprise de sorte à ce qu'elle puisse servir d'évidence pour un contenu donné seulement si son propre contenu est ce contenu-là.) Autrement dit, l'inférence ne doit pas être vue comme une question d'extraction logique de nouveaux contenus à partir d'anciens contenus et, de là, de transfert de garantie de l'ancien au nouveau. Il faut plutôt la voir comme un processus de *transformation basée sur l'expérience* d'une construction introspective ayant un certain contenu, en une construction introspective en ayant un autre.

Brouwer affirmait donc qu'il n'est jamais possible de « déduire un état *mathématique* des choses » [91] au moyen d'une *inférence logique* [92]. Il a rappelé cette idée dans son *Premier acte de l'intuitionnisme*, dans lequel il a déclaré que les mathématiques devraient être complètement séparées « du langage mathématique, en particulier des phénomènes de langage que décrit la logique théorique, et reconnaît que la mathématique intuitonniste est une activité de l'esprit essentiellement sans langage, qui prend son origine dans la perception d'un coup de temps » [93].

Brouwer adhérait donc à une conception essentiellement kantienne du raisonnement mathématique selon laquelle l'extension de la connaissance mathématique par inférence demande le développement d'une nouvelle

90. Voyez Brouwer, 1948, p. 488.

91. Voyez Brouwer, 1954, p. 524, je souligne.

92. Comme il l'a indiqué ailleurs, c'est une erreur de croire que

> la possibilité d'étendre notre connaissance du vrai par le processus mental de la pensée, en particulier de la pensée accompagnée par des opérations linguistiques indépendantes de l'expérience et qu'on nomme « raisonnement logique »; processus visant à ajouter un grand nombre de vérités nouvelles à un stock limité d'assertions vraies « en vertu de l'évidence », fondées surtout sur l'expérience et parfois nommées *axiomes*. (Brouwer, 1955, p. 113, trad. fr. Largeault, 1992, p. 460)

93. Brouwer, 1981, p. 4, trad. fr. Largeault, 1992, p. 449.

intuition sous-tendant cette inférence. Poincaré a également adopté une telle conception de l'inférence, mais différente de celle de Brouwer sous certains aspects. Selon lui [94], le raisonnement mathématique possède une « sorte de vertu créative » par laquelle ses conclusions dépassent ses prémisses, d'une manière que n'ont pas les inférences logiques, dont les conclusions ne dépassent pas les prémisses. Ainsi, une inférence logique d'une proposition mathématiquement connue, bien qu'elle puisse produire une *sorte* d'extension de cette connaissance, ne produira toutefois typiquement pas d'extension du contenu véritablement mathématique ainsi représenté. En résumé, pour que la connaissance mathématique de p soit étendue à la connaissance mathématique de q, il n'est pas suffisant que p soit vue comme logiquement implicant q. Il faut plutôt que p soit vue comme mathématiquement différente de q et impliquant *mathématiquement* q [95]. Autrement dit, le « déplacement » des prémisses à la conclusion d'une inférence mathématique est un cas de compréhension jointe des prémisses et de la conclusion par un « universel » mathématique commun, qui est vu comme persistant dans les « différences » à travers lesquelles il se « déplace ».

Pour Poincaré, donc, le raisonnement mathématique consistait en la synthèse de différentes propositions en une seule structure ou architecture spécifiquement mathématique. Ainsi, comme avec Brouwer, nous retrouvons avec Poincaré une conception du raisonnement mathématique qui contraste nettement avec la conception logiciste.

Les conceptions du raisonnement ou de l'inférence mathématique de Brouwer et Poincaré sont donc kantiennes dans le sens où ils rejettent l'idée qu'une véritable inférence mathématique puisse être logique. Il s'agit toutefois également d'une modification des idées de Kant. En effet, Kant a suggéré [96] que par un raisonnement véritablement mathématique, à partir d'un ensemble donné de prémisses, il est possible d'obtenir des conclusions qui sont en fait *inatteignables* par un raisonnement purement logique (c'est-à-dire purement analytique ou discursif) à partir des mêmes prémisses. Une telle idée ne semble toutefois pas du tout figurer dans les arguments de Poincaré et Brouwer [97]. Ce sur quoi ils insistent, c'est la

94. Poincaré, 1902, p. 32.

95. Poincaré, 1908, livre II, chap. 2, section 6; Poincaré, 1905, chap. 1, section 5.

96. Kant, 1787, p. 741-746.

97. Bien sûr, Brouwer pensait qu'il peut y avoir des différences significatives entre les classes de théorèmes prouvables par les moyens de la logique classique à partir d'un ensemble donné S de propositions, et ceux prouvables à partir de S par les moyens du raisonnement

différence de *qualité épistémique* entre les raisonnements mathématique et logique – une différence qui, pour eux, persisterait même si les deux types de raisonnement pouvaient être prouvés équivalents du point de vue des résultats. Cette insistance sur la qualité épistémique reposait sur leur croyance en une différence entre la condition épistémique de celui dont le raisonnement est fondé sur les étapes topiquement neutres d'une inférence logique, et celui dont l'inférence repose sur les connaissances topiquement spécifiques du sujet mathématique en question. Un raisonnement de cette dernière sorte présuppose une connaissance de l'« architecture » locale d'un sujet. Ce n'est pas le cas d'un raisonnement de la première sorte. Pour utiliser la métaphore de Poincaré, la différence est (i) comme celle entre un écrivain qui n'a qu'une connaissance de la grammaire et un écrivain qui a aussi une idée pour une histoire [98] ; ou (ii) comme celle entre un joueur d'échec qui ne connaît que les combinaisons autorisées et un joueur qui a aussi une compréhension tactique du jeu [99].

Les intuitionnistes étaient donc en désaccord avec les logicistes sur la nature du raisonnement mathématique. Par ailleurs, le cœur de leur désaccord n'était pas une dispute concernant quelle logique serait la bonne logique, mais une différence plus profonde concernant le rôle que *n'importe quelle* inférence logique – classique ou non – doit jouer dans un raisonnement mathématique. Autrement dit, ils étaient divisés sur la question kantienne du rôle indispensable que l'intuition pourrait avoir à jouer dans l'inférence mathématique. Les intuitionnistes étaient du côté de Kant et affirmaient que c'est le cas. Les logicistes soutenaient le contraire [100].

mathématique intuitionniste. Toutefois, il n'aurait pas soutenu la même chose pour les théorèmes prouvables par la logique intuitionniste à partir de S et ceux prouvables par un véritable raisonnement mathématique. Quoi qu'il en soit, il voyait une différence importante entre prouver des théorèmes par des moyens véritablement mathématiques et les prouver par la logique intuitionniste. En effet, un thème central de sa critique des mathématiques classiques est que le raisonnement mathématique est distinct du raisonnement logique en général, et non pas seulement du raisonnement logique *classique*. À ce sujet, voyez Detlefsen, 1990a.

98. Voyez Poincaré, 1908, livre II, chap. 2.

99. Voyez Poincaré, 1905, part. I, chap. 1, section V.

100. La conception intuitionniste de l'inférence de Poincaré découle de sa croyance en ce qu'il considérait comme une donnée fondamentale de l'épistémologie mathématique : la condition épistémique d'un agent raisonnant de manière purement logique, qui ne voit rien de l'architecture locale qui crée les « sillons », pour ainsi dire, de l'inférence mathématique, est différente de celle du véritable mathématicien dont les inférences reflètent la compréhension de ces sillons. Brouwer, en fait, partageait cette conception. En effet, il insistait sur le fait que l'inférence logique reflète seulement une saisie des sillons de dynamiques de croyance (*belief-movement*) fournis par la représentation linguistique de la croyance, tandis que l'inférence

Dans l'intuitionnisme de Brouwer, Poincaré et Weyl, on trouve donc une tentative d'élaborer une forme modifiée de l'épistémologie spécifiquement mathématique de Kant. Jusqu'ici, les modifications notées incluent (i) l'abandon de l'utilisation kantienne de l'intuition spatiale comme fondement de la connaissance mathématique ; et (ii) l'extension et l'élaboration de son utilisation de l'intuition temporelle comme base de l'arithmétique (et, en lien, la réduction de la géométrie à l'arithmétique par l'appel à l'« arithmétisation » de la géométrie de Descartes).

Il y a toutefois une modification finale qui doit être signalée. Elle concerne la conception des affirmations d'existence chez les intuitionnistes (en particulier chez Brouwer et chez Weyl). Il s'agit peut-être de la modification la plus significative de toutes, et constitue un déplacement de la conception kantienne des affirmations d'existence et de la connaissance que nous en avons, vers une conception des affirmations d'existence plus proche de celle trouvée chez des idéalistes romantiques post-kantiens comme Fichte, Schelling et Goethe. L'élément non-kantien de base de cette conception est l'introduction d'une forme d'intuition non-sensorielle, purement intellectuelle (*intellektuelle Anschauung*) [101]. Celle-ci a été conçue comme une forme connaissance de soi dont la propriété épistémique clef était son immédiateté – une immédiateté exprimant la préoccupation des idéalistes romantiques vis-à-vis des effets épistémiques de la représentation. Ils considéraient la représentation comme la source élémentaire d'erreur et d'incertitude dans la connaissance et préconisaient donc de l'éviter.

Leur raisonnement était essentiellement kantien. Ils commençaient avec la prémisse kantienne qu'aucune idée ou concept (plus généralement, aucune représentation) ne contient l'être ou l'existence de ce qu'il représente [102], et en concluaient qu'aucun concept ou idée (plus généralement, aucune représentation) ne peut, en soi, entraîner l'existence

véritablement mathématique avance selon les sillons fournis par l'activité constructive qui est elle-même *constitutive* des mathématiques.

101. Il y a toutefois des préfigurations d'une telle notion chez les néo-platoniciens chrétiens (comme Augustin, Boèce et Anselme) et Nicolas de Cues. Ce dernier a même nommé la notion « *visio intellectualis* ». Kant parle également d'une telle notion (Kant, 1787, p. 307, 311-312 ; et Kant, 1900, vol. VIII, p. 389), mais pour lui, seul Dieu pouvait la posséder, pas les humains.

102. Comme l'a écrit Kant (première édition de Kant, 1787, publiée en 1781, p. 639, Kant, 1787, p. 667) :

> De quelque manière que l'entendement soit arrivé à ce concept, l'existence de l'objet n'y peut être trouvée analytiquement, puisque la connaissance de l'existence de l'objet consiste précisément en ce qu'il est posé par lui-même hors de la pensée.

de ce qui tombe sous ce concept. En effet, les représentations ont tendance à seulement augmenter la distance épistémique entre le sujet connaissant et l'objet à connaître, puisqu'elles laissent l'être de l'objet encore à être donné tout en ajoutant la compréhension de la représentation à tout ce qui doit être accompli avant que l'objet ne soit connu.

Ce qui était recherché, donc, c'était une sorte de connaissance sans représentation. Pour le cas paradigmatique d'une telle connaissance, les idéalistes romantiques se sont tournés vers notre connaissance de nos sois volontaire et agissant. Leur modèle pour la connaissance de l'existence est donc devenu la connaissance de soi. Pour savoir que quelque chose existe, le sujet connaissant doit le *vivre* ou l'*être*. Autrement dit, elle doit l'incorporer en elle-même de sorte que sa connaissance de l'existence de cette chose devienne celle de sa connaissance de sa propre existence. Comme l'écrit Schelling [103], « la proposition selon laquelle il y a des choses à l'extérieur de nous ne sera certaine [. . .] que dans la mesure où elle est identique à la proposition J'existe, et sa certitude peut seulement correspondre à elle ce la proposition dont elle dérive ».

Il semble que Brouwer ait adopté cette conception idéaliste romantique de la connaissance de l'existence. Son *Premier acte de l'intuitionnisme* peut en effet être vu comme un appel au sujet connaissant mathématique à se tourner vers lui-même et à éviter la fausse-piste [*indirection*] épistémique de la conception classique des mathématiques et son implication dans la représentation mathématique – c'est-à-dire, le *langage* mathématique [104]. Il nous rappelle ainsi :

> Vous connaissez cette expression très significative « se tourner vers soi » ? Il semble y avoir une sorte d'attention qui est centrée sur vous-même, et qui dans une certaine mesure, est en votre pouvoir. Ce qu'est ce Soi, nous ne pouvons en dire beaucoup plus, nous ne pouvons pas même y réfléchir puisque – comme nous le savons – toute parole et tout raisonnement est une attention à une plus grande distance du Soi. Nous ne pouvons pas même l'approcher par le raisonnement ou les mots, mais seulement en se « tournant vers le Soi » tel qu'il nous est donné. [. . .] Alors vous reconnaîtrez le Libre Arbitraire, dans la mesure où il est libre de se retirer du monde de la causalité et de rester alors libre, obtenant alors une direction définie qu'il suit librement et de manière réversible [105].

103. Voyez Bostock, 1974, p. 344.
104. Le premier acte de l'intuitionnisme nous dit que les mathématiques doivent être « complètement [séparées] du langage mathématique, notamment des phénomènes de langage qui sont décrit par la logique théorique » (Brouwer, 1981, p. 4-5).
105. Brouwer, 1905, p. 2. [Traduction de MD.]

On voit ici clairement l'idée romantique que la représentation entrave la connaissance – une idée qui était exprimée en termes remarquablement similaires par Fichte, qui écrivait :

> Regardez en vous-mêmes. Détournez-vous de tout ce qu'il vous entoure, et vers votre vie intérieure. C'est la première demande que fait la philosophie à ses disciples. Ce qui importe n'est pas ce qui est à l'extérieur de vous, mais seulement ce qui vient de l'intérieur de vous [106].

Bien que nous manquions de place pour présenter l'argument de manière adéquate ici, nous pensons que Brouwer adhérait à cette conception idéaliste romantique de la connaissance son épistémologie mathématique. Il pensait que l'existence mathématique consistait en la construction, que la construction était une sorte d'activité « intérieure » autonome [107] et que le savoir mathématique était donc finalement une sorte de connaissance de soi. Le point clef est bien résumé dans la remarque de Weyl (citée plus haut) que l'arithmétique est une libre création de l'esprit humain et donc lui est particulièrement transparent.

Pour Brouwer, donc les affirmations d'existence devaient être soutenues par la mise en évidence d'objets (du type dont l'existence était affirmée), et celles-ci étaient, au final, des actes de *création* par le sujet mathématique. Il s'éloignait donc de la conception réceptive de notre connaissance des affirmations d'existence de Kant, dont l'idée principale était que les jugements d'existence peuvent être imposés à un agent connaissant passif et ne pas être le produit de sa propre activité créative ou inventive [108].

2.3 La position de Hilbert

Dans le troisième « isme » majeur du début du XXe siècle, le formalisme de Hilbert, nous trouvons une autre forme de kantisme, qui contraste avec la position intuitionniste sur au moins trois aspects. Le premier concerne la conception de notre connaissance des affirmations d'existence. Le second concerne l'importance épistémique accordée à l'intuition spatiale ou quasi-spatiale dans les fondations des mathématiques. Le troisième concerne la distinction entre jugements authentiques et idées régulatrices, qui tient une place de premier plan dans l'épistémologie générale de Kant.

106. Fichte, 1797, p. 422. [Traduction de MD.]
107. « Exister en mathématiques signifie être construit » (Brouwer, 1907, p. 96). « Les mathématiques sont créées par une libre action » (*ibid.*, p. 97).
108. Voyez Detlefsen, 1998 pour une présentation plus détaillée de cette question et d'autres qui lui sont liées.

Comme nous l'avons remarqué précédemment, Brouwer et Weyl concevaient l'acte d'exhibition requis pour la connaissance d'une affirmation d'existence comme étant fondamentalement un acte de création par le sujet produisant l'exhibition. La portée épistémique de cet acte était considérée comme basée sur l'accès particulier à ses créations qu'un sujet créateur est supposé posséder. Cela réduisait la distance entre celui qui produit l'exhibition et l'objet exhibé à la distance entre le sujet volontaire, agissant et lui-même – une distance qui, d'après les idéalistes romantiques, est la distance désirable, optimale et peut-être la seule tolérable à avoir entre le sujet connaissant en mathématiques et les objets de ses jugements existentiels. Toutefois, cela a également créé une asymétrie irréductible entre l'agent exhibant et tous les autres agents vis-a-vis de leur connaissance de l'objet exhibé. En effet, il s'agissait d'une partie essentielle de l'argument intuitionniste – c'est-à-dire que la connaissance mathématique est de fait seulement une connaissance de soi qui possède les qualités épistémiques que l'on souhaite trouver dans la connaissance mathématique.

Hilbert a sciemment adopté un concept de connaissance mathématique qui était plus fidèle à ce qu'il pensait être un idéal d'*objectivité*. Il a rejeté l'attention portée par les intuitionnistes à la vie intérieure et à la connaissance de soi comme étant trop subjective pour être une base sur laquelle fonder la connaissance mathématique. En opposition à l'*individualisme* épistémique des intuitionnistes, Hilbert a opté pour une conception plus *communautaire* de la connaissance mathématique. En effet, il pensait qu'il était de la « tâche de la science de nous libérer de l'arbitraire, du sentiment, de l'habitude, et de nous protéger du subjectivisme [...] qui éclate déjà dans les conceptions de Kronecker, pour atteindre son acmé dans l'intuitionisme » [109].

Ainsi, du point de vue de Hilbert, il devait y avoir un domaine public d'objets auxquels tous les membres de la communauté épistémique humaine (ou du moins humaine scientifique) devaient avoir un accès égal. Hilbert a donc insisté sur le fait que les objets d'intuitions finies devaient être *reconnaissables* [*wiedererkennbar*] [110]. Cela signifiait que ces intuitions pouvaient être reconstituées et confirmées par d'autres intuitions, y compris d'autres intuitions de celui qui exhibe ainsi que des intuitions de sujets qui n'exhibent rien. En conséquence, celui qui exhibe un objet fini n'aurait aucun avantage épistémique essentiel concernant la compréhension de cet objet sur ceux qui ne l'exhibent pas.

109. Hilbert, 1927, p. 158.
110. Hilbert, 1926, p. 171.

Dans le finitisme de Hilbert, donc, la demande « constructiviste » que les objets dont on affirme l'existence soient exhibés était là pour jouer le rôle de sortir l'objet exhibé de la tête de celui qui l'exhibe et le mettre dans le domaine public où celui qui exhibe et ceux qui ne le font pas seraient capables, de la même manière et de manière égale, de juger de cet objet et de ses effets intersubjectivement confirmables. Les exhibitions intuitionnistes et finitistes étaient donc deux choses très différentes. Car, tandis que toute l'intention de la première était d'exploiter le pouvoir épistémique de la relation supposément spéciale d'intimité que le sujet créateur était pensé avoir avec ses propres actes et intentions créatifs, la seconde devait fonctionner comme part d'un schéma de connaissance plus communautaire – un schéma dans lequel celui qui exhibe n'a pas d'avantage épistémique sur les autres. La parité entre celui qui exhibe et celui qui ne le fait pas est le genre de chose nécessaire s'il doit y avoir une coopération épistémique significative entre eux (par exemple, la division du travail épistémique), et s'il doit y avoir une manière de surveiller la qualité de la contribution de chacun. En retour, la coopération épistémique est désirable parce qu'on peut s'attendre à ce qu'à travers elle la quantité totale de connaissance à la disposition d'un membre individuel de la communauté dépasse ce qui peut être obtenu par le membre agissant exclusivement par lui-même [111].

Nous pensons donc qu'il existe de grandes et importantes différences entre les conceptions finitiste et intuitionniste de ce qui doit être accompli par cette exhibition. Et ce à tel point qu'il nous semble qu'il n'y a pas grand chose à gagner à les décrire toutes les deux comme ayant adopté une conception « constructiviste » des affirmations d'existence.

Le second point de contraste entre Hilbert et les premiers constructivistes (que, comme le précédent, nous ne pouvons que mentionner sans développer, ici) concerne les rôles très différents accordés à l'intuition spatiale. Contrairement, à la fois, aux premiers constructivistes (en particulier Kronecker, Brouwer et Weyl) et à Kant, qui tous limitaient l'intuition spatiale à la géométrie, Hilbert a identifié un type d'intuition spatiale qu'il prenait comme base de la connaissance *arithmétique*. C'était la position de ce qu'on appelle son « point de vue finitaire » selon lequel la base de notre connaissance arithmétique (et peut-être aussi géométrique) [112] est une sorte

111. Voyez Detlefsen, 1998 pour une discussion détaillée de cette question.

112. Il est possible qu'il n'existe pas de preuve textuelle conclusive que Hilbert avait l'intention d'utiliser l'intuition finitaire comme fondation pour notre connaissance géométrique et arithmétique. Toutefois, si nous avons raison de penser que c'était l'idée de Hilbert, il aurait

d'intuition *a priori* dans laquelle les aspects (*shapes*) ou formes (*forms*) [*Gestalten*] des signes concrets sont « intuitivement présents, en tant que sensations immédiates précédant toute pensée » [113] et « se présentent à l'intuition en même temps que ces objets, comme quelque chose d'immédiat et qui ne se réduit pas ou n'a pas besoin d'être réduit à quoi que ce soit d'autre » [114].

Hilbert propose donc de remplacer les intuitions *a priori* de l'espace et du temps de Kant, qu'il voyait comme des « âneries anthropologiques » [115], avec une seule intuition qui était pensée comme fournissant un cadre d'aspects ou de formes dans lequel notre expérience des signes concrets était ancrée. Cette intuition, étant « première à » toute pensée comme sa « pré-condition irrémissible » [116], était la source de tout notre savoir *a priori*.

Le troisième principal aspect sur lequel le kantisme de Hilbert contraste avec celui des premiers constructivistes était son utilisation de certains éléments clefs de l'épistémologie générale (en opposition avec celle spécifiquement des mathématiques) de Kant. La distinction de Kant entre les jugements authentiques et les idées régulatrices est particulièrement importante, ici. Hilbert a pris cette distinction comme le modèle de base de sa division des mathématiques classiques en parties *réelles* et *idéales*. Les propositions et preuves réelles étaient pensées comme les jugements authentiques et attestation dont notre connaissance est constituée. Les propositions idéales, par ailleurs, bien qu'elles servent à stimuler et guider le développement de notre connaissance, n'étaient pas considérées comme en faisant partie. Elles ne décrivaient pas des choses qui sont « présentes dans le monde » [117]. Elles n'étaient pas non plus « admissible comme base de notre pensée rationnelle [*in unserem verstandesmäßtigen Denken*] » [118]. Elles correspondaient au contraire aux *idées*, « en entendant au sens de Kant, par idée un concept de la raison qui dépasse toute expérience et qui complète le concret de manière à ce qu'il forme une totalité » [119].

non seulement conçu l'arithmétique et la géométrie comme étant *a priori*, mais il les aurait considérées toutes les deux comme reposant sur la *même* intuition *a priori*.

113. Voyez Hilbert, 1926, p. 376 et Hilbert, 1927, p. 464.

114. Voyez Hilbert, 1926, p. 376, Hilbert, 1927, p. 465. Pour des remarques en ce sens, voyez Hilbert, 1922, p. 163 and Hilbert et Bernays, 1934, p. 32.

115. Hilbert, 1930, p. 385.

116. *Cf.* Hilbert, 1926, p. 376, Hilbert, 1930, p. 383, 385.

117. *Cf.* Hilbert, 1926.

118. Hilbert, 1926, p. 245.

119. *Ibid.*

Les propositions idéales de Hilbert ne doivent donc pas être comparées aux « propositions théoriques » indirectement vérifiables d'une théorie scientifique interprétée de manière réaliste, qui nous sont familières par l'épistémologie de l'empirisme logique. Elles doivent plutôt être interprétées de manière instrumentale, comme ayant la même fonction régulative générale que les idées de raison de Kant. Il est clair que les objets et situations décrits dans les « propositions théoriques » de la science interprétée de manière réaliste ne « transcendent » pas « toute expérience ». C'est le cas, au contraire, des idées de raison de Kant.

Les propositions idéales de Hilbert fonctionnent donc comme des outils régulateurs. Elles « ne prescrivent point de loi aux objets et elles n'expliquent nullement comment on peut en général les connaître et les déterminer comme tels » [120]. Elles ne sont plutôt « que des lois subjectives de cette économie dans l'usage des richesses de notre entendement, qui consistent à en ramener généralement tous les concepts, par la comparaison, au plus petit nombre possible » [121].

Hilbert suit également Kant lorsqu'il maintient que l'utilisation de méthodes idéales doit être *épistémiquement conservative*. C'est-à-dire qu'elles doivent seulement être des moyens plus efficaces de produire des jugements réels qui pourraient toutefois, en principe (bien que moins efficacement), être développés par l'utilisation exclusive des méthodes réelles. Kant l'exprime ainsi :

> Quoi qu'on puisse dire des concepts transcendantaux de la raison : ils ne sont que des idées, nous ne devrons les tenir en aucune façon pour superflus et vains. En effet, si aucun objet ne peut être déterminé par eux, ils peuvent du moins servir à l'entendement, dans le fond et en secret, de canon qui lui permette d'étendre son usage et de le rendre uniforme ; et par là il ne peut connaître d'objet en plus de ceux qu'il connaîtrait au moyen de ses propres concepts, mais il est mieux dirigé et conduit plus avant dans cette connaissance [122].

Il en est de même chez Hilbert. Les méthodes idéales, dit-il, jouent un rôle « indispensable » et « bien justifié » dans « notre *pensée* » [123]. Elles ne peuvent toutefois pas être autorisées à générer des résultats réels qui ne concordent pas avec les préceptes de l'évidence réelle elle-même [124]. Leur rôle est plutôt de nous donner les moyens de retenir dans notre raisonnement ces

120. Kant, 1787, p. 362
121. *Ibid.*
122. Kant, 1787, p. 385.
123. Hilbert, 1926, 372, italiques de Hilbert.
124. Voyez Hilbert, 1926, p. 376, Hilbert, 1927, p. 471.

modèles (*patterns*) d'inférences par lesquels nous menons le plus facilement et efficacement nos activités inférentielles [125].

Ces modèles sont ceux de la logique classique. Ainsi, lorsque Hilbert introduit ce qu'il appelle les éléments idéaux, c'est au final pour préserver la logique classique comme la logique de notre raisonnement mathématique. L'introduction des méthodes idéales a été rendue nécessaire par l'existence de certaines propositions réelles (que Hilbert appelle des propositions réelles *problématiques*) qui ne respectent pas les principes de la logique classique. Cela signifie que lorsque ces propositions sont manipulées par les principes de la logique classique, elles produisent des conclusions qui ne sont pas des propositions réelles [126]. Ainsi, Hilbert considère qu'il est nécessaire d'ajouter des propositions *idéales* pour obtenir un système qui contienne les vérités réelles et, en même temps, dont la logique soit la logique classique. Il considère aussi qu'il s'agit de la modification minimale des mathématiques réelles nécessaire pour les ramener à leur état épistémiquement optimal de logique classique [127].

Toutefois, en restaurant ainsi le raisonnement mathématique à son état de logique classique, Hilbert a observé que les opérateurs logiques ne pouvaient plus être conçus et utilisés de manière sémantique ou contentuelle comme expressions pour les opérations sur les propositions significatives. Elles étaient plutôt utilisées de manière purement syntactique comme faisant partie d'un outillage calculo-algébrique pour manipuler les formules. D'après lui :

125. Voyez Hilbert, 1926, p. 379, Hilbert, 1927, p. 476.

126. Les équations à variable libre de l'arithmétique et les combinaisons prépositionnelles formées à partir d'elles sont des exemples de propositions réelles non-problématiques. Les phrases de cette classe peuvent être manipulées selon toute la gamme d'opérations de la logique classique sans sortir des réelles. Hilbert propose les exemples suivants de propositions réelles problématiques : (i) pour tous les entiers non négatifs a, $a + 1 = 1 + a$; et (ii) il existe un nombre premier plus grand que g mais plus petite que $g! + 1$ (où g est le plus grand entier connu pour le moment). (i) est considérée problématique parce que sa négation échouait à borner la recherche d'un contre-exemple à $a + 1 = 1 + a$. Ainsi, sa négation n'est pas une proposition réelle et donc la loi du tiers-exclu ne peut être appliquée à (i), la rendant problématique. De la même manière, (ii) implique classiquement « il existe un nombre premier plus grand que g », qui n'est pas considérée comme une proposition réelle puisqu'elle ne donne pas de borne pour la recherche de nombre premier dont elle affirme l'existence. Et par définition de g (comme étant le plus grand nombre premier connu), une telle limite serait au-delà de ce qui est connu. Donc, (ii) est aussi vue comme menant à des conclusions non-finitaires lorsqu'on la manipule selon les règles de la logique classique et est donc problématique. Nous ne sommes pas sûrs que le raisonnement de Hilbert sur ce dernier cas soit vraiment capable de supporter cette conclusion. Nous estimons toutefois que cela ne menace pas la pertinence de sa distinction entre réelles problématiques et non-problématiques.

127. Voyez Hilbert, 1926, p. 376-379, Hilbert, 1927, p. 469-471.

> nous avons introduit les propositions idéales qui doivent avoir pour effet de rétablir en bloc la validité des lois usuelles de la logique. Mais comme les propositions idéales, à savoir les formules, n'ont aucun sens pour autant qu'eles n'expriment pas des assertions finitistes, les opérations logiques ne peuvent pas s'appliquer à elles sous le rapport du cotenu comme c'est le cas lorsqu'il s'agit des propositions finitistes. Il devient donc nécessaire de formaliser ces opérations logiques et aussi les démonstrations mathématiques elles-mêmes ; cela requiert une transposition des relations logiques en formules. Pour l'effectuer, nous ajouterons aux signes mathématiques des signes logiques tels que [128]
>
> | &, | ∨, | →, | – |
> |---|---|---|---|
> | et | ou | implique | non |

On trouve donc ici une étape finale d'abstraction de la signification dans les mathématiques idéales de Hilbert – c'est-à-dire l'abstraction des significations des constantes logiques. Cela a été rendu nécessaire par la décision de préserver les lois psychologiquement naturelles de la logique classique comme lois du raisonnement mathématique. Cette décision, pour sa part, résultait de l'effort pour préserver le « canon » le plus efficace qui nous soit disponible pour le développement de nos jugements mathématiques réels. Finalement, donc, ce « formalisme » de Hilbert, avec son abstraction radicale de la signification, est dérivé de sa conception kantienne de la distinction entre propositions réelles et idéales, selon laquelle il concevait la valeur cognitive ou épistémique des éléments idéaux comme résidant dans leur utilité comme instruments pour étendre nos jugements réels.

Toutefois, c'est aussi très certainement cette même abstraction radicale de la signification qui a mené tant d'auteurs à la tentation de décrire à tort la position de Hilbert comme une position *formaliste* dans le sens où l'on voit les mathématiques comme un « jeu » de symboles. Il est vraisemblable que l'idée derrière cette métaphore d'un « jeu » est que lorsque l'on élimine toute trace de sens, comme dans la conception hilbertienne des mathématiques idéales, les mathématiques finissent par devenir une activité de manipulation symbolique conduite selon certaines règles – règles qui, de plus, ne répondent à rien d'aussi sérieux qu'un souci de vérité objective, mais seulement à des préoccupations moins importantes comme un désir subjectif ou psychologique d'unité logique dans notre pensée. Même un commentateur aussi bien placé et avisé que Weyl a fini par succomber à

128. Hilbert, 1926, p. 233.

la tentation de décrire les idées de Hilbert en ces termes [129]. À notre avis, cependant, une telle interprétation ne parvient pas à prendre en compte à la fois l'épistémologie globale kantienne de Hilbert et certaines remarques assez spécifiques qu'il a lui-même faites au sujet du caractère syntactique du raisonnement idéal. Ainsi, bien que nous ne voyions pas de raison de refuser le titre de formalisme à la position de Hilbert, nous voudrions tout de même insister sur le fait qu'il s'agit d'un formalisme d'un genre bien différent du formalisme « jeu-de-symboles ». Hilbert a clairement présenté sa position dans la remarque suivante :

> Ce jeu de formules, que Brouwer toise de si haut, possède, outre sa valeur mathématique, une portée philosophique générale. Car il s'effectue selon certaines règles déterminées dans lesquelles s'exprime *la technique de notre pensée*. Ces règles forment un système fermé qu'il est possible de découvrir et de décrire définitivement. L'idée maîtresse de ma théorie de la démonstration n'est rien d'autre que de dépeindre l'activité de notre intelligence, de dresser un inventaire des règles suivant lesquelles notre pensée fonctionne réellement. La pensée est parallèle à la langue et à l'écriture, elle prcède en formant et en alignant des phrases à la suite. S'il y a quelque part une collection d'observations et de phénomènes qui mérite de devenir l'objet d'une étude sérieuse et approfondie, c'est bien le cas ici [130].

Cela suggère que les règles de ce soit-disant « jeu » du raisonnement idéal ne sont rien d'autre que les lois basiques de la pensée humaine. Le cœur de la théorie de la preuve de Hilbert, et le cœur du « formalisme » de sa pensée plus tardive, était donc la conviction qu'une grande partie de la pensée mathématique humaine possède, fondamentalement, un caractère formel-algébrique ou syntactique. En effet, comme il l'a remarqué ailleurs, l'usage dans la pensée mathématique, et dans la pensée scientifique en général, est de mettre « en application les processus formels de pensée [*formaler Denkprozesse*] et les méthodes abstraites » [131]. En fait, il a remarqué que

> Même dans la vie de tous les jours, nous utilisons des méthodes et des constructions conceptuelles qui requiert un haut degré d'abstraction, et qui ne deviennent intelligibles qu'au moyen d'une application inconsciente de la méthode axiomatique. Citons en exemple le processus général de négation et le concept d'infini [132].

Ce qui émerge de tout cela, c'est un formalisme orienté de manière idéaliste, dont le but est de localiser et défendre les « formes » basiques de la pensée

129. Weyl, 1944, p. 640.
130. Hilbert, 1927, p. 475 (italiques de Hilbert).
131. Hilbert, 1930, p. 158.
132. *Ibid.*

humaine (comme outil régulateur sûr). Ces formes de pensée, qui peuvent être vues comme *théorie-formes*, représentent des communautés de formes de niveau supérieur que notre pensée partage sur une vaste variété de sujets. Il est moins clair si, lorsqu'il parlait des « techniques de notre pensée » comme étant exprimables dans un « système clos » de règles qui peuvent « être découvertes et définitivement énoncées » [133], Hilbert faisait référence à un seul système de règles donnant une algèbre générale de la pensée, ou s'il pensait à une pluralité de différentes théorie-formes, dont le dépositaire sont les mathématiques classiques. Dans tous les cas, toutefois, on obtient un formalisme dont les formes sont fondamentalement des formes de *pensée* – formes de pensée qui, de plus, malgré leur caractère syntactique, ne sont pas moins des expressions profondes de la nature du raisonnement humain et donc bien plus qu'un simple « jeu » de symboles.

Pour Hilbert, donc, les méthodes idéales de pensée constituaient un moule logique aux contours duquel nos esprits sont formés dans leurs relations inférentielles. Cela rend leur utilisation attrayante, si ce n'est inévitable. Mais attrayante ou pas, la légitimité du raisonnement idéal dépend toujours de la satisfaction d'une certaine condition – à savoir sa cohérence ou, plus spécifiquement, sa *cohérence finitairement démontrable avec des propositions finitairement prouvables* [134]. Cependant, comme nous le savons bien, c'est précisément la satisfaction de cette demande, qui est

133. Hilbert, 1927, p. 475.

134. Pour être plus exact, ce qui était proscrit était l'utilisation de méthodes idéales qui entrent en conflit avec les méthodes réelles dans le sens où elles génèrent des théorèmes réels qui sont *réfutables* par des moyens finitaires. Nous appellerons ceci « cohérence réelle ». Cela peut indiquer une différence entre Kant et Hilbert. En effet, alors que Kant voulait proscrire toute utilisation de la raison qui transcende ce qui peut être déterminé par les sens, Hilbert de son côté semble être principalement intéressé par la proscription des utilisations du raisonnablement idéal qui sont réfutables par le raisonnement finitaire. Ce qu'il aurait dit de théorèmes réels prouvés idéalement mais qui ne sont ni prouvables ni réfutables par des moyens finitaires est moins clair. Il est aussi important de noter, en lien avec ceci, qu'il existe une asymétrie entre les phrases d'observation d'une science empirique et les phrases réelles de Hilbert. Cette asymétrie se trouve dans le fait que les phrases d'observation doivent, par leur définition même, être décidables par l'évidence observationnelle. Les phrases réelles, en revanche, ne sont pas conçues comme étant nécessairement décidables par des moyens finitaires ou réels. Ainsi, bien qu'il soit possible de passer de la demande qu'aucune conséquence observationnelle d'une théorie empirique ne soit réfutable par l'observation à la demande que toute conséquence observationnelle soit vérifiable par l'observation, il n'est pas possible de passer de la même manière de la demande qu'aucun théorème réel idéalement prouvable ne soit réfutable par des moyens réels à la demande que tout théorème réel prouvable par des moyens idéaux soit prouvable par des moyens réels. À ce sujet, voyez Detlefsen, 1990b.

remise en question par la découverte par Gödel de ses célèbres théorèmes d'incomplétude en 1931 [135].

Les preuves de ces théorèmes utilisent une technique (communément appelée « arithmétisation » des métamathématiques) pour représenter les concepts et propositions des métamathématiques d'un système formel donné **T** [136] dans la portion d'une théorie formelle de l'arithmétique qui contient la théorie élémentaire des opérations récursives sur les nombres naturels. Pour nos besoins présents, la propriété importante de cette partie de l'arithmétique est qu'elle paraît être contenue dans ce que Hilbert considérait étant la partie *finitaire* de la théorie des nombres. Pour cette raison, elle paraît aussi être contenue dans ces théories idéales des mathématiques classiques que Hilbert souhaitait défendre comme étant légitimes.

Ce que Gödel est parvenu à prouver est tout d'abord que pour tout système formel **T** contenant le fragment élémentaire de l'arithmétique mentionné ci-dessus, si **T** est cohérent, alors il existe un énoncé G dans le langage de **T** tel que ni G ni ¬G ne sont un théorème de **T**. En utilisant la preuve de son *premier théorème d'incomplétude*, Gödel a ensuite pu prouver un *second théorème d'incomplétude* en formulant dans **T** un énoncé Con_T dont on peut dire qu'il exprime l'affirmation que **T** est cohérent, et dont on peut prouver qu'il n'est pas prouvable dans **T** si **T** est cohérent. De ce second théorème, et de la supposition que **T** contient l'arithmétique finitaire, il est alors conclu que la cohérence de **T** n'est pas prouvable par des moyens finitaires. De cette conclusion, on peut alors inférer qu'aucun système **I** de mathématiques idéales contenant **T** est tel que sa cohérence réelle peut être prouvée par des moyens finitaires. Et finalement, de cela, on peut conclure que la défense du raisonnement idéal dans les mathématiques classiques que souhaitait Hilbert ne peut être menée à bien.

Au début, Gödel a gardé ses distances avec cette conclusion, soutenant (avec une prudence caractéristique) que son second théorème ne « contredit pas le point de vue formaliste de Hilbert » puisque « il est concevable qu'il existe des preuves finitaires qui ne *peuvent pas* être exprimées » dans les systèmes classiques pour lesquels il a été prouvé que le théorème est valide [137]. Toutefois, il a finalement été persuadé par Bernays que ses réserves n'étaient pas justifiées, et a alors accepté de voir son second

135. Gödel, 1931.

136. La propriété essentielle d'un système formel pour les objectifs de cette discussion est que son ensemble de théorèmes est récursivement énumérable.

137. Gödel, 1931, p. 615

théorème comme réfutant effectivement le programme de Hilbert tel qu'il avait été initialement conçu [138].

3 LA PÉRIODE TARDIVE

Cela complète notre discussion des développements de la première période. Nous nous tournons maintenant vers la période après 1931, et commencerons en considérant les changements apportés aux « ismes » de la premièrepériode.

3.1 Le formalisme de Hilbert

L'argument contre le programme de Hilbert présenté ci-dessus utilisant les théorèmes de Gödel est devenu presque universellement accepté pendant la période tardive, et est de fait devenu un lieu commun parmi les philosophes des mathématiques du XXe siècle. Il y a eu essentiellement deux sortes de défis à cette position : (i) ceux qui cherchent à relancer le programme de Hilbert en soutenant une conception moins restrictive de l'évidence finitaire que ce que Hilbert proposait initialement (et, donc, une base plus puissante à partir de laquelle lancer la recherche d'une preuve finitaire de la cohérence réelle des mathématiques idéales) ; (ii) ceux qui cherchent un ensemble plus restreint de méthodes idéales dont la cohérence réelle doit être prouvée.

Ceux qui font partie du premier camp [139] ont tous, d'une manière ou d'une autre, soutenu que les moyens utilisés pour donner la preuve de la cohérence réelle requise par le programme de Hilbert devaient être étendus à des moyens allant au-delà de ce qui est formalisable dans ce qui a été communément reconnu comme étant la formalisation naturelle de la position finitaire de Hilbert (c'est-à-dire la théorie connue sous le nom de l'*Arithmétique Récursive Primitive* ou **PRA**) [140]. Parmi eux, certains [141]

138. Gödel, 1958, p. 133.

139. Par exemple, Gentzen, 1936, Bernays, 1935, Ackermann, 1940, Gödel, 1958, Kreisel, 1958, Schütte, 1960, Feferman, 1964 ; Feferman, 1968 et Takeuti, 1975.

140. Les théorèmes de **PRA** sont toutes les conséquences logiques des équations de récursion pour (les formalisations de) les fonctions primitives récursives. De plus, il admet l'induction mathématique restreinte aux (formules formalisant les) relations primitives récursives. Voyez Tait, 1981 pour un argument développé selon lequel **PRA** est une formalisation du raisonnement finitaire.

141. Par exemple, Gentzen, 1936, Ackermann, 1940, et, selon une interprétation, Gödel, 1958.

ont contesté qu'il soit correct d'identifier ce qui est finitaire avec ce qui est formalisable dans **PRA**, soutenant que le raisonnement finitaire s'étend bien au-delà de ce qui est formalisable dans **PRA**, et inclut certains éléments tels que des formes d'induction transfinie allant même au-delà de ce qui est prouvable dans l'arithmétique ordinaire de Peano du premier ordre (**PA**).

L'idée de base de cet axe de réflexion est qu'il existe des types de raisonnements qui (a) ne peuvent être codifiés dans **PRA** mais qui néanmoins (b) partagent les mêmes caractéristiques considérées comme donnant à l'évidence finitaire ses qualifications épistemiques distinctives (*distinctive epistemological credentials*), et qui (c) nous permettent d'établir la cohérence de la plupart des raisonnements idéaux des mathématiques classiques, qui ne peut être assurée par des preuves formalisables dans **PRA**. On soutient donc qu'il faut une extension de ce qui est considéré comme raisonnement recevable dans la construction des preuves de cohérence requises pour les différents systèmes idéaux des mathématiques classiques, et qu'on peut ainsi atteindre une réalisation partielle significative des objectifs originaux de Hilbert.

D'autres [142], dans le premier camp, ont plaidé non pas tant pour une reconsidération de ce qui doit compter comme évidence finitaire, que pour une libéralisation et un affinement de ce que sont les moyens épistémiquement rentables pour prouver la cohérence, qu'ils soient ou non proprement classifiés comme finitaires. L'idée de base, ici, est que la simple distinction entre méthodes réelles et idéales ne rend pas justice à la riche palette de gradations dans la qualité épistémique qui sépare les différentes sortes d'évidences disponibles pour les preuves méta-mathématiques. Ainsi, cette simple distinction devrait être remplacée par un schéma plus fin, qui distingue non seulement entre le finitaire et le non finitaire, mais aussi entre les différents « degrés » des méthodes constructives et non-constructives (et les diverses relations de réducibilité qui existent entre les types de méthodes non constructives et les types de méthodes constructives) [143]. Lorsque cela est fait, il est affirmé qu'il est possible d'atteindre des résultats revenant à une réalisation partielle substantielle d'un programme généralisé de Hilbert [144].

142. Par exemple Kreisel, 1958 et Feferman, 1968.

143. On pourra consulter le bel article d'exposition Feferman, 1988 pour une discussion utile de la forme « relativisée » du programme de Hilbert.

144. Voyez Kreisel, 1958 et Feferman, 1968.

Par un raisonnement tout à fait différent, le programme dit de « mathématiques à rebours » de Friedman et Simpson [145] est arrivé à la même conclusion fondamentale. La stratégie de ce programme est essentiellement à l'opposé de celle de Kreisel et Feferman. Il ne vise pas à *renforcer* les méthodes disponibles pour construire les preuves de cohérence requises, mais plutôt à *réduire* les systèmes de raisonnement idéal dont il faut prouver la cohérence. Cela doit être fait en donnant une caractérisation plus exacte du noyau de raisonnement idéal véritablement indispensable à la reconstruction des résultats essentiels des mathématiques classiques.

La révision par les mathématiques à rebours du programme de Hilbert commence donc en isolant les résultats des mathématiques classiques que l'on considère comme constituant son « noyau ». On cherche ensuite à trouver la théorie axiomatique naturelle la plus faible possible pour formaliser ce noyau. L'espoir est que ce système minimal éliminera la force non-nécessaire présente dans les axiomatisations habituelles de ce noyau (en général, une version de l'arithmétique du second ordre) et qu'ainsi, sa cohérence réelle s'avérera plus susceptible d'une preuve finitaire que les systèmes habituelles.

Jusqu'ici, des progrès partiels significatifs ont été faits en ce sens. En particulier, il a été prouvé que (i) il existe un certain sous-système (appelé $\mathbf{WKL}_0$) de $\mathbf{PA}^2$ (c'est-à-dire l'arithmétique de Peano du second ordre) qui représente un portion substantielle des mathématiques classiques ; (ii) tous les théorèmes Π_1 (c'est-à-dire les théorèmes équivalent à une formule de la forme $\forall x\mathrm{P}(x)$, où P est une formule récursive de $\mathbf{WKL}_0$) sont prouvables dans **PRA** [146] ; et (iii) la preuve de (ii) peut elle-même être donnée dans **PRA** [147]. En supposant la codifiabilité du raisonnement finitaire dans

145. Simpson, 1988.

146. Simpson, 1987 ; Simpson, 1988.

147. Sieg, 1985. – $\mathbf{WKL}_0$ est la théorie obtenue en ajoutant ce qu'on appelle le *lemme de König faible* (c'est-à-dire l'affirmation selon laquelle tout sous-arbre infini de l'arbre binaire complet a une branche infinie) à un système appelé $\mathbf{RCA}_0$ qui contient les axiomes usuels pour l'addition, la multiplication, 0, l'égalité et l'inégalité, l'induction pour une formule Σ_1 et la compréhension pour une formule Δ_1 (c'est-à-dire toutes les instances du schéma $\exists X\forall n(n \in X \leftrightarrow \phi(n))$ où ϕ est n'importe quelle formule Σ_1 telle qu'il existe une formule Π_1 ψ à laquelle elle est équivalente du point de vue de la prouvabilité). Il faut aussi mentionner que la preuve de (ii), qui est due à Harvey Friedman, établit en fait quelque chose de plus fort que (ii), à savoir que tous les théorèmes Π_1 (c'est-à-dire les théorèmes équivalents à une phrase de la forme $\forall x\exists y\phi xy$ où ϕxy est une formule récursive) de $\mathbf{WKL}_0$ est prouvable dans **PRA**. Enfin, il faut aussi noter que ces mêmes résultats peuvent être obtenus pour un système plus for $\mathbf{WKL}_0^+$, qui contient certains théorèmes non-constructifs de l'analyse fonctionnelle qu'on ne peut pas prouver dans $\mathbf{WKL}_0$. Voyez Simpson, 1988 à ce sujet. Voyez

PRA et l'importance de la classe de vérité réelles Π_1, cela est équivalent à une preuve finitaire de la cohérence réelle d'une partie importante des mathématiques classiques idéales. En retour, cela constitue une réalisation partielle significative du programme de Hilbert.

En plus de ces deux alternatives, il est possible de décrire au moins les grandes lignes philosophiques d'une troisième approche qui semble, par certains aspects importants, être plus proche des idées originales de Hilbert. L'élément clef de cette troisième alternative, qui est absent de chacune des deux approches que nous venons de décrire, s'inspire du caractère kantien de la conception hilbertienne des mathématiques idéales. En particulier, cette approche insiste sur le fait que les méthodes idéales de Hilbert, comme les idées de la raison pure de Kant, sont recommandées seulement par l'efficacité que leur utilisation instrumentale est supposée apporter au développement de nos jugements réels.

Cela signifie, entre autres choses, que les propositions idéales et les inférences qui ne parviennent pas à apporter des améliorations discernables d'efficacité (comparées à leur équivalent réel prouvant le même résultat) n'appartiennent pas à la partie des mathématiques idéales qui doit, en principe, être défendue par Hilbert. Autrement dit, les éléments idéaux qui échouent, de quelque manière significative que ce soit, à augmenter l'efficacité du développement de notre connaissance réelle n'ont, en principe, aucun droit à être inclus dans les éléments idéaux dont la cohérence réelle doit être défendue par un hilbertien. En conséquence, pour identifier les éléments (c'est-à-dire les axiomes et règles d'inférences) d'un système idéal **I** qu'un hilbertien se doit de défendre, il faut garder à l'esprit qu'ils doivent participer d'une manière significative à la production d'efficacité. Cela signifie que chacun doit être un ingrédient essentiel dans une dérivation idéale $\mathbf{\Delta}_1$ d'un théorème réel τ_R tel que (i) $\mathbf{\Delta}_1$ (avec la nécessaire preuve métamathématique de la correction (*soundness*) de **I** [148]) est plus efficace que n'importe quelle preuve réelle de τ_R, et (ii) $\mathbf{\Delta}_1$ est la seule dérivation de **I** qui améliore de manière significative l'efficacité des preuves réelles de

Simpson, 1987 pour une bibliographie plus complète concernant le travail établissant (i) et (ii).

148. Ce n'est pas seulement la dérivation idéale d'un théorème réel τ^P qui en elle-même doit être plus simple que n'importe quelle preuve réelle de τ_R. En effet, cette dérivation idéale de τ_R doit être complémentée par une preuve métamathématique de la correction réelle de **I** si l'on doit obtenir une véritable justification pour τ_R par une dérivation idéale. Pour une discussion plus complète, voyez Detlefsen, 1986, chap. 2 (en particulier, p. 57-73), 3 et 5, et Detlefsen, 1990b.

τ_R. Si un élément (comme un axiome, une règle d'inférence, etc.) de **I** ne possède aucune des qualités d'efficacité pour lesquelles les éléments idéaux sont généralement prisés, alors, en principe, il peut et doit être éliminé de **I**. Avec toutes ces éliminations faites, on s'attendrait à ce que les perspectives pour une preuve finitaire de **I** soient améliorées. Par conséquent, pour déterminer la constitution de ces théories idéales dont la responsabilité incombe en définitive aux hilbertiens, la question de savoir si un système idéal est entièrement constitué d'éléments qui sont essentiels, dans le sens indiqué ci-dessus, doit être de première importance.

Pourtant, en dépit de sa claire importance pour estimer convenablement les principales responsabilités et perspectives du programme de Hilbert, cette question a été soit ignorée, soit négligée par les écrits sur le sujet. Par exemple, Simpson [149] admet volontiers que les preuves des théorèmes standards dans $\mathbf{WKL}_0$ et $\mathbf{WKL}_0^+$ sont parfois « laborieuses » et « bien plus compliquées que les preuves standard ». Néanmoins, il ne prête aucune attention au fait que cette caractéristique des mathématiques à rebours a le potentiel d'annuler toute leur logique de mise en place d'une réalisation partielle du programme de Hilbert. Dans la mesure où les preuves dans $\mathbf{WKL}_0$ et$\mathbf{WKL}_0$ sont *plus* laborieuses que les preuves « standard » des mêmes théorèmes idéaux, elles sont d'une valeur questionnable comme modèles du raisonnement idéal de Hilbert. De plus, si les preuves idéales de théorèmes réels les moins laborieuses dans $\mathbf{WKL}_0$ et $\mathbf{WKL}_0^+$ devaient atteindre le niveau de difficulté des preuves réelles les moins laborieuses de ces théorèmes, elles cesseraient d'être des preuves idéales que le hilbertien devrait vouloir défendre et, donc, cesseraient d'être des preuves dont il devrait défendre la correction (*soundness*).

Il est donc important que les « mathématiques à rebours » répondent aux questions suivantes. (1) Est-ce que les preuves idéales dans $\mathbf{WKL}_0$ et $\mathbf{WKL}_0^+$ préservent, au moins dans l'ensemble, le type de gains en efficacité pour lesquels le raisonnement idéal était apprécié par Hilbert ? Et (2) est-ce que les preuves idéales des théorèmes réels dans $\mathbf{WKL}_0$ et $\mathbf{WKL}_0^+$ sont moins laborieuses que leurs équivalents réels les plus efficaces ? Dans la mesure où la réponse à l'une de ces questions est négative, l'utilisation des systèmes des mathématiques à rebours pour établir des réalisations partielles du programme de Hilbert devient invraisemblable. Toutefois, pour autant que je sache, les mathématiques à rebours n'ont rien fait pour

149. Simpson, 1988, p. 360-361.

dissiper les craintes que des questions comme (1) et (2) puissent avoir une réponse négative.

Il serait toutefois injuste de trop blâmer les mathématiques à rebours. En effet, les questions qu'elles ont négligées ont été généralement négligées par tous ceux qui ont écrit sur le programme de Hilbert. Cela inclut également (et de fait, peut-être en premier lieu) les philosophes et non pas seulement les logiciens. Tous ont échoué à correctement mettre en avant les deux points fondamentaux suivants : (i) que les perspectives pour le programme de Hilbert ne peuvent être adéquatement évaluées que si une manière convenablement précise pour comparer la complexité des preuves réelles et idéales a été développée et que les systèmes contenant les preuves idéales profitables ont été identifiés ; et (ii) que la mesure de la complexité figurant dans (i) soit capable de mesurer non seulement le type de complexité (appelons la *complexité vérificationnelle*) rencontré quand on se donne pour tâche de déterminer un élément *donné* d'un certain type, qu'il soit idéal ou non, mais aussi, et de fait avant tout, le type de complexité (appelons la *complexité inventionnelle*) qui constitue la complexité en jeu dans la *découverte* d'une preuve idéale du type désiré en premier lieu [150]. Il me semble qu'une mauvaise appréciation des points (i) et (ii) ait mené à ne pas prêter correctement attention au développement de mesures *appropriées* pour la complexité des preuves idéales et pour comparer la complexité ainsi mesurée à celle correspondant pour les preuves réelles. Sans le développement d'une telle théorie de la complexité, toutefois, il ne me semble pas possible de rendre une évaluation finale convaincante du programme de Hilbert – et par cela, j'entends la conception philosophique *originale* du programme de Hilbert.

3.2 Logicisme

Le logicisme a ré-émergé dans les années 1930-1940 comme la philosophie des mathématiques en faveur auprès des empiristes logiques [151]. Je dis « a ré-émergé » parce que les positivistes ne développèrent pas un logicisme à leur façon comme le firent Dedekind, Frege et Russell. Plutôt, ils se sont simplement appropriés le travail technique de Russell et Whitehead (modulo la réserve habituelle en ce qui concerne les axiomes

150. Voyez aussi Detlefsen, 1990b, p. 370 et 376.
151. *Cf.* Carnap, 1930-1 ; Carnap, 1931 et Hahn, 1933.

d'infini et de réductibilité) [152] et ont entrepris de le plonger dans une théorie de la connaissance globalement empiriste.

Ce tournant empiriste était un développement assez nouveau dans l'histoire du logicisme, et il représentait un écart radical autant par rapport au logicisme originel d'un Leibniz, qui était partie intégrante d'une plus large théorie de la connaissance rationaliste, que du logicisme plus récent d'un Frege, qui avait critiqué fortement les tentatives empiristes pour rendre compte des mathématiques [153]. Il était, peut-être, moins en désaccord avec le logicisme russellien avec son allégation qu'il existe une méthodologie commune reliant les mathématiques et les sciences empiriques.

Comme tous les empiristes, les empiristes logiques se débattaient également avec l'idée de Kant selon laquelle les mathématiques ne sont pas susceptibles de révision empirique. Plus précisément, ils se débattaient avec la problématique kantienne concernant la manière de rendre compte de la certitude et de la nécessité apparentes des mathématiques tout en étant capable d'expliquer qu'elles paraissent informatives d'une manière robuste [154]. Leur choix de stratégie pour concilier ces deux données était de vider les mathématiques de tout contenu non-analytique, tout en argumentant, dans le même temps, que la vérité analytique peut être « substantielle » et non trivialement évidente.

Les empiristes logiques sacrifièrent ainsi la thèse empiriste stricte selon laquelle toute connaissance est fondée de manière évidente sur les sens. Leur empirisme était donc un empirisme libéral, un empirisme faisant usage d'une distinction comme celle de Hume entre « relation d'idées » et « états de faits » [155]. La distinction exacte qu'ils utilisaient étaient celle qui appelait à la séparation entre les propositions dont la vérité ou la fausseté est déterminée par les significations de leurs termes constitutifs

152. Exprimé intuitivement, l'axiome de réducibilité dit que pour toute fonction propositionnelle f, il existe une fonction propositionnelle prédicative Pf telle que f et Pf ont la même extension.

153. *Cf.* les critiques frégéennes de Mill dans Frege, 1884, sections 9-11, 23-25.

154. Ayer a bien décrit la situation difficile de l'empiriste : « Alors qu'on admet volontiers qu'une généralisation scientifique est falsifiable, les vérités des mathématiques et de la logique apparaissent à tous comme nécessaires ou certaines. En conséquence, l'empiriste doit traiter les vérités de la logique et des mathématiques de l'une des deux façons suivantes : il doit dire soit qu'elles ne sont pas des vérités nécessaires, auquel cas il doit expliquer la conviction universelle qu'elles le sont; soit il doit dire qu'elles ne sont pas nécessaires conviction universelle qu'elles le sont; ou bien il doit dire qu'elles n'ont aucun contenu factuel, et alors il doit expliquer comment une proposition qui est vide de tout contenu factuel peut être vraie, utile et surprenante » (Ayer, 1936, p. 72-73).

155. *Cf.* Hume, 1999, section IV, part. I.

(et est donc indépendante des faits contingents) et ces propositions dont la vérité ou la fausseté dépend d'états de fait empiriques contingents [156]. Ils en appelaient donc à cette distinction en argumentant que les vérités logiques sont de caractère analytique. Et de là, à partir du travail technique de Russell et Whitehead, ils concluaient que les vérités des mathématiques sont analytiques [157].

Ainsi, bien qu'acceptant l'idée traditionnelle kantienne selon lequel les jugements mathématiques ne sont pas susceptibles de révision empirique, et bien que faisant un usage central de quelque chose comme la distinction kantienne entre analytique et synthétique pour rendre compte des mathématiques, les empiristes logiques n'en rejetaient pas moins la thèse distinctive de l'épistémologie mathématique kantienne selon laquelle les mathématiques sont de caractère synthétiques *a priori*. De fait, le refus qu'*une* connaissance puisse être de caractère synthétique *a priori* était un ingrédient central dans la vision épistémologique de l'empirisme logique.

Leur épistémologie mathématique subit des attaques très lourdes de la part de Quine dans les années 1950. Les attaques de Quine étaient fondées sur une critique de la distinction centrale que faisaient les empiristes entre vérités analytiques et synthétiques [158]. Selon Quine, l'unité de base de toute connaissance ou jugement – l'unité de base de notre pensée qui est testée par l'expérience – est la science en tant que tout. Comme les énoncés mathématiques et logiques sont inextricablement imbriqués

156. Le premier type de propositions fut appelées *analytiques* et le second type *synthétique*.

157. Dans le cas de Carnap (*cf.* Carnap, 1950), cette thèse de l'analyticité a été développée en introduisant la notion de cadre linguistique, qu'il entend comme un système de règles pour parler des entités d'un type donné. Les cadres linguistiques induisent une distinction entre les questions d'existence internes et externes. Les réponses aux questions internes, comme la question « Existe-t-il un nombre premier supérieur à 100 ? », proviennent d'une analyse logique basée sur les règles régissant les expressions qui composent le cadre. Les réponses à ces questions sont donc logiquement ou analytiquement vraies. Les questions externes concernant l'existence générale des entités associées à un cadre linguistique donné doivent être interprétées comme des questions concernant l'acceptation du cadre lui-même (*ibid.*, p. 250). Ainsi, la question « Les nombres existent-ils ? » doit être comprise comme « Le cadre linguistique du discours numérique doit-il être accepté ? ». Les réponses à ces questions doivent être décidées sur des bases essentiellement pragmatiques, c'est-à-dire sur la base de l'« efficacité » du cadre en question en tant qu'« instrument », ou, en d'autres termes, sur la base du « rapport entre les résultats obtenus et la quantité et la complexité des efforts requis » (*ibid.*, p. 257). Ce point de vue a souvent été décrit comme une forme de conventionnalisme, bien que l'utilisation de ce terme semble dissimuler son caractère essentiellement pragmatiste. Il tend également à confondre la position des écrits ultérieurs de Carnap sur la nature des mathématiques avec celle de ses écrits antérieurs, qui avaient véritablement un caractère conventionnaliste. Pour plus de détails sur ce dernier point, voir Runggaldier, 1984.

158. *Cf.* Quine, 1954; Quine, 1951.

dans l'édifice plus large de la science, ils doivent donc également, au moins dans une certaine mesure, dériver leur confirmation ou infirmation à partir de sources empiriques. En conséquence, les énoncés de la logique et des mathématiques ne peuvent être légitimement considérés comme vrais en vertu de leur signification seulement, si l'on entend par là un certain contraste avec des énoncés considérés comme vrais en vertu de faits. Une distinction entre vérités en vertu de la signification (c'est-à-dire vérités analytiques) et vérités de fait (c'est-à-dire vérités synthétique) ne pouvait donc être maintenue Or sans une telle distinction, le logicisme des empiristes logiques n'a plus aucun espoir de réussir.

Dans une période de temps relativement courte, cette critique de Quine devint une influence majeure de la philosophie des mathématiques et, sous le poids de cette influence, le logicisme des empiristes logiques commença à sombrer dans l'oubli. Il y eut, néanmoins, quelques tentatives de faire revivre (ou peut-être plutôt d'exhumer) le logicisme selon d'autres orientations. La plus systématique et détaillée parmi celles-ci (quoique peut-être pas la plus convaincante) fut celle donnée par David Bostock dans son œuvre en deux volumes [159]. Cependant, il ne s'agit pas tant d'une défense du logicisme que d'une tentative pour déterminer le meilleur argument en sa faveur, de sorte que sa plausibilité comme philosophie de l'arithmétique puisse finalement être jaugée [160]. De fait, il finit par conclure que le logicisme est d'une viabilité étroitement limitée en tant que philosophie de l'arithmétique. Le point principal de son argumentation est qu'il n'y a pas de réduction unique de l'arithmétique à la logique, et que cela créé des problèmes pour tout logicisme (comme, par exemple, ceux de Frege ou Russell) qui veut identifier les nombres comme *objets*.

Des défenses plus proches sont les tentatives récentes de Hilary Putnam, Harold Hodes, Hartry Field and Steven Wagner pour établir la plausibilité de formes modifiées de logicisme. Putnam, 1967 et Hodes, 1984 ont tous les deux offert une défense d'une sorte de position logiciste aussi connue sous le nom de « *ifthenisme* » ou « déductivisme » [161]. Le premier argumente que, bien que les énoncés d'existence en mathématiques soient généralement vus comme des énoncés affirmant l'existence de structures, ils ne doivent pas être pris comme des assertions concernant l'existence

159. Bostock, 1974

160. Partageant un peu l'esprit général de Bostock, mais plus soucieux de défendre (une version du) logicisme, citons Hodes, 1990 ; Hodes, 1984.

161. Cette forme de logicisme est étroitement relié à la position « structuraliste » discutée ci-dessous.

actuelle de ces structures, mais seulement de leur existence possible. Les énoncés d'existence sont donc, au bout du compte, des thèses (*claims*) logiques, et ils doivent être vérifiés par des moyens généralement logiques (et, en particulier, par des preuves de cohérence syntaxiques).

Hodes adopte une démarche quelque peu différente en argumentant – d'une manière qui rappelle Frege – que les assertions arithmétiques peuvent être traduites dans une logique du second ordre dans laquelle les variables du second ordre prennent leur valeur dans des fonctions et des concepts (par opposition à des objets). L'engagement en faveur des ensembles et autres objets spécifiquement mathématiques peut ainsi être éliminé et, ceci fait, l'arithmétique peut être considérée comme une partie de la logique.

Field [162] propose ce qui pourrait être considéré comme une forme épistémologique de logicisme. Il s'attache à défendre l'affirmation selon laquelle la connaissance mathématique est (au moins en grande partie) une connaissance logique. Il soutient également, contrairement à Quine et Putnam (voir ci-dessous), que l'on peut être réaliste en ce qui concerne la théorie physique sans l'être en ce qui concerne les mathématiques [163].

Field commence son argumentation selon laquelle la connaissance mathématique est une connaissance logique en définissant la connaissance mathématique comme la connaissance qui « sépare une personne qui connaît beaucoup de mathématiques d'une personne qui n'en connaît que peu » [164]. Il poursuit en affirmant que ce qui sépare ces deux types d'individu connaissant n'est « pas que le premier connaisse beaucoup et le second peu » [165] d'affirmations telles que celles pour lesquelles les mathématiciens fournissent couramment des preuves (c'est-à-dire de ces affirmations comme l'existence de nombres premiers supérieurs à un million). Il poursuit en disant que « dans la mesure où ce qui les sépare est une connaissance, il s'agit de connaissance de différentes sortes » [166].

Une partie de cette connaissance est empirique (par exemple, la connaissance de ce qui est communément accepté par les mathématiciens et ce qu'ils considèrent comme le point de départ approprié pour une recherche). La plus grande partie, cependant, est une connaissance « de

162. Field, 1980; Field, 1984.

163. Les points de vue de Quine et Putnam sont exposés et discutés ci-dessous. Voir aussi la discussion du dilemme de Benacerraf. Field semble principalement motivé par le désir de trouver une solution physicaliste à ce dilemme.

164. *Cf.* Field, 1984, p. 511, 544.

165. Cf. *Ibid.*, p. 511-512, p. 544-545.

166. *Ibid.*

nature purement logique – même selon le critère kantien de la logique selon lequel la logique ne peut faire aucun engagement existentiel » [167]. En fin de compte, conclut Field, la connaissance mathématique se résume pour l'essentiel à savoir que certaines propositions découlent et que certaines autres ne découlent pas d'un ensemble donné d'axiomes.

Généralement, une telle connaissance serait comprise soit d'une manière sémantique (comme la connaissance d'une classe de modèles) ou d'une manière syntaxique (comme la connaissance d'une classe de preuves formelles ou de dérivations). Cependant, aucune de ces approches ne peut être qualifiée de connaissance logique dans le sens souhaité par Field. En effet, puisque les modèles ne sont qu'un type particulier d'objet mathématique, leur connaissance ne peut être qu'un type particulier de connaissance mathématique. Il en va de même pour les dérivations syntaxiques. En effet, qu'elles soient conçues de manière abstraite ou concrète, leur existence ne peut être connue sur des bases purement logiques, puisque (selon ce raisonnement) la logique pure ne peut affirmer l'existence des choses.

Field est donc obligé de proposer une explication de la connaissance logique qui la libère de la nécessité d'être une connaissance d'entités sémantiques ou syntaxiques. Ce à quoi il aboutit est une sorte d'analyse 'modale' selon laquelle la connaissance qu'une proposition donnée S découle d'un ensemble donné de propositions A est (i) la connaissance que **N** (A → S) (où '**N**ϕ' doit être lue comme 'il est logiquement nécessaire que ϕ'), et la connaissance que S ne découle pas de A est (ii) la connaissance que **M**(A&¬S) (où 'Mϕ' doit être lue comme 'il est logiquement possible que ϕ'). La caractéristique essentielle de cette analyse est qu'elle traite les propositions 'A' et 'S' comme *utilisées* plutôt que *mentionnées*. Par conséquent, elle traite '**N**' et '**M**' comme des opérateurs (en fait, des opérateurs logiques) plutôt que comme des prédicats qui s'appliquent à des entités telles que des modèles, des mondes possibles et/ou des preuves.

Field identifie la principale tâche à laquelle est confrontée cette analyse comme étant celle de rendre compte de l'applicabilité des mathématiques à la physique, et il divise cette tâche en deux sous-tâches : (a) montrer que les mathématiques appliquées sont « mathématiquement bonnes » ; et (b) montrer que le monde physique est tel que la théorie mathématique est particulièrement utile pour le décrire. Ces deux tâches doivent être accomplies sans faire appel à la vérité de (toute partie de) la mathématique

167. *Ibid.*, p. 512.

si l'on veut atteindre l'idéal logiciste de Field, et c'est à la démonstration de cela que les écrits de Field sur le sujet [168] sont principalement consacrés.

Beaucoup de choses peuvent être remises en question dans l'argument de Field [169]. Pour les besoins présents, cependant, nous nous limiterons à une question concernant la place globale du raisonnement logique dans la preuve mathématique. Ceci, nous l'avons noté plus haut, était un point de difficulté central dans l'épistémologie mathématique de Kant, et a été repris comme facteur principal pour motiver les épistémologies intuitionnistes de Brouwer et Poincaré. Leur conviction, et le cœur de leur désaccord avec le logicisme, était que l'inférence mathématique et l'inférence logique sont fondamentalement différentes – que non seulement la première n'est pas réductible à la seconde, mais qu'elle lui est même antithétique. Comme l'a dit Poincaré : le raisonnement mathématique a une sorte de vertu créatrice qui le distingue du raisonnement épistémique plus « stérile » de la logique [170] ; la compréhension des mathématiques de celui qui raisonne avec la seule logique est semblable à la compréhension des éléphants que les naturalistes auraient si leur connaissance se limitait entièrement à ce qu'ils ont observé par l'examen microscopique de leurs tissus.

> Il en est de même en mathématiques. Quand le logicien aura décomposé chaque démonstration en une foule d'opérations élémentaires, toutes correctes, il ne possédera pas encore la réalité tout entière ; ce je ne sais quoi qui fait l'unité de la démonstration lui échappera complètement. Dans les édifices élevés par nos maîtres, à quoi bon admirer l'œuvre du maçon si nous ne pouvons comprendre le plan de l'architecte ? Or, cette vue d'ensemble, la logique pure ne peut nous la donner, c'est à l'intuition qu'il faut la demander [171].

Poincaré croit donc en un type de raisonnement spécifiquement mathématique. Sans cela, on ne peut pas rendre compte des différences manifestes dans les conditions épistémiques qui séparent celui qui mène un raisonnement logique de celui qui mène un raisonnement authentiquement mathématique [172]. Il aurait donc nié le point de départ supposé de Field selon lequel la connaissance mathématique est en grande partie une connaissance

168. *Cf.* Field, 1984 ; Field, 1980.

169. *Cf.* Shapiro, 1983a, Resnik, 1983, Detlefsen, 1986 ; mais voir aussi les réponses de Field dans Field, 1989 ; Field, 1985.

170. *Cf.* Poincaré, 1902, p. 32-33.

171. Poincaré, 1908, p. 32-33.

172. Pour les débuts d'une défense de la vision kantienne, voir Detlefsen, 1990a, Detlefsen, 1992a [*cf.* le chapitre II de ce volume pour cette dernière référence].

logique, ainsi que son affirmation selon laquelle les modalités relatives au raisonnement mathématique sont de nature logique plutôt que distinctement mathématique [173]. Ces deux points, selon nous, remettent sérieusement en question la position de Field.

Steven Wagner [174] propose à la fois une conception différente et une défense différente du logicisme. Il cherche à enraciner les mathématiques dans ce qu'il considère comme les besoins et les désirs universels des agents (idéalement) rationnels. Son argument commence par la présomption d'un enquêteur rationnel idéalisé qui cherche non seulement la survie corporelle mais aussi la compréhension. Il poursuit en disant que le comptage est indispensable à un tel être à la fois dans le sens où il est partiellement constitutif de la rationalité de cette personne et dans le sens où il est nécessaire à son assimilation et à son traitement des données élémentaires de l'expérience et de la pensée. Personne, soutient-il, ne peut s'en sortir sans répondre à une multitude de questions du type « combien ? ». L'agent rationnel doit donc développer un système de comptage.

D'un système de comptage émergera finalement un système de calcul. Il en est ainsi parce que (i) le calcul est essentiellement un raffinement du comptage (c'est-à-dire qu'il a pour fonction de faire progresser les fins cognitives et corporelles qui sont servies par la capacité de compter) ; et (ii) il existe un besoin rationnel d'améliorer les capacités que l'on possède, mais que l'on possède sous une forme peut-être trop rudimentaire [175].

Ainsi, du comptage, l'agent idéalement rationnel passe au calcul. Et du calcul, l'argument continue, il ou elle passera à quelque chose comme la théorie des nombres. Cela est dû au fait que (i) une partie de l'envie de comprendre consiste en une envie d'unifier, de simplifier et de généraliser ; et (ii) les efforts pour unifier, simplifier et généraliser son système de calcul arithmétique le conduiront inévitablement à quelque chose comme l'arithmétique des nombres naturels. Par conséquent, la théorie élémentaire des nombres peut être décrite comme une sorte de nécessité rationnelle.

Comme étape finale du développement rationnel, le besoin continu et la capacité de simplifier, d'unifier et de généraliser conduiront finalement l'enquêteur idéalement rationnel à une forme d'analyse et de théorie des

173. *Cf.* Field, 1984, p. 516, n. 7, où il cite ceci comme la caractéristique clé distinguant sa modalisation des mathématiques de celle, antérieure, de Putnam, 1967.

174. Wagner, 1992.

175. Fondamentalement, l'idée est que si l'on a besoin d'une capacité donnée, et que l'on pourrait également bénéficier de son amélioration, alors on sera rationnellement poussé à apporter de telles améliorations.

ensembles. Le logicisme de « deuxième génération » de Wagner affirme donc que (i) tout enquêteur idéalement rationnel sera poussé à développer des formes d'arithmétique et de théorie des ensembles ; et que (ii) les théorèmes de ces théories développées en réponse à cette pression seront analytiques dans le sens où *tout être rationnel aurait une raison de les accepter.*

La position de Wagner diffère de manière significative à la fois du logicisme métaphysique de Frege et du logicisme méthodologique de Russell. Elle diffère également du logicisme de Field, en particulier sur la question de la dispensabilité de principe des mathématiques en tant que dispositif de traitement de l'information empirique. Field pense qu'elles sont dispensables. Wagner, en revanche, fait appel à un prétendu rôle explicatif que jouent au moins certaines théories mathématiques (par exemple, la théorie élémentaire des nombres, l'analyse et la théorie des ensembles), et il traite ce rôle explicatif comme faisant partie de la justification ultime pour ces théories. Il traite donc les mathématiques comme étant finalement indispensables au traitement cognitif complet (c'est-à-dire à l'explication complète) de l'information empirique.

3.3 L'intuitionnisme

Pour en venir enfin à l'intuitionnisme post-brouwerien, deux développements principaux sont à noter : (i) les diverses tentatives, initiées par les travaux de Heyting, de formaliser la logique et les mathématiques intuitionnistes et d'en faire quelque chose d'à peu près comparable en puissance aux mathématiques classiques ; et (ii) les tentatives plus récentes de Dummett et de ses disciples de dériver une justification philosophique de l'intuitionnisme à partir d'une sorte de conception wittgensteinienne des significations des phrases mathématiques.

Comme (i) n'est que très vaguement lié à des préoccupations philosophiques, nous n'en parlerons que peu ici. Le lecteur qui souhaite une présentation relativement à jour des résultats techniques peut consulter l'une des nombreuses études récentes [176] sur le sujet . Nous limiterons notre discussion de (i) à l'idée qui semble avoir été au centre des tentatives de Heyting de formaliser le raisonnement intuitionniste ; à savoir, la distinction supposée entre « une logique de l'existence » et « une logique

176. Voyez par exemple Beeson, 1985, Bridges, 1987, ou Troelstra et van Dalen, 1988.

de la connaissance » – une distinction que Heyting considérait comme fondamentale pour la pensée intuitionniste [177].

Ce que Heyting entend par « logique de l'existence » est une logique d'énoncés sur des objets dont l'existence doit être comprise comme indépendante de la pensée humaine. Les intuitionnistes, ainsi que les autres constructivistes, rejettent pour la plupart l'idée d'un domaine d'objets mathématiques indépendants de la pensée. De même, ils rejettent l'idée que les propositions mathématiques sont vraies ou fausses indépendamment de la pensée humaine. Ils soutiennent, au contraire, que les propositions mathématiques expriment les résultats de certains types de constructions mentales [178]. Une logique de telles propositions – une « logique de la connaissance », selon la terminologie de Heyting – est donc une logique dont les théorèmes expriment des relations entre des constructions mentales, en particulier des relations de contenu latent entre elles (où une construction contient de manière latente une autre construction, simplement dans le cas où le fait de passer par le processus d'exécution de l'une produirait automatiquement l'autre ou nous mettrait en position de la produire).

Dans cette perspective générale, selon Heyting, il n'y a pas de différence essentielle entre les théorèmes logiques et mathématiques. Tous deux servent essentiellement à affirmer que l'on a réussi à accomplir des actes mentaux satisfaisant à certaines conditions. Les premiers se distinguent uniquement par leur plus grande généralité relative [179].

La logique intuitionniste était donc destinée aux yeux de Heyting à servir d'articulation pour ces modèles les plus généraux de contenu latent reliant nos constructions mathématiques mentales [180]. Puisque, cependant, nos activités de construction mentale constituent « un phénomène de la vie, une activité naturelle de l'homme » [181], les relations de contenu entre elles ne sont pas fondées conceptuellement mais plutôt fondées sur les relations qui lient nos activités ensemble *comportementalement*, pour ainsi dire. Ainsi, un théorème logique en vertu duquel nous connaissons une preuve de A seulement si nous connaissons une preuve de B n'exprimerait

177. Heyting, 1958, p. 107.

178. Heyting, 1958, p. 108, fait référence à cette thèse comme au « principe de positivité », et reconnaît qu'elle est le principal déterminant du caractère de sa logique.

179. Heyting, 1971, p. 1-12; Heyting, 1958, p. 107-108.

180. « Un théorème logique exprime le fait que, si nous connaissons une preuve de certains théorèmes, alors nous connaissons également une preuve pour un autre théorème » (Heyting, 1958, p. 107).

181. Heyting, 1971, p. 9.

ni une connexion conceptuelle entre notre connaissance d'une preuve de A et notre connaissance d'une preuve de B, ni, sauf *per accidens*, une connexion conceptuelle entre A et B. Au contraire, il exprimerait une connexion naturelle entre les deux. Elle exprimerait plutôt un fait naturel concernant notre vie de construction mentale (peut-être idéalisée), à savoir qu'elle est caractérisée par une disposition à transformer les preuves de A en preuves de B. Comme Heyting l'a dit lui-même, « les mathématiques, d'un point de vue intuitionniste, sont une étude de certaines fonctions de l'esprit humain » [182]. En tant que telles, elles s'apparentent à l'histoire et aux sciences sociales [183].

Michael Dummett [184] a proposé à la fois une conception et une défense différente de l'intuitionnisme. Il le conçoit comme un point de vue concernant ce qui doit être considéré comme la logique correcte des mathématiques. Il soutient qu'une explication adéquate des significations des propositions mathématiques révèle que c'est la logique intuitionniste (c'est-à-dire la logique exposée par Heyting) qui est la logique correcte des mathématiques. Cette explication présente certaines affinités avec les idées sur la signification exposées par Wittgenstein dans ses *Investigations philosophiques*. En particulier, comme dans l'approche de Wittgenstein, il assimile la signification d'une proposition à son usage canonique. Selon Dummett, en mathématiques, l'usage canonique consiste dans le rôle que joue une assertion dans l'activité centrale que constitue la preuve. Par conséquent, connaître la signification d'une proposition mathématique revient en fin de compte à connaître les conditions dans lesquelles elle serait prouvée ou réfutée [185].

L'intuitionnisme de Dummett est donc très éloigné de celui de Poincaré et Brouwer, tant sur le fond que sur la motivation [186]. Sa défense est aussi, nous semble-t-il, sujette à certains doutes. Dummett soutient que

182. *Ibid.*, p. 10.

183. *Ibid.*

184. Dummett, 1973; Dummett, 1977.

185. On peut se demander ce que cela signifie exactement. Cela signifie-t-il que celui qui connaît la signification d'une proposition mathématique S connaît ou peut facilement obtenir une preuve ou une réfutation de S ? Ou cela signifie-t-il, au contraire, que quelqu'un connaît la signification de S quand et seulement quand il ou elle reconnaîtrait une preuve ou une réfutation de S si on la lui donnait ? Voir McGinn, 1981 ; McGinn, 1980 et Tennant, 1981 pour plus d'informations sur ce sujet.

186. Ceci n'est pas dit comme une critique de Dummett. Car il déclare explicitement que sa conception et sa défense de l'intuitionnisme n'ont pas pour but de correspondre à celles de Brouwer ou de Heyting ou de tout autre intuitionniste particulier (Dummett, 1973, p. 215).

puisque (i) « cette connaissance qui, en général, constitue la compréhension du langage [. . .] doit être une connaissance implicite » [187], et (ii) « la connaissance implicite ne peut pas [. . .] être attribuée de manière significative à quelqu'un à moins qu'il ne soit possible de dire en quoi consiste la manifestation de cette connaissance – il doit y avoir une différence observable entre le comportement ou les capacités de quelqu'un dont on dit qu'il a cette connaissance et quelqu'un dont on dit qu'il ne l'a pas » [188] – qu'il s'ensuit donc que (iii) « la saisie de la signification d'un [. . .] énoncé doit, en général, consister en une capacité d'utiliser cet énoncé d'une certaine manière, ou de répondre d'une certaine manière à son usage par autrui » [189].

La prémisse (ii), à notre avis, est inappropriée comme prémisse dans un argument pour (iii). En effet, elle semble éluder la question cruciale, à savoir celle de savoir si la connaissance implicite (et donc la connaissance de la signification) doit en fin de compte être considérée comme consistant en une capacité comportementale ou, disons, en quelque chose comme le fait d'être dans un état mental, psychologique ou neuronal qui sous-tend un tel comportement. Tout le monde, semble-t-il, doit convenir que (ii′) la connaissance implicite ne peut légitimement être attribuée à quelqu'un que si cette attribution est justifiée par la meilleure explication totale de son comportement observé [190]. Mais (ii′) ne garantit pas que, comme (ii) l'exige, l'attribution de la connaissance implicite soit attribuable à un ou plusieurs éléments spécifiques du comportement du locuteur ou, en fait, qu'elle soit même attribuable à la totalité du corpus du comportement du locuteur. Après tout, le comportement du locuteur sera typiquement sous-déterminé par sa meilleure explication totale. Il n'y a pas non plus de raison de croire à l'avance que la meilleure explication totale du comportement du locuteur ne différera pas de ses rivales dans ses descriptions de la connaissance implicite du locuteur.

187. *Ibid.*, p. 217.

188. *Ibid.*

189. *Ibid.*

190. (ii′) n'est cependant pas tout à fait incontestable. En effet, elle fait correspondre l'attribution légitime d'une connaissance implicite à une implication du point de vue du locuteur par la meilleure théorie totale de son comportement. Ce faisant, elle ne reflète pas adéquatement le fait que la théorie du comportement d'un locuteur qui, jugée selon les normes « locales », est la meilleure, pourrait devoir être sacrifiée afin d'obtenir la meilleure théorie globale (c'est-à-dire la meilleure explication totale de tous les phénomènes – et pas seulement de ceux qui constituent le comportement du locuteur). Modifier (ii) dans ce sens ne ferait cependant qu'intensifier l'objection à l'argument de Dummett développée ici.

Ainsi, pour éviter de contourner la question, la prémisse (ii) de l'argument de Dummett devrait apparemment être remplacée par quelque chose comme (ii′). Un tel remplacement, cependant, bloquerait le passage valide à (iii), et (iii) est au cœur de la défense de l'intuitionnisme par Dummett. Pour sauver sa défense, il faudrait donc apparemment trouver quelque chose comme notre (ii′) qui impliquerait (en compagnie de la prémisse (i), bien sûr) (iii) de manière valide. Il n'est pas du tout clair que cela puisse être fait, cependant [191].

Comme nous l'avons noté plus haut, la défense de l'intuitionnisme par Dummett fait appel à certaines idées de Wittgenstein, ou, en tout cas, à des idées que Dummett et d'autres ont attribuées à Wittgenstein. Nous pensons cependant que ce serait une erreur d'identifier trop étroitement les idées de Wittgenstein sur la philosophie des mathématiques avec l'intuitionnisme [192]. En effet, bien qu'il ait des affinités avec ces formes de constructivisme qui soulignent l'autonomie des mathématiques en tant que création humaine (où la création est comprise comme consistant finalement en des actes de volonté ou de décision), il a également certaines affinités avec une interprétation plus conventionnaliste. De plus, en fin de compte, elle résiste à la catégorisation *aussi bien* en tant que philosophie constructiviste qu'en tant que philosophie conventionnaliste.

L'idée centrale de Wittgenstein semble avoir été qu'il existe un type de construction fondamental en mathématiques, connu comme *Beweissystem*. Un *Beweissystem* est constitué de preuves et de théorèmes, mais ses théorèmes fonctionnent comme des règles de syntaxe logique plutôt que

191. Lorsque j'ai eu l'occasion de présenter cet argument, on m'a parfois reproché de présupposer une vision holistique de la signification, ce que Dummett rejette explicitement. Cette dernière affirmation est incontestablement vraie (Dummett, 1973, p. 218-221). Cependant, c'est mal comprendre mon argument que de penser qu'il présuppose une vision holistique de la signification. En effet, l'alternative que j'ai suggérée ci-dessus à la vision de Dummett sur la connaissance implicite est de considérer que la connaissance implicite (et donc la connaissance de la signification) consiste en la possession d'un état mental, psychologique ou neuronal spécifique qui sous-tend le comportement avec lequel Dummett veut l'assimiler. Nous affirmons que même une telle vision non holistique de la signification est sujette à une sous-détermination par les faits observés du comportement des locuteurs. Le fondement de notre objection n'est donc pas l'acceptation d'une vision holistique de la signification, mais plutôt l'acceptation de l'idée générale de sous-détermination de la théorie par les données. Que Dummett ait ou non fourni des raisons convaincantes pour rejeter le holisme (et nous pensons qu'il ne l'a pas fait), il n'a fourni aucune raison pour rejeter l'idée de sous-détermination de la théorie par les données.

192. En effet, dans ses conférences de Cambridge de 1939 sur les fondements des mathématiques (Wittgenstein, 1939, p. 237), Wittgenstein a rejeté l'intuitionnisme en le qualifiant de « balivernes ».

comme des vérités descriptives concernant les termes du système. Ces règles constituent des actes de volonté autonomes par lesquels sont établies les règles selon lesquelles nous acceptons de jouer un certain « jeu de langage » impliquant les termes introduits par le système. Selon Wittgenstein, les mathématiques dans leur ensemble sont un ensemble hétéroclite de ces activités ou jeux *locaux*.

Pour Wittgenstein, donc, les preuves mathématiques (même les plus simples) ne jouent pas le rôle de nous *contraindre* à accepter leurs conclusions. Les propositions mathématiques ne nous sont pas non plus « imposées » d'une autre manière comme étant vraies. L'« acceptation » d'une proposition mathématique ne représente donc pas une reconnaissance de sa vérité, mais plutôt une *décision* de notre part de considérer quelque chose comme une convention d'un certain jeu de langage. De même, la preuve n'a pas pour fonction de *supprimer* le doute par la pénétration de la vérité, mais plutôt d'*exclure* le doute en tant que possibilité logique par l'établissement d'un théorème comme *norme* régissant un certain jeu de langage.

Ainsi, bien que Wittgenstein ait considéré les mathématiques comme une création essentiellement humaine, il ne l'entendait pas de la manière *descriptive* dont les constructivistes l'ont traditionnellement comprise. Sa conception normative de nos créations mathématiques ne se prêtait pas non plus à l'une des interprétations conventionnalistes habituelles. Car toutes ces interprétations appellent à la réduction des vérités mathématiques à des vérités logiques, et ceci nécessite la « coopération », pour ainsi dire, des formes logiques des vérités mathématiques (puisqu'il existe des formes logiques qu'un énoncé peut avoir et qui l'empêcheraient d'être réductible à une vérité logique).

La forme logique ne semble pas, cependant, exercer le même type de contrainte sur l'institution de normes ou de règles. De plus, même si c'était le cas, il y a une grande différence entre le fait qu'un énoncé soit une vérité logique et qu'il soit une norme de la syntaxe logique. Dans le premier cas, il s'agit de savoir si un énoncé passe un certain test d'invariance de la vérité (c'est-à-dire s'il est stable sous une certaine variété d'interprétations sémantiques différentes de ses parties sémantiquement variables), tandis que dans le second, il s'agit de savoir si quelque chose doit être considéré comme l'une des règles constituant une certaine *activité régie par des règles*. Les phrases qui ne remplissent pas les conditions requises pour le test d'invariance de la vérité pourraient néanmoins, semble-t-il, jouer, au moins en principe, le rôle de règles d'un jeu linguistique. Par conséquent, il semble que Wittgenstein ne soit pas bien classé en tant que conventionnaliste traditionnel, bien qu'il y ait un élément conventionnaliste dans sa philosophie [193].

3.4 Développements plus tardifs

Parmi les développements tardifs qui ne sont pas principalement liés aux trois « ismes », le principal est celui provenant de la critique faite par Quine des empiristes logiques des années 1940 et 1950, que nous avons mentionnée plus haut. Cette critique a résulté en une nouvelle philosophie empiriste des mathématiques dépourvue même des idées kantiennes retenues par l'empirisme logique – et ce nouvel empirisme a peut-être été le thème dominant de la philosophie des mathématiques depuis.

Les empiristes logiques, comme nous l'avons mentionné, ont retenu de Kant son engagement envers la nécessité de la vérité mathématique (même s'ils concevaient cette nécessité comme consistant essentiellement en une immunité contre la révision empirique). C'est, en effet, précisément pour accommoder cette « donnée » de l'épistémologie mathématique que les empiristes logiques ont fait tant d'efforts pour nourrir et préserver la distinction kantienne entre jugements analytiques et synthétiques. De leur point de vue, seule une telle distinction pouvait soutenir la division des jugements mathématiques entre ceux qui sont susceptibles de révision empirique et ceux qui ne le sont pas.

Quine, 1948 ; Quine, 1951 et Putnam, 1971 ; Putnam, 1975 ont écarté même cette dernière donnée kantienne, en proposant à la place une épistémologie empiriste générale dans laquelle tous les jugements, ceux des mathématiques et de la logique aussi bien que ceux des sciences naturelles, sont vu comme liés, en matière d'évidence, aux phénomènes sensoriels et donc sujets à la révision empirique. Au cœur de leur argument se trouvait une observation due à Duhem : afin de lier la science à l'évidence sensorielle, la logique et les mathématiques sont inévitablement requises [194]. Elles font donc partie de ce qui est confirmé lorsqu'une connexion est faite entre une théorie et un phénomène la confirmant, et de ce qui est infirmé

193. Pour des discussions utiles sur les opinions de Wittgenstein, le lecteur devrait consulter Dummett, 1959, Wright, 1980 et Shanker, 1987. Ce dernier est particulièrement recommandé pour les nombreuses questions et défis stimulants qu'il soulève pour les interprétations les plus influentes des derniers écrits.

194. Putnam, 1975 va plus loin en disant que pour la *formulation* même de la science, les mathématiques sont nécessaires.

lorsqu'une connexion entre une théorie et un phénomène la réfutant. Elles sont, en somme, épistémologiquement semblables aux sciences naturelles et donc, dans les grandes lignes, empiriques.

Pour satisfaire la conviction durable qu'il existe au moins une différence dans la sensibilité à l'évidence empirique entre, d'une part, les mathématiques et la logique, et, d'autre part, les sciences naturelles, Quine a affirmé que bien que toutes soient sujettes à révision empirique, ce n'est pas précisément dans la même étendue ou le même degré. Il a soutenu cette idée avec une conception pragmatique de la révision des croyances rationnelles, et une conception de la totalité de nos possessions cognitives comme formant un « réseau » dont les parties sont interdépendantes et ordonnées par rapport à leur importance pour préserver la structure générale du réseau. Au centre du réseau se trouvent la logique et les mathématiques, et les croyances des sciences naturelles et du sens commun, pour la plupart, se déploient depuis le centre vers la périphérie où l'ensemble rencontre l'expérience sensorielle.

D'après la conception pragmatique de la révision des croyances de Quine, c'est un souci de constamment maximiser notre pouvoir prédictif et explicatif global, qui doit la gouverner. Un modèle de croyances qui optimise le pouvoir prédictif et explicatif optimise également notre capacité cognitive à gérer notre ou nos environnements. La production d'un tel module est généralement supportée par des politiques de révision qui minimisent l'étendue et la sévérité des changements subis par un modèle conceptuel qui réussissait précédemment, en réponse à une expérience récalcitrante. Si les croyances des mathématiques et de la logique sont donc typiquement moins sujettes à la révision empirique que ne le sont celles des sciences naturelles et du sens commun, c'est parce que les réviser mène généralement (mais, du point de vue de Quine, pas invariablement) à un plus grand bouleversement du modèle conceptuel que ne le fait la révision de notre sens commun ou des croyances des sciences naturelles [195]. Ainsi, Quine prend en compte la donnée kantienne traditionnelle de la nécessité des mathématiques en traitant la logique et les mathématiques comme n'étant pas entièrement imperméables à la révision empirique, mais seulement comme l'étant dans l'ensemble plus que les sciences naturelles ou le sens commun [196]. Quine fusionne donc les épistémologies

195. Dans la métaphore du « réseau », c'est ce qui est entendu par l'idée que nous sommes « localisés au centre ».

196. Ce n'est pas seulement pour la forme. En effet, Putnam a soutenu que la meilleure manière de résoudre certains paradoxes en physique quantique pourrait être de réviser la logique bivalente classique ou la théorie des probabilités classiques (Putnam, 1968).

des mathématiques et des sciences naturelles en un seul tout empiriste, bien que quantitativement différentié.

En fusionnant les mathématiques et la science en un seul système explicatif, l'empirisme de Quine induit aussi une conception réaliste ou platonicienne des mathématiques. Il voit le monde comme peuplé des entités dont on a besoin pour équiper la meilleure théorie de la totalité de notre expérience. Cela inclut non seulement les objets de taille moyenne de notre expérience ordinaire et les entités théoriques de notre meilleure science physique actuelle, mais aussi les entités mathématiques puisque, comme nous l'avons noté ci-dessus, les thèses mathématiques font partie intégrante de notre meilleure théorie totale de l'expérience [197].

Les idées de Quine ont été discutées pour diverses raisons. Par exemple, Field a discuté l'affirmation de Quine selon laquelle les rôles joués par les sciences naturelles et les mathématiques sont essentiellement les mêmes et ne peuvent être différenciés. De son point de vue, il existe une différence immense entre le rôle joué par les mathématiques et celui joué par les sciences naturelles dans notre modèle conceptuel d'ensemble. Les mathématiques, d'après lui, fonctionnent essentiellement comme la logique et leurs théorèmes n'affirment rien qui soit aussi substantiel que le sont les lois des sciences naturelles.

Une autre critique de l'épistémologie de Quine consiste à dire qu'elle n'explique pas les parties des mathématiques qui ne sont *pas* impliquées dans l'explication de l'expérience sensorielle. Il n'est toutefois pas clair à quel point cette objection est sérieuse, car il n'est pas clair quelle quantité, s'il en est, des mathématiques mêmes les moins élémentaires, les plus abstraites, ne jouerait *aucun* rôle dans la simplification et l'explication de l'expérience sensorielle.

Une dernière critique a été faite par Parsons, qui soutient que traiter les parties *élémentaires* des mathématiques (par exemple, la vérité $7 + 5 = 12$) comme étant sur un pied d'égalité avec les hypothèses de la physique théorique ne parvient pas à capturer la différence épistémologiquement importante entre les différentes sortes d'évidence (*evidentness or 'obviousness'*) propre à chacune [198]. D'après Parsons, le type d'évidence exhibée par une proposition arithmétique élémentaire du type « $7 + 5 = 12$ » n'est pas la même que celle d'hypothèses physiques, même hautement confirmées comme « la Terre tourne autour du soleil ». En gros, cette

197. Voyez Quine, 1948; Quine, 1951, et Putnam, 1971; Putnam, 1975.
198. Parsons, 1980, p. 151.

dernière est plus fortement *dérivative* que la première. Parsons en conclut qu'il n'est par conséquent pas plausible de considérer ces deux affirmations comme étant basées essentiellement sur le même type d'évidence et, donc, que l'épistémologie empiriste de Quine et Putnam doit être considérée comme étant d'une adéquation discutable, au moins pour les parties les plus élémentaires des mathématiques.

En plus de Quine et Putnam, d'autres auteurs ont suggéré différentes manières de fusionner les mathématiques et les sciences naturelles. Parmi eux, certains étaient empiristes, d'autres non. Kitcher, par exemple, a présenté une épistémologie généralement empiriste pour les mathématiques dans laquelle l'*histoire* et la *communauté* sont des forces épistémologiques importantes [199]. Gödel a également proposé une épistémologie dans laquelle la justification mathématique était conçue selon des principes structurellement similaires à la justification dans les sciences naturelles [200]. Selon lui :

> [m]algré leur éloignement de l'expérience sensible, nous avons quelque chose qui ressemble à une perception des objets de la théorie des ensembles, comme on le voit au fait que ces axiomes s'imposent d'eux-mêmes à nous comme vrais. Je ne trouve aucune raison d'avoir moins de confiance dans cette sorte de perception, i.e. dans l'intuition mathématique, que dans l'intuition des sens. [...] Il faut noter que l'intuition mathématique n'a pas à être conçue comme une faculté qui procure une connaissance immédiate de ses objets. Il semble plutôt que, comme dans le cas de l'expérience physique, nous formons nos idées de ces objets sur la base de quelque chose d'autre qui est immédiatement donné. Seulement ce quelque chose d'autre ne consiste pas, ou ne consiste pas primordialement en les sensations. Que quelque chose, qui est en dehors des sensations, est immédiatement donné en acte s'ensuit [...] du fait que même nos idées qui se rapportent à des objets physiques contiennent des constituants qualitativement distincts des sensations ou des simples combinaisons de sensations, l'idée d'objet elle-même, tandis qu'en revanche notre pensée n'est pas capable de créer des éléments qualitativement neufs, mais uniquement de reproduire et de combiner ceux qui nous sont donnés. Évidemment, la mathématique sous-jacente

199. Voyez Kitcher, 1983.

200. Sa position n'était toutefois pas empiriste. En effet, il rejetait l'idée de l'intuition sensorielle comme base ultime de (au moins une partie de) la connaissance mathématique. À la place, il a postulé l'existence d'une forme d'intuition distinctive pour les mathématiques, mais cette intuition était interprétée de manière réaliste ou platonicienne, comme une manière de mieux connaître des objets existant extérieurement, et non d'une manière kantienne, comme une forme *a priori* ou une condition de la pensée.

> « donnée » est étroitement reliée aux éléments abstraits contenus dans nos idées empiriques. Cependant cela n'implique pas du tout, comme l'a affirmé Kant, que les données de cette seconde espèce soient quelque chose de purement subjectif parce qu'elles ne peuvent pas être associées à l'action de certains objets sur nos organes des sens. Elles représentent sans doute plutôt un aspect de la réalité objective, mais au contraire des sensations, leur présence en nous peut être due à une autre sorte de relation entre nous-mêmes et la réalité [201].

Gödel affirme ensuite [202] que cette utilisation et ce besoin de l'intuition a cours à la fois dans les parties très abstraites des mathématiques, comme la théorie des ensembles, et dans ses parties élémentaires comme la théorie finitaire des nombres. De plus, il a souligné que même sans appel à l'intuition, les mathématiques, comme les sciences naturelles, utilisent ce qui est essentiellement des moyens inductifs de justification :

> même abstraction faite du caractère de nécessité intrinsèque de quelque nouvel axiome, et même dans le cas où cet axiome n'aurait pas de nécessité intrinsèque du tout, une décision probable sur sa vérité est possible encore d'une autre manière, à savoir inductivement, en tenant compte de ses « succès ». Succès signifie ici fécondité en conséquences, notamment en conséquences « véritables », *i.e.* en conséquences démontrables sans le nouvel axiome, mais dont les démonstrations sont considérablement simplifiées et leur découverte facilitée avec l'aide du nouvel axiome, et qui permettent de contracter en une seule démonstration plusieurs démonstrations distinctes. En ce sens, les axiomes du système des nombres réels, axiomes que les intuitionistes rejettent, ont été vérifiés sur une certaine étendue, grâce au fait que la théorie analytique des nombres prouve souvent des théorèmes d'arithmétique qui peuvent ensuite être vérifiés par des méthodes élémentaires au prix d'une complexité plus grande. Un degré beaucoup plus élevé de vérification est cependant concevable. Il peut exister des axiomes tellement riches en conséquences vérifiables, éclairant tout un domaine, et fournissant des méthodes de résolution de problèmes tellement puissantes (voir les résolvant constructivement, autant qu'il est possible), que, quel que soit leur degré de nécessité intrinsèque, on doive les accepter au moins dans le même sens que n'importe quelle théorie physique bien établie [203].

Les hypothèses mathématiques de niveau supérieur sont donc considérées comme inductivement justifiées par les effets simplifiants ou plus généralement explicatifs qu'elles ont sur les vérités mathématiques de niveau

201. Gödel, 1983, p. 519-530.
202. *Ibid.*, p. 531.
203. *Ibid.*, p. 522.

inférieur. Plus tard, Gödel a étendu cette caractérisation de la justification inductive en mathématiques pour inclure non seulement l'organisation « féconde » (c'est-à-dire simplifiante et explicative) des résultats mathématiques de niveau inférieur, mais aussi l'organisation « féconde » des principes et faits de la physique [204].

Cette extension est significative, parce qu'elle fait une place, dans l'épistémologie mathématique de Gödel, à ce qui est essentiellement la justification empirique des vérités mathématiques. Cela ne fait toutefois pas de lui un empiriste comme Quine. En effet, pour Gödel, seule une partie de notre connaissance des vérités mathématiques pouvait provenir de sources empiriques. Il est resté résolument opposé à la suggestion que toute justification mathématique doive ou même puisse à terme reposer sur l'expérience sensorielle. En effet, il a décrit la vue empiriste des mathématiques comme trop « absurde » pour être sérieusement maintenue [205]. De manière plus positive, il a soutenu qu'il existe un phénomène épistémique fondamental (c'est-à-dire le fait que certains axiomes – y compris certains axiomes de théorie des ensembles – « s'imposent » à nous comme « étant vrais ») qui ne peut être expliqué par une épistémologie empiriste des mathématiques. Ce même phénomène est apparemment aussi celui qui a mené Gödel à rejeter l'idéalisme et accepter une conception platonicienne des mathématiques. Il nous semble que ni ce phénomène ni la question apparentée de son statut comme une « donnée » pour la philosophie des mathématiques n'a reçu l'attention qu'ils méritent.

Le platonisme empiriste de Quine et le platonisme non-empiriste de Gödel ont tous deux eu une influence importante sur des travaux récents du domaine. Cela a aussi été le cas d'un problème soulevé par Benacerraf au début des années 1970 [206]. D'après lui, l'épistémologie mathématique fait face à un dilemme général. D'une part, elle doit expliquer de manière satisfaisante la vérité des mathématiques et, d'autre part, elle doit expliquer de manière satisfaisante comment les mathématiques peuvent être connues. Cela constitue un dilemme, d'après Benacerraf, parce qu'alors qu'obtenir une explication satisfaisante de la vérité des mathématiques semble demander que l'on fasse entrer en jeu des objets

204. *Ibid.*, p. 485. Toutefois, Gödel note au même endroit que, pour l'instant, nous savons si peu de choses des effets, aux niveaux inférieurs des mathématiques et de la physique, d'axiomes de niveau supérieur tels que ceux concernant l'existence de ce qu'on appelle les « larges cardinaux » qu'une justification inductive de ce type n'est pas possible.

205. Voyez la p. 16 du manuscrit de sa *Gibbs lecture* [NdT : Gödel, 1951].

206. Voyez Benacerraf, 1973.

abstraits comme référents des termes singuliers utilisés dans le discours mathématique, si l'on souhaite avoir une explication satisfaisante de la connaissance mathématique, il faut éviter une telle référence. Son argument utilise les affirmations clefs suivantes : (i) la sémantique du langage mathématique devrait faire suite d'une façon continue à la sémantique du langage non-mathématique ; (ii) la forme logique profonde d'une expression mathématique ne devrait pas être traitée trop différemment de sa forme grammaticale de surface ; (iii) la sémantique du langage non-mathématique est référentielle ; et (iv) la meilleure sémantique référentielle pour le langage mathématique utilise des objets abstraits comme référents.

Il résulte du supposé besoin d'interpréter la sémantique du langage mathématique comme étant de caractère référentiel, que nous sommes contraints de voir les *bases de la vérité* d'un énoncé mathématique comme résidant dans les propriétés des objets abstraits auxquelles se réfèrent les termes référents. Ainsi, par exemple, nous sommes contraints de dire que ce qui rend « 7 + 5 = 12 » *vraie*, ce sont les propriétés des objets abstraits 7, 5 et 12, les caractéristiques de l'addition comme opération sur des objets abstraits, et les propriétés de la relation d'identité comme relation entre objets abstraits.

D'autre part, toute épistémologie des mathématiques qui voudrait éviter d'être susceptible à des problèmes de Gettier doit lier les *bases de la vérité* d'une phrase mathématique avec les *bases de la croyance* en elle. Autrement dit, si une croyance donnée doit compter comme véritable connaissance, il doit y avoir une certaine relation de causalité entre ce qui la rend vraie et l'état de notre croyance. Cela cause un dilemme, parce qu'il semble qu'il n'y ait pas de manière de garantir ladite connection causale et en même temps garantir une sémantique référentielle raisonnable pour le discours mathématique. Il existe des épistémologies mathématiques – en particulier, certaines épistémologies platoniciennes – qui autorisent une explication plausible de la vérité des propositions mathématiques. Et il existe des épistémologie mathématiques – par exemple, certaines épistémologies formalistes – qui permettent d'expliquer de manière plausible comment nous parvenons à la connaissance des propositions mathématiques. Il n'y a, en revanche, aucune manière connue de garantir à la fois une explication plausible de la vérité mathématique et une explication plausible de la connaissance mathématique.

De nombreux travaux récents en philosophie des mathématiques tentent de résoudre ce dilemme. Par exemple, Field, 1980 et Hellman, 1989 proposent tous deux des résolutions non-platoniciennes du dilemme. Maddy,

1990 tente de développer une épistémologie qui soit à la fois platonicienne et naturaliste. À l'heure qu'il est, il n'existe toujours pas de consensus général sur l'approche la plus acceptable [207].

Plus tôt, Benacerraf, 1965 avait soulevé une autre question qui a eu une influence similaire sur les développements récents. Peut-être plus que n'importe quelle autre source, son article a servi d'inspiration à la position récente appelée « structuralisme ». Appliquée aux mathématiques de manière générale, le structuralisme est la conception selon laquelle

> En mathématiques [. . .] nous n'avons pas d'objets avec une composition « interne » organisée en structure, nous avons seulement des structures. Les objets des mathématiques, c'est-à-dire les entités que dénotent nos constantes et quantificateurs mathématiques, sont des points sans structures ou des places dans des structures. En tant que places dans des structures, ils n'ont pas d'identité ou de propriété en dehors d'une structure [208].

Une telle position, d'après Resnik [209], est en accord avec le fait que « aucune théorie mathématique ne peut faire plus que déterminer ses objets à isomorphisme près », un fait qui semble avoir amené les mathématiciens à de plus en plus adopter la position selon laquelle (i) « les mathématiques

207. Personnellement, je pense que le dilemme de Benacerraf n'est pas un véritable dilemme. En particulier, j'aurais tendance à rejeter l'affirmation (i) de l'argument menant au dilemme – c'est-à-dire l'affirmation que nous sommes en quelque sorte obligés de traiter le langage mathématique comme étant sémantiquement dans la continuité du langage non-mathématique. Ce qui semble être une obligation est que nous traitions le langage mathématique comme un élément conforme à notre système linguistique plus large, conçu comme un outil pour manipuler des représentations du monde. En général, je considère que le langage joue un rôle dans la pensée humaine en nous autorisant à substituer la manipulation de représentations du monde à des manipulations du monde lui-même. Mais les schémas pour substituer les manipulations de représentations du monde aux manipulations du monde lui-même (qu'on les conçoive en termes réalistes ou idéalistes) peuvent certainement être fabriqués de manière à laisser de la place pour des sous-outils dont la signification dans le schéma est celle d'un outil calculatoire ou computationnel plutôt que celle d'un outil référentiel. Parfois, la manipulation syntactique de signes peut être meilleure que la manipulation sémantique directe, comme manière de gérer ce qui, au final, doit être une représentation-manipulation. Dans ce cas, la manipulation syntactique peut très bien jouer un rôle important dans un plus grand schéma global de représentation-manipulation sémantique basique. Cependant, il est en même temps difficile de supposer que de tels outils doivent être traités comme dans une continuité sémantique avec les parties les plus référentielles du schéma linguistique. Je ne vois pas non plus de raison pour nier que le rôle du langage mathématique dans notre schéma linguistique global est celui d'un outil calculatoire ou computationnel. En conséquence, je ne vois pas beaucoup de raison d'accepter l'argument (i) de Benacerraf et le « dilemme » qui en résulte.

208. Resnik, 1981, p. 530. Pour une autre déclaration de ce type, voyez Shapiro, 1983b, p. 534.

209. *Ibid.*, p. 529.

s'intéressent aux structures impliquant des objets et non à la nature "interne" des objets eux-mêmes »[210], et (ii) les objets mathématiques ne nous sont pas « donnés » isolément, mais seulement en structures[211].

Benacerraf lui-même n'a appliqué cette idée qu'à l'arithmétique et, en particulier, à la question, soulevée par Frege et d'autres, des caractéristiques ontologiques « plus profondes » des nombres individuels. Comme on le sait bien, Frege considérait que les nombres sont des objets. Benacerraf s'oppose à cette conception, soutenant que des questions telles que « les nombres individuels sont-ils des ensembles ? » sont fallacieuses. « Les questions d'identification des référents des mots-nombres devraient être rejetées comme non-pertinentes, tout comme une question sur les référents des parties d'une règle serait perçue comme non pertinente »[212]. Il ajoute, en complément, que

> Les « objets » ne font pas le travail que font les nombres un par un ; le système entier accomplit ce travail ou rien ne le fait. Je soutiens donc (...) que les nombres ne peuvent pas être des objets du tout ; car il n'y a pas plus de raison d'identifier un nombre individuel à un objet particulier plutôt qu'à n'importe quel autre.... En donnant les propriétés (nécessaires et suffisantes) des nombres, vous caractérisez une structure abstraite... et les « éléments » de la structure n'ont pas d'autres propriétés que celles qui les rapportent à d'autres « éléments » de la même structure[213].

Le motivation première d'une telle conception, au-delà du désir d'obtenir une explication plus appropriée d'un point de vue descriptif, est apparemment de nature épistémologique. Connaître les caractéristiques des objets abstraits individuels semblerait demander des pouvoirs de connaissance inexplicables d'un point de vue naturaliste. En revanche, il serait concevable que la connaissance d'au moins certaines structures (par exemples, celles qui sont finies) puisse être expliquée comme résultant de l'application de moyens de connaissance empiristes classiques, comme l'*abstraction*, à des complexes physiques observables. De telles structures abstraites deviendraient alors une partie du cadre scientifique général et, en tant que telles, elles pourraient être étendues et généralisées de toutes les manières, au cours de la recherche du schéma conceptuel global le plus simple et le plus hautement unifié.

210. *Ibid.*

211. Voyez les remarques de Weyl citées plus bas pour une affirmation relativement précoce de cette idée.

212. Benacerraf, 1965, p. 71 ; trad. fr. dans Gandon et Smadja, 2014, p. 71

213. *Ibid.*, p. 68-69.

Bien que Benacerraf et les autres structuralistes ne le remarquent pas, l'idée de base derrière leur position était largement populaire parmi les philosophes des mathématiques de la fin du XIXe et du début du XXe siècle. En effet, l'essai de Dedekind *Que sont les nombres et à quoi servent-ils ?* [214] contient une expression de la même idée fondamentale que celle sur laquelle repose l'argument de Benacerraf . Dedekind y écrit

> Si, en considérant un système simplement infini N, ordonné par une représentation φ, on fait totalement abstraction de la nature particulière des éléments, que l'on ne retient simplement que le fait qu'ils sont différents et ne considère que les relations établies entre eux par la représentation φ qui définit l'ordre, alors ces éléments s'appellent *nombres naturels* ou *nombres ordinaux* ou encore tout simplement *nombres*, et l'éléments fondamental 1 s'appelle le *nombre fondamental* de la *suite* N *des nombres*. Étant donnée cette libération des éléments de tout autre contenu (abstraction), on peut à juste titre les qualifier de libre création de l'esprit humain. Les relations ou lois qui [. . .] demeurent toujours identiques dans tous les systèmes ordonnées simplement infinis forment, quels que puissent être les noms donnés aux éléments singuliers [. . .] le premier objet de la *science des nombres* ou *Arithmétique* [215].

De la même manière, Weyl propose une expression frappante – et, de fait, une généralisation puissante – de l'idée structuraliste selon laquelle les objets mathématiques n'ont pas de propriétés mathématiquement importantes au-delà de celles qu'ils possèdent comme éléments d'une structure. Il écrit :

> Une science ne peut déterminer son domaine d'investigation qu'à un isomorphisme près. En particulier, elle reste relativement indifférente quant à "l'essence" de ses objets [. . .]. L'idée d'isomorphisme marque de manière évidente la frontière indépassable de toute connaissance [216].

Des idées similaires ont aussi été exprimées par Hilbert (voyez la correspondance avec Frege en 1899 [217] et le discours à Paris de 1900 [218]) ainsi que par Bernays [219].

214. Dedekind, 1888, section 73.

215. Dedekind, 1888, p. 179-180. Pour plus de détails sur les idées exprimées ici, on pourra consulter la correspondance avec H. Weber dans le volume III des *Gesammelte Werke* de Dedekind. Pour des discussions intéressantes des idées de Dedekind, voyez Tait, 1986b, Tait, 1986a et Parsons, 1990, section 2.

216. Weyl, 1949, p. 25-26.

217. Hilbert, 1899.

218. Hilbert, 1901.

219. Bernays, 1950. La prévalence générale de telles idées au début du siècle est aussi notée dans Weyl, 1949 et Bernays, 1967.

Le structuralisme comme philosophie générale des mathématiques a été critiqué par Parsons [220] . Il soutient qu'il doit exister des objets mathématiques pour lesquels le structuralisme n'est « pas toute la vérité » [221]. Les objets auxquels réfère Parsons sont ceux qu'il qualifie de « quasi-concrets ». Ils sont qualifiés ainsi parce qu'ils sont directement « instantiés » ou « représentés » par des objets concrets. Les exemples sont les figures géométriques, les symboles (interprétés comme des types) dont les instances sont des traces écrites, et les choses comme l'arithmétique finitaire de Hilbert. De telles entités quasi-concrètes sont parmi les objets mathématiques les plus élémentaires qui existent et ils ont donc une importance considérable pour les fondements des mathématiques. Pourtant, ils ne peuvent être traités de manière purement structuraliste, parce que leur fonction « représentationnelle » ne peut être réduite à des relations purement intra-structurelles avec d'autres objets dans un système donné.

4 CONCLUSION

Comme nous l'avons noté dans l'introduction, la philosophie des mathématiques du XXe siècle a été centrée sur la problématique formulée par Kant, qui est une des trois influences les plus importantes. Les deux autres sont la découverte des géométries non euclidiennes et le développement rapide de la logique symbolique.

Pendant les trois premières décennies du siècle, la problématique kantienne était dans l'ensemble comprise à peu près comme Kant lui-même l'avait pensée. C'est-à-dire que la nécessité était comprise comme la résistance à la révision empirique, et la substantialité comme une sorte de non-trivialité épistémique. Ce qui différentiait les épistémologies rivales de cette période était en premier lieu les différentes réponses données à la découverte des géométries non euclidiennes. Ici, trois alternatives fondamentales ont finalement été articulées.

La première de ces alternatives, développée principalement par Frege, tente de préserver le jugement kantien de base selon lequel la géométrie et l'arithmétique sont toutes les deux nécessaires. Toutefois, il cherche en même temps à distinguer deux sortes de nécessité, l'une pour l'arithmétique, l'autre pour la géométrie. C'était en réponse à la découverte des géométries

220. Parsons, 1990
221. *Ibid.*, p. 301.

non euclidiennes, qui étaient vues comme ayant révélé une asymétrie fondamentale entre géométrie et arithmétique – c'est-à-dire qu'il existe, au moins au niveau de la possibilité conceptuelle, des géométries alternatives, mais il n'existe pas d'arithmétique alternative. La pensée arithmétique était donc vue comme une partie plus omniprésente de la pensée rationnelle que la pensée géométrique. Donner une explication appropriée de cette asymétrie est devenu une des missions premières de la philosophie des mathématiques.

La seconde alternative, préférée par certains des premiers constructivistes, a modifié le jugement kantien de base selon lequel la géométrie et l'arithmétique sont toutes les deux nécessaires, et a maintenu que seul l'arithmétique est nécessaire. Par conséquent, comme pour la première alternative, la découverte des géométries non euclidiennes était vue comme ayant révélé une asymétrie fondamentale entre la géométrie spatiale et l'arithmétique. Toutefois, contrairement à la première alternative, cette découverte était vue comme étant mieux expliquée en réduisant à l'arithmétique les parties véritablement mathématiques de la géométrie et en écartant ses parties distinctement spatiales comme étant de caractère *a posteriori* plutôt qu'*a priori* (ce qui signifie donc qu'il s'agit d'un objet *externe* à l'esprit humain). L'arithmétique, en revanche, puisqu'elle n'admet pas d'alternative comme celle que les géométries non euclidiennes constituent pour la géométrie, était vue comme provenant d'une source (ici, un type très général d'intuition temporelle) totalement interne à l'esprit humain et, donc, *a priori* de nature.

La troisième alternative, développée par Hilbert, a réagi d'une manière encore différente à la découverte des géométries non euclidiennes. Elle a cherché à les tester pour déterminer jusqu'à quelle profondeur elles pénétraient dans la pensée géométrique. Pour les géométries non euclidiennes originales, il avait seulement été montré qu'elles étaient indépendantes des axiomes euclidiens de la géométrie plane. Il était alors toujours possible qu'il existe des propriétés inconnues et/ou non-exprimées du plan euclidien telles que, si on les prenait comme axiomes, l'axiome des parallèles en *découlerait* (avec les autres axiomes). Il était également toujours possible que, même en supposant que les axiomes du plan euclidien soient « complets » dans le sens que l'on vient de mentionner, les axiomes nécessaires pour passer d'une description du plan euclidien à une description de l'espace euclidien soient tels que l'axiome des parallèles en découlerait (avec les autres axiomes), et ne signifierait donc pas une propriété indépendante de *l'espace* euclidien.

C'est la résolution de ces problèmes qui préoccupait Hilbert. Il a donc cherché à produire un ensemble d'axiomes si « complet » qu'aucun axiome ne pouvait y être ajouté sans en faire une théorie incohérente. Pour faire cela, il s'est tourné vers un certain type de principe de continuité (son *Vollständigkeitsaxiom)* qu'il a considéré, d'une manière similaire à Kant, comme appartenant au domaine de la raison pure (ce que Hilbert appelle la pensée « idéale ») plutôt qu'au domaine du jugement (ce que Hilbert appelle la pensée « réelle »). Cette distinction entre éléments réels et idéaux des éléments de notre pensée mathématique est devenue la pierre angulaire de l'épistémologie mathématique de Hilbert, à la fois pour l'arithmétique et, il nous semble, pour la géométrie.

Hilbert n'a donc pas affirmé la nécessité soit de l'arithmétique, soit de la géométrie, d'une manière simple et directe. Il a plutôt distingué entre deux sortes *différentes* de nécessité opérant chacune dans l'arithmétique et la géométrie. L'une d'elle, celle qui est liée aux parties « idéales » des mathématiques, était identifiée avec le type de nécessité attachée à la faculté de la raison chez Kant, une sorte de nécessité découlant de la manière dont nos esprits fonctionnent inévitablement. L'autre, celle qui s'applique aux parties dites « réelles » des mathématiques, était vue comme consistant dans le fait présumé que toute notre pensée suppose, comme pré-condition, l'appréhension de certaines propriétés spatiales élémentaires d'objets concrets simples [222].

Ceci est à peu près la conception complexe de l'a prioricité des mathématiques de Hilbert. Clairement, il s'agit d'un écart considérable avec l'explication kantienne « idéaliste » de la nécessité comme résidant dans la supposition de tendances inévitables de notre esprit à exprimer toute expérience en termes temporels, et toute expérience spatiale en termes euclidiens. Clairement, aussi, il s'agit d'un écart considérable avec les idées des logicistes et des intuitionnistes. Sa réponse à la découverte des géométries non euclidiennes (et à des découvertes apparentées comme celle concernant l'intuition du temps dans la théorie de la relativité d'Einstein) n'était pas de poser une asymétrie épistémologique essentielle entre connaissance arithmétique et géométrique, comme l'avaient fait les formes originales du logicisme et de l'intuitionnisme. Il nous semble plutôt qu'il s'agissait d'essayer de rassembler les deux sous l'autorité d'un seule type d'intuition proto-géométrique concernant notre appréhension des aspects et formes élémentaires des figures concrètes.

222. Voyez Hilbert, 1926, p. 376, Hilbert, 1930, p. 383, 385.

Les années 1930 ont vu la chute du programme kantien de Hilbert aux mains des théorèmes de Gödel. Le logicisme kantien de Frege avait auparavant été vaincu par le paradoxe de Russell, et les philosophies kantiennes des intuitionnistes étaient aussi attaquées du côté philosophique (qui questionnait leur idéalisme) et du côté mathématique (où l'on doutait toujours de leur capacité à soutenir un corps de connaissances mathématiques significatif). Des programmes de la première période, le logicisme non kantien de Russell est peut-être celui qui est resté le plus intact, entretenu principalement par le fait qu'il incarnait les avancées récentes de la logique symbolique, et par le fait qu'il ait été choisi comme philosophie des mathématiques privilégiée par l'école, alors influente, des empiricistes logiques.

Pourtant, bien que les idées positives de la philosophie mathématique de Kant aient été largement abandonnées à partir des années 1930, son dispositif fondamental est resté effectif jusqu'au début des années 1950. C'est seulement avec l'attaque de Quine contre la distinction analytique / synthétique des positivistes, que son influence a également commencé à s'évanouir [223]. Depuis, la tendance dominante dans la philosophie, s'il y en a effectivement une, a été celle de l'empirisme : un empirisme qui nie qu'il existe une différence entre le type de nécessité des mathématiques et celle du reste de nos jugements ; un empirisme qui voit les mathématiques comme gouvernées par la même méthodologie inductive de base que les sciences naturelles ; un empirisme qui voit l'inférence mathématique comme réductible à l'inférence logique. L'adéquation définitive de cette approche généralement empiriste comme explication des « données » de l'épistémologie mathématiques n'est, toutefois, pas claire. C'est aussi le cas de la justification de son idée de ce que sont ces données. En effet, le problème de déterminer ce que sont les données de la philosophie des mathématiques figure, comme j'aimerais le suggérer, parmi les problèmes les plus sérieux auquel fait face le sujet, alors que le siècle touche à sa fin.

Remerciements

Je voudrais remercier Aron Edidin, Richard Foley, Alasdair MacIntyre, Alvin Plantinga, Phillip Quinn, Stuart Shanker et Stewart Shapiro pour leurs lectures et leurs commentaires utiles sur tout ou des parties de ce chapitre. Les erreurs qui restent ne sont dues qu'à moi.

223. J'exclurais la philosophie des mathématiques tardives de Hilbert (en particulier, celle présentée dans Hilbert, 1930) de cette généralisation.

CHAPITRE II

POINCARÉ CONTRE LES LOGICISTES

1 INTRODUCTION

Dans la philosophie des mathématiques, Poincaré est probablement très bien connu pour son désaccord avec les logicistes – en particulier Russell, avec lequel il a mené un débat récurrent durant les premières années de ce siècle [1]. Cependant, contrairement aux critiques habituelles du logicisme, la critique de Poincaré ne se concentre pas sur la question du statut des « lois fondamentales » des systèmes logicistes, en trouvant difficile de les considérer comme des principes authentiquement logiques. La critique était plutôt dominée par l'idée bien différente qu'il y avait peu, voire pas du tout de place pour *l'inférence* logique dans la preuve mathématique – de telles inférences étant épistémologiquement trop incolores pour faire partie d'un quelconque authentique raisonnement mathématique. L'inférence logique, par sa nature même, s'applique partout, et n'exige ni ne reflète aucune connaissance spécifiquement *mathématique* ; et pour cette raison, on ne peut pas s'attendre à ce qu'elle serve comme moyen *d'étendre* des connaissances authentiquement mathématiques.

1. *Cf.* Poincaré, 1902 ; Poincaré, 1905 ; Poincaré, 1906 ; Poincaré, 1908 ; Poincaré, 1913, et Russell, 1905 ; Russell, 1906b. Cependant, bien qu'historiquement parlant, le débat de Poincaré se soit poursuivi avec Russell, ses idées trouvent une plus frappante et plus digne opposition dans les écrits de Frege, dont je trouve la défense philosophique du logicisme supérieure à celle de Russell. Pour cette raison, je donnerai une prévalence aux idées de Frege, que le lecteur pourrait autrement considérer comme surprenante compte tenu de l'apparente ignorance de Poincaré à son égard.

La défense de Poincaré à propos de ces positions reposait sur un appel à ce qu'il considérait comme une donnée de « bon sens » mathématique. Toute personne ayant l'expérience mathématique pourrait, soutient-il, percevoir clairement une grande et importante distinction entre la condition épistémique de celui dont le raisonnement est basé sur les étapes d'inférence logique indifférentes au sujet (comme le sont par exemple le *modus ponens* et assimilés), et de celui dont le raisonnement est basé sur la pénétration disciplinaire d'un sujet mathématique particulier. Les inférences du mathématicien découlent et reflètent une connaissance de « l'architecture » (terme de Poincaré) locale du sujet particulier auxquels elles s'appliquent. Au contraire, celles du logicien ne représentent qu'une forme de connaissance globalement valide, neutre sur le plan thématique (et donc insensible au niveau local !) [2]. En utilisant la propre tournure de Poincaré, le « logicien » est comme un écrivain qui connaît bien la grammaire, mais qui n'a pas d'idées [3].

Tel est, en bref, le point de vue de Poincaré sur la place de la logique dans le raisonnement mathématique. Mais bien qu'il soit intéressant et distinctif, et une partie absolument centrale de sa philosophie mathématique, il n'a jamais été développé de manière systématique. La tâche principale de cet article est de prendre des mesures pour remédier à cette lacune, dans l'espoir que, les bases philosophiques de la pensée de Poincaré ayant été formulées plus clairement, leur intérêt pourrait être mieux apprécié et leur plausibilité et l'importance jugées avec plus de précision.

Les points de vue présentés ici diffèrent fortement de ceux exprimés dans d'autres tentatives récentes – notamment celle de Warren Goldfarb dans « Poincaré Against the Logicists » [4] – pour élaborer les idées philosophiques de Poincaré. Goldfarb affirme que ce qui caractérise la conception des fondements de Poincaré et la distingue de la conception rivale des logicistes est son souci de fournir un aperçu psychologiquement réaliste de la connaissance et du raisonnement mathématique ; c'est-à-dire un récit de la connaissance mathématique qui décrit, d'une manière psychologiquement réaliste, comment nous en sommes arrivés à l'avoir.

2. C'est un thème qui revient sans cesse dans les écrits de Poincaré. *Cf.* Poincaré, 1905, chap. 1 (en particulier, p. 13-26, 29-31 et 36-37) ; Poincaré, 1908, Intro, livre I, chap. 3 ; livre II, chap. 2, 3.

3. *Cf.* Poincaré, 1908, livre II, chap. 2, (p. 438, Halsted). Ces idées de Poincaré rencontrent un écho avec certains points de vue philosophiques de Brouwer. Pour en savoir plus, voir Detlefsen, 1990a.

4. *Cf.* Kitcher et Aspray, 1988, p. 61-81.

Cette tentative de faire de la plausibilité psychologique le point central de la dispute entre Poincaré et les logicistes est tentante, notamment parce que les logicistes prééminents, Frege et Russell (et, dans une moindre mesure, Cantor), sont bien connus pour leur penchant anti-psychologique en ce qui concerne les fondements. Bien que très différents les uns des autres, il n'empêche que les deux s'accordent à voir la tâche de la théorie de la connaissance mathématique davantage axée sur la métaphysique que sur la psychologie. Dans le cas de Russell c'est une métaphysique des objets et des propositions [5]. Tandis que dans le cas de Frege, il s'agit d'un ordre métaphysique des vérités, qui est vu comme capturant les relations de « raison suffisante » (objectivement métaphysique) existant entre elles [6]. Dans aucun des deux cas, la plausibilité psychologique n'est autre chose qu'un « faux fuyant » ; selon eux la théorie de la connaissance mathématique est bien redevable aux faits de l'être mathématique, et non aux faits de la croyance mathématique.

Mais s'il existe de sérieuses différences entre le logiciste et la conception poincaréienne de l'entreprise fondationnelle (nous parlerons dans la suite plus en détail de certaines des plus importantes), nous ne pensons pas que ces différences soient centrées sur la question de savoir si les fondations doivent être psychologiquement réalistes [7]. Ainsi, nous ne sommes pas

5. *Cf.* Russell, 1903, p. 427.

6. *Cf.* Frege, 1884, p. 23, où il cite avec approbation les vues de Leibniz. Leibniz, 1882, livre IV, chap. VII, part. 9, a soutenu qu'il existe un « ordre naturel des vérités » qui ne doit pas être confondu avec l'ordre de la découverte, de la prise de conscience ou de la croyance. En effet, l'ordre de cet « ordre naturel » est un ordre objectif et métaphysique dans lequel une vérité donnée connue n'est pas seulement la base de notre jugement de la vérité d'une autre proposition, mais aussi la « cause » de la vérité de cette proposition.

> La raison est la vérité connue dont la liaison avec une autre moins connue fait donner notre assentiment à la dernière. Mais particulièrement et par l'excellence on l'appelle raison, si c'est la cause non seulement de notre jugement, mais encore de la vérité même. (Leibniz, 1882, livre IV, chap. XVII, § 3)

7. Nous disons cela en dépit du fait que Poincaré lui-même a un jour fait une comparaison malheureuse entre les vues de Hermite et celles des soi-disant Cantoriens (*cf.* Poincaré, 1913, p. 72-74) pour la raison que ces derniers mettaient trop l'accent sur l'« épistémologie » et pas assez sur la « psychologie ». Cependant, l'« épistémologie » de ces remarques n'est pas l'épistémologie de la présente discussion ; la « psychologie » n'est pas non plus la psychologie à laquelle les logicistes s'opposaient. L'« épistémologie » est plutôt une affaire radicalement antikantienne qui nie que « tout ce que nous en pouvons connaître [d'une réalité qui est extérieure et indépendante de nous] dépend de nous » (*cf.* p. 74 ; j'ajoute les crochets). En complément, la « psychologie » consiste en la reconnaissance d'un élément mental kantien (comme les catégories de pensée) dans la connaissance.

d'accord avec l'interprétation de Goldfarb des fondements selon Poincaré. Le point de vue de Poincaré se caractérise, selon nous, non par un souci des différences *psychologiques* entre celui qui conduit une preuve dans l'esprit poincaréien et son homologue « logicien », mais plutôt par un souci de leurs différences *épistémologiques*. Par conséquent, la question n'est pas de savoir si une théorie de la connaissance mathématique donne une description psychologiquement exacte de la connaissance du mathématicien, mais plutôt si elle fournit un aperçu plausible des différences épistémologiques qui séparent les connaissances du mathématicien de celles du « logicien ». Telle est, en tout cas, l'avis que nous allons défendre dans cet essai.

Structurellement, nous nous retrouvons avec une théorie de la connaissance centrée sur deux principes complémentaires. L'un d'eux est un *principe de typologie épistémique* selon lequel la connaissance doit être considérée comme divisée en types, mais dont la répartition ne suit pas les divisions entre les sujets qui sont couramment utilisés pour délimiter les mathématiques de tout ce qui n'est pas mathématique [8]. L'autre est un *principe de conservation épistémique* selon lequel la déduction ne peut être épistémiquement « créative » – c'est-à-dire qu'il ne peut donner lieu à

8. À partir d'une typification subjective simple, on commence par un tri des propositions en fonction du sujet, puis on construit une typification épistémique sur celle-ci en triant les connaissances en fonction du sujet de son contenu. Ainsi, la connaissance d'une proposition p serait classée comme appartenant à un certain type épistémique au cas où p serait classée comme appartenant à un certain sujet. Appliqué au cas qui nous intéresse – à savoir, les connaissances mathématiques – un tel système de classification fonctionnerait comme suit : p est une connaissance mathématique juste au cas où (i) p est connue, et (ii) p est une proposition mathématique.

Les modifications d'une typification subjective peuvent être obtenues en modifiant sa clause non subjective. Ainsi, par exemple, on pourrait obtenir une modification de la typification subjective susmentionnée des connaissances mathématiques en modifiant la clause (i) exiger que p soit connu avec certitude, et/ou *a priori*. Le principe de typification que nous proposerons comme base de la théorie poincaréienne de la connaissance appartient à cette catégorie générale de typifications subjectives modifiées. C'est-à-dire qu'elle traite les considérations subjectives comme des conditions nécessaires mais non suffisantes à la connaissance mathématique. Par conséquent, elle exige davantage des connaissances mathématiques que d'être simplement des connaissances dont le contenu est mathématique. Elle considère que certaines caractéristiques de ce que l'on pourrait appeler le *mode noétique* sont aussi importantes que le contenu pour la connaissance mathématique.

Cependant, la variante du mode noétique qu'il a choisie n'est pas une simple combinaison des modes classiques mentionnées ci-dessus (c'est-à-dire, certainement, et/ou *a priori*). En effet, elle est différente dans l'esprit de ces propriétés traditionnellement acceptées de la connaissance mathématique. Car les propriétés traditionnellement acceptées s'appliquent également (et peut-être même mieux !) à la connaissance logique qu'à ce qui est plus proprement mathématique. Pourtant, la conception de Poincaré du mode noétique est destinée à exclure la connaissance logique. Nous y reviendrons plus tard.

des connaissances appartenant à un type donné à moins qu'il ne constitue lui-même une connaissance de ce type. Dans le cas de connaissances mathématiques, ce deuxième principe implique que si le raisonnement conduisant à une conclusion mathématique à partir d'un groupe de prémisses est capable de produire une connaissance mathématique de cette conclusion, alors, en plus des prémisses connues mathématiquement, il faut aussi que les inférences utilisées dans la conduite de la preuve constituent elles-mêmes des connaissances *mathématiques*. Selon Poincaré, c'est cette dernière condition qui n'est pas respectée par l'utilisation de l'inférence purement logique dans le raisonnement mathématique.

L'adoption d'un tel point de vue concernant la place de l'inférence logique dans la preuve mathématique a de sérieuses conséquences, parmi lesquelles le conflit avec les vues standard de la rigueur est parmi les plus notables et les plus importantes. L'un des triomphes célèbres de la « logicisation » du raisonnement mathématique par Frege, Peano, et Russell et Whitehead a été la nouvelle norme de rigueur apparemment irréprochable qu'elle a apportée avec elle ; une norme qui continue à guider le travail sur les fondements jusqu'à aujourd'hui. Selon cette approche, une preuve rigoureuse est une preuve dans laquelle toutes les informations de fond (c'est-à-dire spécifiques à un sujet) ont été écartées des déductions et intégrées dans les axiomes, pour être ensuite explicitement enregistrées dans les prémisses des preuves dans lesquelles elles sont utilisées. Le résultat final – ou du moins le vœu pieux – est un inventaire clair et précis des croyances sur lesquelles se fonde une conclusion donnée.

Cette fin n'est toutefois atteinte qu'en réduisant toutes les inférences à des inférences logiques, car ce sont uniquement ces inférences qui, étant neutres par rapport au sujet, ne peuvent elles-mêmes contenir aucune information de fond (c'est-à-dire spécifique au sujet). Les étapes d'inférence de nature logique sont donc exactement ce que la rigueur semble exiger, puisque c'est seulement en utilisant de telles étapes que toutes les informations de fond utilisées dans une preuve donnée sont obligatoirement déclarées de manière explicite dans les prémisses.

Cette conception traditionnelle de la rigueur dépend donc de l'existence de formes d'inférence globalement valides et neutres par rapport au sujet, en vertu desquelles les inférences relatives à un sujet donné peuvent être formulées. Sans cela, nous courons le risque d'introduire clandestinement des informations non déclarées – et donc non reconnues – dans nos preuves. Le poincaréien est donc mis au défi de montrer comment la rigueur peut être atteinte lorsque les inférences de logique globalement valides et neutres sont bannies et remplacées par les inférences localement valides et spécifiques au sujet du « mathématicien ».

Sa réponse est aussi radicale que simple. La rigueur sera obtenue non pas par l'élimination des lacunes logiques ou informationnelles séparant les prémisses des conclusions (d'où l'élimination de l'inférence de fond) mais plutôt par l'élimination des lacunes dans notre compréhension mathématique (et, par conséquent, l'élimination des inférences dans lesquelles les prémisses ne constituent pas une bonne raison mathématique pour la conclusion) [9]. Vue sous cet angle, une inférence est rigoureuse seulement quand elle reflète une authentique compréhension mathématique. Une telle vision est l'antithèse même de la norme, puisqu'elle exige que la déduction soit plutôt substantielle que logique pour être rigoureuse.

Tel est donc, dans ses grandes lignes, l'argument du présent article. Ses principaux objectifs sont l'élaboration des idées qui, selon nous, sous-tendent le point de vue de Poincaré dans la philosophie des mathématiques.

2 LA « CONTRADICTION INSOLUBLE » DE LA CONNAISSANCE MATHÉMATIQUE

D'une manière qui rappelle les remarques d'ouverture de Kant de La Première Partie du Problème Transcendantal des *Prolégomènes* [10], Poincaré ouvre *La Science et l'Hypothèse* avec ces mots :

9. Ce que dit réellement Poincaré (*cf.* Poincaré, 1908, livre I, chap. 3) est la chose suivante : si l'on peut « apercevoir d'un coup d'œil l'ensemble du raisonnement », on ne doit « plus craindre d'oublier l'un des éléments, chacun d'eux viendra se placer lui-même dans le cadre qui lui est préparé. » Toutefois, étant donné le contexte plus large dans lequel cette remarque s'inscrit, il n'est pas tout à fait clair si elle doit être considérée comme énonçant le point de vue exprimé ci-dessus, ou un point de vue selon lequel l'élimination des lacunes de compréhension conduit à l'élimination des lacunes logiques. Nous préférons notre lecture parce qu'elle semble mieux correspondre à la croyance de Poincaré dans le caractère essentiellement non-logique du raisonnement mathématique. (Pourquoi, si le raisonnement mathématique est non logique, le perfectionnement de la compréhension mathématique devrait-il conduire à l'élimination des lacunes logiques dans une preuve ? Et pourquoi cela devrait-il être considéré comme quelque chose de souhaitable ?)

10. Le paragraphe auquel il est fait référence est intitulé par la question « Comment la mathématique pure est-elle possible ? ». Le texte est le suivant « Il s'agit ici d'une grande et certaine connaissance, dont l'étendue est déjà étonnante aujourd'hui, qui promet une extension illimitée pour l'avenir, qui emporte avec elle une complète certitude apodictique, c'est-à-dire une nécessité absolue, qui ne repose en conséquence sur aucun principe expérimental, qui est par le fait un produit de la raison, mais qui n'en est pas moins absolument synthétique. [Ici la question se pose :] "Comment donc est-il possible à la raison humaine de réaliser tout à fait a priori une pareille connaissance ?" ».

> La possibilité même de la science mathématique semble une contradiction insoluble. Si cette science n'est déductive qu'en apparence, d'où lui vient cette parfaite rigueur que personne ne songe à mettre en doute ? Si, au contraire, toutes les propositions qu'elle énonce peuvent se tirer les unes des autres par les règles de la logique formelle, comment la mathématique ne se réduit-elle pas à une immense tautologie ? Le syllogisme ne peut rien nous apprendre d'essentiellement nouveau et, si tout devait sortir du principe d'identité, tout devrait aussi pouvoir s'y ramener. Admettra-t-on donc que les énoncés de tous ces théorèmes qui remplissent tant de volumes ne soient que des manières détournées de dire que A est A [11] ?

Il existe toutefois des différences importantes entre Kant et Poincaré. Tous deux reconnaissent ce que l'on pourrait appeler la « substantialité épistémique » des mathématiques (c'est-à-dire le fait qu'elles constituent un ensemble de connaissances important et substantiel) comme une donnée pour la théorie de la connaissance mathématique. Cependant, alors que pour Kant, c'est la « certitude apodictique » des mathématiques qui est présentée comme concurrente de la substantialité épistémique, pour Poincaré, c'est sa « rigueur parfaite ».

Une lecture plus attentive, cependant, soulève la possibilité que Poincaré n'avait pas tant l'intention de poser un dilemme (entre la substantialité épistémique et la rigueur parfaite) pour la théorie de la connaissance mathématique en général que de donner une critique d'une forme particulière qu'une telle théorie avait prise, à savoir celle d'un logicisme de style leibnizien [12]. Car si ce que Poincaré présente comme contradictoire, ce sont les affirmations selon lesquelles

(I) les mathématiques sont parfaitement rigoureuses,

et

(II) les théorèmes mathématiques ne sont pas de simples vérités logiques ou tautologies,

11. Poincaré, 1902, p. 31.

12. Par une forme leibnizienne de logicisme, nous entendons une forme forte de logicisme qui ne place pas les principes de la théorie des ensembles comme Frege ou de la théorie des types comme Russell dans les fondements logiques. Elle prétend plutôt n'utiliser que des principes immédiatement logiques ou analytiques tels que la loi dite de l'identité et les principes du syllogisme. Ainsi, l'opposition fondamentale de Poincaré au logicisme n'était pas fondée sur une suspicion des principes analytiques moins évidents (par exemple, les axiomes de compréhension, d'infini et de réductibilité) que Frege et/ou Russell ont intégré dans leurs bases « logiques ». Elle reposait plutôt sur ce que Poincaré considérait comme une conséquence inacceptable de son succès, à savoir que l'ensemble des mathématiques serait ainsi réduit à un ensemble de « tautologies ».

ces affirmations ne sont contradictoires (même de manière générale) que si l'on considère que (I) implique quelque chose qu'il est clair qu'il n'implique pas, à savoir que les théorèmes des mathématiques sont tous des tautologies. En vérité, ce que (I) semble exiger, ce n'est pas que tous les théorèmes des mathématiques soient des vérités logiques, mais plutôt que toutes les inférences d'une preuve mathématique soient des inférences logiques. Ainsi, la deuxième question que pose Poincaré dans la remarque citée ci-dessus (« si toutes les propositions qu'elle énonce peuvent se tirer les unes des autres par les règles de la logique formelle, comment la mathématique ne se réduit-elle pas à une immense tautologie ? »), qui est censée n'avoir aucune réponse (toute prête), semble en fait en avoir une facile, à savoir : « parce que les axiomes par lesquels commencent les déductions ne sont pas eux-mêmes des vérités logiques ». Elle ne semble donc pas avoir la force que Poincaré voulait lui donner. La « contradiction insoluble » de Poincaré est-elle basée sur un simple manque de reconnaissance de ce point élémentaire ? Le paragraphe qui succède directement à celui cité ci-dessus laisse entendre qu'il n'en est rien [13] :

> Sans doute, on peut remonter aux axiomes qui sont à la source de tous les raisonnements. Si on juge qu'on ne peut les réduire au principe de contradiction, si on ne veut pas non plus y voir des faits expérimentaux qui ne pourraient participer à la nécessité mathématique, on a encore la ressource de les classer parmi les jugements synthétiques a priori. Ce n'est pas résoudre la difficulté, c'est seulement la baptiser; et lors même que la nature des jugements synthétiques n'aurait plus pour nous de mystère, la contradiction ne se serait pas évanouie, elle n'aurait fait que reculer; le raisonnement syllogistique reste incapable de rien ajouter aux données qu'on lui fournit; ces données se réduisent à quelques axiomes et on ne devrait pas retrouver autre chose dans les conclusions [14].

Il était donc clair pour Poincaré que l'inférence du fait que les mathématiques sont parfaitement rigoureuses à l'affirmation supplémentaire que les théorèmes mathématiques sont des tautologies peut être bloquée en adoptant la position, ouverte aux non-logicistes sinon aux logicistes, que les axiomes sont des non-tautologies. Pourtant, insiste-t-il, le problème qu'il a à l'esprit ne saurait être évité par une telle démarche. Il en est ainsi, explique-t-il, car même si (contrairement au logicisme) il était admis que les axiomes ne sont pas des vérités logiques, on se trouve toujours face au problème d'expliquer comment les théorèmes des mathématiques pourraient constituer une véritable extension des axiomes si les seuls principes d'inférence utilisés

13. *Cf.* également Poincaré, 1908, chap. III, IV.
14. *Ibid.*

sont tels qu'ils ont un caractère purement logique. Ainsi, selon l'argument de Poincaré, si seules des inférences purement logiques sont utilisées dans une preuve, la connaissance ainsi acquise du théorème prouvé ne peut constituer une extension de la connaissance mathématique, quelle qu'elle soit, que l'on pourrait représenter par la connaissance des axiomes utilisés pour le prouver. Malgré cela, il estime que les conclusions des preuves mathématiques représentent généralement des extensions épistémologiques de leurs prémisses. Par conséquent, il a été amené à conclure que toutes les déductions appartenant à une preuve mathématique typique ne peuvent pas avoir un caractère purement logique.

Là où Poincaré a vu une véritable contradiction, c'est donc entre les deux principes suivants :

(I′) Toutes les inférences utilisées dans la preuve mathématique sont de caractère purement logique,

et

(II′) les conclusions des preuves mathématiques peuvent constituer, et constituent souvent, des extensions des connaissances mathématiques représentées par les prémisses.

Le conflit entre (I′) et (II′) ne donne lieu à un conflit similaire entre (I) et (II′) que si (I) est considéré comme impliquant (I′). Or, ce que Poincaré, recommande plutôt, c'est une autre conception de la rigueur mathématique qui consiste en l'absence de « lacunes » dans la compréhension mathématique [15]. On ne doit pas craindre de manquer des éléments dans une inférence mathématique, à condition de saisir la raison mathématique qui la sous-tend. Le raisonnement mathématique peut donc se dérouler par des pas plus larges que ceux de la logique, dans la mesure où la compréhension mathématique le permet.

L'adoption de cette conception non logique de la rigueur [16] a permis à Poincaré de retenir (I), qu'il jugeait vrai, tout en rejetant (I′), qu'il jugeait faux. Selon Poincaré, la fausseté de (I′) est évidente du fait que, s'il était vrai

15. Poincaré, 1908, chap. III.

16. Ce que l'on appelle ici, par inférence, la conception « logique » de la rigueur pourrait également être appelée la conception « logiciste » de la rigueur. En effet, elle a été introduite non pas pour exposer et éliminer des étapes de notre raisonnement pour lesquelles notre compréhension mathématique ne fournit pas de justification, mais plutôt pour obliger à mettre au grand jour tous les éléments de cette compréhension afin de déterminer leur logique. Cela fait partie de la tâche du logiciste, puisqu'il doit montrer que toute vérité des mathématiques peut être établie sur des bases purement logiques.

> aucun théorème ne devrait être nouveau si dans sa démonstration n'intervenait un axiome nouveau; le raisonnement ne pourrait nous rendre que les vérités immédiatement évidentes empruntées à l'intuition directe; il ne serait plus qu'un intermédiaire parasite et dès lors n'aurait-on pas lieu de se demander si tout l'appareil syllogistique ne sert pas uniquement dissimuler notre emprunt [17] ?

Cependant, étant donné que le raisonnement mathématique peut, et c'est généralement le cas, produire de nouvelles connaissances sans l'intervention de nouveaux axiomes, il s'ensuit que (I′) est faux. Par conséquent, le raisonnement mathématique doit généralement faire appel à des inférences qui n'ont pas un caractère purement logique. Selon ses propres termes :

> le raisonnement mathématique a par lui-même une sorte de vertu créatrice et par conséquent [il] se distingue du syllogisme [18].

Selon Poincaré, le caractère non logique de l'inférence mathématique est donc nécessaire pour l'explication de (II′), qu'il a accepté comme une donnée pour la théorie de la connaissance mathématique.

La « contradiction apparemment insoluble » dont parle Poincaré dans le premier passage de *La Science et l'Hypothèse* ne doit donc pas être considérée comme représentant un conflit entre (I) et (II), bien que cela puisse sembler à première vue être l'essentiel de sa question erronée demandant comment les mathématiques pourraient être autre chose qu'une immense tautologie, si, comme le voudraient les logicistes, toutes les propositions des mathématiques étaient déduites les unes des autres par un raisonnement purement logique. Il ne faut pas non plus la confondre avec le conflit entre (I′) et (II′), que Poincaré considérait comme tout à fait authentique et insoluble. Il s'agit plutôt de ce qui existe entre (I) et (II′), que Poincaré jugeait tous deux vrais, et dont il a cherché à rendre la compatibilité évidente en rejetant la conception de la rigueur du « logicien » au profit d'une conception qui met l'accent sur l'importance de la perspicacité mathématique plutôt que logique.

17. Poincaré, 1902, p. 31.
18. *Ibid.*, p. 32.

3 LA NATURE DE LA PREUVE MATHÉMATIQUE

Ce que Poincaré voulait avant tout remettre en question, ce n'était donc pas seulement le logicisme mais plutôt la « logicisation » de la preuve mathématique – c'est-à-dire la réduction de toutes les inférences se produisant dans une preuve mathématique à des inférences logiques [19]. Il pensait qu'il existait des formes d'inférence mathématique distinctes, dont la plus claire et la plus importante est peut-être l'induction mathématique [20]. Il pensait en outre que la prise de conscience de ce fait était la clé pour soutenir l'observation kantienne concernant la « créativité » épistémique de la preuve mathématique. Ces points de vue l'ont amené à entrer en conflit avec les logicistes, qui croyaient non seulement qu'une telle logique est nécessaire à la forme optimale de rigueur, mais aussi que la pensée rationnelle est essentiellement homogène ou de caractère non modulaire (c'est-à-dire non local). Une telle doctrine implique bien sûr que le raisonnement mathématique – y compris le raisonnement par induction mathématique – est essentiellement le même que toutes les autres pensées et, donc, au fond, de caractère purement logique. Comme l'a dit Frege :

19. En d'autres termes, le principal défi que Poincaré a lancé à Russell et Cantor n'était pas de défendre l'idée typiquement logiciste selon laquelle les lois fondamentales des mathématiques sont logiques par nature, mais plutôt de défendre le point de vue qui l'accompagne (partagé par de nombreux non-logicistes également) selon lequel la logicisation de la preuve mathématique représente un idéal de rigueur mathématique et, par conséquent, quelque chose auquel la pratique des mathématiques devrait aspirer.

20. À ma connaissance, Poincaré n'a jamais donné un autre exemple spécifique d'une forme mathématique d'inférence distincte. Cependant, il croyait qu'il existait d'autres types d'intuition que celle de l'arithmétique (*cf.* ses remarques sur l'*analysis situs* en 1913, p. 25 et suivantes), ce qui laisse penser que l'existence d'autres types d'inférences typiquement mathématiques ne serait pas étrangère à sa pensée. En effet, il affirme dans Poincaré, 1908, livre II, chap. III, sect. III, qu'il ne voulait pas suggérer dans ses écrits antérieurs que tout raisonnement mathématique peut être réduit à l'induction, mais seulement qu'il s'agit de l'exemple le plus simple du type général de raisonnement qu'il a à l'esprit, et que tous les autres représentants de ce type partagent les mêmes « caractéristiques essentielles ». Il se peut toutefois qu'il ait cru que l'induction mathématique jouissait d'une place particulière en raison de sa « centralité » nouvellement confirmée – une centralité rendue apparente par les efforts impressionnants de Dedekind et Weierstrass pour « arithmétiser » l'Analyse. Cela a permis de rapprocher l'arithmétique (du second ordre de Peano) et, avec elle, l'induction mathématique (du second ordre) du centre de l'arène mathématique. Elle a donc donné à l'induction mathématique une certaine importance parmi les formes d'inférence. C'est peut-être la raison pour laquelle Poincaré a fait de l'induction mathématique le cas central d'une inférence mathématique distincte. Cependant, il ne faut pas perdre de vue qu'il a également souligné le fait qu'il y a des limites à la façon dont les idées et les conceptions fondatrices de la topologie et de l'analyse peuvent réellement être arithmétisées (*cf.* Poincaré, 1913, p. 29).

> La pensée est dans l'essentiel partout la même : il n'est pas vrai que les lois de la pensée soient de différents types selon l'objet auxquelles elles s'appliquent [. . .]. Cet ouvrage montrera qu'un raisonnement à première vue proprement mathématique, tel que l'inférence de n à $n + 1$, repose sur les lois logiques générales, et qu'il n'a pas besoin de lois particulières réglant la pensée par agrégation [21].

Le logicisme cherche donc à supprimer les différences « locales » de raisonnement. Selon lui, ces différences sont superficielles et disparaissent dès lors que l'on pénètre suffisamment profondément dans la nature fondamentale de la pensée en question. Ainsi, aux niveaux de profondeur les plus importants et les plus révélateurs sur le plan épistémologique, ce qui est remarquable dans les mathématiques, c'est leur homogénéité avec le reste de la pensée rationnelle – et non le caractère « local » de leurs formes de raisonnement.

Ce thème de l'homogénéité figure également en bonne place dans la pensée du précurseur de Frege, Leibniz, qui estimait que les vérités mathématiques ne sont que des formes déguisées d'identités logiques, et que leurs preuves ne devraient donc être que des « déroulements » analytiques (par application de définitions) de concepts qui remontent aux cas élémentaires et paradigmatiques d'inclusion conceptuelle – à savoir des vérités analytiques de la forme « A est A ».

Frege a affiné ce point de vue à la fois en enrichissant la base logique supposée et en restreignant sa portée. Il divise les mathématiques en deux parties : une « science des nombres », ou « arithmétique », d'une part, et une science de l'intuition spatiale, ou géométrie, d'autre part ; et il les distingue toutes deux de la science empirique. Sa revendication logiciste se concentrait alors exclusivement sur la partie arithmétique. Selon les termes du paragraphe 14 des *Grundlagen* [22] :

21. Frege, 1884, p. III-IV.

22. Si Frege s'est rangé du côté de Leibniz sur la nature de l'arithmétique, il s'est rangé du côté de Kant sur la nature de la géométrie, en affirmant

> [. . .] Je vois un grand mérite de Kant dans le fait d'avoir distingué entre les jugements synthétiques et analytiques. En qualifiant les vérités géométriques de synthétiques et d'a priori, il en a révélé la véritable nature. Et il convient de le rappeler encore aujourd'hui, car il est encore souvent mal compris. Si Kant s'est trompé en ce qui concerne l'arithmétique, je ne pense pas que cela porte atteinte de manière significative à ses mérites. Il lui importait de montrer qu'il existe des jugements synthétiques a priori ; qu'ils appartiennent uniquement à la géométrie ou également à l'arithmétique est de moindre importance. (*Ibid.*, p. 101-102)

> Les propositions expérientielles valent pour la réalité physique ou psychologique ; les vérités géométriques régissent, elles, le domaine de ce qui est objet d'intuition spatiale, qu'il s'agisse d'une réalité ou d'un produit de l'imagination. Les délires fébriles les plus fous, les inventions les plus intrépides des contes et des poètes, qui font parler les animaux et arrêtent les étoiles, qui transforment des pierres en hommes et les hommes en arbres, et qui enseignent comment un homme s'arrache au bourbier en se tirant aux cheveux, sont néanmoins liés aux axiomes de la géométrie, pour autant qu'ils se prêtent à des représentations intuitives. Seule la pensée conceptuelle peut s'en affranchir, d'une certaine manière, lorsqu'elle pose par exemple un espace à quatre dimensions ou à courbure positive. [...] La pensée conceptuelle peut toujours supposer le contraire de tel ou tel axiome géométrique sans s'empêtrer dans des contradictions avec soi-même, si l'on tire à partir de ces hypothèses en conflit avec l'intuition des conclusions. Cette possibilité montre que les axiomes géométriques sont indépendants les uns des autres et des lois fondamentales de la logique, c'est-à-dire qu'ils sont synthétiques. Peut-on en dire autant des principes de la science des nombres ? Tout ne tombe-t-il pas dans la confusion si l'on devait nier l'un d'entre eux ? Serait-il alors encore possible de penser ? Le fondement de l'arithmétique ne gît-il pas plus profond que celui de toute connaissance empirique, plus profond même que celui de la géométrie ? Les vérités arithmétiques gouvernent le domaine du comptable. C'est le plus vaste ; car il inclut non seulement le réel, non seulement l'intuitif, mais tout ce qui est pensable. Les lois des nombres ne devraient-elles donc pas avoir un lien très intime avec celles de la pensée [23] ?

Ainsi, la conception de Frege selon laquelle les lois fondamentales de l'arithmétique ont un caractère logique est rendue évidente par son insistance sur le fait que la négation d'une loi arithmétique entraîne un échec global de la pensée rationnelle.

Mais une telle vue non seulement affirme une homogénéité de base de la pensée arithmétique avec les autres domaines de la pensée rationnelle, elle exige aussi une homogénéité des lois de la logique entre elles ! Car elle exige qu'il n'y ait aucun sous-système des lois fondamentales qui soit à la fois conceptuellement indépendant des autres lois et suffisamment fort pour mériter d'être appelé un corps de pensée rationnelle. Ainsi, l'exécution du programme logiciste de Frege exigerait clairement plus que ce que le logicisme est communément considéré d'exiger, à savoir, la localisation d'un ensemble de principes suffisamment *fondamentaux* pour

23. Frege, 1884, p. 20-21.

être considérés comme des lois de la pensée rationnelle et suffisamment *puissants* pour impliquer les lois de l'arithmétique. Il faudrait également soit qu'il n'y ait pas d'indépendance substantielle ou de « séparabilité » entre les lois fondamentales de la logique, ou que la totalité de celles-ci soit requise pour la dérivation de toute et chacune des lois de l'arithmétique. Sinon, il y aurait une menace d'hétérogénéité au sein même des lois fondamentales. Je ne suis pas sûr que Frege ait vu cela aussi clairement qu'il aurait dû (même si c'est peut-être ce qu'il avait à l'esprit en insistant, autrement curieusement, pour que les lois fondamentales de la pensée soient limitées à un « petit » nombre [24]). Mais que Frege l'ait vu ou non, c'est sans aucun doute une question sérieuse pour le logiciste.

Les lois fondamentales de la pensée identifiées par le logicisme doivent donc toutes être d'un caractère tel qu'il les qualifie de principes *fondamentaux* de la pensée rationnelle. Et c'est précisément ce qui produit le conflit principal entre Poincaré et les logicistes [25]. Car, comme nous l'avons dit plus haut, Poincaré estimait que la pensée mathématique possède ses propres principes de raisonnement distinctifs qui *ne sont pas* des principes

24. *Cf.* Frege, 1884, section 90; Frege, 1893, p. v. En résumé, l'idée est que si le nombre de lois fondamentales est « réduit », il y a moins de chances qu'un sous-système approprié de ces lois soit suffisamment important pour être considéré comme un domaine de raisonnement autonome. Par conséquent, la suppression de l'une d'entre elles détruirait effectivement le raisonnement tel que nous le connaissons et le concevons, et il faudrait donc qu'*essentiellement* la totalité d'entre elles soit impliquée dans la preuve de chaque théorème. Bien entendu, pour que cet argument fonctionne, il faut faire diverses hypothèses auxiliaires (par exemple qu'aucune loi fondamentale n'est utilisée uniquement dans la dérivation d'une partie relativement limitée et/ou sans importance de l'ensemble du système de théorèmes).

Une autre tâche que Frege ne semble pas avoir vu très clairement est la nécessité d'empêcher les lois fondamentales de la pensée d'être trop puissantes; plus précisément, d'être assez puissantes pour servir de base à la géométrie ainsi qu'à l'arithmétique. Car si elles devaient devenir trop puissantes, alors Frege ne pourrait pas maintenir son accord avec Kant concernant le caractère synthétique *a priori* des lois de la géométrie, puisque la différence de révisibilité des lois géométriques et arithmétiques ne pourrait alors pas être prise en compte. Cela pourrait en fait poser un sérieux problème à Frege, puisque la « science des nombres » qu'il entend fonder sur une base logiciste est apparemment censée être suffisamment solide pour inclure la théorie des nombres réels nécessaire à une version analytique de la géométrie. Bien sûr, il faut être capable d'obtenir la représentation adéquate des continuums spatiaux et de leurs transformations par leurs équivalents analytiques. Cependant, il n'est pas clair – du moins pas pour moi – que cela nécessite une intuition spatiale plutôt que ce que Frege aurait considéré comme une pensée purement « conceptuelle ». Mais quoi qu'il en soit, il semble clair que Frege nous doit des explications.

25. Quelque chose comme cet argument de base est valable aussi bien pour le logicisme russellien que pour le logicisme fregéen. Pour Russell aussi, ses principes de base devaient être des caractéristiques générales de la pensée rationnelle, ou du moins de la pensée mathématique.

fondamentaux de la pensée rationnelle *per se*, mais plutôt des principes d'une logique plus localisée [26]. En outre, il estimait que la connaissance

26. Une insistance comme celle de Poincaré sur l'importance des particularités locales d'un domaine de pensée pourrait-elle *être combinée* avec une insistance comme celle du logiciste sur la réductibilité ultime de tous les domaines de pensée locaux aux principes globaux de la pensée rationnelle ? En d'autres termes, serait-il possible d'avoir *à la fois* un ensemble de résultats dérivés distinctifs au niveau local *et* un ensemble d'axiomes ultimes globalement valables ? Je pense que la réponse est non. En supposant que les théorèmes puissent être dérivés en utilisant uniquement des principes de raisonnement globalement valides, comme les logicistes le soulignent, ils (c'est-à-dire les théorèmes) pourraient être dérivés d'axiomes globalement valides en utilisant des principes d'inférence globalement valides. Il y a une certaine force intuitive à dire que cela rendrait les théorèmes globalement valides aussi. Cependant, je ne sais pas comment prouver une telle affirmation en général, ni même dans le cas de théorie de la connaissance de Poincaré. Permettez-moi de m'expliquer.

Si l'on part d'une notion tarskienne de conséquence, la demande est facile à prouver. Car alors un théorème résultant de l'application de règles d'inférence globalement valides à des prémisses globalement valides doit lui-même être globalement valide (c'est-à-dire vrai dans toutes les interprétations du langage utilisé). On peut même voir comment obtenir une preuve pour quelqu'un comme Frege qui avait une conception plutôt épistémique des conséquences. Dans sa conception, une proposition ne doit pas être identifiée avec son ensemble de modèles, comme c'est le cas dans la sémantique tarskienne, mais plutôt, avec son ensemble d'agents croyants idéalement rationnels, où ces agents doivent être considérés comme délimités par les informations *a posteriori* et *synthétiques a priori* dont ils disposent. Par conséquent, un axiome globalement valable est un axiome qui est cru par tous les agents idéalement rationnels, indépendamment des informations *synthétiques a posteriori* qu'ils possèdent ; et un principe d'inférence globalement valable est tel que tout agent idéalement rationnel qui croit à ses prémisses croira aussi à sa conclusion. Il s'ensuit donc que la conclusion d'une inférence globalement valable avec des prémisses globalement valables sera elle-même globalement valable (c'est-à-dire que tous les agents idéalement rationnels y croiront, indépendamment de leurs informations *synthétiques a posteriori*).

Poincaré, lui aussi, avait une notion épistémique de conséquence, mais elle était radicalement différente de celle de Frege. Ses états (ou attitudes) épistémiques ont été *typés* de manière à ce qu'il ne soit pas seulement la préservation de la croyance *per se* mais aussi la préservation du type de croyance qui doit être pris en compte en rapport avec l'inférence. De plus, ses types épistémiques étaient plus finement délimités que ceux (à savoir, l'*a priori* versus l'*a posteriori*) que Frege a repris (avec modification) de Kant. En particulier, il semble avoir eu une catégorie d'informations spécifiquement mathématiques marquée, au moins typiquement, par son manque de globalité. De ce fait, sa conception épistémique des conséquences devrait être radicalement différente de celle du fregéen. Car étendre la conception fregéenne signifierait compter une conclusion comme mathématiquement connue si les prémisses étaient mathématiquement connues et si l'inférence qui en découle était logiquement valide (c'est-à-dire telle que tout agent idéalement rationnel qui croit aux prémisses doit également croire à la conclusion). Il en est ainsi parce que les convaincus en mathématiques formeraient un sous-ensemble de la classe des agents idéalement rationnels et, partant, formeraient la classe des convaincus de la conclusion, faisant (selon la conception fregéenne) de la conclusion une croyance mathématique... Contrairement à la façon dont Poincaré semblait penser les choses. Par conséquent, selon le schéma de Poincaré, il ne semble pas possible de représenter une croyance mathématique simplement comme (une croyance partagée par) la (ou une) classe de penseurs mathématiques, comme le suggère de tels modes de raisonnement localement distincts est essentielle à une authentique connaissance mathématique, tandis que les logicistes estimaient que la connaissance mathématique la plus profonde et la plus authentique est celle qui consiste à saisir la réduction des vérités mathématiques à leurs racines logiques et, partant, à des principes dont l'essence même est leur validité *globale* [27].

Il y a donc un conflit profond entre les idéaux épistémologiques de Poincaré et ceux des logicistes. Toutefois, comme nous l'avons déjà suggéré, ce conflit ne porte pas sur la question de savoir si les fondements doivent être psychologiquement réalistes, mais plutôt sur la question de savoir si la pensée rationnelle est homogène (c'est-à-dire si, en mathématiques, la raison suffisante se présente sous une ou plusieurs variétés différentes).

Il est toutefois important pour nos objectifs que le désaccord fondamental de Poincaré avec le logicisme ne soit pas confondu avec celui qui caractérise une grande partie de la littérature plus récente sur le sujet qui considère comme question primordiale celle de savoir si les *axiomes* des schémas logicistes proposés (en particulier, les axiomes qui postulent l'existence de choses – par exemple, des ensembles infinis) ont vraiment un caractère logique. Car, comme on l'a vu dans la section précédente, Poincaré a expressément renoncé à en faire sa préoccupation principale [28], et s'est concentré sur les méthodes d'inférence plutôt que sur les axiomes [29].

le modèle fregéen. En effet, il semble que les acteurs en mathématiques pourraient être mieux représentés comme des croyants dépourvus de certaines croyances (par exemple, celles qui ne sont pas marquées par une validité locale distincte). Si tel est le cas, la justesse – voire la cohérence – de l'idée selon laquelle l'application de règles d'inférence globalement valides à des prémisses globalement valides garantit des conclusions globalement valides n'est pas claire. En effet, il n'existe apparemment aucun moyen convaincant d'établir un lien entre la non-croyance dans P et la non-croyance dans I(P, Q) (c'est-à-dire une inférence de P à Q), d'une part, et la non-croyance dans Q, d'autre part. Par conséquent, comme on l'a fait remarquer précédemment, il n'est pas possible de montrer de manière générale que l'application de principes d'inférence globalement valides à des prémisses globalement valides aboutit à des conclusions globalement valides. Plus précisément (et ironiquement !), il n'y a aucun moyen de le faire en adoptant le point de vue de Poincaré.

27. Comme il a été noté ci-dessus, Leibniz et Frege sont tous deux d'avis qu'il existe un ordre objectif métaphysique des vérités des mathématiques. Selon eux, la maîtrise épistémique d'un sujet est optimale lorsqu'il saisit la relation objective qui ordonne ses vérités. De même, les vérités sont maîtrisées épistémiquement lorsque leur place dans la hiérarchie objective est déterminée, et les preuves sont épistémiquement optimales lorsqu'elles montrent le segment de la hiérarchie qui relie la vérité à prouver aux vérités fondamentales - globalement valides. Des points de vue similaires sont défendus par Aristote, 1993, Livre I, chap. I-X, et Bolzano (2012), § 198, 401 et 525.

28. *Cf.* Poincaré, 1902, p. 31-32.

29. Il convient peut-être de noter que l'opposition de Poincaré au logicisme s'étendrait donc même aux programmes néologicistes qui pourraient renoncer à revendiquer l'analyticité des axiomes, tout en effaçant la structure « locale » du raisonnement mathématique.

De plus, même dans ce cas, son argument n'était pas ce à quoi on pourrait s'attendre, à savoir que les conclusions utilisées ne sont pas de nature purement logique. C'est plutôt le contraire, à savoir qu'elles sont purement logiques et que, pour cette raison même, elles ne peuvent être utilisées pour produire des conclusions qui constituent une extension des connaissances mathématiques représentées par les prémisses.

> La vérification [qui est le mot qu'utilise Poincaré pour la preuve logique] diffère précisément de la véritable démonstration, parce qu'elle est purement analytique et parce qu'elle est stérile. Elle est stérile parce que la conclusion n'est que la traduction des prémisses dans un autre langage. La démonstration véritable est féconde au contraire parce que la conclusion y est, en un sens, plus générale que les prémisses [30].

Cela peut donner l'impression que le point est le suivant : une *transformation logique* $\lambda(S)$ d'une phrase S équivaut à une *transformation définitionnelle* de S. Les transformations définitionnelles sont, bien sûr, *conservatives* dans un sens fort ; c'est-à-dire que l'application à S d'une définition δ d'une certaine expression contenue dans S ne peut produire qu'une phrase $\delta(S)$ qui exprime la même proposition que celle exprimée par S. Par conséquent, si l'inférence logique est essentiellement une transformation définitionnelle (c'est-à-dire si la conclusion d'une inférence analytique n'est autre que les « prémisses traduites dans un autre langage »), alors l'application à S d'une forme logique d'inférence λ doit aboutir à la production d'une phrase $\lambda(S)$ qui exprime la même proposition que celle exprimée par S. Cela étant, l'inférence logique ne serait pas capable d'étendre la connaissance puisqu'elle ne pourrait pas produire une conclusion exprimant une proposition différente de celle exprimée par la ou les prémisses [31].

Un tel argument pourrait s'appliquer à une forme de logicisme leibnizien qui soutient que les vérités des mathématiques peuvent être dérivées des identités logiques par l'application des définitions appropriées. Il ne s'opposerait cependant pas aux types de logicisme que Frege et Russell préconisaient, puisqu'ils admettaient explicitement des formes d'inférence dont les conclusions sont (ou expriment) des propositions différentes de leurs prémisses, et que Russell insistait même sur le caractère synthétique de la logique [32]. De plus – et c'est là le point important – l'objectif de Poincaré

30. Poincaré, 1902, p. 33 ; les crochets sont de moi.

31. Lorsque plus d'une prémisse est impliquée, je suppose que le point serait le suivant : la phrase de conclusion produite par l'application d'une forme analytique d'inférence devrait être équivalente à l'une des prémisses ou à une conjonction de celles-ci.

32. Lorsque nous parlons d'une conclusion d'une inférence exprimant une proposition différente de ses prémisses, nous voulons dire qu'elle n'exprime pas la même proposition que celle exprimée par une quelconque conjonction de ses prémisses.

n'était pas d'établir que l'inférence logique est incapable de produire une quelconque extension épistémique des connaissances. Il s'agissait plutôt d'établir que l'on ne pouvait pas s'attendre à ce qu'elle produise une extension de l'authentique connaissance *mathématique*.

Ainsi, l'impuissance ou la non-productivité épistémique que Poincaré attribuait à l'inférence logique était spécifique plutôt que générale, ne s'appliquant qu'à son utilisation comme moyen d'extension des connaissances mathématiques. Comme Kant avant lui, Poincaré était donc libre d'admettre que les conclusions des inférences logiques pouvaient être si profondément enfouies dans leurs prémisses qu'elles devenaient des candidats à de nouvelles connaissances (d'une variété non mathématique) lorsqu'elles étaient récupérées par l'analyse [33]. Ainsi, pour le répéter, son point de vue n'était pas que l'inférence logique est épistémiquement stérile en soi, mais plutôt qu'elle est stérile en tant que moyen d'étendre la connaissance mathématique.

Il faut espérer que ces remarques contribueront à éviter les malentendus en distinguant l'objection poincaréienne contre l'inférence logique d'autres avec lesquelles elle pourrait être confondue. Ces confusions possibles ayant maintenant été notées, passons à la tâche plus positive qui consiste à développer quelques-unes des idées clés de ce point de vue poincaréien.

Sa pierre angulaire est la doctrine anti-logiciste mentionnée plus haut, à savoir la division de la pensée rationnelle en domaines locaux irréductiblement hétérogènes, chacun ayant sa propre « logique ». Cette hétérogénéité se produit, en outre, non seulement au niveau des axiomes ou des premières vérités de la pensée mathématique, mais aussi au niveau de l'inférence. Ainsi, l'hétérogénéité poincaréienne est plus poussée que celle qui découlerait uniquement de ces « poches » d'intuition utilisées pour assurer la connaissance des premières vérités ou axiomes d'un corps de pensée mathématique. Il reflète également l'utilisation de l'intuition dans l'inférence, qui a comme effet d'induire une logique distinctive sur un domaine de pensée local donné, donc permettant – et obligeant – au raisonneur de procéder par d'autres moyens que des pas d'inférence globalement valides. Ainsi, il nous est encore une fois rappelé que Poincaré n'était pas tant opposé au logicisme qu'à la logicisation de la preuve mathématique. Car même si le statut logique des axiomes du logiciste

33. *Cf.* les sections 36-37 de la *Logique* de Kant.

devait être établi, cela ne permettrait pas de contourner l'objection avancée par Poincaré à l'utilisation de l'inférence logique en mathématiques [34].

Mais, si la pensée rationnelle est ainsi hétérogène, qu'est-ce qui crée cette adaptation locale ? Une chose que Poincaré suggère, c'est la nécessité d'avoir des condensateurs épistémiques, c'est-à-dire des dispositifs qui servent à « abréger nos raisonnements et nos calculs » [35] en empaquetant toute une série de ce qui serait des inférences logiques dans l'espace d'une seule inférence (non logique) et en nous déchargeant ainsi du fardeau de faire dépendre notre connaissance de l'achèvement du lourd raisonnement logique non abrégé. Une telle condensation signifie – et peut même rendre possible – la compréhension de « l'architecture » d'un sujet, ce que Poincaré considérait comme un ingrédient absolument indispensable à toute compréhension véritablement scientifique d'un domaine d'enquête donné. Il a introduit cette notion par analogie de la manière suivante :

> Notre corps est formé de cellules et les cellules d'atomes ; ces cellules et ces atomes sont-ils donc toute la réalité du corps humain ? La façon dont ces cellules sont agencées, et d'où résulte l'unité de l'individu, n'est-elle pas aussi une réalité et beaucoup plus intéressante ?
>
> Un naturaliste qui n'aurait jamais étudié l'éléphant qu'au microscope croirait-il connaître suffisamment cet animal ?
>
> Il en est de même en mathématiques. Quand le logicien aura décomposé chaque démonstration en <134> une foule d'opérations élémentaires, toutes correctes, il ne possédera pas encore la réalité tout entière ; ce je ne sais quoi qui fait l'unité de la démonstration lui échappera complètement.
>
> Dans les édifices élevés par nos maîtres, à quoi bon admirer l'œuvre du maçon si nous ne pouvons comprendre le plan de l'architecte ? Or, cette vue d'ensemble, la logique pure ne peut nous la donner, c'est à l'intuition qu'il faut la demander [36].

La condensation épistémique représentée par une inférence locale non logique donnée signifie donc moins un gain d'efficacité (bien que cela puisse aussi faire partie de son importance) qu'une compréhension de la contribution que le résultat ainsi déduit apporte à une entreprise plus grande à laquelle appartient le domaine d'enquête local donné. Ou, peut-

34. Le logiciste est bien sûr convaincu de l'utilité de l'inférence logique dans la preuve mathématique. Ce n'est pas non plus seulement le reflet de sa croyance générale en l'homogénéité de la pensée rationnelle, car il la considère également comme nécessaire pour atteindre le type de rigueur qu'il exige de ses preuves. Ses preuves doivent être conduites de manière à éliminer la menace de suppositions non logiques qui entrent subrepticement dans ses inférences. Par conséquent, ses conclusions doivent elles-mêmes être de nature logique.

35. *Cf.* Poincaré, 1908, p. 140.

36. Poincaré, 1908, p. 133-134. Voyez aussi Poincaré, 1905, chap. I, pour un point similaire.

être mieux encore, cela signifie une compréhension de la façon dont le mouvement des prémisses à la conclusion contribue au « développement » d'un thème architectural du sujet local. En bref, elle marque la présence d'un « universel » compréhensif (c'est-à-dire ce que nous appelons un plan ou un thème architectural du domaine local en question) dans les « différences » (c'est-à-dire les états de son développement signifiés par les prémisses et la conclusion, respectivement) au travers desquelles elle persiste [37].

Vu sous cet angle, une inférence mathématique I est composée de trois éléments : (i) un universel, $U_{I,T}$, qui exprime un thème architectural de la théorie locale T à laquelle I appartient, et qui sert de module de comparaison pour les prémisses et la conclusion de I ; (ii) un ensemble de prémisses p, qui marque une certaine « position » ou « stade » $\sigma_{U(p)}$ dans le développement de $U_{I,T}$; et (iii) une conclusion c, qui marque une position ou un stade de développement « ultérieur » $\sigma_{U(c)}$ de $U_{I,T}$. Par conséquent, deux inférences I et I′, exprimées dans les termes de deux théories T et T′, ne sont identiques que lorsque $U_{I,T} = U_{I',T'}$, $\sigma_{U(p)} = \sigma_{U(p')}$ et $\sigma_{U(c)} = \sigma_{U(c')}$ [38]. Et les déductions mathématiques seront typiquement distinctes des inférences logiques, puisqu'elles seront basées sur différents types d'universaux. Ainsi, une théorie de l'inférence *mathématique*, si

37. Y-a-t-il un exemple « d'architecture » ? Le seul que Poincaré lui-même a fourni est celui concernant les nombres naturels. La saisie de l'architecture des nombres naturels fournit cette forme d'inférence que Poincaré considérait comme raisonnement mathématique par excellence, à savoir l'induction mathématique. Cependant, ce type d'architecture (que l'on peut considérer comme l'architecture d'un domaine d'objets) se distingue au moins conceptuellement d'une architecture d'un domaine de pensée (qui est une famille de résultats, et non d'objets). Poincaré n'a pas explicitement distingué ces deux types d'architecture, et ce malgré le fait qu'une grande partie de ses propos semble dépendre de l'existence d'une telle distinction. Peut-être est-ce parce que les deux types d'architecture sont clairement liés, et que ce sont les architectures de résultats qui sont au centre des préoccupations d'une théorie de la connaissance comme la sienne. Les architectures de domaines d'objets induisent généralement des architectures (ou peut-être des sous-architectures) sur les résultats ; un fait qui est rendu clair par l'ordre inférentiel des propositions effectué par induction – un ordre inférentiel des propositions qui n'est rendu possible que par l'ordre inductif des nombres naturels. Si tous les ordres inférentiels sont finalement basés sur une caractéristique d'un ordre entre objets est une question difficile, à laquelle nous ne savons pas comment répondre. Mais il semble clair que nous n'aurions aucune raison de prêter moins d'attention aux architectures sur des domaines de résultats qui pourraient provenir d'autres sources.

38. Cette conception de l'inférence considère l'universel $U_{I,T}$ comme induisant au moins (sinon étant littéralement identique) un ensemble Σ « d'étapes » ou de « positions » de sa réalisation, ainsi qu'un ordre (ou un ordre partiel) O défini sur Σ. Ainsi, lorsque les deux univers $U = U_{I,T}$ et $U' = U_{I',T'}$ sont identifiés, cela signifie (au moins) que $\Sigma = \Sigma'$ et $O = O'$.

elle existe [39], consisterait en une spécification des différents universaux ou architectures qui servent à organiser ou à unifier la pensée mathématique et en un compte rendu des manières dont les universaux de cette classe restreinte affectent les différences au travers desquelles ils persistent. De même, une théorie de l'inférence logique (en supposant qu'il serait utile de permettre une telle catégorie d'inférences) consisterait en une spécification d'une classe d'architectures cognitives qui se rapporte à un raisonnement thématique neutre, et en un compte rendu de la manière dont elles affectent les différences au travers desquelles elles persistent [40].

Les théories de l'inférence mathématique et logique seraient ainsi côte à côte, plutôt que dans une relation verticale (signifiant la subsomption de la première à la seconde) l'une par rapport à l'autre. Et il est peu probable qu'il y aurait quelque chose comme une théorie générale de l'inférence, puisqu'il est douteux qu'il y ait suffisamment de points communs entre tous les effets de tous les universaux sur les différences au travers desquelles ils persistent à donner naissance à quelque chose de suffisamment riche et intéressant pour être appelée une théorie générale de l'inférence [41]. C'est bien sûr une façon d'articuler le thème kantien anti-logiciste de la théorie

39. Et il est loin d'être évident que c'est le cas, puisque cela dépend de l'existence ou non d'une caractéristique essentielle commune à toutes les architectures mathématiques. Il se peut au contraire que les différentes branches des mathématiques aient chacune une architecture distincte qui leur est propre, et que chacune donne donc naissance à sa propre théorie de l'inférence. Ceci est conforme à ce que Poincaré dit du raisonnement mathématique, car son point de vue est simplement que le mathématicien utilise toujours une certaine connaissance architecturale locale ou « intuition » dans ses inférences, et non pas qu'il utilise toujours *la même*. De ce point de vue, il faudrait s'appuyer sur une notion de « ressemblance familiale » pour expliquer tout point commun qui pourrait être considéré comme liant le raisonnement mathématique dans son ensemble, puisqu'il semble s'agir d'une similitude non mesurable (sous peine d'effondrer les distinctions locales en question).

40. Il se peut qu'une architecture logique se distingue principalement par ce qui lui manque plutôt que par ce qu'elle a. En d'autres termes, ses seules caractéristiques distinctives peuvent être sa préservation de caractéristiques épistémiques relativement rudimentaires comme *a priorité* et/ou degré approximatif de certitude, et sa tentative de baser une mesure du « développement » ou « progrès » épistémique sur un critère *sémantique* pour individualiser les propositions.

41. La seule chose qui ressemble à une théorie générale de l'inférence serait le compte rendu général des éléments de base ou de la structure de l'inférence esquissée ci-dessus. Mais ce n'est pas ce à quoi nous pensons en tant que théorie générale de l'inférence. Le compte rendu général de la structure de l'inférence dit seulement que chaque inférence utilise une architecture et une façon d'analyser et d'ordonner cette architecture en étapes de « développement ». Mais elle ne suppose aucun point commun significatif entre les architectures ou le schéma d'étapes associé à chacune d'entre elles. C'est précisément ce que nous appelons une théorie générale de l'inférence.

de la connaissance de Poincaré évoqué plus haut, à savoir que la pensée rationnelle est essentiellement hétérogène plutôt qu'homogène.

La différence entre l'inférence mathématique et l'inférence logique, dans cette optique, est donc centrée sur le choix des universaux ou des architectures sous lesquels les prémisses et la conclusion doivent être réunies : une inférence mathématique étant celle qui réunit les prémisses et la conclusion en tant que « développement » sous une architecture ou un thème *mathématique*, et une inférence logique étant celle qui réunit les prémisses et la conclusion en tant que « développement » sous une architecture *logique* (si elle existe). Notre utilisation antérieure de la métaphore de la « taille » est donc, dans une certaine mesure, trompeuse. La différence entre l'inférence logique et mathématique n'est pas essentiellement une question de « taille », mais plutôt d'architecture globale. La taille n'entre en ligne de compte que parce que la neutralité thématique souhaitée de l'inférence logique l'oblige à renoncer à faire appel à toute architecture spécifique à un sujet et réduit donc sa taille à une architecture dictée non pas par une architecture thématique mais plutôt par un critère sémantique utilisé pour identifier les propositions en général (puisque, sans une architecture spécifique à un sujet à laquelle faire appel, tout ce qui reste pour « marquer » le mouvement inférentiel est un changement *sémantique*).

La distinction essentielle entre les inférences mathématiques et logiques n'est donc pas bien comprise en faisant appel, comme l'a fait Poincaré lui-même, à une supposée distinction entre inférence analytique et synthétique, inférence qui traite la première comme une inférence dans laquelle la conclusion est « contenue dans » les prémisses, et la seconde comme une inférence dans laquelle la conclusion « va au-delà » des prémisses. Dans la perspective esquissée ci-dessus, toute inférence est synthétique, car elle implique une « mise en commun » des prémisses et de la conclusion d'une inférence de manière à considérer le passage de la première à la seconde comme un « développement » d'une architecture [42]. De même, toute inférence est analytique puisqu'elle implique le fait de voir comment la conclusion peut être extraite des prémisses comme un « développement » de l'architecture dans laquelle elles sont intégrées. Ainsi, une conclusion constituant un développement d'une architecture par rapport à un ensemble de prémisses est suffisante pour à la fois la faire dépasser et être contenue dans ces prémisses.

42. Cela s'ajoute au fait que toute inférence est également synthétique dans le sens où elle implique l'unification de (éventuellement) plusieurs prémisses en un seul « message » (la conclusion).

Il est à espérer que ce bilan de l'inférence aidera à clarifier la base du principe de conservation épistémique qui, comme on l'a noté au début de cet article est le principal élément structurel de la théorie poincaréienne de la connaissance de la preuve. Selon ce principe, une inférence de p à q ne peut pas être utilisée pour étendre les connaissances mathématiques de p à q, à moins qu'elle constitue elle-même une connaissance mathématique. Le fondement de ce principe, dans l'optique actuelle, est le fait qu'avant qu'une inférence de p à q puisse être considérée comme véritablement mathématique, elle doit d'abord être intégrée dans une architecture mathématique. La connaissance de cette architecture est la quintessence de la connaissance mathématique. Il est donc à la fois clair que le principe de la conservation épistémique tient sous la conception de l'inférence esquissée ici et pourquoi c'est ainsi. Et, de ce fait, il est également clair qu'il est adapté aux « données » de base de la théorie poincaréienne de la connaissance mathématique : à savoir, les différences apparentes entre les conditions épistémiques du logicien et du mathématicien, et la rareté relative de l'expertise mathématique par rapport à l'expertise logique.

Jusqu'à présent, nous n'avons décrit que les « universels » ou les « architectures », qui sont les éléments clefs de la conception poincaréienne de la preuve, dans les termes de leur fonction ou rôle épistémique, qui est de diviser la réflexion mathématique en étapes ou en positions et de là (partiellement) ordonner ces étapes en quelque chose qui peut être considéré comme un « développement » (c'est-à-dire une continuation potentielle de la pensée qui présuppose un but et une notion de ce que c'est que d'approcher ce but). Mais, qu'est-ce qu'avoir connaissance d'un tel ordre d'un corps potentiel de pensée mathématique ? C'est une question générale difficile, à laquelle nous ne pouvons répondre que partiellement ici. Cependant, une chose semble sûre, c'est que la connaissance en question ne doit pas être considérée comme consistant simplement en une connaissance des preuves et des théorèmes spécifiques qui constitueraient un « développement » du domaine de pensée en question. Pour saisir une « architecture », il ne s'agit pas de voir les résultats spécifiques qui y sont incorporés.

S'agit-il donc simplement d'une capacité à dire, lorsqu'on lui présente une preuve donnée, si elle contribue ou non au développement du domaine en question ? Apparemment non, puisque la maîtrise d'une architecture est censée non seulement contrôler les réactions du mathématicien aux preuves possibles dont il peut avoir connaissance, mais aussi le guider dans la découverte des preuves qui contribuent au développement du domaine. Ainsi, les architectures poincaréiennes doivent servir non seulement de normes avec lesquelles nos choix épistémiques doivent s'accorder, mais aussi de guides qui orientent ces choix [43].

La connaissance d'une architecture est donc quelque chose comme la connaissance d'une stratégie pour jouer un jeu, mais pas une connaissance qui présuppose une connaissance complète de la manière de passer de nos circonstances actuelles au but. Elle présuppose donc (i) l'existence d'un but, et la capacité à la fois (ii) de déterminer si une activité de preuve donnée est conforme ou non à ce but et (iii) de découvrir des activités de preuve particulières qui y sont conformes.

Ainsi, les mathématiques peuvent être considérées comme une combinaison d'objectifs spéciaux et de stratégies spéciales pour les atteindre. Pourtant, ce n'est pas un jeu. Cela est sans doute dû en partie au « sérieux » de son objectif global en tant que science, à savoir le développement de notre patrimoine épistémique. Mais, plus encore, cela peut être dû au fait que les stratégies des mathématiques ont une sorte de statut *régulateur* que les stratégies des jeux n'ont généralement pas. Dans un jeu, ce ne sont pas les stratégies mais les *règles* et les *objectifs* qui ont un statut régulateur. On ne peut pas dire que je joue aux échecs si je déplace mes fous en ligne droite, ou si j'adopte comme but de mettre mon propre roi en échec et mat. Je peux cependant y jouer sans avoir une bonne stratégie pour mater le roi de mon adversaire. Pour *bien* jouer, il faut employer une bonne stratégie, ce qui n'est pas le cas pour *simplement* jouer le jeu. Pour cela, il suffit que j'agisse dans les limites des règles et que je fasse un choix approprié des objectifs ; il n'est pas nécessaire que je fasse usage d'une bonne stratégie.

En revanche, la vision poincaréienne des mathématiques est différente. Là, les stratégies ont une force régulatrice. Ce *sont* des règles. Ne pas employer de stratégie mathématique (c'est-à-dire une stratégie qui incarne une véritable vision mathématique – par opposition à une vision générale et polyvalente) revient simplement à ne pas savoir faire de mathématiques du tout. On peut, bien sûr, faire des mathématiques moins bien qu'on pourrait le faire – et aussi moins bien que d'autres le font réellement. On peut même, peut-être, les faire mal – bien que ce soit une question

43. Si la capacité en question est comprise de manière à signifier l'infaillibilité, la condition serait également trop forte. En mathématiques, comme ailleurs, le développement peut comporter quelques faux départs. Il faut donc tenir compte d'une sorte d'architecture qui n'exclut pas la possibilité de faux départs, mais qui donne néanmoins quelques indications. La maîtrise architecturale semble donc admettre des degrés. Ainsi, en dernière analyse, la théorie poincaréienne de la connaissance peut aussi produire une conception de la connaissance mathématique qui admet des degrés.

plus délicate[44]. Mais cela signifie seulement que toutes les stratégies véritablement mathématiques ne sont pas sur un pied d'égalité en tant que moyens de poursuivre un objectif mathématique donné, et que certaines d'entre elles peuvent même être carrément mauvaises[45]. Cela ne remet pas en cause l'affirmation fondamentale selon laquelle, en mathématiques, les stratégies ont un statut de règlement.

Rien de tout cela ne doit, bien sûr, être considéré comme impliquant que, sans la maîtrise d'une architecture mathématique, il ne peut y avoir d'extension inférentielle de quelque type de connaissance que ce soit (même la connaissance de propositions mathématiques). Ce serait à la fois imprudent et incorrect. Nous avons plutôt fait valoir que sans la maîtrise d'une architecture mathématique, il ne peut y avoir d'extension inférentielle de la connaissance mathématique. L'inférence, telle que nous l'avons présentée, est fondamentalement un cas de similarité au travers du changement. Passer des prémisses à la conclusion entraîne un changement ; cependant, pour que la conclusion soit valable, les prémisses doivent d'une manière ou d'une autre être « reflétées » dans la conclusion et donc persister au travers de la transition vers la conclusion. Ce lien entre les prémisses et la conclusion est fondamental pour tout ce qui doit vraiment être considéré comme une inférence ; et c'est la « manière » ou le « mode » particulier dont les prémisses sont reflétées dans la conclusion (par exemple, logiquement, mathématiquement, etc.) qui détermine le type d'inférence qu'est une inférence.

44. C'est plus délicat parce qu'à un certain stade, il devient difficile de voir la différence entre mal faire les mathématiques et ne pas les faire du tout. Tout comme, je suppose, il arrive un moment où il est difficile de faire la différence entre celui qui joue très mal aux échecs et celui qui n'y joue pas du tout. Les cas les plus évidents de ne pas jouer aux échecs sont probablement ceux où soit les règles de déplacement des pions sont enfreintes, soit on ne joue pas selon les objectifs du jeu (par exemple, lorsqu'on cherche à se mater soi-même plutôt que son adversaire). Mais on peut en fait s'approcher de ce dernier échec paradigmatique simplement en étant un pauvre stratège. Il arrive un moment où la stratégie est si mauvaise qu'on a l'impression que l'intention est de se mater. (Il y aurait, bien sûr, une différence entre les intentions du mauvais stratège et celles de celui qui choisit de faux objectifs. Cependant, cela ne peut que nous indiquer qu'il y a une différence entre le fait de jouer aux échecs et l'intention sincère de le faire.) Il en va peut-être de même pour les mathématiques (telles que les conçoit le poincaréien) – il peut arriver un moment où le choix des stratégies est si pauvre qu'il n'y a pas de différence significative entre mal faire les mathématiques et ne pas savoir les faire du tout.

45. En fait, cela ne veut même pas dire cela. En effet, l'incapacité à faire aussi bien que ce qui aurait pu être fait pourrait être due à une mauvaise exécution de la stratégie choisie plutôt qu'à un mauvais choix de stratégie.

Dans la théorie poincaréienne de la connaissance que nous avons esquissée ici, la similarité au travers du changement d'une inférence véritablement *mathématique* doit être expliquée par la subsomption des prémisses et de la conclusion dans le cadre d'une architecture mathématique commune. On retrouve donc les prémisses reflétées dans la conclusion de manière *mathématique*. La subsomption dans d'autres types d'architecture donnerait lieu à différents types de réflexion. Les architectures fonctionnent donc comme des universaux, liant les prémisses et la conclusion d'une inférence ensemble dans le type d'« unité » qui est nécessaire pour en faire une *inférence* plutôt qu'une simple *séquence* de propositions ou de jugements. La connaissance de la liaison architecturale est, par conséquent, une partie essentielle de ce qui est nécessaire pour l'extension d'une *sorte* ou d'un *type* de connaissance par le moyen de l'inférence. La connaissance de la liaison par une architecture mathématique – plutôt que des choses telles que la préservation de la certitude et/ou d'une *apriorité* – constitue donc la différence cruciale séparant l'inférence mathématique de l'inférence non mathématique, et est la caractéristique distinctive de la preuve mathématique.

4 LA NATURE DE LA RIGUEUR MATHÉMATIQUE

La vision de la preuve esquissée dans la dernière section entraîne la nécessité de développer une conception connexe de la rigueur, car la conception logique standard de la rigueur ne peut plus être appliquée. Selon Poincaré, la preuve mathématique ne se fait plus par étapes logiques, mais par étapes déterminées par la « métrique » d'une architecture mathématique donnée. Les inférences d'une preuve comprennent elles-mêmes des éléments importants de compréhension mathématique, ce qui va à l'encontre de la conception moderne et logique de la rigueur.

En concevant une inférence mathématique comme la participation conjointe de ses prémisses et de sa conclusion à un universel distinctement *mathématique*, la conception poincaréienne de la preuve intègre le non-logique à l'essence même de l'inférence mathématique. Elle considère que « filtrer » de l'inférence mathématique la connaissance spécifique à un sujet équivaut à la détruire. Par conséquent, elle s'oppose fermement à l'explication moderne et logique de la rigueur de la preuve, et doit donc fournir une explication alternative.

Elle le fait en proposant une différente *conception* de la rigueur. Pour cette nouvelle conception, l'idéal de base est le même : éliminer les « lacunes » du raisonnement mathématique. Cependant, à la fois la conception de ce qui constitue une « lacune » et, par conséquent, la méthode prescrite pour parvenir à son élimination sont différentes. Une « lacune » n'est plus une lacune *logique*, mais plutôt une lacune dans la *compréhension mathématique*. Les lacunes de ces deux types ne sont en aucun cas équivalentes, car il est possible qu'il y ait une lacune logique là où il n'y a pas de lacune dans la compréhension mathématique et qu'il y ait une séquence de propositions logiquement sans lacune qui n'est néanmoins pas liée par une quelconque compréhension mathématique. L'élimination des lacunes n'exige donc plus *l'exclusion* d'informations spécifiques à un sujet dans une inférence (ce qu'exige l'absence de lacunes logiques), mais plutôt *l'inclusion* d'un universel mathématique pour combler ce qui serait autrement une lacune mathématique entre les prémisses et la conclusion.

Mais, n'est-il pas clair, alors, que le critère de rigueur poincaréien ne garantit pas une identification complète et pleinement explicite des propositions sur lesquelles repose la conclusion d'une preuve ? Et, si tel est le cas, n'est-il pas également clair qu'il y a une grave lacune dans la conception poincaréienne de la rigueur, puisque l'objectif de la recherche rigoureuse d'une preuve est d'obtenir une compréhension claire de ce sur quoi peut reposer la croyance justifiée en une proposition mathématique donnée ?

Il est, selon nous, possible de répondre par la négative aux deux questions. Pour s'en convaincre, il faut cependant distinguer la notion de dépendance *mathématique* d'une proposition par rapport à une autre et celle de dépendance *logique* d'une proposition par rapport à une autre. Les propositions qui appartiennent à la base logique d'une proposition ne doivent pas nécessairement appartenir à sa base mathématique. Ainsi, si P garantit mathématiquement C, alors, que P garantisse ou non logiquement C, il (c'est-à-dire P) constitue un ensemble complet de propositions sur lesquelles C repose mathématiquement [46]. Ainsi il ne faut laisser aucune

46. Bien entendu, il se peut qu'il n'existe pas quelque chose comme l'ensemble des propositions sur lesquelles repose C. Il en va de même, cependant, pour l'approche axiomatique, puisqu'elle ne garantit pas l'existence d'une preuve unique de tout théorème et, de fait, dans certains cas (par exemple, les cas où la théorie n'est pas finement axiomatisable, où tous les axiomes ne sont pas utilisés dans tous les preuves, ou lorsque les axiomes de la théorie ne sont pas indépendants), une pluralité de preuves peut être nécessaire. Nous voudrions également souligner que, bien que nous parlions ici comme si les conclusions sont composées de propositions, nous ne nous engageons pas officiellement à un tel point de vue. Ce que nous

proposition en dehors de la base pertinente pour C, lorsqu'on la spécifie ; et cela signifie qu'il est possible d'obtenir un compte rendu complet des propositions sur lesquelles repose une croyance mathématique donnée sans pour autant en obtenir une base logiquement complète.

Les remarques ci-dessus ne doivent cependant pas être considérées comme suggérant que la rigueur logique n'a aucun rôle à jouer dans l'amélioration des connaissances mathématiques. En effet, nous pensons qu'elle joue un rôle. Plus précisément, en période de crise épistémique, lorsqu'il devient nécessaire de réviser des fonds épistémiques qui, d'un point de vue purement mathématique, semblent irréprochables, la génération de bases logiquement complètes peut s'avérer être la seule façon de procéder, ou du moins la façon optimale. Une telle procédure présente l'avantage de mettre explicitement en évidence certaines hypothèses que la rigueur mathématique ne met pas en évidence. Et, ce faisant, il peut se révéler quelque chose d'invraisemblable et, partant, de défaisable, dans nos hypothèses tacites. Mais qu'il en soit ainsi ou non, la génération de bases sans lacunes logiques pour les théorèmes tendra à élargir l'éventail des candidats potentiels à la révision et, toutes choses égales par ailleurs, c'est une vertu dans les situations où la révision est exigée. Il est important de réaliser, cependant, que même dans ce cas, c'est la rigueur logique qui sert les intérêts de la rigueur mathématique et non l'inverse. Car le point de cette « logicisation » n'est pas de remplacer la preuve mathématique, mais plutôt, de la corriger – non pas pour abandonner l'utilisation des universels mathématiques mais, plutôt, pour la perfectionner.

5 REMARQUES FINALES

Terminons par quelques remarques destinées à éviter tout malentendu et, en même temps, à approfondir certaines parties de notre analyse. Au centre de nos préoccupations se trouve un malentendu potentiel qui découle d'une réponse naturelle à l'épistémologie de la preuve esquissée ci-dessus. L'idée de base de cette réponse est qu'il devrait être possible « d'exprimer » ou de « coder » d'une manière ou d'une autre chaque universel ou architecture invoqué au cours d'une preuve poincaréienne

avons à dire pourrait également s'accorder avec les conceptions l'inférence qui la considère comme composée de croyances ou de jugements. Une telle altération nous oblige seulement à parler de la relation entre le contenu des différentes croyances ou des jugements qui constituent une inférence.

comme axiome et, ce faisant, de faire de chaque inférence une inférence purement logique. Le processus de réalisation de cette tâche comprend les deux étapes suivantes : (i) exprimer chaque inférence poincaréienne comme un axiome sous forme conditionnelle (l'antécédent étant la prémisse, et la conclusion de l'inférence étant codifiée en conséquence) ; et (ii) remplacer cette inférence par une instance de *modus ponens*. Ainsi, le raisonnement est le suivant : toute preuve poincaréienne peut être transformée, sans perte épistémique, en une preuve purement « logique » (c'est-à-dire une preuve dont les *inférences* sont purement logiques).

Nous pensons que cet argument repose sur la méconnaissance d'une différence subtile, mais cruciale, entre la preuve de Poincaré et (ce que nous pourrions appeler) son *modus ponens homologue* ; une différence qui ne peut être obtenue qu'en approfondissant les mécanismes épistémiques qui sous-tendent les deux. Examinons donc plus attentivement chacune d'entre elles, afin de mieux apprécier les différences entre les justifications que chacune fournit pour sa conclusion.

Dans le cas d'une preuve de Poincaré, l'élément clef est la saisie ou l'intuition d'une architecture mathématique entre p et c. p est considéré comme ayant un lien architectural avec c, et c'est la saisie de cette architecture – et le fait de voir qu'elle relie c à p – qui est cruciale pour la déduction de Poincaré de p à c. Cela diffère de la simple reconnaissance de la justification du lien entre p et c, qui est fournie par une saisie de l'architecture subsumée. Le fait de saisir une architecture reliant p et c fournit certainement un garant pour relier p et c. Et ce garant rend certainement acceptable à la fois l'inférence de p à c et la proposition conditionnelle « si p, alors c ». La saisie d'une architecture n'est cependant pas réductible épistémiquement à la fourniture d'un tel garant ; elle fait plus que simplement justifier (ou justifier avec certitude, ou justifier avec certitude a priori, etc.) la croyance que si p, alors c. Elle révèle que p et c sont *mathématiquement* liés.

La théorie de la connaissance de (ce que nous appelons) la preuve logique est entièrement différente. Les relations logiques entre les propositions, du moins dans l'optique classique, sont essentiellement des relations entre leurs valeurs de vérité. De même, la fonction essentielle d'un justificatif est d'établir quelle est la valeur de vérité d'une proposition donnée. Ainsi, la valeur de vérité d'une proposition donnée p ayant été établie, la reconnaissance d'une relation logique entre p et une autre proposition c revient essentiellement à avoir la capacité d'établir la valeur de vérité de c. Ainsi, l'inférence logique est, d'un point de vue épistémologique, un moyen d'étendre la capacité de déterminer la valeur de vérité d'une proposition à une autre [47].

Telle est essentiellement l'épistémologie du *modus ponens*, pendant d'une épreuve de Poincaré. Elle nous montre pourquoi, même si la connaissance de la prémisse « si p, alors c » est *basée* sur une compréhension de l'architecture mathématique reliant p à c, la preuve de Poincaré et son homologue de *modus ponens* sont essentiellement différentes. En effet, même si la justification de « si p, alors c » peut être fondée sur la connaissance d'une architecture mathématique reliant c à p, le *mode ponens* correspondant *s'écarte* néanmoins de cette connaissance de l'architecture elle-même et se concentre plutôt sur son effet net classique, c'est-à-dire sur le statut sémantico-épistémique classique (par exemple, vérité, certitude de la vérité, certitude *a priori* de la vérité, etc.) et la forme logique de la croyance (à savoir, « si p alors c ») qu'il justifie. Elle cherche à remplacer la maîtrise d'une architecture mathématique reliant p et c par *la reconnaissance* de ses effets classiques (c'est-à-dire le statut sémantico-épistémique et la forme logique de « si p puis c »). Elle traite la compréhension d'une architecture comme étant simplement le moyen par lequel le statut sémantico-épistémique classique de « si p, alors c » est établi, tout en considérant le statut sémantico-épistémique lui-même, plutôt que le moyen de l'établir, comme une question d'importance épistémique primaire.

Cela nous amène à certaines observations concernant la nature de ce que nous appelons ici la « preuve logique ». La première est que, par un acte d'abstraction, elle sépare ou détache l'effet net classique d'un justificatif ou d'une justification de ce justificatif ou de cette justification elle-même. Elle remplace ensuite la saisie ou la compréhension réelle de la justification sous-jacente par une *réflexion* sur le statut sémantique ou épistémique ainsi abstraite. En outre, les « effets nets » dont il s'agit

47. Modifier cela pour dire que c'est un moyen d'étendre la capacité d'une personne à déterminer la valeur de vérité *a priori* d'une proposition à une autre ne change pas le point de vue pour nos objectifs. En effet, tout comme la poincaréienne insisterait sur le fait qu'il y a plus dans la connaissance mathématique que la simple détermination de la valeur de vérité d'une proposition mathématique, elle insisterait également sur le fait qu'il y a plus dans la connaissance mathématique que, disons, la détermination certaine, ou la détermination *a priori* avec certitude, de la valeur de vérité d'une proposition mathématique. Aucune modification de ce type n'est prometteuse pour saisir ce que Poincaré semble avoir eu à l'esprit en saisissant une architecture. Ainsi, vue sous l'angle des catégories de la théorie classique mathématique de la connaissance, la notion de Poincaré de saisir une architecture semble être une notion primitive.

(par exemple, la vérité, la garantie, l'absence de garantie, la garantie au degré n, la garantie avec certitude, la garantie *a priori*, etc.) sont trop peu sensibles aux caractéristiques particulières des processus de justificatif qui les produisent pour qu'on puisse s'attendre à distinguer une compréhension mathématique d'une compréhension non mathématique d'un lien entre des propositions au sens de Poincaré. Le « logicien » qui remplacerait une preuve de Poincaré par sa contrepartie de *modus ponens* peut avoir toute la certitude ou la certitude *a priori* pour ses croyances que le mathématicien de Poincaré a. Toujours est-il que bien qu'il puisse bénéficier des effets classiques nets de la maîtrise architecturale, et bien que ces effets puissent être abstraits de cette maîtrise, ce n'est pas cette maîtrise elle-même (mais plutôt une réflexion sur les connexions *logiques* entre les propositions qui constituent son inférence, et comment ces connexions permettent le transfert des attributs sémantico-épistémiques classiques requis entre ces propositions) qui oriente son inférence. En effet, c'est précisément ce qui est omis par l'acte central d'abstraction qui donne lieu à une preuve « logique ».

Il est, bien sûr, tout à fait naturel que la logique s'abstienne de toutes les caractéristiques des justificatifs et, par conséquent, y soit insensible, à quelques exceptions près. Sinon, elle ne pourrait pas atteindre ce champ d'application universel que, par nature, la logique est censée avoir. Ainsi, l'abstraction de toutes les caractéristiques épistémiques, à l'exception de celles relativement grossières telles que la vérité et le degré de certitude, est programmée dans la logique par la nature même de ses objectifs. Comme nous espérons que les remarques ci-dessus le suggèrent, cette insensibilité programmée est le point de départ de la critique de Poincaré sur les tentatives de « logiciser » des preuves véritablement mathématiques. L'appréhension d'un lien mathématique universel entre p et c n'est pas épistémiquement réductible à – et donc, pas épistémiquement remplaçable par – une réflexion sur ses effets classiques. C'est là, à notre avis, le point essentiel du principe de conservation épistémique, qui a été identifié plus tôt comme un élément clé de la conception de la preuve de Poincaré. Ainsi, on voit que les catégories épistémologiques centrales de la conception poincaréienne de la preuve sont, dans une large mesure, différentes de celles de la conception « logique » traditionnelle. Il serait bien sûr utile de fournir une description plus éclairante de ces catégories que celle qui est rendue par des expressions telles que « saisir un universel mathématique » et « intuition mathématique ». Mais ce n'est peut-être pas possible, car ces notions peuvent simplement former les primitives à partir desquelles une théorie mathématique poincaréienne de la connaissance doit procéder. Mais primitives ou non, de telles catégories semblent nécessaires si, comme le voudrait la théorie de la connaissance de Poincaré, nous voulons pouvoir rendre compte des différences apparentes qui séparent la condition épistémique du « logicien » de celle du véritable mathématicien [48].

48. L'auteur tient à remercier la Fondation Alexander von Humboldt pour son soutien financier généreux. Merci également à Dick Foley pour ses commentaires utiles d'une ébauche antérieure.

Chapitre III

LA RIGUEUR, LA RE-DÉMONSTRATION ET LE PROGRAMME CRITIQUE DE BOLZANO

1 Introduction

Le mathématicien américain George Miller (1863-1951) a décrit le *mouvement* dit *critique* au sein de la pensée fondationnelle [1] des XIXe et XXe siècles comme un mouvement dans lequel « nos intuitions géométriques sont reléguées au second plan » [2] car, de plus en plus, « les déductions logiques à partir des définitions » (*loc. cit.*) prennent leur place. Les sources principales de ce mouvement, telles que Miller et d'autres les ont décrites, étaient les problèmes, largement diffusés, portant sur l'intuition géométrique comme guide de notre pensée du continu et de la différentiabilité. À mesure que les mathématiciens devenaient de plus en plus sensibles à la diffusion de ces problèmes, ils devenaient aussi « naturellement plus exigeants en matière de rigueur » (*loc. cit.*), et ce regain d'intérêt pour la rigueur est devenu l'élément central des tentatives d'« arithmétisation » des mathématiques au XIXe et au début du XXe siècle.

La manière dont la notion de rigueur telle qu'elle vient d'être mentionnée a été conçue et ce qui a été considéré comme étant ses principaux

1. « Critique » était le terme utilisé par Felix Klein (cf. Klein (1894b)) et divers autres auteurs, cf. par exemple Klein (1926b), Engel (1890), Merz (1903), Keyser (1909), Keyser (1915) et Keyser (1916) et Kneebone (1963) pour décrire les prises de position du XIXe siècle qui appelaient à une réforme des pratiques de preuve en mathématiques, en particulier en analyse.

2. Miller, 1900, p. 530.

avantages sont pour moi des préoccupations majeures. Une meilleure compréhension de ces questions devrait contribuer globalement à une meilleure compréhension de la rigueur et de ses motivations et avantages. Elle devrait également, je pense, permettre de mieux apprécier l'attention accordée à la rigueur par les théoriciens des fondements au XIXe siècle. Ce sont en tout cas mes principaux objectifs ici.

2 L'IDÉAL DÉMONSTRATIF

Certains ont vu dans le renouvellement de la rigueur un appel à des normes plus strictes en matière de raisonnement logique, et ils ont estimé qu'une réponse appropriée à cet appel servirait de base à une confiance accrue en les mathématiques [3]. D'autres se sont concentrés moins sur la fiabilité des démonstrations, et plus sur la question de savoir si et dans quelle mesure elles permettaient d'approfondir notre compréhension.

L'approfondissement des connaissances était un objectif central de la position critique dont je vais m'occuper le plus ici, à savoir celle de Bolzano. Le programme de réforme de Bolzano était centré sur ce que j'appellerai l'idéal (ou un idéal) *démonstratif* [4] de rigueur. Il s'agissait d'une norme de raisonnement mathématique qui préconisait le développement rétrograde des démonstrations, le retraçage persistant et systématique d'un théorème jusqu'à des prémisses qui ne laissent plus place à des développements démonstratifs.

Selon cette norme, une preuve n'était considérée comme rigoureuse que si elle était *démonstrativement complète* – c'est-à-dire si chaque proposition sur laquelle elle s'appuyait était elle-même prouvée ou était de nature à ne pas admettre de preuves ultérieures. Un peu plus précisément, la rigueur exigeait la satisfaction de conditions des deux types suivants :

I. Complétude identificatoire (*Identificative Completeness*) : Toute proposition $\mathcal{P}$ (ou inférence $\mathcal{I}$) qui joue un rôle justificatif dans la

3. Voir Keyser, 1915, p. 674, pour une déclaration dans ce sens. Keyser y fait remarquer que la réduction de l'« erreur » et de l'« indétermination » sont les objectifs constants de la poursuite de la rigueur en mathématiques. Il ajoute ensuite que la particularité des mathématiques est leur attachement à la rigueur, tout en concédant qu'elle ne peut jamais être complètement atteinte.

4. NdT : Nous traduisons « *probative* » par « démonstratif », « *proof* » par « preuve » ou par « démonstration » (selon le contexte) et « *re-proof* » toujours par « re-démonstration », par souci esthétique, la traduction « re-preuve » étant particulièrement malsonnante.

démonstration d'une proposition C donnée est identifiée comme jouant ce rôle [5].

II. Complétude démonstrative (*Probative Completeness*) : Toute proposition $\mathcal{P}$ (ou inférence $\mathcal{I}$) qui joue un rôle justificatif dans la démonstration de C est soit prouvée, soit n'a pas besoin d'être prouvée et n'admet pas de preuve [6].

La complétude démonstrative est le trait distinctif de ce que j'appelle l'idéal *démonstratif* de rigueur [7]. Il convient de souligner la différence entre cet idéal et une autre norme de rigueur plus populaire que j'appellerai l'idéal *commun*. Comme l'idéal démonstratif, l'idéal commun accepte la complétude identificatoire comme une exigence pour la rigueur. Contrairement à l'idéal démonstratif, cependant, il remplace la complétude *démonstrative* par la condition suivante moins exigeante (à certains égards) :

IIΔ. Adéquation démonstrative : toute proposition $\mathcal{P}$ qui joue un rôle de justification pour prouver C est soit prouvée, soit suffisamment évidente sans être prouvée pour éliminer le besoin d'une certitude qui pourrait être obtenue par sa preuve.

Les questions qui me préoccupent le plus sont celles qui ont trait aux différences entre les idéaux démonstratifs et les idéaux communs, ainsi qu'à leurs avantages et inconvénients respectifs. En ce qui concerne ces derniers, je me concentrerai sur les aspects épistémologiques. Je souhaite en particulier préciser les avantages épistémiques de la conduite de la preuve selon un idéal démonstratif du type formulé ci-dessus. À cet égard, j'accorderai une attention particulière à une proposition de Bolzano qui

5. Par rôle *justificatif* d'une proposition $\mathcal{P}$, j'entends un rôle que joue $\mathcal{P}$ en raison de son évidence perçue et de sa relation logique perçue avec C ou avec une ou plusieurs autres propositions qui se trouvent dans une relation de plus grande proximité justificative avec C. La proximité justificative peut être comprise approximativement comme suit. Soit Φ l'ensemble des propositions à partir desquelles C est directement ou immédiatement déduit. Les propositions de Φ sont plus proches de C que toute autre proposition. Les propositions suivantes les plus proches de C sont celles à partir desquelles les éléments de Φ sont immédiatement déduits, et ainsi de suite. Conçus de cette manière, le caractère unique ou non des degrés de proximité justificative dépendra des détails de la conception et des procédures de preuve de chacun. Tout bien considéré, qu'il soit souhaitable ou non que les degrés de proximité justificative soient uniques est une question difficile que je n'aborderai pas plus avant ici.

6. Une condition parallèle pour les inférences semble également avoir été généralement demandée par ceux qui ont insisté sur la complétude démonstrative. Dans un souci de concision et pour éviter de me disperser je n'en parlerai pas plus longuement ici.

7. Il convient toutefois de noter qu'il ne s'agit pas d'une norme unique mais d'une famille de normes connexes, une pour chaque compréhension différente de la prouvabilité/non-prouvabilité.

voyait dans la complétude démonstrative un moyen de contrôler la menace d'un certain type de circularité.

3 LE MOUVEMENT CRITIQUE ET L'APPEL À LA RIGUEUR

Le mouvement critique du XIXe et du début du XXe siècle a été principalement une réaction à ce qui était considéré comme des normes de raisonnement insuffisamment strictes en analyse à la fin du XVIIIe et au début et au milieu du XIXe siècle. Une partie centrale des réformes envisagées était un retour à ce qui était communément considéré comme des normes de rigueur classiques.

Frege était parmi ceux qui ont milité pour un tel retour, et il le considérait comme particulièrement approprié dans les parties arithmétiques, au sens large, des mathématiques.

> Après s'être longtemps éloignées des normes de rigueur euclidiennes [*der Euklidischen Strenge*], les mathématiques y reviennent aujourd'hui, et s'efforcent même de les dépasser. En arithmétique [...] le raisonnement a généralement été plus laxiste que dans la géométrie des Grecs [...]. La découverte de l'analyse supérieure n'a fait que confirmer cette tendance [...]. Les développements [...] ont montré de façon de plus en plus claire qu'*une simple conviction morale* [*eine blos moralische Ueberzeugung*], *étayée par le succès de nombreuses applications, ne suffit pas* [*nicht genügt*]. Une preuve est désormais exigée de beaucoup de choses qui, auparavant, passaient pour aller de soi. Dans de nombreux cas les limites de la validité d'une proposition ont ainsi été établies pour la première fois. [...] Partout, il y a des indications sur le fonctionnement de ces idéaux, la rigueur des preuves [*streng zu beweisen*], la délimitation précise des limites de validité [*Giltigkeitsgrenzen genau zu ziehen*], et comme moyen d'y parvenir, la définition précise des concepts [8].

De nombreuses démonstrations en analyse supérieure étaient ainsi considérées comme ne fournissant pas des bases suffisantes pour croire à leurs conclusions, et ce malgré le fait qu'elles leur conféraient une « certitude morale ». Ces conclusions devaient être re-démontrées, et re-démontrées de manière à refléter plus précisément, et peut-être aussi à rendre plus claire, la portée ou l'étendue de leur validité.

8. Frege, 1884, §1, souligné par l'auteur. [NdT. Afin de respecter ses choix et sauf indication contraire, nous suivons systématiquement les traductions en anglais de citations proposées par Detlefsen plutôt que d'en donner une traduction directe à partir des textes originaux.]

Il est peut-être surprenant de constater que la préoccupation tenait autant à une sous-estimation qu'à une surestimation. Plus précisément, on pensait que les vérités arithmétiques étaient généralement traitées comme ayant un champ de validité plus étroit qu'elles ne l'ont en réalité. En effet, selon Frege, ce type d'erreur était considérablement plus courant que celui dans lequel la portée des vérités arithmétiques était surestimée.

Frege rejoint ainsi une lignée de réformateurs remontant à Descartes et à son développement de la géométrie analytique. Un des *leitmotivs* du programme de Descartes était l'idée que ce qui avait souvent été traité comme des lois de la géométrie était en fait des lois portant sur les quantités, de portée beaucoup plus générale – lois qui s'appliquaient non seulement aux quantités géométriques mais aussi aux quantités non géométriques. L'un des principaux objectifs de la réforme de Descartes était de corriger ces erreurs de classification. Il n'y avait rien d'incorrect (et beaucoup de justesse) à utiliser les lois générales des quantités pour prouver des vérités concernant les figures et les quantités géométriques. Ce qui était incorrect, c'était de ne pas voir et de ne pas apprécier correctement la signification des différences entre les vérités générales portant sur la quantité et les vérités plus limitées et plus spécifiques de la géométrie. Le logicisme de Frege était d'un esprit similaire. Il estimait que les mathématiciens avaient en général sous-estimé la portée de la validité des lois arithmétiques, et le principal objectif de son programme logiciste était de corriger la sous-estimation systématique de cette portée.

D'autres ont adopté des points de vue moins radicaux sur les raisons et les réformes propres au mouvement critique. La déclaration suivante de Klein en donne un exemple [9] :

> L'idéal de « rigueur » n'a pas toujours eu la même signification pour le développement de notre science [. . .]. Dans les périodes de grande et forte productivité, il a souvent été relégué au second plan au profit d'une croissance la plus riche et la plus rapide possible, pour être [. . .] à nouveau mis en avant dans une période critique suivante, où le souci était de préserver les trésors déjà acquis. Il suffit de se rappeler la croissance du calcul différentiel et intégral au XVIIIe siècle, lorsque beaucoup de choses qui n'étaient pas suffisamment fondées ou même [. . .] fausses étaient le fruit d'une imagination stimulée [. . .] par l'envie de découvrir [. . .]. En revanche [. . .] rappelez-vous l'époque de la scolastique, qui

9. Pour des déclarations similaires, voir Miller, 1900, p. 534, Keyser, 1909 et Keyser, 1915, p. 674.

> alliait une faible productivité à une compréhension critique extrêmement aiguë [. . .] [10].

Comme Klein l'a vu, il y a donc des moments de création et des moments critiques dans l'histoire des mathématiques. Dans les périodes de création, la liberté d'imagination est mise en avant et la rigueur est reléguée au second plan. Dans les périodes critiques, on met l'accent sur la sécurité et, par conséquent, sur la rigueur, ce qui entraîne des demandes de re-démonstration.

Les différences entre les points de vue de Klein et de Frege illustrent le fait général que ceux qui ont soutenu le mouvement critique du XIXe siècle l'ont souvent fait pour des raisons différentes. Klein, et d'autres comme lui, étaient préoccupés par la sécurité, et ils voyaient la re-démonstration principalement comme un moyen de l'accroître. Pour Frege, en revanche, la fin de la re-démonstration n'était pas tant l'amélioration de la certitude ou de la sécurité que l'atteinte d'un niveau de généralité adéquat dans la démonstration d'un théorème, et par là même une juste appréciation des raisons les plus fondamentales ($\approx$ les plus générales ?) de sa vérité. De cette façon, disait Frege, nous « obtenons une base sur laquelle nous pouvons juger de la nature de la loi qui est prouvée du point de vue de la théorie de la connaissance [*erkenntnistheoretischen Natur*] » [11] .

Pour d'autres, les raisons pour demander une re-démonstration étaient, dans une certaine mesure, encore différentes. Je me concentrerai sur l'une de ces approches dans la suite du texte, à savoir le programme de re-démonstration de Bolzano.

4 LE PROGRAMME CRITIQUE DE BOLZANO

Le programme de re-démonstration de Bolzano était principalement orienté vers l'utilisation de l'intuition géométrique (dans des démonstrations) en analyse, qu'il considérait comme engendrant des circularités – plus précisément, des circularités du type traditionnellement connu sous le nom

10. Klein, 1926a, p. 48. Klein poursuit en affirmant que les penseurs appelés « scolastiques » dans cette remarque étaient souvent injustement considérés comme des coupeurs de cheveux en quatre. Il fait la remarque suivante pour leur défense : « Si l'on enlève l'habillage de la spéculation scolastique, ce qui semble à première vue être de la sophistique purement théologique s'avère souvent être des formulations correctes de ce que nous appellerions aujourd'hui la "théorie des ensembles" » (Klein, 1926a, p. 48-49).

11. Frege, 1893, p. VII.

de *petitio principii*. Il estimait que les circularités de ce type équivalaient essentiellement à des lacunes dans notre raisonnement, et il pensait que l'obtention de la rigueur exigeait d'éviter ces lacunes. Permettez-moi de m'expliquer.

4.1 Intuition géométrique et rigueur

Les lacunes qui préoccupaient principalement Bolzano sont des lacunes d'*intentionnalité* ou de « portée » (*aboutness*). Bolzano considérait les démonstrations comme des suites de jugements, et il considérait que les jugements consistaient en l'adoption de certains types d'attitudes à l'égard de propositions. Ces propositions étaient considérées comme ayant des *sujets*, ou comme *portant* sur des choses diverses. Ces sujets étaient alors aussi, par extension, considérés comme les sujets des jugements qui ont pour contenu les propositions en question.

Pour autant que je sache, Bolzano n'a jamais expressément prétendu que les démonstrations devaient également être considérées comme ayant des sujets, mais une grande partie de ses écrits implique ou du moins suggère fortement qu'il avait une telle opinion. C'est particulièrement vrai des remarques qu'il a faites concernant le raisonnement rigoureux (ou du moins vraiment soigneux), qui, selon lui, exige un certain type de continuité *intentionnelle* ou *subjective ou d' « absence de lacune »* (*gaplessness*). Il semble avoir voulu dire par là que, en chaque point, une démonstration doit porter sur ce sur quoi porte sa conclusion [12].

Cette conception de base exigeant l'absence de lacunes était un idéal de rigueur assez répandu aux XVIIe, XVIIIe et XIXe siècles. Berkeley, par exemple, l'a identifiée comme telle dans *The Analyst*, bien que ce qu'il y soulignait n'était pas tant ses vertus justificatives que ses vertus *intervenantes* (*intervenient*), c'est-à-dire les vertus d'entraînement ou de formation) :

> C'est une remarque ancienne que la géométrie est une excellente logique. Et il faut reconnaître que lorsque les définitions sont claires, lorsque les postulats ne peuvent être refusés, ni les axiomes niés, lorsqu'à partir de la contemplation et la comparaison distinctes des figures, leurs propriétés sont dérivées, *par une chaîne ininterrompue de conséquences bien reliées,*

12. Cela soulève une question évidente concernant ce que nous entendons ou devrions entendre par « point » dans un moment du raisonnement. C'est une question importante et difficile, mais pour les besoins de la présente étude, il suffit de noter que les points tracent la voie aux étapes. Nous prendrons donc comme un *point* le point de départ d'un raisonnement, et nous considérerons que chaque étape d'un raisonnement mène d'un point à un autre.

> *les objets étant toujours gardés en vue, et l'attention toujours fixée sur eux*, on acquiert une habitude à raisonner précisément, exactement et méthodiquement, qui renforce et aiguise l'esprit, et étant transférée à d'autres sujets, elle est d'une utilité générale dans la recherche de la vérité [13].

NB : la lectrice doit cependant noter que si Berkeley décrit la conception « présentiste » de la rigueur dans la remarque qui vient d'être citée, il ne l'a en général pas approuvée. En effet, il a fait valoir que le raisonnement pouvait être rigoureux sans être intentionnellement dépourvu de lacune [14].

4.2 Rigueur, complétude démonstrative et circularité

En ce qui concerne l'interprétation que je propose ici, le point de vue de Bolzano sur les démonstrations correctes a donc mis l'accent sur un type de continuité de la pensée que l'on pourrait appeler continuité *intentionnelle*. Le raisonnement n'est vraiment rigoureux que si chaque inférence qui lui appartient est telle que le contenu du jugement qui en est la conclusion est intentionnellement continu avec le contenu des prémisses dont il est déduit.

Ce n'est cependant pas la seule condition de rigueur que Bolzano a soulignée, et ce n'est pas celle qui m'intéresse le plus ici. Cette condition est plutôt une condition qui a un rapport plus étroit avec la complétude démonstrative. En fait, elle offre une clarification de la complétude démonstrative en proposant un critère pour déterminer si une proposition est telle qu'elle n'a pas besoin de preuve et n'en admet pas. Pour des raisons de commodité et de mémorabilité, j'appellerai cela la condition de *terminaison démonstrative* (*probative termination*).

> Terminaison démonstrative : Une raison $\mathcal{R}$ n'est *démonstrativement (probatively) terminale* pour une conclusion C que si $\mathcal{R}$ est perçue comme : (i) au moins aussi générale que C, (ii) *fondationnellement nécessaire* pour C [15], et (iii) aussi générale que toute autre raison pour C qui satisfasse aux points (i) et (ii) [16].

13. Berkeley, 1734, sec. 2, c'est l'auteur qui souligne.

14. Pour en savoir plus sur la conception présentiste et l'attitude de Berkeley à son égard, cf. Detlefsen, 2005, p. 265-267.

15. En disant que $\mathcal{R}$ est considérée comme nécessaire pour C, je veux dire que le raisonneur croit de façon justifiée que si non-$\mathcal{R}$, alors non-C.

16. Cette caractérisation n'implique pas l'unicité d'une raison démonstrativement terminale. Ceux qui pensent qu'une conception bolzanienne de la terminaison démonstrative exigerait ou devrait exiger l'unicité pourraient donc vouloir renforcer (iii) en remplaçant « aussi générale que » par « plus générale que ».

Ce que j'appelle une *raison* pour C est un contenu propositionnel affirmé. Pour notre propos, nous pouvons considérer qu'elle est donnée par (même si elle peut n'être pas constituée de manière simple et directe par) les prémisses et les inférences dans une démonstration de C. Par une extension naturelle, nous pouvons également dire qu'une *démonstration* de C est *démonstrativement terminale* si la raison qu'elle fournit pour C est démonstrativement terminale.

Selon l'interprétation de Bolzano que je propose, l'obtention de la rigueur dans une démonstration de C est essentiellement l'obtention de la complétude démonstrative, l'obtention de complétude démonstrative est essentiellement l'obtention d'une preuve démonstrativement terminale pour C, et l'obtention d'une telle preuve consiste essentiellement en l'obtention conjointe d'une raison maximalement générale, fondationnellement nécessaire pour C.

L'accent mis par Bolzano sur la généralité était lié à sa conviction que certains appels à l'intuition géométrique, courants à son époque, constituaient une menace pour la rigueur. C'est d'ailleurs le thème de sa critique bien connue de ceux de ses contemporains qui ont tenté de prouver un théorème général de valeur moyenne (c'est-à-dire un théorème de valeur moyenne pour des quantités continues en général) [17] à partir d'un théorème de valeur moyenne pour des quantités spécifiquement géométriques (ou, plus précisément, pour des quantités géométriquement continues) [18].

Bolzano a résumé sa critique de ces tentatives dans la remarque suivante :

> Il n'y a absolument rien à objecter ni contre la *justesse* ni contre l'*évidence* de ce théorème géométrique. Mais il est tout aussi manifeste qu'il y a là une faute intolérable contre la *bonne méthode* qui consiste à vouloir dériver les vérités des mathématiques *pures* (de la mathématique universelle, c'est-à-dire de l'arithmétique, de l'algèbre et de l'analyse) de considérations

17. Nous pouvons considérer qu'il s'agit de la proposition : Si Φ est une fonction réelle continue définie sur un intervalle fermé $[a, b]$, et que $\Phi(a)$ et $\Phi(b)$ ont des signes opposés, alors il y a un $c \in [a, b]$ tel que $\Phi(c) = 0$. Je vais généralement appeler cette proposition « *moyenne générale* ». [NdT. L'usage standard est d'appeler ce théorème (de Bolzano), auquel Detlefsen se réfère comme « *Mean Value theorem* », « théorème des valeurs intermédiaires » (*intermediate value theorem* en anglais). Le « *mean value theorem* » correspond en français au théorème des accroissements finis (qui porte sur les dérivées et tangentes). Les deux théorèmes sont de fait étroitement liés. Par cohérence avec le texte original, nous suivons la terminologie de Detlefsen et traduisons « *mean value* » par « valeur moyenne ».]

18. Bolzano entendait par là une proposition selon laquelle *toute ligne continue de courbure simple dont les ordonnées sont d'abord positives puis négatives (ou inversement), doit nécessairement couper la ligne des abscisses quelque part en un point situé entre ces ordonnées*. J'appellerai cela la *moyenne géométrique* (*geometrical mean*).

> qui appartiennent seulement à une partie *appliquée* (ou spéciale) des mathématiques, à savoir la *géométrie* [19].

Pour Bolzano, il était donc important que l'ordre de raisonnement au sein d'une démonstration suive l'ordre (ou un ordre) de généralité relative entre les propositions. En particulier, il était important que le raisonnement aille du plus au moins général, et non du moins au plus général. Ce dernier point, cependant, était, selon Bolzano, exactement ce qui se produisait dans les preuves qui raisonnaient de la moyenne géométrique à la moyenne générale. Selon lui, c'était là un défaut grave.

> En effet, dans la science, les démonstrations ne doivent nullement être de simples procédés de « fabrication d'évidences » [*Gewissmachungen*], mais doivent être bien plutôt des fondements [*Begründungen*] ; il faut exposer le fondement objectif que possède la vérité à démontrer : celui qui se rend compte de lui-même de cela saura qu'une démonstration véritablement scientifique, celle qui consiste dans le fondement objectif d'une vérité valable pour *toutes* les grandeurs, [. . .] ne peut pas se trouver dans une vérité valable seulement pour les grandeurs qui appartiennent à l'*espace*. Conformément à cette opinion, une telle démonstration géométrique est un vrai cercle dans la plupart des cas [. . .]. Même si la vérité géométrique à laquelle on se réfère ici est (comme nous l'avons déjà dit) *évidente* au plus haut point et n'a donc pas besoin de *démonstration* en tant que *certification*, elle n'a pourtant pas moins besoin d'un *fondement* [. . .] on ne peut hésiter un instant à dire qu'elle n'appartient nullement à ces vérités *simples* dites *principes* ou *vérités primitives*, parce que, précisément, ces vérités ne sont que le *fondement* [*Grund*] des autres et ne sont pas elles-mêmes des conséquences ; il s'agit plutôt ici d'un *théorème* ou d'une *vérité déduite*, c'est-à-dire d'une vérité qui a son fondement dans certaines autres et qui doit donc être démontrée aussi dans la science par une déduction à partir des principes [20].

Bolzano a donc suggéré que le défaut fondamental d'une tentative de preuve de la moyenne générale à partir de la moyenne géométrique était qu'elle était circulaire. Sa description de cette circularité était conforme aux caractérisations traditionnelles du sophisme de la *petitio principii* – l'utilisation, à des fins de preuve, d'un jugement qui exige lui-même une

19. Bolzano, 1817b, p. 137. [NdT : Les extraits de *Rein analytischer Beweis* de Bolzano sont cités en suivant la traduction de Jan Sebestik. En suivant Sebestik, le terme « *grounding* » [*Begründung*] sera traduit par « fondation » quand il dénote la relation entre raison et conséquence et « fondement » dans tous les autres cas. « Raison » ou « fondement » traduisent en revanche « *ground* » [*Grund*].]

20. *Ibid.*, p. 137-138.

preuve. Dans la terminologie que Bolzano utilise pour les fondements (*groundings*) nous pouvons approximativement paraphraser cela comme l'utilisation, pour donner un fondement [*Grund*], d'un jugement qui lui-même requiert un fondement [*Grund*].

Décrire un tel raisonnement comme circulaire était en accord non seulement avec la compréhension traditionnelle de la *petitio principii*, mais aussi avec une conception qui était courante à l'époque de Bolzano. La caractérisation de Kant de la *petitio principii* dans la *Logique de Jäsche* [21] en donne une illustration [22] :

> Par *petitio principii*, on entend l'acceptation [*Annehmung*], aux fins de servir de fondement d'une démonstration [*Beweisgrunde*], d'une proposition comme immédiatement certaine [*unmittelbar gewissen*], malgré le fait qu'elle nécessite encore une démonstration [*obwohl er noch eines Beweises bedarf*] [23] [24].

La description par Bolzano du défaut dû à l'utilisation de la moyenne géométrique pour établir la moyenne générale suit de près cette caractérisation de la *petitio principii*. Ainsi le raisonnement est circulaire parce qu'il revient à argumenter *pour* quelque chose qui a besoin d'un fondement *à partir de* quelque chose qui a tout autant (voire plus) besoin d'un fondement.

> Même si la vérité géométrique à laquelle on se réfère ici [25] est (comme nous l'avons déjà dit) *évidente* au plus haut point et n'a donc pas besoin de *démonstration* en tant que *certification*, elle n'a pourtant pas moins besoin d'un *fondement* [...] on ne peut hésiter un instant à dire qu'elle n'appartient nullement à ces vérités *simples* dites *principes* ou *vérités primitives*, parce que, précisément, ces vérités ne sont que le *fondement* [*Grund*] des autres et ne sont pas elles-mêmes des conséquences ; il s'agit plutôt ici d'un *théorème* ou d'une *vérité déduite*, c'est-à-dire d'une vérité qui a son fondement dans certaines autres et qui doit donc être démontrée aussi dans la science par une déduction à partir des principes [26].

21. Kant, 1800.

22. L'autre sous-variété commune de circularité, *circulus in probando* ou *circulus in demonstrando*, a été distinguée de la *petitio principii* par Kant et décrite comme suit : « [O]n effectue une preuve circulaire lorsqu'on pose la proposition même qu'on veut prouver comme un fondement de sa propre preuve » Kant, 1801, §92.

23. Kant, 1801, §92. On trouve des caractérisations similaires dans d'autres versions des cours de logique de Kant (cf. Kant, 1780, p. 414).

24. De telles déclarations sont restées courantes dans les textes de logique du XIXe et du début du XXe siècle. La caractérisation suivante de Welton en est un exemple : « *[P]etitio principii* ou le fait d'admettre sans preuve une proposition nécessitant une preuve. » Welton, 1896, p. 232.

25. C'est-à-dire, la moyenne géométrique.

26. Bolzano, 1817b, p. 137-138. [NdT : Nous suivons le texte original, où cette citation répète la partie finale de la citation précédente de Bolzano.]

L'idée générale semble être la suivante : si je fais appel à $\mathcal{P}$ pour faire valoir C, mais que $\mathcal{P}$ lui-même a autant besoin d'un fondement que C, alors mon appel à $\mathcal{P}$ ne fait pas avancer mon objectif initial de fournir un fondement à C, et je suis *à l'arrêt*[27]. Plus précisément, je suis dans la même position en ce qui concerne la justification scientifique de C que celle dans laquelle je me trouvais avant de faire appel à $\mathcal{P}$, à savoir celle du *demandeur* (*petitioner*). Je n'ai rien proposé qui puisse rationnellement amener quelqu'un qui croit en C à y croire scientifiquement, et mon objectif initial en faisant appel à $\mathcal{P}$ – à savoir, assurer un fondement pour la croyance scientifique en C – est ainsi contrecarré[28]. J'ai bougé, mais je n'ai pas avancé au-delà de mon point de départ. Mon mouvement (c'est-à-dire mon raisonnement) a donc été circulaire plutôt que progressif.

5 LA RIGUEUR DÉMONSTRATIVE ET SA VALEUR

Le dernier passage cité ci-dessus indique clairement que l'idéal démonstratif de rigueur de Bolzano était fondé sur une conception particulière de ce qui constitue un *axiome* ou *Grundwahrheit* authentique. Une preuve rigoureuse est une preuve démonstrativement (*probatively*) complète, et une preuve démonstrativement complète est une preuve qui fait remonter le contenu propositionnel du jugement prouvé à des axiomes ou *Grundwahrheiten* authentiques.

Cela conduit naturellement à la question cruciale de savoir ce qui permet de qualifier correctement des jugements comme *Grundwahrheiten*. Dans le passage mentionné, Bolzano mentionne trois caractéristiques, à savoir (a) qu'ils sont simples, (b) qu'ils constituent des fondements (ou des parties de fondements) pour d'autres vérités et (c) qu'ils ne sont pas eux-mêmes fondés sur d'autres vérités. Si l'on prend ces caractéristiques

27. Ce type de point de vue semble avoir été une façon courante de comprendre la *petitio principii* à l'époque de Bolzano. Pour reprendre l'exemple de Kant (un exemple parmi d'autres), nous en voyons l'expression dans la *Logique de Blomberg* : « *[P]etitio principii* [. . .] vient de *peto*[,] je demande [. . .] c'est-à-dire que je dois en quelque sorte demander à l'autre son approbation, et nous voyons qu'on ne peut pas appeler cela une preuve » (Kant, 1780, §411).

28. Ce raisonnement suppose pour l'essentiel que la finalité de mes efforts justificatifs était de prouver C. Cela fait apparaître une différence entre la caractérisation de la *petitio principii* de Kant et celle de Welton. Tous deux conviennent que la *petitio* implique d'admettre sans preuve une proposition qui nécessite une preuve. Kant ajoute cependant que la proposition ainsi admise est admise dans le *but de l'utiliser comme fondement*. Le raisonnement ci-dessus fait usage de cette hypothèse supplémentaire à propos du but.

au pied de la lettre, le gain épistémique particulier que l'on peut tirer de la complétude démonstrative (*probatory*) (c'est-à-dire de la possibilité de remonter jusqu'à des axiomes ou des *Grundwahrheiten* authentiques) n'est pas toujours immédiatement clair. Je vais donc clarifier brièvement ce que je considère comme le gain. Je pense que ce que j'ai à dire correspond aux textes bolzaniens, même si je ne prétends pas à l'univocité à cet égard.

Mon point de vue sur les axiomes bolzaniens est étroitement lié à celui d'une raison démonstrativement terminale ou de fondement donné plus tôt dans la caractérisation de la terminaison démonstrative. Pour que A puisse servir d'axiome à C, il doit servir de raison démonstrativement terminale ou de partie de raison démonstrativement terminale à C. Je permets donc de faire une distinction entre les axiomes et les raisons démonstrativement terminales (ou fondements). Plus précisément, je n'exige pas que les axiomes bolzaniens soient en eux-mêmes des raisons démonstrativement terminales ou des fondements mais seulement qu'ils en fassent partie.

Selon moi, le trait saillant d'une *raison* démonstrativement terminale $\mathcal{R}$ pour un jugement donné dont le contenu propositionnel est C est que l'on estime qu'elle est (1) la base maximalement générale (c'est-à-dire la plus générale logiquement) logiquement suffisante pour C qui soit également (2) fondationnellement nécessaire pour C [29].

Ce trait critique de la terminaison démonstrative mérite un bref commentaire supplémentaire. Sa caractéristique la plus frappante est peut-être la tension qui existe entre les conditions (1) et (2). Cela est dû au fait que, d'une manière générale, à mesure que la force logique de $\mathcal{R}$ augmente, la probabilité pour que $\mathcal{R}$ soit nécessaire pour un C logiquement moins fort doit apparemment diminuer. En d'autres termes, plus la généralité de $\mathcal{R}$ est grande, plus sa force logique est grande, et plus sa force logique est grande, moins il semble probable que sa fausseté implique la fausseté de C.

Pour gérer cette énigme, nous devons garder à l'esprit ce qui semble être une dissimilitude importante entre la relation de fondation (*grounding*) et la relation d'implication logique. Pour que R soit un fondement pour C (pour abréger, $R \rightsquigarrow C$), $\mathcal{R}$ doit à coup sûr impliquer logiquement C (en symboles, $R \Rightarrow C$). En outre, cependant, $\mathcal{R}$ doit aussi être nécessaire fondation-

29. Je parle ici comme s'il existait un jugement unique qui satisfasse les objectifs simultanés de généralité maximale et de nécessité fondationnelle. Mais je ne le fais pas par conviction, mais pour des raisons de simplicité ou de commodité. Ce serait compliquer et obscurcir l'idée de base du raisonnement suivi que de modifier la formulation de manière à refléter la possibilité de non-unicité. C'est toutefois ma seule raison pour ne pas formuler les choses de cette manière.

nellement pour C, ce qui signifie qu'il existe une relation conditionnelle associée $\hookleftarrow\!\!\rightarrow$ selon laquelle $\neg R \leftrightarrow \neg C$. La relation conditionnelle de fondation ($\rightsquigarrow$) est donc différente de l'implication logique ($\Rightarrow$) en ce sens que $R \rightsquigarrow C$ implique $\neg R \leftrightarrow \neg C$, alors que $R \Rightarrow C$ ne l'implique pas. Contrairement à un fondement logique, un fondement bolzanien est donc non seulement suffisant pour ce qu'il fonde, mais aussi, en un sens important, il lui est nécessaire.

Quel est donc le bénéfice épistémique distinctif de la démonstration bolzanienne ? La partie la plus claire de la réponse est qu'elle permet d'acquérir des connaissances – spécifiquement la connaissance que $\neg R \leftrightarrow \neg C$ – que les autres types de preuve ou de re-démonstration ne permettent généralement pas d'acquérir. En rendant $\mathcal{R}$ non seulement suffisant mais nécessaire pour C, la connaissance que $\neg R \leftrightarrow \neg C$ aiguise notre compréhension des origines ou des fondements de C. Plus précisément, elle indique que bien que ces origines n'aient pas besoin d'être plus étendues que $\mathcal{R}$, elles ne peuvent pas (en un sens important) être plus étroites que $\mathcal{R}$ non plus. C'est ce qu'implique la connaissance de $\neg R \leftrightarrow \neg C$.

Ainsi, même si d'un point de vue purement logique, C pourrait n'exiger qu'une partie de $\mathcal{R}$ pour sa dérivation, d'un point de vue que j'appelle « fondationnel », il exige $\mathcal{R}$ dans son ensemble. En d'autres termes, les raisons ou les bases fondationnelles (*fundative bases*) ne sont pas forcément séparées par des lignes purement logiques.

La connaissance de la nécessité fondationnelle de $\mathcal{R}$ pour C affine donc notre connaissance des raisons de C. Plus précisément, la connaissance de la nécessité fondationnelle de $\mathcal{R}$, couplée à la tentative de la généraliser (ou de la simplifier) le plus possible (c'est-à-dire en allant jusqu'au choix le plus général/simple pour $\mathcal{R}$ pour lequel sa nécessité fondationnelle relativement à C reste affirmable) est l'idéal bolzanien. Il représente l'équilibre le plus parfait entre les deux idéaux de la preuve bolzanienne, à savoir la généralité/simplicité, d'une part, et la nécessité fondationnelle, d'autre part. Ce que j'ai appelé ci-dessus l'affinement d'une preuve π de C consiste essentiellement à trouver une preuve π^* qui améliore la généralité/simplicité de π sans sacrifier la nécessité fondationnelle de la raison qu'elle fournit pour C.

Ce type d'affinement était l'objet de l'approche critique de Bolzano à l'égard des fondations au début du XIXe siècle, mais des éléments clefs (par exemple, qu'un fondement soit fondationnellement nécessaire pour ce qu'il fonde) en ont figuré en bonne place dans les entreprises fondatrices tout au long de l'histoire des mathématiques.

6 QUESTIONS EN SUSPENS

Si le raisonnement esquissé ci-dessus est correct, la poursuite par Bolzano d'un idéal démonstratif de rigueur promet des avantages épistémiques notables. Un avantage notable en question est l'ajout de la connaissance que $\neg$R $\nleftrightarrow$ $\neg C$. Il est ainsi naturel de se demander quelle est la valeur de cette connaissance. En particulier, nous voudrions savoir si elle constitue ou soutient d'une manière ou d'une autre l'amélioration de notre connaissance que C, ou, si ce n'est pas notre connaissance de C qui en est la bénéficiaire, nous voudrions savoir de quelle autre connaissance il s'agit pour la réalisation ou l'amélioration de laquelle nous pourrions raisonnablement rechercher une preuve bolzanienne de C.

Nous voulons une réponse à ces questions car, sans cela, la connaissance que $\neg$R $\nleftrightarrow$ $\neg C$, bien qu'il puisse s'agir d'une connaissance qui s'ajoute par l'adhésion à un idéal bolzanien de rigueur, ne sera pas clairement qualifiée de connaissance que nous devrions poursuivre ou valoriser dans le cadre d'un projet rationnel consistant à prouver correctement C. L'hypothèse naturelle concernant un tel projet est que son but est de faire progresser notre connaissance de C. Si ce n'est pas le but qui est avancé en acquérant la connaissance de $\neg$R $\nleftrightarrow$ $\neg C$, alors il faudra nous dire quel but est avancé, et comment il est avancé en poursuivant la démonstration de C.

Il y a aussi des questions plus pratiques concernant la recherche de la rigueur démonstrative. Parmi celles-ci, il y a des questions concernant la manière dont, lorsqu'elle a été réalisée, nous pourrions savoir qu'il en est ainsi. Bolzano a déclaré que pour savoir qu'une raison est probante, il faut savoir clairement que et pourquoi la demande de preuves supplémentaires est inutile :

> Je propose la règle selon laquelle l'évidence [*Evidenz*] d'une proposition ne me libère pas de l'obligation de continuer à en rechercher une preuve, du moins jusqu'à ce que je réalise clairement que et pourquoi aucune preuve ne pourrait jamais en être exigée [*bis ich deutlich einsähe, daß und warum sich durchaus kein Beweis fernerhin fordern lasse*] [30].

Il a ainsi suggéré que, pour une proposition C donnée, la recherche d'une preuve [*probation*] de C n'est pas terminée correctement tant que l'on ne sait pas, d'une raison évidente $\mathcal{R}$ pour C, que et pourquoi un fondement pour $\mathcal{R}$ ne pourrait pas être exigé à juste titre. La question qui se pose alors est bien entendu de savoir quand (c'est-à-dire dans quelles conditions) une

30. Bolzano, 1804, p. 31.

personne chargée de la preuve peut être considérée à juste titre comme ayant une telle connaissance et comment elle peut dire qu'elle l'a.

À mon avis, Bolzano n'a pas élaboré de réponses effectives à ces questions. Ceux qui, à la fin du XIXe siècle, ont également poursuivi des idéaux démonstratifs de rigueur ont fait un peu mieux. Je pense en particulier à Frege et Dedekind, qui ont tous deux donné des réponses essentiellement logicistes à ces questions – c'est-à-dire des réponses qui considéraient que la recherche de preuves était avant tout destinée à débarrasser les démonstrations arithmétiques des appels à l'intuition, et à les remplacer par ce type d'opérations ou de jugements apparemment plus fondamentaux qui peuvent sembler nécessaires à l'existence d'un corps de pensée rationnelle substantiel, quel qu'il soit.

Un examen plus approfondi de ces idées doit cependant attendre une autre occasion. Je ne les mentionne ici que pour donner au lecteur une meilleure idée de ce qu'il reste à faire pour rendre compte de façon plus complète de la rigueur démonstrative. Il s'agit notamment de donner une réponse de principe à la question de savoir si, pour obtenir ses avantages épistémiques les plus significatifs, la recherche de preuve doit se terminer et s'il existe des critères pratiques pour déterminer si et quand elle l'a fait.

Dans le contexte plus large du mouvement critique des fondations aux XIXe et XXe siècles, une conception démonstrative de la rigueur avait un sens. S'appuyer, sur certains types au moins, d'intuition dans le raisonnement mathématique s'était avéré risqué. Des propositions plus radicales avancées pour gérer ce risque en appelaient à des réformes profondes de la pratique mathématique alors en vigueur. Des réponses plus conservatrices ont tenté diverses séparations de principe des parties de cette pratique qui dépendaient profondément d'une telle intuition de celles qui n'en dépendaient pas. L'idée était alors de re-démontrer ce qui pouvait l'être à risque moindre, et de ne rejeter que les parties de la pratique mathématique traditionnelle où la dépendance à l'égard de méthodes risquées était trop forte pour qu'une re-démonstration soit plausible (ou peut-être réalisable). Les conceptions démonstratives de la rigueur examinées ici appartenaient pour la plupart à ce type d'approche plus conservatrice.

Chapitre IV

DEDEKIND CONTRE L'INTUITION : RIGUEUR, PORTÉE ET LES RAISONS DE SON LOGICISME

1 Introduction

Les auteurs fondationalistes du XIXe et du début du XXe siècle ont accordé une attention critique à l'intuition et à ses effets présumés sur la rigueur. La plupart partageaient l'idée selon laquelle le recours à l'intuition était incompatible avec la rigueur, du moins dans ses formes les plus importantes.

Cette approche a été développée par différents penseurs à cette période. Un exemple important est Bolzano, qui a vivement critiqué l'intuition géométrique car elle inverse trop souvent l'ordre des raisons pour les théorèmes, en tentant de prouver des théorèmes plus généraux sur la base de prémisses moins générales. Une conséquence naturelle de cela, d'après lui, était l'introduction courante de *petitio principii* dans le raisonnement mathématique, en particulier en analyse.

Frege a également mené une attaque prolongée contre ce qu'il voyait comme une sur-utilisation de l'intuition. Sa critique n'était pas restreinte à l'intuition géométrique et était donc plus large et plus générale que celle de Bolzano. En revanche, la critique de Frege était centrée, comme celle de Bolzano, sur des problèmes de portée, et cherchait à indiquer comment un usage impropre de l'intuition pouvait obscurcir la portée de la validité d'un théorème mathématique, et donc nuire à la connaissance que nous en avons [1].

1. Les idées de Frege sont indiquées dans la remarque suivante des *Grundlagen* : « Après s'être longtemps éloignées des normes de rigueur euclidiennes, les mathématiques y reviennent

Je me concentrerai, dans cet article, sur un large défi que Dedekind lance à l'intuition. Je vais d'abord tenter de décrire la tension que, selon moi, Dedekind voyait entre rigueur et intuition. Puis, je tenterai de remettre ces questions dans une perspective historique et philosophique plus large et, je l'espère, éclairante. De mon point de vue, pour Dedekind, comme pour Bolzano et Frege, il importait que la portée d'une preuve corresponde à la portée (c'est-à-dire la portée de validité de) sa conclusion. Je considère en effet ceci comme la motivation première de son logicisme. Si je ne me trompe pas, c'est aussi quelque chose qui devrait nous importer aujourd'hui.

2 L'INTUITION AU TEMPS DE DEDEKIND

À l'époque de Dedekind, l'intuition était communément considérée comme une forme distinctive de saisie des particuliers. Précisément, elle était considérée comme une saisie distinctive que nous avons d'un particulier en vertu du fait que nous en sommes conscients. Parmi ses supposées caractéristiques typiques, se trouvaient la *particularité*, *l'immédiateté* [2] et la *passivité* [3]. Une description typique est la suivante par le philosophe Francis Bowen [4] :

> Le commencement de toute connaissance se trouve dans les actes isolés de la faculté perceptive ou acquisitive, chacune se rapportant immédiatement à un objet ou événement particulier. De tels actes s'appellent des intuitions. (...) Chaque intuition nous donne une connaissance de son objet autant que cet objet est perçu ici et maintenant. (...) En recevant des intuitions, l'esprit n'exerce aucune sorte d'activité conscience ; il est réceptif passivement

aujourd'hui, et s'efforcent même de les dépasser. En arithmétique [. . .] le raisonnement a généralement été plus laxiste que dans la géométrie – dont on est surtout redevable aux Grecs. La découverte de l'analyse supérieure n'a fait que confirmer cette tendance [. . .]. Les développements [. . .] ont montré de façon de plus en plus claire qu'en mathématiques, *une simple conviction morale* [*eine blos moralische Ueberzeugung*], *étayée par le succès de nombreuses applications, ne suffit pas*. Une preuve est désormais exigée de beaucoup de choses qui, auparavant, passaient pour aller de soi. [. . .] Partout, il y a des indications sur le fonctionnement de ces idéaux, la rigueur des preuves [*streng zu beweisen*], la délimitation précise des limites de validité [*Giltigkeitsgrenzen genau zu ziehen*], et comme moyen d'y parvenir, la définition précise des concepts. » Frege pensait que beaucoup des théorèmes de l'analyse supérieure avaient donc besoin d'être re-démontrés, et ce de telle sorte que la portée de leur validité soit plus claire. J'en dirai plus sur la notion de portée dans la section 3.

2. Spécifiquement, l'intuition était considérée comme étant l'appréhension des particuliers que nous avons en vertu du fait qu'il nous sont *consciemment présents*.

3. La passivité était généralement considérée comme impliquant que l'existence et le contenu de l'intuition étaient dus à des sources hors du contrôle de l'agent saisissant.

4. NdT : Le texte original contient une erreur, que nous avons ici corrigée, en annonçant une citation du « psychologue et philosophe Robert Jardine ».

> de toute impression qui peut lui être faite, et n'y réagit en aucun cas consciemment ni ne les modifie [5].

Parmi les prétendues caractéristiques de la connaissance intuitive, celle qui préoccupait le plus Dedekind était l'immédiateté. Je me concentrerai donc également dessus [6].

L'intérêt de Dedekind pour l'immédiateté était un intérêt critique. Il pensait que les jugements d'immédiateté étaient souvent problématiques. En particulier, il pensait qu'ils étaient souvent faits dans l'ignorance des raisonnements parfois élaborés, par lesquels les jugements soi-disant « immédiats » étaient originellement acquis. Le fait que cela soit le cas est dû à l'extrême rapidité et au caractère élémentaire de la plus grande partie de ce raisonnement. Dedekind comparait cela au raisonnement qui sous-tend notre aptitude à lire [7]. Nous lisons caractère par caractère. Mais avec la pratique, notre vitesse augmente au point que nous ne sommes plus conscient des étapes individuelles du processus caractère par caractère que nous suivons en fait.

Du point de vue de Dedekind, quelque chose de similaire se passe en arithmétique. À la base de notre raisonnement arithmétique est une capacité rudimentaire à relier des choses à des choses. Nous appliquons cette capacité continuellement depuis la petite enfance. Nous devenons donc tellement experts en son application qu'une large partie de ce que nous faisons nous est invisible. Il en résulte que nous développons une large quantité de croyances évidentes, la base de leur évidence nous étant cachée par la grande rapidité et l'aisance des raisonnements qui la soutiennent. Il est donc difficile de retracer ces raisonnements, et à cause de leur justesse

5. Bowen, 1864, chap. 1, § 1. Pour une autre description typique de la connaissance intuitive, voyez Jardine, 1884, § 143.

6. L'immédiateté n'était toutefois pas le seul aspect qui retenait l'attention des auteurs de l'époque de Dedekind. Frege, par exemple, se concentrait sur la *particularité*, soulignant que n'importe quelle sorte de connaissance aussi largement valide que ce que l'on peut observer de la connaissance arithmétique ne peut possiblement être prise comme reposant sur une connaissance dérivée de la conscience des particuliers. De cela, il concluait que quelle que puisse être la base de notre connaissance arithmétique, cela ne pouvait être l'intuition, du moins pas telle qu'elle était traditionnellement entendue. Il écrivait ainsi :

> Il est assez clair qu'il ne peut y avoir aucune intuition d'un concept aussi omniprésent et abstrait que celui de grandeur [*Größe*] [...] Parce que l'objet de l'arithmétique ne peut être intuité, il suit que ses lois fondamentales ne peuvent être basées dans l'intuition. (Frege, 1874, p. 50)

7. Voyez Dedekind, 1888, p. 137.

évidente et de leur caractère élémentaire, nous sommes tentés de penser qu'il n'y a pas grand besoin de les retracer.

En tant que nous pratiquons des raisonnements arithmétiques, nous sommes souvent inconscients des raisonnements (parfois élaborés) qui, en réalité, soutiennent nos jugements. Comme l'écrit Dedekind :

> [d]ès notre naissance, nous sommes constamment, et dans une mesure toujours croissante, conduits à relier des choses à des choses et, par là, à exercer cette faculté de l'esprit sur laquelle repose aussi la création des nombres. Par cet exercice incessant [. . .], dès nos premières années, et par la formation de jugements et de suites d'inférences dont il s'accompagne, nous acquérons également un trésor de vérités proprement arithmétiques auxquelles nos premiers maîtres font appel plus tard comme quelque chose de simple [*Einfaches*], évident [*Selbstverständliches*], et donné à l'intuition interne [*in inneren Anschauung Gegebenes*]. Et c'est ainsi qu'il arrive que mains concepts à proprement parler très complexes [*sehr zusammengesetzte Begriffe*] [. . .] passent à tort pour simples [8].

Pour quelqu'un adoptant ce point de vue, il n'était que naturel que l'appel à l'intuition soit vu comme promouvant une sous-évaluation de la complexité justificative de nos croyances arithmétiques.

Pour corriger cela, Dedekind a exhorté à un plus grande attention à la rigueur, ou à ce qui était pour lui une plus grande attention au développement justificatif de nos croyances arithmétiques. En pratique, cela signifie que nous devrions être suspicieux des appels à l'évidence intuitive, et que nous devrions nous engager dans le difficile travail d'excavation requis pour retracer les jugements arithmétiques jusqu'à leurs bases cognitives élémentaires dans les lois de la pensée pure. Nous avons ainsi *la thèse de Dedekind* : « je tiens le concept de nombre [*Zahlbegriff*] pour totalement indépendant des représentations [*Vorstellungen*] ou intuitions [*Anschauungen*], et que j'y vois plutôt une émanation directe [*unmittelbaren Ausfluß*] des *lois de la pensée pure* [*der reinen Denkgesetze*] » [9].

3 De l'immédiateté à la rigueur

L'intuition immédiate était donc un guide trompeur pour les vraies justifications des croyances arithmétiques. Pour avoir une vision plus

8. *Ibid.*, p. 137-138.

9. *Ibid.*, p. 134, italiques de Dedekind. Dedekind ne mentionne pas expressément les idées de Kant à ce sujet, mais il pouvait compter ses ses lecteurs pour voir les différences basiques entre ses idées et celles de Kant.

exacte, il était nécessaire de ramener les croyances arithmétiques aux lois qui gouvernent ce qui pour Dedekind était la faculté arithmétique la plus élémentaire de toutes, la faculté de l'esprit à faire correspondre des choses à d'autres choses [*der Fähigkeit des Geistes [...] Dinge auf Dinge zu beziehen*] (*ibid.*, p. 134-135). Pour être plus bref, je m'y référerai comme à la *faculté d'associativité élémentaire.*

Du point de vue de Dedekind, la faculté d'associativité élémentaire était à l'origine de notre faculté de compter et était, en fait, fondamentale à la pensée en général. Les lois qui les gouvernent étaient donc dignes d'être considérées comme lois de la pensée pure [*reinen Denkgesetze*] (*loc. cit.*), une classification et une terminologie communément utilisées dans les écrits logiques et fondationnels du XIXe siècle [10].

Voici la caractérisation que Sir William Hamilton a donné de ce que l'on appelle les lois de la pensée :

> Par loi de la pensée [...] nous n'entendons pas [...] une loi physique, comme la loi de la gravitation, mais un principe général que nous pouvons certainement enfreindre mais par qui, si on ne lui obéit pas, le processus entier de notre pensée est suicidaire ou absolument nul. Ces lois sont, en conséquence, les conditions premières de la possibilité de pensée valide, et puisque l'entièreté de la Logique Pure n'est qu'un développement articulé des divers modes dans lesquels elles s'appliquent, leur considération en général constitut le premier chapitre d'un système des sciences ordonné [11].

Il est clair, d'après cette description, que Hamilton concevait les lois de la pensée en un sens normatif comme conditions d'une pensée valide ou rationnelle, et non comme conditions de toutes les activités qui pourraient compter comme raisonnement ou pensée dans le cadre d'une description psychologique appropriée. Conformément à cela, Hamilton a listé quatre lois élémentaires ou fondamentales de la pensée : « Les Lois Fondamentales de la Pensée ou les conditions du pensable, telles que communément reçues, sont au nombre de quatre : 1. La Loi de l'Identité ; 2. La Loi de

10. « Pures lois de la pensée » est une traduction directe de l'expression allemande « *reinen Denkgesetze* ». Je le traduis par « lois de la pensée pure » [laws of pure thought (NdT)] parce que c'est l'expression la plus courante dans les écrits anglais. La différence reflète le fait que la pureté concerne la pensée et non les lois. Les lois de la pensée étaient vues comme lois de la pure pensée si elles étaient appliquées à tous les raisonnements rationnels et non à certains types ou domaines. [NdT : Bien que l'expression « pures lois de la pensée » soit plus commune en français, nous avons choisi de suivre la traduction de l'auteur.]

11. Hamilton, 1863, p. 39.

Contradiction ; 3. La Loi d'Exclusion ou du Tiers Exclu ; et 4. La Loi de Raison et Conséquence ou Raison Suffisante » [12].

Les lois nommées par Hamilton étaient communément vues comme lois de la pensée pure. Certaines listes n'incluaient pas la loi de la raison suffisante et d'autres lois considérées ne sont pas mentionnées par Hamilton [13]. Certains auteurs ont donné des listes plus extensives de conditions sur les lois de la pensée et les systèmes de telles lois. D'un intérêt particulier pour notre objectif est la description suivante par Francis Bowen, dans laquelle il indique que la propriété élémentaire d'une loi fondamental de la pensée est qu'elle ne doit pas admettre de preuve.

> [L]es Lois Fondamentales et Universelles auxquelles toute Pensée, en tant que telle, est sujette (...) doivent être peu nombreuses, de faible portée (*meagre in import*), *ne pas être susceptibles d'être prouvées*, et reconnaissables par tous comme des truismes familiers qui ont toujours implicitement dirigé nos pensées, même si peut-être, en raison de leur évidence même, elles n'ont jamais été explicitement énoncées ou amenées à une conscience distincte. Elles doivent avoir ces caractéristiques parce qu'elles concernent seulement les Formes de Pensée, ou la manière de penser quel que soit ce à quoi nous pensons [14].

Bowen a développé plus avant la condition de ne pas être susceptible de preuve en en donnant la raison suivante :

> Elles ne peuvent admettre de preuve, puisque leur vérité est présupposée dans tout acte de raisonnement, et donc aucun argument et aucune preuve n'est possible à moins que leur véracité ne soit considérée comme acquise [15].

Les lois de la pensée pure, donc, n'étaient pas susceptibles de preuve parce que leur vérité ou validité pouvait être présupposée par n'importe quel argument qu'on puisse donner en leur faveur. Tout argument cherchant à justifier une pure loi de la pensée échouerait donc à être une véritable preuve, puisqu'il tomberait dans la circularité en présupposant ce qu'il se donnait pour but de prouver.

12. *Ibid.*, p. 39-40.
13. Voyez Jevons, 1871, p. 117-121.
14. Bowen, 1864, p. 47-48, nous soulignons.
15. *Ibid.*, p. 48. Pour des raisons de praticité, je me référerai à l'idée exprimée ici – c'est-à-dire l'idée que les lois de la pensée pure sont présupposées par tout acte ou corps de raisonnement véritable [*genuine*] – comme au *Principe d'Ubiquité*. Pour être précis, bien sûr, il me faudrait donner un énoncé clair de la notion pertinente de présupposition impliquée dans ce principe. Ce n'est pas nécessaire ici, puisque je n'essaie pas de défendre le Principe d'Ubiquité, mais seulement de décrire la place qu'il avait dans la pensée sur ce qu'on nomme les lois de la pensée pure.

Tout lecteur de Dedekind sera certainement frappé par la condition de ne pas être susceptible de preuve, dans la description de Bowen. Cela résonne, en effet, avec ce que j'appellerai le *Principe de Dedekind* concernant la norme propre pour la croyance scientifique. Dedekind énonce ce principe dans en ouverture de son essai sur l'arithmétique : « En science, ce qui est démontrable ne doit pas être admis sans démonstration » [16].

Si on le comprend comme une norme pour une bonne croyance, et non pas pour une croyance effective, on peut le formuler plus clairement de la manière suivante :

> Principe de Dedekind : la seule justification appropriée, et la meilleure possible, pour une proposition prouvable est une preuve. Plus précisément, c'est une preuve dont toutes les prémisses sont improuvables.

Le Principe de Dedekind nécessite donc une distinction entre les vérités qui admettent une preuve (les vérités *prouvables*) et les vérités qui n'en admettent pas. Il semble avoir souhaité que cette distinction soit objective, et pour cela, il fallait avoir une classe de vérités qui soient objectivement improuvables.

Les lois de la pensée pure étaient communément considérées comme remplissant ce rôle. Plus précisément, la ou les manières communes de concevoir les lois de la pensée pure impliquai(en)t leur improuvabilité d'une façon qui ressemblerait à la formulation suivante

Argument d'improuvabilité

Supposons que

(1) (i) L est une pure loi de la pensée et (ii) L est (véritablement) prouvable.

Par (1) (ii), il suit que :

(2) il existe une (véritable) preuve Π de L.

Supposons qu'une véritable preuve est un ensemble de raisonnements, par le Principe d'Ubiquité, il suit que :

16. L'allemand original est « *Was beweisbar ist, soll in der Wissenschaft nicht ohne Beweis geglaubt werden.* » La prouvabilité que Dedekind a en tête dans cette affirmation était, bien sûr, plus que la seule déductibilité à partir d'autres propositions évidentes. Dire exactement ce qui était requis est évidemment difficile, et je ne vais pas tenter d'en donner une explication complète ici. Pour en savoir plus sur l'idée de véritable prouvabilité [*genuine provability*] telle qu'appliquée à la notion de *fondement* de Bolzano, voyez Detlefsen, 2010, § 5, 6 [*Cf.* chap. III de ce volume].

(3) Π présuppose L.

Mais de cela, il suit que :

(4) Π est circulaire, et donc, contrairement à (2), il n'existe pas de preuve (véritable) de L.

On obtient donc la conclusion :

(5) si L est une pure loi de la pensée, elle n'est pas (véritablement) prouvable [17].

Les lois de la pensée pure n'étaient donc pas, par leur nature même, susceptibles de preuve – et ce d'une manière objective qui les rendait attractives. Ainsi, elles offrent un terminus également objectif pour la recherche de rigueur. Selon le Principe de Dedekind, des mathématiques véritablement rigoureuses ou scientifiques demandent que la preuve soit poursuivie aussi loin que logiquement possible – c'est-à-dire, jusqu'au point où toute proposition susceptible de preuve a été prouvée. Si seules les lois de la pensée pure sont objectivement improuvables, cela signifie qu'une preuve arithmétique doit être poursuivie jusqu'au point où toutes les prémisses élémentaires sont des lois de la pensée pure.

De ce point de vue, le logicisme de Dedekind était une conséquence naturelle de ces trois aspects de sa pensée :

I. son adoption d'une conception de la rigueur selon laquelle tout ce qui est prouvable doit être prouvé,

II. son engagement envers une norme objective pour déterminer quand une preuve a été menée jusqu'à ce point, et

III. son acceptation de l'idée communément admise au XIXe siècle selon laquelle les seules vérités réellement improuvables sont les lois de la pensée pure (ou peut-être les lois *élémentaires* de la pensée pure).

Attribuer ce point de vue à Dedekind explique, en tout cas, qu'il exige que l'intuition soit bannie de l'arithmétique scientifique, et que l'on identifie l'origine des vérités de l'arithmétique dans des sources dans les lois de la pensée pure. Dans la prochaine section, je vais étendre cette vision du programme de Dedekind et ses motivations à une [vision] qui le considère comme centré sur des préoccupations relativement traditionnelles sur la

17. Il faudrait modifier cet argument pour satisfaire une conception des lois de la pensée pure selon laquelle elles présentent un ordre de prouvabilité, certaines étaient plus élémentaires que d'autres. Il faudrait également le modifier pour satisfaire une version affaiblie du Principe d'Ubiquité impliquant seulement que toute partie d'un raisonnement présuppose *certaine(s)* pure(s) loi(s) de la pensée. Je laisse toutefois la considération plus détaillée de ces complications pour une occasion.

portée d'une preuve et la relation appropriée entre elle et la portée du théorème prouvé.

4 RIGUEUR ET LA BONNE PORTÉE DE LA PREUVE

Les préoccupations concernant la bonne portée des preuves étaient importantes dans la pensée fondationnelle des XVIe et XVIIe siècles. L'idée de base était que (i) tandis que certaines propriétés peuvent être spécifiques à une classe de quantités particulières, d'autres sont plus générales et peuvent, en fait, être partagées par toutes les quantités, et que (ii) de telles différences doivent se refléter dans les preuves données pour les théorèmes.

Viète, Descartes, Wallis et d'autres étaient préoccupés par la question de savoir quelles propriétés d'une figure géométrique étaient dues à la manière dont elle avait été construite, et lesquelles étaient indépendantes du mode de construction. De leur point de vue, les figures géométriques avaient d'importantes propriétés algébriques ou arithmétiques obtenues quelle que soit la manière particulière de les construire. Wallis l'a exprimé de la manière suivante :

> outre la construction supposée pour une Ligne ou une Figure, il y a quelque chose dans la nature de ce qui est construit qui peut être considéré en faisant abstraction de cette construction ; et qui l'accompagne même lorsque la construction est autre que celle qu'on a supposée [18].

Du point de vue de Wallis et de beaucoup de ses contemporains, une géométrie véritablement scientifique serait une science des propriétés qui sont « dans » les figures géométriques elles-mêmes, et non pas des propriétés qui sont de simples contingences venant de la manière dont elles ont été construites. Il a donc approuvé et encouragé l'*arithmétisation* de la géométrie (à laquelle il se réfère comme *Abstractio Mathematica*) parce que cela menait à une géométrie plus scientifique :

> Cette *Abstractio Mathematica* (comme l'appelle l'École) est de grand usage dans toutes sortes de considérations Mathématiques, où l'on sépare ce qui est le Sujet propre de l'Enquête, et sur la base de laquelle se déroule le Processus, sans prendre en compte la matière (qui lui est accidentelle) relevant du présent cas de figure ou de la construction particulière. Raison pour laquelle, quand je trouve dans d'autres (pour faire paraître, je suppose, le plus Géométrique) des affections de Lignes et de Figures, je choisis plutôt (lorsque ces choses sont accidentelles) de démontrer universellement à partir de la nature des Proportions et des Progressions régulières ;

18. Wallis, 1685, p. 291.

> parce que de telles Démonstrations Arithmétiques sont plus Abstraites, et donc plus universellement applicables aux occasions particulières. Ce qui est l'un des desseins que je me suis fixé dans l'Arithmétique des Infinis [19].

Nous avons ici un énoncé que l'on peut appeler

> Principe de Wallis : une preuve est d'autant meilleure que ses prémisses reflètent la généralité (telle que déterminée par l'invariance de construction) du théorème prouvé.

Cela semble clairement être une affirmation concernant ce qui constitue une bonne relation, ou du moins une relation préférable, entre la portée de la preuve et celle du théorème. Il semble aussi que cela ait été l'idée centrale de preuve sur laquelle était basé le programme de Wallis pour arithmétiser la géométrie.

Des idéaux similaires étaient poursuivis à l'époque de Dedekind. Nous avons vu plus haut (*cf.* la note de bas de page p. 145) la remarque de Frege concernant la portée d'un théorème ou « de tracer précisément les limites de [sa] validité [*Gültigkeitsgrenzen genau zu ziehen*] » et comment il était important pour une preuve de correctement capturer ou représenter ou refléter la portée de la validité du théorème qu'elle prouve.

Un cas peut-être encore plus clair est Bolzano, qui a fait des considérations sur la portée le leitmotiv de son programme fondationnel. Il a donc insisté sur ce que je vais appeler le *Principe de Bolzano*, dont une application est représentée par l'affirmation suivante : « il y a là une faute intolérable contre la *bonne méthode* qui consiste à vouloir déduire les vérités des mathématiques pures (ou générales) (c'est-à-dire de l'arithmétique, de l'algèbre ou de l'analyse) de considérations qui appartiennent à une partie *appliquée* (ou spéciale) seule, à savoir à la *géométrie* » [20].

En généralisant cela, nous obtenons l'affirmation plus large qu'une vérité mathématique plus générale ne peut être proprement prouvée par des prémisses moins générales. Ou, plus exactement

> Principe de Bolzano : la croyance qu'une vérité plus générale des mathématiques ne peut être proprement justifiée par une preuve qui part de prémisses moins générales [21].

19. *Ibid.*, p. 292.
20. Bolzano, 1817a, p. 137, italiques de Bolzano.
21. Quel était le coût supposé de prouver une proposition plus générale par des propositions moins générales ? La réponse de Bolzano, notée ci-dessous, était : « le coût du type de défaut(s)

Bolzano a fameusement préconisé ce principe dans sa critique des preuves géométriques du théorème de la valeur moyenne [22]. La portée de telles preuves, a-t-il maintenu, ne correspondait pas avec celle du théorème de la valeur moyenne. Elles employaient des arguments concernant la continuité géométrique (spécifiquement la continuité des lignes) pour prouver ce qui, à proprement parler, est une vérité concernant des quantités continues plus généralement. Leurs portées était donc improprement étroites par rapport au théorème qu'elles prétendaient prouver.

Cela signifiait qu'elles inversaient l'ordre approprié des raisons et ainsi tombaient dans une sorte de circularité. En particulier, dans la terminologie traditionnelle, elles étaient des *petitio principii*, ou des arguments dont les prémisses étaient, dans l'ordre des raisons, moins élémentaires (parce que moins générales) que les conclusions qu'elles prétendaient prouver [23] :

> [U]ne démonstration véritablement scientifique [...] d'une vérité valable pour toutes les grandeurs [...] ne peut pas se trouver dans une vérité valable seulement pour les grandeurs qui appartiennent à l'espace. Conformément à cette opinion, une telle démonstration géométrique est un vrai cercle vicieux dans la plupart des cas [...] [O]n ne peut hésiter un instant à dire qu'elle n'appartient nullement à ces vérités simples dites principes ou vérités primitives [*Grundwahrheiten*], parce que, précisément, ces vérités ne sont que les fondements [*Grund*] des autres et ne sont pas elles-mêmes des conséquences ; il s'agit plutôt ici d'un théorème ou d'une vérité déduite [*Folgewahrheit*], c'est-à-dire d'une vérité qui a son fondement dans certaines autres et qui doit donc être démontrée aussi dans la science par une déduction à partir des principes [24].

Certaines indications suggèrent que Dedekind a été incité à adopter son programme logiciste par des considérations similaires sur la portée. Parmi les plus intéressantes, se trouve une remarque faite concernant les dérivations logicistes et ce qu'elles nous disent de la place de l'intuition dans la justification des croyances arithmétiques. Il a soutenu que la possibilité même de dériver des vérités arithmétiques des lois de la pensée pure montrait en soi que la croyance en elles ne pouvait être fondée sur

de justification qui sont typiques de (certains types de) circularités ». Je suis globalement d'accord avec cette réponse, même si elle demande à être raffinée et développée. Pour cela, voyez Detlefsen, 2010, §4.2. [*cf.* le chapitre III de ce volume].

22. [NdT : voir note 17 p.137.]

23. Voyez Detlefsen, 2010 [chapitre III de ce volume] pour une discussion plus poussée de certaines de ces idées, et pour un rappel de la distinction classique entre les différents types de circularité représentés par [le] *petitio principii* et [le] *probatio in demonstrando*.

24. *Ibid.*, p. 137-138.

l'intuition. Ce faisant, il endossait ce qui était, en fait, une version du Principe de Bolzano.

> [L]a possibilité même de réduire [*zurückzuführen*] de telles vérités [les lois des nombres] à d'autres plus simples, si longue encore et artificielle en apparence que puisse être la suite des inférences, est une preuve convaincante que posséder [*Besitz*] ces vérités ou y croire [*Glaube an sie*] n'est jamais donné immédiatement par l'intuition interne [*innere Anschauung*] mais s'acquiert [*erworben*] toujours par une répétition [*Wiederholung*] plus ou moins complète d'inférences particulières [25].

Pourquoi la seule existence d'une preuve d'un théorème depuis les lois de la pensée pure serait-elle une raison pour penser qu'il n'en existe pas de justification appropriée venant de l'intuition ? La réponse, je crois, se trouve dans des considération sur la portée. Une preuve d'une proposition de l'arithmétique depuis les lois de la pensée pure montrerait que la portée de sa validité est large – si large, en fait, qu'elle s'applique à la pensée rationnelle sur n'importe quel sujet [26].

Prouver une proposition arithmétique π depuis les lois de la pensée élémentaires l'établirait donc comme une vérité de large portée. Par le Principe de Bolzano, il suivrait alors que la seule preuve fournissant une justification adéquate (ou, du moins, la preuve qui fournit la meilleure justification) pour π est une preuve de portée également large. Aucune preuve de ce genre ne pourrait cependant utiliser l'intuition comme justification élémentaire.

Si cela est correct, la base du Principe de Dedekind, et la motivation de base de son logicisme, est son acception du Principe de Bolzano ou d'une affirmation similaire. De ce point de vue, son programme logiciste est conservateur et traditionnel, plutôt que radical. Il représente une continuation naturelle d'un idéal plus ancien, celui qui demandait (i) une estimation de la portée de la validité d'une proposition à prouver et (ii) la fidélité à cette portée dans n'importe quelle preuve appropriée. Cet idéal est notablement présent dans la pensée de Bolzano durant la première moitié du XIXe siècle, et a aussi influencé la pensée d'auteurs de l'âge classique comme Viète, Descartes et Wallis [27].

25. Dedekind, 1888, p. 137.

26. En disant qu'une proposition π s'applique à tout raisonnement, je veux dire sommairement que pour tout objet θ et tout argument α concernant θ, nier π n'est pas admissible comme raison pour rejeter α. Comme indiqué, c'est sommaire. Cela reflète le fait que ce que nous devrions comprendre par l'*applicabilité* n'est pas entièrement clair.

27. Il y a toutefois un aspect sur lequel le Principe de Dedekind était plus radical que les autres : son éloignement des principes d'enquête rationnelle conçu dans *De l'esprit*

5 AUTRES LECTURES DU PRINCIPE DE DEDEKIND

Si ce que j'ai dit jusqu'ici est correct, Dedekind concevait une preuve rigoureuse comme étant une preuve dont les prémisses de base sont toutes des propositions improuvables. Il concevait son projet logiciste comme un projet pour développer de telles preuves pour les vérités arithmétiques en général. Il voyait cela comme une quête nécessaire, ou du moins méritoire, car il croyait que les preuves qui résulteraient d'une telle procédure auraient la vertu épistémique de refléter les portées de validité des théorèmes prouvées. Il s'opposait au recours à l'intuition dans les preuves arithmétiques parce qu'il la considérait comme interférant avec ce projet.

Cette interprétation de Dedekind n'est toutefois pas partagée par tout le monde. Et parmi ceux qui ont adopté cette interprétation, tous n'ont pas considéré que ce projet est un bon projet.

Le mathématicien américain G. B. Halsted a interprété le Principe de Dedekind d'une manière assez différente. Il le voyait comme un idéal de simplification, en particulier un appel à minimiser la multiplication des axiomes. Il a présenté cette idée dans le contexte d'une discussion plus large sur les propriétés qui devraient être souhaitées pour une axiomatisation de la géométrie. Plus précisément, il l'a présenté comme commentaire à la décision de George Wentworth de prendre la proposition selon laquelle deux côtés d'un triangle sont ensemble plus grands que le troisième comme *axiome* de la géométrie euclidienne.

> Ce théorème, d'après la première règle pour les démonstrations de Pascal, ne devrait pas être prouvé du tout, puisque n'importe quel chien le connaît. Mais à cette objection, aussi vieille que les sophistes, Simson a répondu il y a longtemps que pour la science géométrique, le nombre d'hypothèses ne doit pas être augmenté sans nécessité, or comme l'écrivait Dedekind : « *Was beweisbar ist, soll in der Wissenschaft nicht ohne Beweis geglaubt werden* »[28].

Ce n'est toutefois pas convaincant comme interprétation du Principe de Dedekind, car cela néglige une distinction entre deux types d'économie du choix des axiomes. Je me référerai à celles-ci respectivement comme

géométrique de Pascal. La première règle de démonstration de Pascal préconise de ne pas s'engager à démontrer une proposition si évidente que rien de plus clair ne puisse être utilisé pour la prouver. Dedekind (et peut-être plus encore Bolzano) non seulement rejetait cette règle, mais suggérait qu'elle était néfaste. C'est en tout cas une des implications que je considère comme découlant de l'opposition de Dedekind à la déférence ordinaire vis-à-vis de l'évidence intuitive.

28. Bolyai, 1896, Appendice III, p. 62-63.

économie *verticale* et *horizontale*. L'économie verticale est atteinte (ou du moins maximisée) en terminant la recherche d'axiomes élémentaires au premier point où l'on a identifié un ensemble de propositions évidentes acceptables pour servir d'axiomes. L'économie horizontale est atteinte en réduisant les redondances ou dépendances dans un ensemble donné d'axiomes.

L'interprétation que Halsted propose du principe de Dedekind semble négliger cette distinction. En conséquence, bien que cela semble correct en tant que commentaire sur les effets horizontaux du principe de Dedekind, cela ne semble pas correct comme commentaire de ses effets verticaux. Tout programme d'excavation comme celui de Dedekind a clairement le potentiel d'augmenter le nombre d'axiomes au-delà de ce qu'il serait si l'on arrêtait la recherche d'axiomes au point de maximalité verticale décrit ci-dessus.

Ainsi, bien que Dedekind (et d'autres) aient souhaité et attendu que les lois élémentaires de la pensée pure soient en nombre restreint, ou du moins soient moins nombreuses que les axiomes d'une axiomatisation plus superficielle de l'arithmétique, il n'y a certainement aucune garantie antécédente que cela sera le cas. Et la découverte que cela n'est pas le cas n'aurait pas non plus été une raison pour préférer une axiomatisation plus superficielle de l'arithmétique.

Il faut également mentionner qu'il y aurait eu peu de raisons de penser qu'une axiomatisation satisfaisante de la pensée pure *aurait* demandé significativement moins d'axiomes qu'une axiomatisation de l'arithmétique basée sur des vérités intuitivement évidentes. Dedekind et Peano ont tous deux trouvé des axiomatisations intuitives de l'arithmétique qui étaient basées sur cinq axiomes intuitivement évidents. Il y avait quatre lois élémentaires de la pensée pure communément identifiées. Il n'y a aucune indication que cela ou une autre différence similaire ait été un facteur significatif dans l'engagement de Dedekind envers son logicisme.

Du point de vue de Halsted, donc, le Principe de Dedekind représentait un idéal de simplicité approprié, bien que relativement modeste et conventionnel. Weyl l'a interprété de manière très différente. Pour lui, la preuve était incontestablement inférieure à l'intuition comme moyen de justification. Ainsi, il pensait qu'il fallait l'éviter autant que possible, et non pas la poursuivre autant que possible comme le conseillait le Principe de Dedekind.

> Le célèbre ouvrage de Dedekind [. . .] s'ouvre sur cette phrase : « Ce qui est démontrable ne doit pas, en science, être cru sans démonstration ». Cette assertion est probablement typique de la pensée de la plupart

> des mathématiciens, elle n'en prend pas moins les choses à l'envers [29]. Comme si un rapport de fondation aussi médiat [*mittelbarer Begründungszusammenhang*] que celui que nous nommons démonstration était capable de susciter une « croyance » sans que nous nous assurions de l'exactitude de chaque pas isolé au moyen d'une intuition immédiate [*unmittelbarer Einsicht*] ! C'est cette intuition (non pas la démonstration) qui est partout la source ultime de la connaissance [*letzte Rechtsquelle der Erkenntnis*], elle consiste à avoir « l'expérience directe du vrai » [*Erlebnis der Wahrheit*] [30].

Weyl semble avoir trois arguments ici. Le premier est qu'il y a une forme de perception comme une expérience directe de la vérité d'une proposition. Le second est que la justification offerte par ce type de perception est supérieure à celle du type d'une justification indirecte à laquelle une preuve sera inévitablement limitée. Le troisième est que quelle que soit la justification finalement donnée par une preuve, elle doit remonter jusqu'à la justification donnée par le type de perception plus directe ou intuitive que je viens de mentionner.

Pour autant que je sache, Dedekind n'a pas explicitement promu ces affirmations. Je ne vois toutefois pas de raison de penser qu'il les a ou les aurait rejetées. Peut-être plus important, le Principe de Dedekind n'est pas inévitablement en conflit avec elles. Il n'engage pas à accepter l'idée absurde qu'il n'existe pas de vérités improuvables. Et il n'engage pas non plus à adopter l'une ou l'autre des idées également invraisemblables suivantes : (1) les justifications fournies par les preuves ne reposent pas ultimement sur des justifications de propositions improuvables ou (2) les justifications fournies par les preuves sont de qualité supérieures aux justifications des propositions improuvables sur lesquelles elles reposent ultimement.

Un conflit entre le Principe de Dedekind et les affirmations de Weyl n'existerait que s'il existait des propositions qui à la fois (a) puissent être proprement classifiées comme prouvables d'après les standards de Dedekind, et (b) soient telles que leur vérité puisse être *expérimentée* de la manière que Weyl semble avoir en tête. Il n'y a toutefois pas de raison apparente de penser que de telles propositions existent, et même si c'était le cas, il n'est pas clair qu'elles forment une classe extensive et significative. La critique de Weyl semble donc injustifiée et même confuse.

29. NdT : La traduction anglaise donnée par M. Detlefsen est « *it is a preposterous principle* », littéralement « c'est un principe absurde ».

30. Weyl, 1918, p. 59, note.

6 CONCLUSION

Je ne vois pas le Principe de Dedekind comme une affirmation « absurde » [31]. Je ne le vois toutefois pas non plus comme proposant le conseil classique selon lequel nous devrions faire en sorte qu'un ensemble d'axiomes soit aussi réduit et sans redondances que possible.

Je pense plutôt que ce principe et le programme logiciste de Dedekind sont des conséquences naturelles de sa conviction que (I) les vérités de l'arithmétique sont des vérités de portée large, et que (II) les portées des preuves se doivent d'être aussi étendues ou plus étendues que le théorème qu'elles prouvent. Par son engagement envers (II), la pensée de Dedekind est, comme je l'ai suggéré, dans la lignée de la tradition qui remonte aux algébristes comme Wallis et va jusqu'à Bolzano, Frege et au-delà.

L'affirmation dans (II), bien sûr, reflète une conception large et générale de la valeur et de la fonction correcte d'une preuve. L'affirmation dans (I), par ailleurs, est supportée par le succès rencontré par Dedekind pour trouver l'origine des vérités arithmétiques dans ce qu'il considérait être des vérités de plus large portée. Les notions de portée mise en jeu en lien avec cela sont particulièrement intéressantes, ainsi que la suggestion que théorèmes et preuves ont une portée, et l'idée que, idéalement, ces portées devraient avoir un certain type de relation l'une avec l'autre.

31. NdT : Ici, l'auteur réutilise sa traduction anglaise du « *verkehrtes* » de Weyl, qui est « *preposterous* », nous avons donc choisi de traduire « *preposterous* » plutôt que d'utiliser la traduction de Jean Largeault.

Chapitre V

ABSTRACTION, AXIOMATISATION ET RIGUEUR : PASCH ET HILBERT

> Procéder axiomatiquement ne signifie rien d'autre que de penser avec conscience [*mit Bewußtsein denken*].
>
> Hilbert (1922), p. 201.

1 Introduction

Dans ses conférences de 1882 sur la géométrie, Moritz Pasch a décrit et promu une norme de rigueur pour la preuve géométrique.

> [P]our que la géométrie soit vraiment déductive, le processus d'inférence [*Process des Folgerns*] doit partout être indépendant du *sens* [*Sinn*] des concepts géométriques, tout comme il doit être indépendant des figures ; seules les *relations* entre les concepts géométriques, telles qu'énoncées dans les propositions ou définitions utilisées, peuvent être prises en considération. Au cours de la déduction, il est en effet permis [*statthaft*] et utile [*nützlich*], mais *en aucun cas nécessaire* [*keineswegs nöthig*], de penser à la signification [*Bedeutung*] des concepts géométriques impliqués ; de telle sorte précisément que, si cela devient nécessaire, alors le caractère lacunaire [*Lückenhaftigkeit*] de la déduction et (si la lacune [*Lücke*] ne peut être comblée en modifiant le raisonnement)

> l'inadéquation [*Unzulänglichkeit*] des propositions formulées au préalable comme éléments de preuve s'en trouvent révélés [1].

La partie de cette déclaration qui m'intéressera le plus ici est celle dans laquelle Pasch déclare que le « processus d'inférence » dans une preuve géométrique appropriée, quel que soit ce que l'on peut raisonnablement considérer comme tel, doit être « indépendant » des significations des termes géométriques. Je proposerai un aperçu de ce que recouvre la notion d'indépendance dont il est question ici. J'examinerai en outre ce que je considère comme l'enjeu le plus important dans l'application d'une telle condition d'indépendance.

L'interprétation de la norme de Pasch sur laquelle je vais me concentrer la voit comme une restriction sur la justification des jugements de validité inférentielle déductive dans les preuves géométriques. Par conséquent, elle la voit donc aussi comme une contrainte sur les jugements appropriés de validité déductive dans les preuves mathématiques plus généralement.

Si nous posons C une phrase et P un ensemble de phrases dans un langage mathématique donné, nous pouvons énoncer grossièrement cette contrainte comme suit :

> <u>Condition d'Abstraction</u> : La justification d'un jugement selon lequel une inférence de P à C est déductivement valide ne doit pas être fondée sur un jugement dont le contenu concerne les significations ou contenus d'expressions non logiques qui apparaissent dans P ou C [2].

Pasch a présenté cette norme comme une norme de rigueur, qu'il semble avoir considérée comme centrée sur l'obtention d'une justification pertinente de nos jugements de validité. L'élément caractéristique de la pertinence, en outre, était d'éviter de combler subrepticement des « lacunes » déductives dans les inférences jugées déductivement valides. Étant donné que de tels remplissages sont des cas paradigmatiques de manque de rigueur, il semble approprié de se référer à la norme de Pasch comme à une norme de rigueur.

Il semble également juste de la qualifier de norme « abstractionniste » dans la mesure où le détachement justificatif qu'elle réclame s'apparente à une forme d'abstraction. La condition de Pasch exige que la justification

1. Pasch, 1882, p. 98 (souligné dans le texte).

2. *Grosso modo*, on peut dire qu'une expression E apparaît dans une classe d'expressions $\mathcal{K}$ si (i) E est un élément de $\mathcal{K}$ ou (ii) E est une expression dont la signification dépend de la signification d'un élément de $\mathcal{K}$.

d'un jugement de validité déductive pour une preuve mathématique (ou pour une inférence dans une preuve mathématique) fasse *abstraction de* – plus clairement, peut-être, s'abstienne de – tout recours justificatif aux sens ou aux significations d'expressions non logiques.

Pasch a suggéré que le non-respect de cette condition (ou d'une autre condition ayant un effet similaire) entraîne un risque non négligeable et évitable d'erreur d'appréciation de la validité – en particulier, une erreur d'appréciation due à une mauvaise identification des éléments constitutifs de l'inférence ou des inférences jugées valides [3].

Un manque de rigueur de ce type, même s'il concerne bien la validité et les jugements de validité, concerne également d'autres aspects. Pasch s'est en fait concentré plus étroitement non pas sur les erreurs d'appréciation de la validité *per se*, mais sur certaines raisons de faire de telles erreurs d'appréciation – à savoir, celles fondées sur de mauvaises identifications des éléments (par exemple, prémisses et/ou conclusion) d'une inférence ou d'une preuve jugée valide. Dire plus exactement en quoi consistent ces erreurs d'identification, et en quoi Pasch les considérait comme telles, sont les tâches centrales de cet article.

À cet égard, permettez-moi de commencer par noter que la préoccupation particulière de Pasch semble avoir été l'erreur d'appréciation de la validité due à une mauvaise identification des prémisses. Plus particulièrement encore, il s'est concentré sur les erreurs d'appréciation de validité fondées sur la non reconnaissance de l'utilisation de prémisses importés illicitement [4].

3. On trouve également d'importantes conceptions alternatives de la rigueur pour lesquelles le défaut de rigueur n'est pas conçu comme il l'est ici. Une de ces conceptions est ce que j'ai appelé ailleurs la rigueur *démonstrative* [*probative rigor*]. Il s'agit d'une rigueur qui, *grosso modo*, interroge la mesure dans laquelle tout ce qui est mentionné dans une preuve et qui est, en un certain sens, susceptible d'être prouvé est effectivement prouvé. Bolzano et Dedekind, tels que je les lis, ont tous deux défendu des conceptions démonstratives de la rigueur, bien que les modalités de leurs conceptions soient différentes. Pour plus de détails sur ce sujet et d'autres questions connexes, voir Detlefsen, 2010 ; Detlefsen, 2011 [*cf.* les chapitres III et IV respectivement dans ce volume].

4. Il y a des distinctions entre différents types d'échecs inférentiels qu'il convient de garder à l'esprit ici. L'un d'eux est l'incapacité à reconnaître qu'il y a bien eu importation de prémisses lorsqu'elle a eu lieu. Le fait de ne pas identifier proprement et correctement la ou les prémisses importées est lié à ce type d'échec, mais en est également distinct. Il semble s'agir de types d'échecs distincts, bien que leurs différences ne seront pas abordées dans ce qui suit.

Conformément à la tradition, je me référerai à ce type d'identification erronée des prémisses comme à une *subreption des prémisses* [5]. Pour une inférence donnée Inf_{Id} et un agent inférant R donné [6], je considère que ses éléments clés sont les suivants :

(i) Jugement de R selon lequel Inf_{Id} est valide.
(ii) Échec de R à reconnaître que son jugement selon lequel Inf_{Id} est valide est fondé sur le fait qu'il considère qu'il inclut une ou plusieurs prémisses que, à proprement parler [7], il n'inclut pas (ou qui ne devraient pas être considérées comme incluses) [8].

L'antidote proposé par Pasch pour l'échec mentionné en (ii) était l'application de la Condition d'Abstraction. Dans ce qui suit, cette proposition sera ma principale préoccupation. J'examinerai, en particulier, certaines similitudes et différences entre elle et une autre proposition datant à peu près de la même période, à savoir la fameuse *méthode axiomatique* de Hilbert et d'autres. Je soutiendrai qu'en dépit de leurs importantes similitudes, ces deux propositions, et leurs conceptions sous-jacentes de la rigueur, sont également très différentes.

Avant d'aborder ces questions, je présenterai quelques éléments de contexte historique qui, je l'espère, serviront à clarifier les propositions de Pasch et de Hilbert en les plaçant dans une perspective historique et logique plus claire. Ceux-ci incluent, bien qu'ils ne soient pas centrés sur, une remise en cause d'une (ou plusieurs) affirmation(s) influente(s) concernant la primauté de Pasch en tant que défenseur d'une norme de rigueur abstractionniste.

5. NdT : ce néologisme traduit l'anglais « *surreption* » qui désigne une chose ou une action subreptice. Le concept de « *premisory surreption* » étant central dans cet article, il nous a semblé préférable de recourir à un néologisme littéral, plutôt qu'à un terme existant mais approximatif.

6. Dans la conception que j'en ai, les agents inférants comprennent non seulement ceux qui peuvent élaborer un raisonnement donné, mais aussi ceux qui, même s'ils ne l'élaborent pas, le jugent néanmoins valide.

7. Proprement, c'est-à-dire dans l'optique de juger de la validité de Inf_{Id}.

8. Ce qui est fondamentalement faux, alors, dans le fait de juger valide un argument marqué par une subreption des prémisses, ce n'est pas que, avec l'inclusion de ses prémisses subreptices, il ne soit pas valide. C'est plutôt que les prémisses suffisantes pour justifier un jugement de validité n'ont pas été correctement identifiées ou cataloguées comme prémisses.

2 CONTEXTE

La Condition d'Abstraction représente un changement significatif par rapport aux normes de rigueur plus anciennes qui ont fortement influencé la pensée des mathématiciens des XVIIIe et XIXe siècles. La principale d'entre elles était celle que j'ai appelée ailleurs la norme *présentiste* [9].

Comme la norme de rigueur fondée sur la Condition d'Abstraction, la norme présentiste reposait sur une conception de la rigueur qui la voit comme obtention d'une sorte d'absence de lacune (*gaplessness*) dans le raisonnement. L'absence de lacune qui préoccupait le présentiste, cependant, était de nature différente de celle recherchée par les partisans de l'abstraction sémantique comme norme de rigueur.

Dans la conception présentiste, le raisonnement mathématique – en particulier, la preuve – était considéré comme ayant un *sujet* d'un certain type (par exemple, une figure géométrique). Une preuve (ou, plutôt peut-être le fait de prouver) était jugée rigoureuse dans la mesure où son sujet était gardé sans interruption (*gaplessly*) à l'esprit du prouveur tout au long du déroulement d'une preuve (ou d'une démonstration) en tant que *sujet des* différents jugements dont l'agencement déductif constitue la preuve [10].

Poncelet a exprimé l'idée centrale d'un tel point de vue comme suit :

> Dans la Géométrie ordinaire, qu'on nomme souvent la synthèse [. . .] ; la figure est décrite, jamais on ne la perd de vue, toujours on raisonne sur des grandeurs, des formes réelles et existantes, et jamais on ne tire de

9. *Cf.* Detlefsen, 2005, p. 237, p. 261 266, et Detlefsen, 2010, p. 176.

10. Il y a au moins deux façons différentes de comprendre cette rétention sans interruption du sujet. La première est de mettre l'accent sur la notion de conscience, et de considérer que la rétention sans interruption du sujet consiste en une sorte de continuité des objets de *conscience* d'un prouveur tout au long d'une preuve.

La rétention sans interruption du sujet pourrait également être conçue sur un plan plus logique. Dans une telle perspective, les preuves seraient considérées comme typiquement constituées de parties – en particulier, des jugements et des inférences constitutifs. Chacune de ces parties aurait elle-même un sujet, et la rétention sans interruption du sujet tout au long d'une preuve consisterait dans le fait que les sujets des parties appropriées d'une preuve se tiendraient dans une certaine relation les uns avec les autres (par exemple, être *identiques* ou dans un sens approprié *continus* les uns avec les autres) et avec le sujet global de la preuve.

De ces deux interprétations générales de la rétention sans interruption du sujet, la dernière peut sembler la plus séduisante. En apparence, du moins, elle semble permettre de traiter la rétention sans interruption du sujet comme une question objective. Cela peut être trompeur, cependant, dans la mesure où il est possible que toute compréhension satisfaisante de la notion centrale d'une preuve ayant un *sujet* doive faire appel à un élément subjectif, peut-être sous la forme d'un recours à la conscience du prouveur. Il se pourrait bien qu'il n'y ait finalement pas d'autre moyen de donner un sens à l'idée qu'une preuve soit *à propos de* quelque chose qu'un prouveur, pour proprement être un prouveur, doit s'y associer comme son sujet.

> conséquences qui ne puissent se peindre, à l'imagination ou à la vue, par des objets sensibles [...] [11] [12].

Il semble y avoir une tension entre abstractionnisme et présentisme. Le présentisme considère que les preuves ont, de manière caractéristique, des sujets contenus (par exemple des figures géométriques), et estime que la rigueur consiste en une forme de *constance* ou de *continuité* quant aux parties d'une preuve portant, tout au long de son déroulement, le sujet [13] [14].

Celui qui raisonne de façon abstractionniste, en revanche, recherche le détachement plutôt que le contact continu avec, ou l'immersion dans les sujets contenus des preuves. Plus particulièrement, il exige qu'aucun jugement quant à la validité d'une inférence ou d'une preuve ne dépende pour sa justification de jugements dont les contenus sont même partiellement

11. Poncelet, 1822, p. XXI. En dépit de ce que ce passage pourrait laisser croire, l'adhésion de Poncelet à la procédure synthétique traditionnelle était mitigée. Il semble notamment avoir émis des réserves quant à sa lourdeur, qu'il considérait comme étant principalement due au besoin ressenti par le prouveur de ramener les choses à des constructions rudimentaires – ou, comme il le dit, « de reprendre toute la série des raisonnements primitifs, dès l'instant où une ligne, un point ont passé de la droite à la gauche d'un autre, etc. » (*ibid.*).

12. Les normes de rigueur présentistes semblent avoir été familières aux auteurs bien avant l'époque de Poncelet. Si j'ai mentionné ce dernier, c'est afin d'indiquer l'influence que de telles idées avaient encore sur les mathématiciens du XIXe siècle.

Une description plus ancienne du présentisme, et de (certaines de) ses vertus supposées, peut être trouvée chez Berkeley :

> C'est une remarque ancienne que la géométrie est une excellente logique. Et il faut reconnaître que [...] lorsqu'à partir de la contemplation et la comparaison distinctes des figures, leurs propriétés sont dérivées, *par une chaîne ininterrompue de conséquences bien reliées, les objets étant toujours gardés en vue, et l'attention toujours fixée sur eux*, on acquiert une habitude à raisonner précisément, exactement et méthodiquement, qui renforce et aiguise l'esprit... (Berkeley, 1734, sec. 2, italiques ajoutés)

Il est à noter que si Berkeley décrit dans cette remarque une conception « présentiste » de la rigueur, il ne souscrivait généralement pas à une telle conception.

13. Par *constance* des parties porteuses de sujet d'une preuve, j'entends la constance ou l'identité des sujets tout au long de ces parties (ou, plus exactement, tout au long des séries de jugements et d'inférences qui, ensemble, constituent une preuve).

En parlant de preuve *continue* quant au sujet, j'entends approximativement une preuve dans laquelle les sujets des parties porteuses de sujet sont en quelque sorte continus les uns avec les autres et avec le sujet global de la preuve, même s'ils peuvent ne pas être constants. *Grosso modo*, la continuité dans ce sens suppose que, bien que les sujets des parties porteuses de sujet d'une preuve puissent être distincts, les transitions de l'un à l'autre sont, d'une certaine (ou de plusieurs) manière(s), conservatives. Aucune formulation plus claire de ces idées n'est nécessaire pour mon propos ici.

14. En mentionnant ici le « déroulement » d'une preuve, je suppose que les preuves sont typiquement divisées, ou du moins divisibles, en étapes ou en phases. Rien de ce que je propose ici, cependant, ne dépend d'une élaboration particulière de cette idée.

constitués par les contenus d'expressions non logiques. En effet, Pasch et d'autres abstractionnistes sont parfois allés plus loin et ont préconisé des mesures pratiques dont l'intention semble avoir été de réduire, au moins dans des contextes particuliers, le rôle des contenus géométriques dans le raisonnement géométrique. Ce n'est que de cette façon, pensaient-ils, que les dangers posés à la rigueur par les associations contentuelles pourraient être raisonnablement contrôlés.

Il a été avancé que Pasch détenait une forme de primauté en tant que défenseur d'un tel point de vue et d'une telle norme de rigueur. Hans Freudenthal, par exemple, l'a qualifié de « père de la rigueur en géométrie » [15]. Et quelque cinquante ans avant la déclaration de Freudenthal, J.W. Young a souligné l'accent abstractionniste de Pasch. « La formulation abstraite des mathématiques », écrivait-il, « semble remonter au mathématicien allemand Moritz Pasch » [16]. Plus loin dans le même essai, il note le lien que Pasch établissait entre abstraction et rigueur : à savoir que « pour être rigoureux (. . .) un argument doit être abstrait » [17].

Il semble toutefois clair qu'il y avait des formulations claires de telles idées bien avant Pasch et ses écrits. Un exemple est fourni par J. H. Lambert, qui écrivait :

> [Il] peut et doit être exigé que l'on ne fasse jamais appel dans une preuve à la chose elle-même [*auf die Sache selbst berufe*], mais que la preuve soit entièrement menée symboliquement [*durchaus symbolisch vortrage*] – si cela est possible. Sous cet aspect, les postulats d'Euclide sont comme autant d'équations algébriques que l'on a devant soi, et dont les x, y, z & c seront dégagés sans que l'on ait à se tourner vers la chose elle-même [*ohne daß man auf die Sache selbst zurücke sehe*] [18].

Lambert a fait cette remarque dans le contexte du débat sur la question de la dérivabilité du postulat des parallèles à partir des autres axiomes et postulats euclidiens. Pour lui, il s'agissait de savoir si le postulat des parallèles peut être « correctement dérivé » [*in richtige Folge hergeleitet werden könne*] des autres postulats euclidiens, pris conjointement avec ce qui pourrait être d'autres propositions fondamentales communément reconnues [*übrigen Grundsätze*] de la géométrie euclidienne [19].

15. Freudenthal, 1962, p. 619.
16. Young, 1911, p. 51.
17. *Ibid.*, p. 218.
18. Lambert, 1786, p. 149-150.
19. *Ibid.*, p. 149. Cela suggère que Lambert a pu voir une preuve proprement rigoureuse comme permettant non seulement l'inclusion d'axiomes parmi les prémisses ultimes légitimes d'une preuve, mais aussi l'inclusion d'autres propositions – en particulier, des propositions qui étaient communément reconnues comme suffisamment fondamentales pour être utilisées

Lambert affirmait que la dérivation correcte du postulat des parallèles à partir des autres propositions euclidiennes fondamentales nécessitait une dérivation qui « s'abstrait » [*abstrahiert*] [20] de toute « représentation et concevabilité des choses dont on parle » [*von der Vorstellung und der Gedenkbarkeit der Sache die Rede ist*] [21] et qui procède donc par l'application de règles essentiellement symboliques [22].

De cette manière, et peut-être seulement de cette manière, suggérait Lambert, on peut se prémunir adéquatement contre l'importation subreptice d'informations [*ein* Vitium subreptionis] [23] dans – et donc contre l'absence de rigueur de – la preuve géométrique.

Si cela est vrai, Pasch n'a pas été le premier à proposer l'abstraction sémantique comme un moyen efficace, peut-être même nécessaire, de garantir la rigueur dans la preuve géométrique. Mon but en signalant ceci, cependant, n'est pas de diminuer l'importance de Pasch en tant que défenseur des approches abstractionnistes de la rigueur.

Il n'était ni le premier [24] ni le dernier [25], même de son époque, à exprimer des préoccupations concernant la rigueur des preuves d'Euclide.

dans les preuves des propositions à prouver. Cela suggère une vision de la preuve dans laquelle la qualité principale pour les prémisses est d'être suffisamment plus fondamentales que les théorèmes qu'elles sont utilisées pour prouver. Lambert n'a pas dit de manière précise ce que signifiait pour lui la prépondérance d'un tel caractère fondamental relatif. Il semble cependant assez raisonnable d'admettre la possibilité qu'il y ait des propositions ressemblant à des axiomes [*axiom-like*] à certains égards (par exemple, leur évidence relative ou leur primitivité d'évidence relative), mais pas à d'autres (par exemple, leur pouvoir déductif ou leur simplicité). Il est également assez raisonnable de soutenir que l'objectif premier d'une preuve est de justifier ce qui semble moins fondamental par ce qui semble plus fondamental, dans toute la mesure du possible ou du faisable. Dans cette optique, une preuve qui utilise des propositions relativement plus fondamentales pour justifier des propositions relativement moins fondamentales pourrait être considérée comme un progrès, même si le progrès réalisé n'était pas celui d'une réduction justificative aux propositions les plus fondamentales.

Lambert a également soulevé une question connexe, à savoir si, en supposant que le postulat des parallèles ne soit pas ainsi dérivable, il ne pourrait pas néanmoins devenir dérivable en ajoutant aux propositions euclidiennes fondamentales d'autres propositions qui ont « la même évidence » [*die gleicher Evidenz hätten*] (*ibid.*) qu'elles (i.e., les propositions euclidiennes fondamentales). Ceci semble cependant avoir davantage été un commentaire sur la façon de penser l'indépendance du postulat des parallèles et sa signification qu'un commentaire sur la rigueur des prémisses *per se*.

20. *Ibid.*

21. *Ibid.*, p. 155.

22. Il y a des indices étayant l'interprétation selon laquelle Lambert considérait qu'Euclide avait tâché de développer un moyen d'argumenter qui ne laissait aucune place à la pensée ou au jugement concernant les choses en soi dans le raisonnement géométrique. Il voyait les axiomes comme opérant symboliquement, et non sémantiquement.

23. *Ibid.*, p. 156.

24. Todhunter, 1869.

25. Smith et Bryant, 1901 et Russell, 1902b.

Malgré cela, sa découverte de ce qui est reconnu aujourd'hui comme l'axiome de Pasch [26] a considérablement renforcé le sentiment d'urgence de ces préoccupations. En outre, son insistance sur le fait que la rigueur exige d'éviter non seulement les recours aux diagrammes, ou aux contenus véhiculés par des diagrammes, mais aussi aux contenus géométriques, quelle que soit la manière dont ils sont véhiculés, a renforcé et clarifié la place de la Condition d'Abstraction comme contrainte sur la preuve géométrique.

Ces points ayant été notés, permettez-moi de me tourner maintenant vers les questions identifiées précédemment – à savoir comment, s'il y a lieu, l'application de la Condition d'Abstraction pourrait raisonnablement être avancée pour faire progresser la rigueur, et comment une telle application s'apparente à et diffère de l'application de la fameuse *méthode axiomatique* de Hilbert et d'autres.

3 ABSTRACTION SÉMANTIQUE ET SUBREPTION DES PRÉMISSES

Comment se fait-il, exactement, que l'application de la Condition d'Abstraction fournisse une protection contre la subreption des prémisses ? Une réponse historiquement sensée serait : en atténuant les effets dans l'inférence d'une association psychologique latente d'origine sémantique.

Selon les vues associationnistes, les formes successives de pensée telles que la preuve (et le raisonnement plus généralement) sont soumises aux influences de l'association psychologique. D'une manière générale, l'association répétée d'une idée avec une autre, ou d'une proposition avec une autre, augmente la probabilité de leur co-application (qu'elles soient par exemple « pensées » ensemble, affirmées ensemble, etc.), indépendamment du fait que cette co-application soit logiquement justifiée ou que le raisonneur en soit conscient.

Les expériences, les pensées, etc. ont des contenus, et les schémas de succession entre de tels événements mentaux induisent assez souvent des associations correspondantes entre leurs contenus. Ces associations

26. Selon une de ses formulations, l'axiome de Pasch stipule que, dans un plan, si une droite qui ne passe pas par un sommet d'un triangle coupe intérieurement un côté de celui-ci (c'est-à-dire en un point situé entre les sommets du triangle), elle coupe alors intérieurement un autre côté et coupe extérieurement le troisième.

peuvent à leur tour donner lieu à des affirmations, des hypothèses et d'autres prises de position propositionnelles qui peuvent généralement être utilisées comme prémisses dans les preuves.

Les tendances à associer des contenus, cependant, exposent généralement les raisonneurs à une subreption des prémisses dans la preuve, du fait de la co-application, non-identifiée par les démontreurs, de prémisses associées avec des prémisses identifiées. La gravité d'une telle exposition a été largement reconnue en ce qui concerne l'utilisation de figures géométriques dans le raisonnement géométrique [27].

Pasch semble avoir été préoccupé par les risques que présentent, pour la rigueur, les forces de l'association psychologique. Il considérait ces forces comme compromettant les recours au contenu, qu'ils soient présentés de manière diagrammatique ou non. En conséquence, il a préconisé une norme de rigueur qui demandait que les jugements de validité inférentielle soient « indépendants » non seulement de l'exploitation de diagrammes, mais aussi de l'exploitation de tous recours aux contenus sémantiques des termes géométriques.

Ma lecture de la remarque de Pasch citée dans la section introductive la considère donc comme soutenant non seulement une compréhension globalement logique mais psycho-critériologique de cette « indépendance » [28]. Selon cette conception, pour certifier qu'une inférence putative est valide, il ne devrait pas seulement être logiquement inutile pour un raisonneur de connaître ou même d'être conscient des sens ou des référents des termes non logiques qui apparaissent dans l'inférence, mais cela devrait également être psychologiquement inutile. C'est là en tout cas ce que j'estime être proposé par la déclaration de Pasch requérant l'indépendance de l'inférence géométrique par rapport au sens des termes géométriques.

Pasch n'a pas donné de directives spécifiques quant à la réalisation pratique d'une telle indépendance, mais il semble bien avoir cru qu'elle était effectivement pratiquement réalisable. D'une certaine manière et dans un certain sens, a-t-il suggéré, nous schématisons les inférences dans le

27. Par « utilisation » d'une figure géométrique, j'entends ici un recours justificatif à un (ou plusieurs) jugement(s) relatif(s) aux propriétés dudit diagramme ou de la (des) figure(s) qu'il est censé représenter. La justification d'un tel jugement est vraisemblablement fondée sur un certain type de saisie ou d'examen « diagrammatique » de la figure concernée.

28. Par compréhension globalement logique de cette indépendance, j'entends une conception selon laquelle, pour savoir qu'une proposition découle déductivement d'autres propositions, il n'est pas (globalement) logiquement nécessaire de connaître ou d'être de quelque façon conscient des sens, référents ou images communément associés aux termes non logiques que ces propositions contiennent.

raisonnement axiomatique en traitant leurs termes non logiques comme des « variables » plutôt que comme des constantes. C'est-à-dire que nous les traitons comme des termes qui s'étendent sur ou admettent des contenus différents et non comme des termes ayant des contenus particuliers fixes (ou relativement fixes).

En même temps, croyait Pasch, nous en venons à réaliser que (i) la validité déductive ne dépend que des *relations entre* les termes non logiques (et non du contenu de ces termes eux-mêmes), et que (ii) les jugements concernant la validité déductive ne devraient faire appel qu'à ces relations [29]. Par conséquent, quels que soient les moyens pratiques par lesquels nous parvenons à faire abstraction des significations des termes non logiques dans nos jugements de validité, notre capacité à le faire est la clef, dans la perspective de Pasch, pour minimiser le risque d'une subreption des prémisses.

Comme Pasch l'a vu, alors, la réalisation pratique de la rigueur requiert une sorte de discipline psychologique dans la preuve géométrique – une discipline visant à séparer psychologiquement les inférences dans les preuves géométriques des considérations sur le contenu des termes géométriques. Pasch semble avoir considéré l'exercice d'une telle discipline comme un moyen pratiquement efficace d'atténuer les risques, compromettants pour la rigueur, d'une association contentuelle.

À la lumière de cela, il est peut-être d'autant plus remarquable que Pasch n'ait pas proposé l'élimination de *tous* les recours aux contenus dans les jugements de validité, y compris, en particulier, les recours aux significations des termes *logiques*.

À mon avis, qu'il ne l'ait pas fait marque une asymétrie dans ses vues concernant la relation entre (l'instauration de) la rigueur et les recours aux contenus dans la justification des jugements de validité. D'un côté, il considérait comme sérieuse la menace de subreption des prémisses constituée par les recours aux contenus des termes géométriques. D'un autre côté, il semble avoir traité la menace de subreption des prémisses découlant de l'usage du contenu des termes logiques comme (au moins relativement) négligeable. Cela nécessite une explication, et suggère que Pasch a pu avoir une conception telle que la suivante :

29. C'est là une façon d'affirmer l'idée traditionnelle selon laquelle, à proprement parler, la validité déductive ne devrait dépendre que des formes (logiques) des prémisses et de la conclusion d'une inférence.

Asymétrie : L'usage du contenu d'une expression ou d'une figure propre ou spécifique au raisonnement dans un sujet ou un domaine donné τ [30] présente un plus grand risque de subreption des prémisses dans une preuve appartenant à τ que l'usage du contenu d'une expression ou d'une figure qui n'est pas propre ou spécifique au raisonnement dans τ.

En supposant que Pasch ait effectivement soutenu l'Asymétrie, ou quelque chose de semblable, certaines prémisses supplémentaires seraient également nécessaires pour justifier ses vues sur la rigueur et la discipline du contenu dans le raisonnement. Parmi celles-ci, il y aurait un deuxième type de déclaration d'asymétrie destiné à aider à expliciter ce que l'on veut dire en affirmant qu'une expression est « propre » ou « spécifique » au raisonnement dans un domaine donné. Une partie de la réflexion ici serait vraisemblablement que le recours aux termes logiques est nécessaire pour le raisonnement en général et qu'il ne s'applique donc pas de manière propre ou asymétrique à un domaine de raisonnement particulier tel que la géométrie.

Mon but ici, cependant, n'est pas d'évaluer ni même d'analyser l'asymétrie. Il s'agit plutôt d'attirer l'attention sur une voie qui n'a pas été empruntée dans le développement moderne du concept de rigueur et des normes pour l'atteindre. Les remarques qui viennent d'être faites à propos de l'Asymétrie pourraient conduire à penser que le développement post-paschien des normes de rigueur a poursuivi des analyses de plus en plus fines de l'association contentuelle subreptice et des moyens de l'éviter.

Cela ne semble cependant pas décrire le développement post-paschien, ni même le développement de Pasch à Hilbert. Au lieu d'une analyse plus fine de l'association contentuelle et des possibles moyens de la contrôler, il semble plutôt y avoir eu un changement fondamental, mais aussi largement ignoré, dans la conception de la rigueur et même dans la conception sous-jacente du raisonnement qui lui était rattachée. C'est en tout cas ainsi que

30. Ici, par usage du contenu d'une expression ou d'une figure $\mathcal{E}$, j'entends, approximativement, l'utilisation d'un jugement $\mathcal{J}$ pour justifier la croyance en la validité d'une inférence ou d'une preuve où le contenu (propositionnel) de $\mathcal{J}$ est en partie déterminé par le contenu de $\mathcal{E}$.

Je suppose également que, pour être considéré comme *propre à* une théorie ou un domaine τ, un usage de $\mathcal{E}$ doit être conçu comme s'appliquant de manière spéciale ou spécifique – de manière asymétrique – , ou dans une certaine mesure asymétrique, à un raisonnement appartenant à τ.

je propose d'aborder la compréhension des écrits post-paschiens matures de Hilbert concernant la rigueur et la preuve mathématiques.

4 RAISONNEMENT AXIOMATIQUE ET RIGUEUR CHEZ HILBERT

Pasch a mis l'accent sur l'abstraction des contenus non logiques ainsi que sur la confiance dans les jugements de forme logique comme moyens d'atteindre la rigueur dans la preuve mathématique. De manière un peu plus précise, il considérait que les mathématiques avaient deux parties. L'une était une partie plus « rigide » , proprement mathématique, exclusivement consacrée à la déduction. L'autre était une partie plus « souple » , non proprement mathématique, qui s'occupait de fournir de la matière (c'est-à-dire des propositions de départ fondamentales) pour les déductions [31].

Dans la perspective de Pasch, les preuves de la géométrie proprement mathématique portaient exclusivement sur les relations déductives entre les propositions géométriques et non sur leur vérité ou leur évidence. De même, la rigueur semble avoir été conçue comme la prévention de la subreption dans les jugements de connexion logique ou déductive.

Les perspectives de Hilbert sur la preuve et la rigueur étaient différentes. Weyl a attiré l'attention sur ce qu'il considérait comme une différence majeure dans ses commentaires sur le discours prononcé par Hilbert en 1927 au séminaire mathématique de Hambourg [32].

Il a particulièrement insisté sur ce qu'il considérait comme une différence centrale entre les perspectives de Hilbert et de Brouwer en ce qui concerne l'adhésion à la conception contentuelle traditionnelle de la preuve [33].

31. *Cf.* Pasch, 1918, p. 228 : « Deux parties sont à distinguer dans l'édifice des mathématiques. Dans l'une, la partie proprement mathématique, il faut procéder purement déductivement; l'autre partie permet à la déduction d'être mise en oeuvre en introduisant et en éclairant au préalable, comme "matériau" [*Stoff*] à cette fin, toute une série d'informations [. . .]. » Pour une riche discussion de ce point et des idées connexes de Pasch, voir Pollard, 2010.

32. Le texte de ce discours a été publié dans Hilbert, 1928.

33. Selon cette conception, une preuve est une séquence finie de jugements dont les contenus propositionnels sont estimés se tenir dans une relation déductive appropriée les uns par rapport aux autres. Cette conception traditionnelle de la preuve, cependant, Brouwer la partageait avec de nombreux non-intuitionnistes. Ainsi, bien que Hilbert ait dirigé sa critique vers Brouwer, elle aurait tout aussi bien pu viser Frege (Frege, 1906, p. 387), ou n'importe lequel d'un certain nombre d'autres penseurs de la fin du XIXe et du début du XXe siècles.

> Avant que Hilbert n'établisse sa théorie de la preuve, les mathématiques étaient considérées par tous comme un système de vérités contentuelles [*inhaltliche*], significatives [*sinnerfüllte*] et manifestes [*einsichtige*] ; ce point de vue était la plate-forme commune de toutes les discussions. [...] Brouwer, comme tout le monde, exigeait des mathématiques que leurs théorèmes soient (dans la terminologie de Hilbert) des « propositions réelles », des vérités significatives [34].

Ce que Weyl décrit ici comme la perspective traditionnelle, Hilbert le rejetait comme représentant une altération de la pratique mathématique traditionnelle. Sa principale inexactitude, selon lui, était sa sous-estimation, pour les mathématiques traditionnelles, de l'importance du raisonnement non contentuel.

Hilbert ne niait pas l'importance de la preuve et du jugement contentuels dans les mathématiques traditionnelles. Il insistait seulement sur le fait que les méthodes non contentuelles jouaient également un rôle important pour faire des mathématiques traditionnelles la science prospère que, de toute évidence, elles étaient.

Pour ce qui nous concerne présentement, la principale différence entre preuve contenuelle et non contentuelle est que cette dernière, contrairement à la première, ne nécessite pas la connexion logique ou déductive des (contenus propositionnels des) jugements conclusifs avec les (contenus propositionnels des) prémisses. Au contraire, du moins en général, elle ne nécessite que la connexion formelle ou symbolique des formules [35]. Hilbert a donc proposé la description générale suivante d'une nouvelle conception du raisonnement mathématique.

> [E]n mathématiques, les objets de notre pensée sont les signes concrets [*konkreten Zeichen*] eux-mêmes, dont la forme [*Gestalt*], selon notre conception, est immédiatement claire et reconnaissable [*unmittelbar deutlich und wiedererkennbar*]. [...] Toutes les propositions [*Aussagen*] qui composent les mathématiques sont converties [*umgesetzt*] en formules, de sorte que les mathématiques proprement dites [*die eigentliche Mathematik*] deviennent un stock de formules [*Bestande an Formeln*] [...]. Une preuve est une figure, qui doit nous être présentée clairement comme telle [...].

34. Weyl, 1928, p. 22. *Cf.* également Weyl, 1944, p. 640, Brouwer, 1923, p. 336, et Brouwer, 1928, p. 490-492, pour des déclarations connexes relatives à la conception traditionnelle de la preuve.

35. Dans ses écrits plus tardifs, Hilbert a fait référence à de tels processus de raisonnement comme « *formaler Denkprozesse* » (Hilbert, 1930, p. 380).

> Dans ma théorie [de la preuve] l'inférence contentuelle [*das inhaltliche Schließen*] est remplacée par une manipulation extérieurement manifeste de signes selon des règles [*äußeres Handeln nach Regeln*]. De cette façon, la méthode axiomatique atteint la fiabilité [*Sicherheit*] et la plénitude dont elle est capable, et dont elle a aussi besoin si elle doit devenir l'instrument fondamental de toute recherche théorique [36].

Ainsi, contrairement à la preuve réelle ou contentuelle, avec sa connexion déductive de propositions véritables (c'est-à-dire contentuelles), les preuves idéales de Hilbert présentaient des expressions symboliques connectées par l'application de règles énoncées en fonction de leurs (c'est-à-dire celles des expressions) apparences extérieures.

De l'avis de Hilbert, l'histoire des mathématiques avait amplement illustré les avantages de l'utilisation de telles méthodes non-contentuelles (ou idéales) en mathématiques. Il considérait que ces avantages étaient, globalement, des avantages de simplicité ou, peut-être mieux, d'efficacité, et il les considérait comme suffisamment importants pour cautionner l'élaboration d'un plan général visant à leur justification systématique.

Permettre l'utilisation de méthodes idéales dans la preuve mathématique présente cependant un problème en ce qui concerne la rigueur, et un problème qui semble être assez profond. La rigueur, telle que la concevait Pasch, était une propriété censée s'appliquer à l'inférence contentuelle. Plus précisément, c'était une propriété censée s'appliquer en premier lieu aux jugements de validité relatifs aux inférences contentuelles. Une inférence contentuelle était à considérer comme rigoureuse dans le cas

36. Hilbert, 1928, p. 2 et 4. Pour être plus exact, la conception décrite ici a été considérée comme relevant de ce que Hilbert et Bernays ont appelé plus tard le raisonnement axiomatique formel [*formale*], un type de raisonnement axiomatique qu'ils distinguaient (Hilbert et Bernays, 1934, §1) du raisonnement axiomatique contentuelle [*inhaltliche*]. « [D]ans l'axiomatique contentuelle [*inhaltlichen Axiomatik*] », disaient-ils, « les relations fondamentales sont considérées comme quelque chose que l'on trouve dans l'expérience ou dans la représentation intuitive [*anschaulicher Vorstellung*], et donc quelque chose de déterminé par un contenu » (*ibid.*, p. 6).

Dans l'axiomatisation formelle [*formale Axiomatik*], en revanche, « les relations fondamentales ne sont pas considérées comme ayant déjà été déterminées par un contenu. Au contraire, elles sont dès le départ tacitement déterminées par les axiomes. Et dans toute pensée avec une théorie axiomatique, seules sont utilisées les relations fondamentales qui sont expressément formulées dans les axiomes. » (*ibid.*, p. 7).

Dans ses écrits de théorie de la preuve, Hilbert a parfois écrit « axiomatique » là où, plus strictement parlant, il voulait dire « axiomatique formelle ».

Cf. également Hilbert, 1926, p. 177, pour l'une des nombreuses déclarations similaires de Hilbert.

où la justification de sa validité évitait toute subreption de prémisses (et d'autres types concernés).

Une telle conception de la rigueur ne s'applique même pas en principe aux preuves idéales. Les « prémisses » et « conclusions » des inférences dans les preuves idéales ne sont pas et n'expriment pas, généralement parlant, des propositions. Elles ne sont pas non plus destinées à le faire [37].

En conséquence, elles n'admettent pas de connexion logique véritable ou d'échec de connexion logique véritable. Ce sont plutôt des formules dont l'utilisation dans notre raisonnement réside dans leur manipulation selon des règles énoncées en fonction de l'apparence extérieure des expressions auxquelles elles sont vouées à s'appliquer.

Que devient la rigueur lorsque l'inférence et la preuve contentuelle sont remplacées par une manipulation formelle du type qui vient d'être décrit ? Y a-t-il une conception significative et importante de la rigueur qui subsiste et qui soit capable de servir d'idéal au raisonnement formel, de la même manière que la prévention de la subreption des prémisses (ou, plus généralement, des lacunes logiques de tous types) sert d'idéal à l'inférence déductive contentuelle ?

Je crois que oui. En disant cela, cependant, je n'entends pas nier que les différences entre le raisonnement véritablement logique et le raisonnement symbolique sont considérables et qu'elles déterminent un changement dans la conception même de la rigueur. Dans cette nouvelle conception, la finalité de la rigueur ne sera plus d'éviter la subreption des prémisses et autres lacunes annulant la validité du raisonnement. Il s'agira plutôt d'éviter les carences d'explicitation ou de transparence dans le raisonnement formel.

Dans la perspective de Hilbert, le raisonnement axiomatique [38] avait précisément pour but d'éviter de telles carences. Les preuves axiomatiques formelles étaient considérées comme des objets concrets, distingués les uns des autres, et des non-preuves, par des caractéristiques extérieurement manifestes.

Les axiomes d'un système axiomatique formel, en particulier, étaient censés être spécifiés syntaxiquement plutôt que sémantiquement. En fin de compte, cela signifiait qu'ils devaient être des éléments de raisonnement dont l'usage implique (en fait, consiste essentiellement en ce) qu'ils soient

37. J'ai mis « prémisses » et « conclusions » entre guillemets parce que, dans le cas présent, il s'agit de formules, et non de ce que l'on considère traditionnellement être les prémisses et les conclusions, à savoir, des propositions ou des attitudes propositionnelles (par exemple, jugement ou hypothèse).

38. Plus précisément, ce qu'il appelait avec Bernays le raisonnement axiomatique *formel*.

exhibés. En d'autres termes, ce sont des éléments de raisonnement dont l'utilisation doit être rendue manifeste par leur exposition ou leur exhibition, et dont les contributions au raisonnement sont fonction de leur utilisation dans diverses procédures ou activités de manipulation formelle [39].

Ils ne sont pas des éléments de raisonnement qui doivent être identifiés en donnant une formule qui les *exprime*, et dont les contributions au raisonnement sont essentiellement fonction des contenus (par exemple, des propositions, ou des fonctions propositionnelles) qu'ils expriment.

Pour Hilbert, puisque ce sont les formules plutôt que les propositions qui sont susceptibles d'être exhibées, ce sont les preuves formelles plutôt que les preuves contentuelles qui sont susceptibles d'être pleinement explicites et, donc, pleinement rigoureuses, selon une conception de la rigueur comme consistant dans la transparence ou le caractère explicite de l'usage. À mon avis, c'est ce caractère explicite du raisonnement axiomatique formel, ou quelque chose d'approchant, que Hilbert voulait mettre en évidence lorsque, comme dans l'épigraphe en tête de cet article, il a décrit la pensée axiomatique comme une pensée avec attention ou conscience.

Une rigueur appropriée dans notre raisonnement devrait garantir la prévention de la subreption logique lorsque notre raisonnement est d'un type tel qu'il inclut une véritable inférence logique. Tous nos raisonnements ne sont pas des raisonnements de ce type, cependant. Le fait qu'il n'en soit pas ainsi suggère la nécessité d'un ajustement dans notre compréhension de la rigueur – un ajustement qui la considère comme ne s'appliquant pas seulement au raisonnement contentuel mais aussi au raisonnement formel ou symbolique.

Ainsi étendue, la rigueur consiste en un type d'explicite (*a type of expliciteness* [40]) – un caractère explicite dans lequel chaque élément d'un raisonnement, ainsi que son utilisation au sein de ce raisonnement, est extérieurement manifeste. Hilbert pensait que la formalisation était la clé pour atteindre une telle rigueur, que le raisonnement en question soit ce que Hilbert et Bernays appelaient un raisonnement axiomatique *contentuel* [*inhaltlich*] ou bien ce qu'ils dénommaient généralement un raisonnement

39. Approximativement parlant, l'exhibition au sens courant consiste à présenter (quoi que cela puisse signifier exactement) une expression concrète particulière comme modèle (*exemplar*) pour d'autres expressions concrètes – plus particulièrement, des expressions dont les caractéristiques externes sont suffisamment similaires à celles du modèle pour les considérer comme des manifestations (*token*) du même type que lui.

40. NdT : Traduire par « explicitation » serait trop approximatif car ce n'est pas un processus que vise ici l'auteur.

axiomatique *formel* [*formale*]. Dans chaque cas, c'était la formalisation qui était censée assurer ce caractère explicite ou cette transparence de l'utilisation dont la rigueur était considérée comme fondamentalement tributaire [41].

5 CONCLUSION

Pasch pensait que la réalisation de la rigueur dans l'inférence mathématique nécessitait une séparation pratique entre les jugements de validité inférentielle et les sujets mathématiques auxquels les prémisses et les conclusions des inférences pouvaient se rapporter. Pour réaliser cette séparation, a-t-il avancé, chaque jugement de validité inférentielle devait être justifié dans une abstraction complète des significations des termes mathématiques qui y figurent. Ce n'est qu'en appliquant une telle abstraction, pensait-il, qu'un raisonneur pouvait être correctement assuré de l'absence de lacune déductive entre les prémisses et la conclusion d'un raisonnement donné.

Hilbert a également adopté un point de vue selon lequel l'obtention de la rigueur dans le raisonnement mathématique nécessite une certaine séparation entre ce raisonnement et les contenus des termes mathématiques qui y apparaissent. Cependant, si je ne me trompe pas, la séparation qu'il envisageait était très différente, tant par sa nature que par son objectif, de celle que Pasch avait à l'esprit.

41. Dans la perspective de Hilbert, la pensée axiomatique formelle n'était pas seulement « l'instrument fondamental de toute recherche théorique » (Hilbert, 1928, p. 4), elle était aussi une forme générale et omniprésente (*pervasive*) de la pensée humaine.

> Dans nos sciences théoriques, nous sommes habitués à appliquer des processus de pensée formels [*formaler Denkprozesse*] et des méthodes abstraites [...]. [Mais] déjà dans la vie quotidienne [*täglichen Leben*] on utilise des méthodes et des constructions conceptuelles [*Begriffsbildungen*] qui nécessitent un haut degré d'abstraction et ne deviennent compréhensibles que par l'application inconsciente de la méthode axiomatique [*nur durch unbewußte Anwendung der axiomatischen Methoden verständlich sind*]. Citons par exemple le processus général de la négation et, surtout, le concept d'infini. (Hilbert, 1930, p. 380)

La dernière phrase de cette remarque soulève des questions sur la façon dont Hilbert a bien pu comprendre les applications « inconscientes » de la méthode axiomatique formelle. Serait-il possible d'appliquer inconsciemment une méthode de raisonnement dont l'essence est la conscience de ses propres éléments ? En termes de stricte possibilité logique, la réponse semblerait être « oui » . Si cela constitue un autre type d'incohérence, cependant, est plus difficile à dire, et quelque chose que je n'ai pas la place d'examiner plus avant ici.

Pasch concevait généralement les théories mathématiques comme ce qui a été appelé, dès la fin du XIXe siècle, des sciences *abstraites*. Selon cette conception, les axiomes des théories mathématiques ne sont pas considérés comme des propositions vouées à caractériser des classes d'objets déterminées, pré-axiomatiquement données (par exemple, les points ou les droites traditionnellement conçus), et les relations entre elles. Ils sont plutôt considérés comme des schémas propositionnels (ou peut-être des fonctions propositionnelles) [42] qui, bien que s'appliquant peut-être à des domaines envisagés pré-axiomatiquement, s'appliquent néanmoins également de manière caractéristique à des domaines non-envisagés au préalable.

Conçus de cette manière schématique, les axiomes des sciences abstraites étaient considérés comme n'ayant que leurs formes schématiques à apporter aux preuves dans lesquelles ils apparaissaient. Plus précisément, ils n'avaient aucun contenu propositionnel à leur apporter. Si, donc, comme l'affirmait Pasch, la justification d'un jugement selon lequel une preuve ou une inférence dans une preuve est valide semblait faire appel au contenu d'un terme mathématique, il y avait lieu de la considérer (c'est-à-dire la justification) avec suspicion.

L'engagement de Pasch en faveur de la Condition d'Abstraction, et du type de séparation avec les contenus qu'elle apportait au raisonnement géométrique, reflétait sa perspective selon laquelle il vaut mieux considérer généralement les géométries axiomatiques comme des sciences abstraites dont les axiomes sont des schémas propositionnels plutôt que des propositions. Cela signifiait en retour que les preuves géométriques devaient typiquement être considérées comme des séquences finies d'éléments (c'est-à-dire des schémas propositionnels) dont les contributions aux preuves dans lesquelles ils apparaissaient tenaient à leurs formes schématiques.

Hilbert aussi, particulièrement dans ses écrits au tournant du XXe siècle [43], a mis l'accent sur une conception du raisonnement axiomatique selon laquelle les axiomes d'un système axiomatique n'ont pas pour but de décrire ou de capturer un contenu pré-axomatiquement donné, mais plutôt de donner « une spécification [*Beschreibung*] précise [*genaue*] et, à des fins mathématiques, complète [*vollständige*] » [44] de ces éléments qui peuvent à juste titre être utilisés sans preuve dans une preuve axiomatique.

42. *Cf.* Whitehead, 1906, p. 2, Huntington, 1911, § 20.
43. Hilbert, 1899 ; Hilbert, 1900.
44. Hilbert, 1899, chap. 1, § 1 ; Hilbert, 1900, p. 181.

Hilbert ne s'est pas étendu davantage dans Hilbert, 1899 ; Hilbert, 1900 sur la précision et la complétude mentionnées dans cette dernière remarque. En revanche, il l'a fait dans la suite de ses travaux (par exemple, dans Hilbert, 1922 ; Hilbert, 1928). Les remarques mentionnées plus haut, dans lesquelles il proposait de remplacer l'inférence contentuelle [*inhaltliche Schließen*] par des opérations sur des expressions symboliques concrètement exhibées [*konkret ausweisbaren*] [45] selon des règles explicites, illustrent l'évolution de sa compréhension de la méthode axiomatique.

À mon avis, il est plus plausible de considérer cette évolution comme l'adoption d'un nouveau point de vue sur la nature de la rigueur – un point de vue qui se concentre sur l'explicite (*explicitness*) ou la transparence. Évalués sous cet angle, les manquements à la rigueur sont fondamentalement des manquements dans la reconnaissance et l'identification d'éléments qui devraient normalement être considérés comme appartenant à une partie du raisonnement. De tels manquements, en retour, sont généralement considérés comme étant dus à des défaillances d'explicitation (*explicitness*) ou de transparence dans notre raisonnement.

La preuve axiomatique, telle que la concevait Hilbert, avait pour but de protéger contre de telles défaillances en proposant le summum de l'explicitation (*explicitness*). Les axiomes devaient être identifiés par leurs formes extérieures, et ces formes, en retour, devaient être données par leur exhibition. L'idée, si j'ai raison, est que la pleine explicitation (*explicitness*) de la preuve ne peut être atteinte que par une telle exhibition. Elle ne peut être atteinte par l'expression sémantique. En d'autres termes, la rigueur, ou la pleine explicitation de la preuve, peut seulement être atteinte par l'axiomatisation si les axiomes du système sont eux-mêmes des objets qui peuvent être exposés ou exhibés, et ne sont pas simplement, comme chez les prédécesseurs de Hilbert, des propositions, des schémas propositionnels ou d'autres contenus considérés comme *exprimés sémantiquement* par des objets exhibables.

Elle exige plutôt que les axiomes soient donnés par leur exhibition – c'est-à-dire en présentant une expression [46] concrète qui soit identifiable par ses caractéristiques extérieurement manifestes. Une expression donnée de cette manière doit servir de modèle (*exemplar*) pour des expressions concrètes de

45. *Cf.* Hilbert, 1928, p. 1.

46. Par « expression » ici, j'entends simplement une chaîne de caractères dans un langage. Je ne veux pas dire que cette chaîne sert à exprimer un contenu sémantique d'un certain type.

forme similaire, considérées comme appartenant à une catégorie syntaxique donnée d'un langage formel donné [47].

La « décontentification (*decontentualization*) » de la preuve par Hilbert – sa préconisation de remplacer les propositions et autres éléments contentuels, qui occupent une place centrale dans la conception traditionnelle de la preuve, par les objets formels de (sa conception formelle de) la preuve axiomatique – était donc, à ses yeux, une transformation nécessaire pour répondre aux exigences légitimes de rigueur.

Sa perspective est compliquée par le fait que, en plus de réclamer une place pour la conception de la preuve axiomatique décrite ci-dessus et sa conception associée de la rigueur, Hilbert a également continué à attribuer une place en mathématiques (et en métamathématiques) à la preuve contentuelle. Comment il a pu concevoir la rigueur pour une telle preuve, dans quelle mesure il a pu considérer la rigueur ainsi conçue comme réalisable pour ce type de preuve et comment ses vues sur ces questions ont pu se rapprocher de et/ou contraster avec celles de Pasch sont des questions que je laisserai pour une autre occasion.

6 POST-SCRIPTUM

En 1990-1991, j'ai coordonné l'une des séries de conférences *Perspectives in Philosophy* du département de philosophie de Notre Dame. Hilary était l'un des intervenants que j'avais invités. Ses conférences concernaient principalement diverses idées de Wittgenstein sur la preuve.

Cela a conduit, à un moment donné, à une discussion sur la « Thèse de Hilbert » et son éventuelle incidence sur et/ou ses présuppositions quant aux questions de rigueur. Dans son article de 1984 « *Proof and experience* », Hilary a présenté la Thèse de Hilbert comme l'affirmation selon laquelle « la dérivabilité dans la théorie de la quantification [48] capture la notion mathématique intuitive de *déduction*, tout comme la récursivité capture la notion mathématique intuitive de *calculabilité* » [49].

47. Il est nécessaire de faire intervenir les catégories syntaxiques afin de distinguer des objets syntaxiques de forme similaire mais appartenant à des catégories syntaxiques différentes (par exemple, une formule considérée comme une ligne d'une preuve *versus* un objet de forme similaire qui est considéré comme constituant une preuve d'une ligne).

48. Hilary a référencé le terme « théorie de la quantification » comme « logique du premier ordre » à la page 31 de Putnam, 1984.

49. *Ibid.*, p. 32, souligné dans le texte.

Hilary était d'avis que la complétude de la théorie de la quantification fournit une preuve solide pour la Thèse de Hilbert.

> La complétude s'explique facilement : une phrase qui ne peut être dérivée d'axiomes donnés au moyen de la théorie de la quantification ne *découle* pas, en fait, de ces axiomes. « Ne découle pas » au sens très intuitif où il y a, en fait, une structure possible qui peut être utilisée pour interpréter le langage de telle manière que les axiomes en ressortent *vrais* alors que la phrase qui n'était pas dérivable en ressort *fausse*. Il s'agit d'une preuve très forte pour [. . .] « la Thèse de Hilbert » [50].

Pour qu'une telle perspective soit plausible, je pense qu'il faut adopter une compréhension de la déduction ou de la déductibilité qui soit sémantique ou contentuelle – c'est-à-dire une compréhension selon laquelle une phrase ϕ est proprement dite déductible d'un ensemble de phrases Γ seulement si les propositions exprimées par les éléments de Γ impliquent logiquement la proposition exprimée par ϕ.

J'ai tâché d'indiquer les raisons de douter que Hilbert ait eu une telle vision de la déduction ou de la déductibilité. Plus précisément, j'ai tâché d'indiquer pourquoi je pense que Hilbert ne considérait pas que la déductibilité consistait en ou était constituée par l'implication logique. (Cela ne suggère pas, bien sûr, que Hilbert aurait nié leur coïncidence extensionnelle.)

Dans le même ordre d'idées, j'ai soutenu que la conception hilbertienne mature de la rigueur consistait non pas en une absence de lacunes logiques *per se*, mais en une pleine explicitation des éléments constitutifs d'un raisonnement. Pour le dire d'une autre manière, qui, je pense, n'est pas très surprenante, la question de savoir si Hilbert aurait accepté la Thèse de Hilbert – l'affirmation selon laquelle « la dérivabilité dans la théorie de la quantification capture la notion mathématique intuitive de *déduction* » (*loc. cit.*) – dépend de manière cruciale de la façon dont on comprend la notion de *capture* qui figure ici.

50. *Ibid.*, p. 31-32, souligné dans le texte.

CHAPITRE VI

LA PURETÉ COMME IDÉAL DE DÉMONSTRATION

1 L'IDÉAL ARISTOTÉLICIEN DE PURETÉ

Le traitement classique du sujet de ce chapitre, la « pureté » des démonstrations, remonte aux écrits d'Aristote, et constitue une partie de sa théorie de la démonstration, exposée dans les *Seconds analytiques*.

Aristote présente la pureté comme un idéal. Les démonstrations qui en sont dépourvues ne sont pas nécessairement sans valeur, mais elles ne procurent pas la connaissance la plus haute ou la meilleure de leurs conclusions. La pureté est ainsi une qualité des plus hautes ou meilleures démonstrations.

Aristote présente cet idéal sous la forme d'une interdiction, celle de ce qu'il appelle la *metabasis ex allo genos*, c'est-à-dire le passage d'un genre à un autre au cours d'une démonstration.

> Puis donc que la science démonstrative doit aboutir à une conclusion nécessaire, il faut évidemment aussi que la démonstration se fasse par un moyen terme nécessaire. Autrement, on ne connaîtra ni pourquoi la conclusion est nécessaire, ni même qu'elle l'est. [. . .]
>
> On ne peut donc pas, dans la démonstration, passer d'un genre à un autre : on ne peut pas, par exemple, prouver une proposition géométrique par l'Arithmétique [1].

1. Aristote, *Seconds analytiques*, 75a29-75b12; trad. fr. Aristote (1938), p. 41, 44. Dans un passage postérieur (*cf.* Aristote, *Seconds analytiques*, 76a22-25), Aristote autorise l'usage de la *metabasis* entre une science et ses sciences *subordonnées* : des arguments géométriques

L'interdiction de passer d'un genre à un autre au cours d'un argument a plusieurs motivations. Parmi celles-ci, il y a l'opposition d'Aristote à (i) la réduction de toutes choses au nombre défendue par les pythagoriciens [2], (ii) l'idée apparentée qu'ultimement, toutes les choses ont une unique forme élémentaire [3], et (iii) la conception de Platon de la dialectique comme une sorte de « science maîtresse » [4]. Cependant, la motivation sans doute la plus importante est la doctrine d'Aristote sur les prérequis nécessaires à l'extension de la connaissance via l'argumentation.

> Tout enseignement donné ou reçu par la voie du raisonnement vient d'une connaissance préexistante. [. . .] les sciences mathématiques s'acquièrent de cette façon, ainsi que chacun des autres arts. [. . .]
>
> La préconnaissance requise est de deux sortes. Tantôt, ce qu'on doit présupposer, c'est que la chose est ; tantôt, c'est ce que signifie le terme employé qu'il faut comprendre ; tantôt, enfin ce sont ces deux choses à la fois [5].

Pour Aristote, la connaissance mathématique se développe donc en grande partie par le raisonnement, et ce développement dépend d'une connaissance préalable de son sujet ou objet. Plus précisément, il exige de connaître le « quoi » de son sujet.

La conservation du sujet fait ainsi partie intégrante de comment Aristote conçoit la manière dont la connaissance se développe par inférence, et constitue elle-même un aspect important de la pureté. La pureté a cependant un autre fondement, à savoir l'exigence qu'il existe un lien nécessaire entre le sujet et le prédicat d'un théorème.

> Nous estimons posséder la science d'une chose [. . .] quand nous croyons que nous connaissons la cause par laquelle la chose est, que nous savons que cette cause est celle de la chose, et qu'en outre il n'est pas possible que la chose soit autre qu'elle n'est [6].

Pour garantir l'existence d'un tel lien, les démonstrations mathématiques doivent en dernière analyse être fondées sur une connaissance de l'essence de ce sur quoi elles portent :

peuvent donc être utilisés en mécanique et en optique, et des arguments arithmétiques en harmonique.

2. *Cf.* Aristote, *Métaphysique*, 1036b8-21.

3. *Ibid.*

4. *Cf.* Platon, *Philèbe*, 55d-59d, *République*, 533b-c ; Aristote, *Seconds analytiques*, 76a37-40, 77a26-35, 78a10-13.

5. Aristote, *Seconds analytiques*, 71a1-4, 12-14 ; trad. fr. Aristote (1938), p. 1-3.

6. Aristote, *Seconds analytiques*, 71b9-12, trad. fr. Aristote (1938), p. 7.

> le pourquoi se ramène, en fin de compte, [...] à l'essence [...] en mathématiques ; en effet, il se ramène en fin de compte à la définition du droit, du commensurable, etc. [7]

Ainsi, pour Aristote, la pureté accroît la qualité épistémique : une démonstration pure procure la connaissance que le prédicat de sa conclusion (le terme mineur de la démonstration) est vrai de son sujet (le terme majeur) uniquement en vertu de *ce que* le sujet lui-même est. Elle montre que c'est précisément *ce qu'est* le sujet d'un théorème (c'est-à-dire son essence) qui est la « cause » du fait qu'il a la propriété exprimée par le prédicat.

Il y a, plus largement, des indices d'un souci d'éviter la *metabasis* dans les écrits de mathématiciens antiques. Les avertissements répétés d'Archimède, dans sa *Méthode*, en sont sans doute l'exemple le plus notable [8] : il y affirme que ses arguments mécaniques, bien qu'utiles pour découvrir des vérités et leurs démonstrations, ne sont pas eux-mêmes des démonstrations.

> [...] j'ai jugé à propos de te décrire [...] une méthode qui te permettra d'aborder certaines propositions mathématiques par le biais de la mécanique. [...] cet outillage peut servir même pour la démonstration des théorèmes ; certaines propriétés, en effet, qui m'étaient d'abord apparues comme évidentes par la mécanique, ont été démontrées plus tard par la géométrie, parce qu'une étude faite par cette méthode n'est pas susceptible de démonstrations [...] [9].

7. Aristote, *Physique*, 198a16-18, trad. fr. Aristote (1926), p. 74. Voir aussi *Seconds analytiques*, 90a31-33 (trad. fr. Aristote, 1938, p. 166), où il est écrit que

> [...] connaître ce qu'est [*ti estín*] une chose revient à connaître pourquoi elle est [*dia ti estin*] ; et cela est également vrai des choses en tant qu'elles *sont* au sens absolu et non pas seulement comme qualifiées par quelque attribut, et aussi en tant qu'elles sont dites posséder quelque attribut, tel que *égal à deux droits*, ou *plus grand* ou *plus petit*.

8. La classification par Pappus des problèmes géométriques en problèmes linéaires, plans et solides mérite aussi être mentionnée ici, dans la mesure où elle reflète une préoccupation similaire (et antérieur à Pappus) au sujet de la pureté parmi les mathématiciens.

> Au reste, il semble qu'il n'y a pas faute légère chez les géomètres quand ils trouvent un problème plan au moyen des coniques ou des grammiques et, d'une manière générale, quand ils le résolvent au moyen d'un genre non approprié, comme le cas se présente pour le problème de la parabole das le cinquième livre des *Coniques* d'Apollonius [...]. (Pappus, *Collection*, livre IV, XXXVI, 57-59, trad. fr. Pappus (1933), p. 208)

9. Archimède, *Méthode*, trad. fr. Archimède (1971), p. 83.

Archimède semble donc accepter les méthodes mécaniques comme d'utiles outils de découverte en géométrie, outils permettant de découvrir non seulement la vérité de théorèmes mais aussi leurs démonstrations adéquates, qui, elles, sont géométriques. Pour l'essentiel, il est donc en accord avec Aristote sur la place et la portée de la pureté comme condition sur les démonstrations [10].

2 IDÉAUX DE PURETÉ NÉO-ARISTOTÉLICIENS

La conception « causale » de la démonstration venue d'Aristote a longtemps été influente, tant auprès des mathématiciens que des philosophes. Leibniz en est un excellent exemple : à la suite d'Aristote, il distingue deux types de raisons ou de fondements, d'une part les fondements de nos croyances, d'autre part les fondements des vérités.

> La Raison est la verité connue dont la liaison avec une autre moins connue fait donner nostre assentiment à la derniere. Mais particulierement et par excellence on l'appelle Raison, si c'est la cause non seulement de nostre jugement, mais encor de la verité même, ce qu'on appelle aussi Raison a priori, et la cause dans les choses repond à la raison dans les verités [11].

La relation objective de fondement induit une relation d'ordre (partiel), objective, sur les vérités, et c'est cet ordre qui intéresse Leibniz.

> [...] il ne s'agit pas icy de l'histoire de nos decouvertes, qui est differente en differens hommes, mais de la liaison et de l'ordre naturel des verités, qui est tousjours le même [12].

Une telle relation d'ordre entre vérités suggère une conception parallèle de la pureté : une démonstration pure est une démonstration qui récapitule une portion de l'ordre naturel et objectif des vérités concernant un sujet donné.

Au début du XIXe siècle, Bolzano développe aussi une telle idée et l'applique à la réforme des mathématiques, tant en général que pour l'analyse en particulier [13]. Cette idée est l'une des motivations principales

10. Pour une discussion plus approfondie, voir Livesey (1982), chap. 2.

11. Leibniz, *Nouveaux essais*, livre IV, chapitre XVII, § 3, Leibniz, 1882, p. 457.

12. *Ibid.*, livre IV, chapitre VII, § 9, Leibniz, 1882, p. 392.

13. Bolzano déploie également des efforts vigoureux pour réformer la géométrie, y compris, et peut-être surtout, la géométrie élémentaire. D'après lui, il n'existait même pas de théorie adéquate des triangles et des parallèles. La raison en est qu'une théorie adéquate, c'est-à-dire adéquatement *pure*, ne serait fondée que sur une théorie de la ligne droite. Les tentatives

de ses efforts de jeunesse pour « arithmétiser » l'analyse. Si Bolzano désire cette arithmétisation ou, peut-être plus exactement, cette *dé-géométrisation*, c'est pour lutter contre ce qu'il perçoit comme une forme de circularité omniprésente dans les démonstrations en analyse, une circularité issue de l'impureté [14].

Selon lui, l'impureté constituée par l'importation de considérations géométriques dans les démonstrations de théorèmes authentiquement algébriques ou analytiques a des conséquences graves. En particulier, elle renverse l'ordre objectif des vérités, et, ce faisant, introduit en analyse des raisonnements circulaires [15]. Plus précisément, une démonstration géométrique fait dépendre un théorème d'analyse θ_1 d'un théorème géométrique θ_2 alors que c'est en réalité l'inverse qui est vrai.

L'analyse ou théorie générale de la quantité est plus fondamentale que la géométrie, science des quantités spatiales. Dans de nombreux cas, une démonstration adéquate (c'est-à-dire adéquatement pure) d'un théorème géométrique θ_2 le ferait dériver d'un théorème plus fondamental θ_1 portant sur les quantités en général. Dans de tels cas, une démonstration impure du théorème plus général θ_1 par le théorème plus particulier θ_2 revient, en fait, à fonder θ_2 de manière circulaire sur lui-même.

Bolzano est donc convaincu qu'en analyse, une « démonstration *géométrique* est un vrai cercle vicieux dans la plupart des cas » [16] . Il entreprend donc de purger l'analyse de ses contaminations géométriques.

antérieures avaient cependant toutes présupposé des *axiomes du plan*, dont le fondement adéquat aurait lui-même exigé une théorie des triangles. Bolzano était donc convaincu que

> [...] les premiers théorèmes de la géométrie n'ont été démontrés que par une pétition de principe ; et même s'il n'en était pas ainsi, la démonstration au moyen d'éléments étrangers et éloignés [*probatio per aliena et remota*] [...] ne doit pas être admise. (Bolzano (1804), p. 174)

La pensée de Bolzano rappelle ici la division ancienne des problèmes géométriques en problèmes linéaires, plans et solides mise en avant par Pappus. Bolzano s'oppose également à la pratique depuis longtemps répandue de faire appel au mouvement pour la démonstration de « vérités de la géométrie pure » (*op. cit.*, p. 72). Une controverse sur l'emploi de telles méthodes avait eu lieu au XVIIe siècle ; voir Mancosu (1996), chap. 1 pour une discussion utile.

14. Plus ou moins à la même époque, Lagrange développe un autre programme de purification, qui insiste sur l'importance de libérer l'analyse de la dépendance vis-à-vis de l'idée de mouvement qu'encourage la conception newtonienne des fluxions. Pour Lagrange, introduire le mouvement dans un calcul dont les objets ne sont que des quantités algériques revient à introduire « une idée étrangère ». Voir Lagrange (1797), p. 4.

15. Tout écart vis-à-vis d'un ordre ne consiste pas nécessairement en une interversion de certains de ses éléments. L'argument de Bolzano semble cependant reposer sur cette seconde conception, plus étroite, de ce que signifie s'écarter d'un ordre.

16. Bolzano, 1817b, p. 137.

Son œuvre la plus connue à ce propos est sa démonstration purement analytique (*rein analytischer Beweis*) du *théorème des valeurs intermédiaires*, c'est-à-dire le théorème qui affirme que, si f est une fonction réelle continue sur un intervalle fermé et borné $[a, b]$, alors pour tout μ tel que $f(a) < \mu < f(b)$, il existe un ν tel que $a < \nu < b$ et $f(\nu) = \mu$. Il y a d'autres exemples aussi importants [17].

Bolzano appelle « purement analytique » toute méthode qui fait dériver une fonction de certaines autres au moyen de règles complètement indépendantes de la nature *particulière* des quantités impliquées [18]. Une démonstration pure, soutient-il, est une démonstration dans laquelle la généralité des méthodes utilisées correspond à la généralité du théorème démontré. Le théorème des valeurs intermédiaires exprime une vérité générale concernant les quantités et non une vérité qui ne vaudrait que pour les quantités spatiales ou géométriques. Une véritable démonstration de ce théorème ne doit donc pas faire appel à des vérités spécifiques à ces dernières.

C'est pourtant précisément ce que faisaient les démonstrations usuelles du théorème. En particulier, elles employaient la « vérité empruntée à la géométrie » suivante [19] : *toute ligne continue à courbure simple dont les ordonnées sont d'abord positives, puis négatives (ou inversement), doit nécessairement couper quelque part l'axe des abscisses en un point situé entre ces ordonnées.*

Bolzano admet qu'il s'agit d'une vérité géométrique évidente ; de fait, il la décrit comme « *évidente* au plus haut point » [20]. Il croit néanmoins que cette vérité n'a pas de place dans une démonstration du théorème des valeurs intermédiaires. C'est, soutient-il,

> [...] une faute intolérable contre la *bonne méthode* qui consiste à vouloir déduire les vérités de la mathématique *pure* ou universelle (c'est-à-dire de l'arithmétique, de l'algèbre ou de l'analyse) de considérations qui appartiennent à une partie *appliquée* (ou spéciale) seule, à savoir à la *géométrie*. N'a-t-on pas, depuis longtemps, senti et reconnu l'incongruité d'une pareille *metabasis eis allo genos* ? Ne l'a-t-on pas déjà évité dans cent autre cas, où l'on connaissait le moyen de le faire, et n'a-t-on pas considéré cette élimination comme méritoire ? [...] En effet, dans la

17. Voir *op. cit.*, §13, où Bolzano démontre une version du théorème de Bolzano-Weierstrass qui (dans sa formulation analytique contemporaine) affirme que de toute suite infinie bornée on peut extraire une suite convergente.

18. *Cf.* Bolzano, 1817a.

19. Bolzano, 1817b, p. 210.

20. *Ibid.*, p. 211.

> science, les démonstrations ne doivent nullement être de simples procédés de *certification* [*Gewissmachungen*], mais doivent être bien plutôt des *fondements* [*Begründungen*] ; il faut exposer le fondement objectif que possède la vérité à démontrer : celui qui se rend compte de lui-même de cela saura qu'une démonstration véritablement scientifique, c'est-à-dire le fondement objectif d'une vérité valable pour *toutes* les grandeurs, qu'elles soient ou non dans l'espace, ne peut pas se trouver dans une vérité valable seulement pour les grandeurs qui appartiennent à l'*espace* [21].

Parce qu'elle élimine de tels recours à des vérités géométriques, la démonstration de Bolzano est, selon lui, davantage qu'une « simple certification [*blosse Gewissmachung*] » [22] du théorème des valeurs intermédiaires. Elle ne se contente pas de rendre le théorème certain, mais en donne le « fondement objectif [*objektive Begründung*] » [23]. Ce faisant, elle atteint l'idéal de démonstration « véritablement scientifique [*echt wissenschaftlich*] » [24].

La détermination dont fait preuve Bolzano à libérer l'analyse des influences géométriques impures rappelle des thèmes semblables développés antérieurement par Descartes et Wallis. Wallis défend par exemple son emploi de méthodes algébriques en géométrie en arguant de leur objectivité supérieure. Selon lui, cette objectivité provient du fait que certaines propriétés des figures géométriques (plus précisément, selon Wallis, les propriétés qui concernent leur rectification, quadrature et cubature) reflètent des propriétés que les figures possèdent *en elles-mêmes*, c'est-à-dire indépendamment des manières dont on pourrait les construire [25]. Du point de vue de Wallis, donc, l'objectivité en géométrie requiert en fait l'usage de méthodes algébriques.

Par certains aspects, Bolzano défend une conception similaire : il soutient que le mésusage du raisonnement géométrique en analyse provient d'une confusion persistante entre mathématiques *théoriques* et *pratiques* et de l'erreur associée consistant à ne considérer un objet mathématique comme *réel* [*wirklich*] que dans la mesure où il est constructible au moyen de certains outils [26]. De ce point de vue, Bolzano est donc plus néo-platonicien que néo-aristotélicien.

21. *Ibid.*, p. 210-211.
22. *Ibid.*,, p. 217.
23. *Ibid.*
24. *Ibid.*
25. *Cf.* Wallis, 1685, p. 291, 292-293, 298-299.
26. *Cf.* Bolzano, 1810, p. 129.

Bolzano remarque aussi [27] que l'on trouve des réticences similaires chez Gauss, que ce dernier dirige contre son utilisation d'un raisonnement géométrique dans sa première démonstration [28] du théorème fondamental de l'algèbre. Gauss exprime plus tard des inquiétudes similaires vis-à-vis de son interprétation géométrique des nombres complexes :

> La représentation [*Darstellung*] des quantités imaginaires par les relations entre les points du plan n'est pas tant leur essence [*Wesen*] elle-même, qui doit être saisie d'une manière plus haute et plus générale, qu'un exemple, qui pour nous humains est le plus pur ou peut-être le seul qui soit entièrement pur, de leur application [29].

Plus tard encore, et en des termes qui rappellent fortement le jugement antérieur de Bolzano sur les démonstrations usuelles du théorème des valeurs intermédiaires, Gauss remarque de plus que

> [...] le contenu réel [*eigentliche Inhalt*] du raisonnement tout entier appartient à un domaine supérieur, indépendant du spatial, celui de la théorie générale et abstraite des quantités [*abstracten Grössenlehre*], dont les objets sont les combinaisons de grandeurs reliées par la continuité ; un domaine peu développé jusqu'ici et dans lequel on ne peut guère se mouvoir sans un langage emprunté aux images spatiales [*räumlichen Bildern*] [30].

Gauss se préoccupe ainsi, comme Bolzano, de pureté en analyse. Il est moins clair qu'il partage les idées de Bolzano sur les raisons historiques de l'impureté et sur les circularités de raisonnement que, selon Bolzano, celle-ci représente [31].

À vrai dire, cependant, ce n'est pas seulement pour éviter la circularité que Bolzano préconise la pureté ; en fait, ce n'est pas la raison principale. Plus fondamentalement, il accepte la distinction traditionnelle entre deux types de raisonnements, en mathématiques et plus largement en sciences : (i) le raisonnement confirmatoire, ou raisonnement qui convainc *que* (c'est ce que Bolzano appelle *Gewissmachung*), et (ii) le raisonnement qui révèle

27. Bolzano, 1817b, p. 227, 232.

28. Gauss, 1799.

29. Lettre à Moritz Drobisch, 14 août 1834, in Gauss, 1870-1927, vol. X, p. 106.

30. Gauss (1870-1927), vol. III, p. 79. Ce passage provient de la *Jubiläumschrift* de 1849, où Gauss discute l'utilisation de méthodes géométriques pour démontrer l'existence de racines d'équations.

31. Un autre problème est de savoir comment réconcilier l'opinion de Gauss sur l'impureté qui découle de l'usage d'arguments géométriques en analyse avec l'opposition qu'il établit entre le caractère *créé* du nombre et le caractère *objectif* de l'espace (*cf.* lettre de 1817 à Olbers, Gauss, 1976, p. 651-652 ; lettre de 1829 à Bessel, Gauss, 1870-1927, vol. VIII, p. 200 ; Gauss, 1831, p. 313, note 1).

les raisons objectives de la vérité (*objektive Begründung*) [32]. Le premier type, remarque-t-il, accomplit moins que le second : « j'ai posé la règle de ne pas être dispensé malgré *l'évidence d'un théorème* de l'obligation de lui chercher une démonstration » [33].

Bolzano dit s'inspirer des exemples les plus anciens de démonstration. Thalès, écrit-il, ne s'est pas contenté de la connaissance *que* les angles à la base d'un triangle isocèle sont égaux, même si cela était sans aucun doute évident pour lui. Il est allé plus loin et a cherché à comprendre *pourquoi*. Ce faisant, il a été récompensé par une extension de sa connaissance. Plus précisément, il a acquis la connaissance des vérités qui sont implicitement sous-jacentes à la croyance qu'a le sens commun en ce théorème. Comme celles-ci étaient « de nouvelles vérités qui n'étaient [pas] évidentes à la raison commune » [34], sa connaissance en a été accrue.

De plus, cela a favorisé l'extension ultérieure de sa connaissance, à la fois en augmentant l'ampleur de celle-ci et en améliorant son efficacité. L'ampleur de la connaissance en est augmentée parce que « à partir des premières représentations distinctement et correctement conçues on peut conclure beaucoup plus qu'à partir de celles qui sont confuses » [35]. L'efficacité en est améliorée parce que l'apprentissage est plus facile quand les concepts sont « distinct[s], correct[s], et lié[s] selon l'ordre le plus parfait » [36]. Par conséquent,

> il faut considérer l'effort de développer toutes les vérités mathématiques jusqu'à leurs dernières raisons, et ainsi de procurer au plus haut degré distinction, correction et ordre à tous les concepts de cette science, comme un effort qui rend l'enseignement non seulement plus *systématique* mais également plus *facile* [37].

La discipline de la pureté promet ainsi d'augmenter l'étendue de notre connaissance tout en augmentant notre capacité à l'étendre encore davantage. Il nous faut donc imiter Thalès : nous devons regarder « à l'intérieur » des thèses, pour analyser leurs concepts en concepts constituants et pour mettre au jour les vérités élémentaires qui concernent ces sous-concepts. Nous ne devons pas faire usage de ressources conceptuelles extérieures à celles de

32. Pour des formulations antérieures de cette distinction, voir entre autres Cicéron, *Topiques*, II (trad. fr. Cicéron, 1843, p. 490) ; Ramus (1574), p. 17, 71, 93-94 ; Viète (2004), p. 31-33 ; Arnauld et Nicole, 1662, partie IV, II, p. 281-282 ; Wallis (1685), p. 3, 290, 305-306.

33. Bolzano, 1804, p. 71.

34. *Ibid.*, p. 72.

35. *Ibid.*, p. 71-72.

36. *Ibid.*

37. *Ibid.*, p. 72.

la thèse de départ. Le précepte fondamental de Bolzano est donc de ne pas se satisfaire d'une démonstration

> *si elle n'est pas déduite de concepts* contenus dans la thèse à démontrer, et qu'elle se sert d'un concept instrumental [*Mittelbegriff*] [38] étranger, ce qui est toujours une *metabasis eis allo genos* erronée [39].

Au final, Bolzano considère donc que la pureté sert des buts épistémiques divers. Tout d'abord, en nous forçant à regarder au-delà de l'« évidence », elle révèle des vérités jusqu'alors inaperçues, dont la découverte accroît l'étendue de nos connaissances. Ensuite, elle promet d'améliorer notre efficacité par la clarification des concepts apparaissant dans une thèse : les concepts sont d'autant plus faciles à saisir (et donc à développer) qu'eux-mêmes, ainsi que leurs liens avec d'autres concepts, sont plus clairs. Enfin, la pureté protège contre les circularités, et la futilité épistémique attenante, caractéristiques d'un si grand nombre des démonstrations de l'analyse des XIXe et XXe siècles et de la géométrie élémentaire traditionnelle.

Plus tard, d'autres mathématiciens du XIXe siècle ont également reconnu la nécessité ou du moins la vertu de la pureté. Ils ont en particulier reconnu l'importance de purger l'analyse des raisonnements géométriques. De surcroît, les raisons qu'ils ont avancées étaient peut-être plus pressantes encore que celles de Bolzano. En effet, alors que Bolzano, du moins dans ses premiers écrits, acceptait la *fiabilité* du raisonnement géométrique ordinaire, tel n'était pas le cas des penseurs ultérieurs, en tout cas pas en général. L'exemple donné par Weierstrass d'une fonction continue partout mais dérivable nulle part a jeté le doute sur la fiabilité de la pensée géométrique, même en ce qui concerne les phénomènes de continuité [40]. Les analystes de la deuxième moitié du XIXe siècle avaient donc des raisons au moins aussi fortes de débarrasser l'analyse de la pensée géométrique.

Un exemple important en est Dedekind, qui exprime son engagement envers la pureté de la manière suivante :

> À propos du concept de grandeur variable approchant une valeur limite fixe [...] je cherchai refuge dans les évidences géométriques. Aujourd'hui encore, un tel appel à l'intuition géométrique [...] me

38. La traduction de Stephen Russ donnée dans Ewald (1996) [NdT : de même que la traduction française dans Bolzano ()] rend l'allemand « *Mittelbegriff* » par « concept intermédiaire ». Je pense qu'il est plus conforme aux idées de Bolzano de prendre « *Mittel* » au sens d'un « moyen » ou d'un « instrument ».

39. *Ibid.*, p. 72 (trad. fr. modifiée).

40. Bolzano lui-même découvrit une fonction de ce type en 1834, mais le manuscrit la contenant n'a été publié qu'en 1930 ((Bolzano, 1930)).

> semble extrêmement utile du point de vue didactique [. . .]. Mais personne ne le niera, cette manière d'introduire au Calcul différentiel ne peut prétendre à la scientificité. Mon sentiment d'insatisfaction me dominait si fort que je pris la ferme résolution de réfléchir jusqu'à ce que j'aie trouvé un fondement purement arithmétique et parfaitement rigoureux aux principes du Calcul infinitésimal [41].

Ailleurs, Dedekind énonce comme première exigence pour sa théorie des entiers algébriques que « l'Arithmétique doit être maintenue exempte de tout mélange d'éléments étrangers » [42]. Cela signifie pour lui que « la définition [. . .] du nombre irrationnel doit être fondée uniquement sur des phénomènes que l'on puisse déjà constater clairement *dans le domaine* R [des nombres rationnels] » [43].

Frege, logiciste comme Dedekind, reconnaît lui aussi la pureté comme un idéal. Il la décrit en effet comme une motivation centrale de son programme logiciste, qui distingue celui-ci de la tentative mal inspirée de Gauss de fonder l'arithmétique complexe sur la géométrie [44].

> Les interprétations géométriques ont permis de surmonter plus facilement cette réticence [à accepter les nombres complexes, MD] ; mais avec ces interprétations, un élément étranger a été introduit en arithmétique. Inévitablement devait s'éveiller le désir de retrancher à nouveau cet élément géométrique. Il semblait insensé que des théorèmes purement arithmétiques reposent sur des axiomes géométriques, et il était inévitable que des démonstrations établissant apparemment une telle dépendance semblent obscurcir le véritable état des choses. La tâche de dériver ce qui était arithmétique de manière purement arithmétique, c'est-à-dire purement logique, ne pouvait être rejetée [45].

La pureté était donc largement acceptée comme un idéal de démonstration dans les mathématiques du XIXe siècle. Elle n'était pourtant pas sans ses détracteurs, parmi lesquels des éminences comme Hilbert et Klein. Hilbert

41. Dedekind (1872), p. 59-60.
42. Dedekind, 1877, p. 269.
43. *Ibid.*, p. 284.
44. Comme indiqué ci-dessus, Gauss admet lui-même, dans ses écrits tardifs, que son interprétation géométrique est impure. Dans son essai de 1831, il la décrit néanmoins comme fournissant une représentation sensible des complexes qui « ne laisse rien à désirer » (Gauss, 1831, p. 311) : « rien de plus n'est requis », écrit-il, « pour faire entrer cette quantité [c'est-à-dire $\sqrt{-1}$, MD] dans le domaine des objets de l'arithmétique » (*ibid.*, p. 313). Sans doute faut-il aussi signaler ici qu'à la fin de sa vie, Frege est revenu à l'idée d'un fondement géométrique de l'arithmétique.
45. Frege, 1885, p. 116-117. Voir Frege (1884), § 103-104 pour des affirmations similaires.

considère la pureté comme un idéal « subjectif » [46]. L'important, dit-il, est d'en apprendre le plus possible sur les différentes manières dont on peut démontrer un théorème ou un ensemble de théorèmes. Les démonstrations pures, c'est-à-dire celles qui ne traitent que des concepts contenus dans les théorèmes démontrés, forment une partie des connaissances que nous recherchons. Elles n'en sont cependant qu'une partie, et ne sont pas intrinsèquement plus intéressantes ou plus précieuses que les démonstrations qui s'appuient sur d'autres ressources conceptuelles.

Pour Klein, une bonne partie des mathématiques, dont une bonne partie de l'analyse, doit dans bien des cas être confirmée par l'intuition géométrique. De plus, il croit que sans un « usage constant » de l'intuition géométrique, la démonstration de certains des résultats analytiques les plus intéressants et les plus importants concernant sur la continuité serait impossible, du moins en pratique [47].

La promotion de l'efficacité comme un idéal plus contraignant que la pureté est toutefois loin d'être une attitude nouvelle : elle était en effet au cœur des débats des XVIIe, XVIIIe et XIXe siècles sur l'utilisation de l'algèbre en géométrie [48] et, de manière liée, sur la distinction, parmi les modes de raisonnement mathématiques, entre méthodes de découverte et méthodes de démonstration.

3 La pureté comme idéal contemporain

La pureté est ainsi entrée en conflit avec d'autres idéaux du raisonnement mathématique, des conflits qui n'ont été résolus au mieux que partiellement. Ces conflits non résolus n'ont pas pour autant condamné la pureté à l'exil, et de fait, elle reste répandue aujourd'hui comme idéal pour les démonstrations. De manière un peu plus précise, il existe aujourd'hui plusieurs idéaux de pureté différents (motivés, de manière non coïncidente, de plusieurs manières différentes), et ceux-ci se reflètent dans les mathématiques telles

46. Hilbert, 1899, p. 89. La division des axiomes en groupes dans les *Grundlagen* de Hilbert témoigne d'une préoccupation modérée pour la pureté, que reflète plus généralement l'organisation de l'ouvrage. Ainsi, le § 4 du chap. 1 est intitulé « Conséquences des axiomes d'incidence et d'ordre » et le § 7 du chap. 1 « Conséquences des axiomes de congruence ». Son intention, nous dit-il, était de déduire les théorèmes les plus importants d'une manière qui mette en lumière « la signification des divers groupes d'axiomes, ainsi que la portée des conclusions qui peuvent être tirées des axiomes individuels » (*ibid.*, p. 3).

47. *Cf.* Klein, 1894c, p. 45.

48. *Cf.* Wallis, 1685, p. 117-118, 305-306 ; MacLaurin, 1742, p. 37-50.

qu'effectivement pratiquées. Je vais maintenant passer brièvement en revue les plus importants d'entre eux.

3.1 La pureté topique

Un point de départ naturel est le théorème des nombres premiers [49] et les célèbres efforts pour en trouver une démonstration « élémentaire », qui ont abouti aux démonstrations de Selberg et d'Erdős, développées plus ou moins indépendemment en 1948 [50]. Ce théorème, bien sûr, avait été démontré par des moyens non élémentaires un demi-siècle plus tôt (1896) par Hadamard et de la Vallée Poussin (à nouveau indépendamment l'un de l'autre). Leurs deux démonstrations employaient massivement des méthodes d'analyse complexe.

Les démonstrations de Selberg et Erdős évitent le recours à de telles méthodes, et c'est cela qui, du moins pour Selberg (1949, p. 305), les rendent *élémentaires*.

Gian-Carlo Rota [51] fait un résumé utile des développements qui ont conduit aux démonstrations de Selberg et Erdős. Il souligne entre autres qu'il faut y voir le prolongement naturel d'un travail antérieur de Norbert Wiener, travail qui suggérait l'existence possible d'un « *soubassement conceptuel* de la distribution des nombres premiers » [52]. C'est là, d'après Rota, qu'il faut chercher la motivation principale de la quête d'une démonstration élémentaire, parce que ce travail encourageait l'idée que le théorème des nombres premiers puisse avoir une démonstration fondée sur l'analyse du concept même de nombre premier.

Rota propose donc de comprendre comme suit la notion de démonstration *élémentaire*, dans le contexte du théorème des nombres premiers.

> Que signifie de dire qu'une démonstration est « élémentaire » ? Dans le cas du théorème des nombres premiers, cela veut dire que l'on donne un argument qui montre l'« inévitabilité analytique » (au sens Kantien du terme) du théorème des nombres premiers sur la base d'une analyse du concept de nombre premier, sans recours à des techniques extrinsèques [53].

49. Le théorème des nombres premiers affirme que pour tout nombre réel x, le nombre de nombres premiers inférieurs ou égaux à x (que l'on exprime usuellement par la fonction dite « de compte des nombres premiers », notée « $\pi(x)$ ») est asymptotiquement équivalent à $\frac{x}{ln(x)}$.
50. Voir Selberg, 1949 et Erdős, 1949.
51. Rota, 1997b.
52. *Ibid.*, p. 115, je souligne.
53. *Ibid.*

Les parallèles avec les conceptions aristotéliciennes et néo-aristotéliciennes de la pureté pourraient difficilement être plus frappants, et suggèrent que la pureté, sous une forme aristotélicienne au sens large, sert toujours d'idéal parmi les mathématiciens d'aujourd'hui. C'est également ce que suggère l'attention accordée aux démonstrations de Selberg et Erdős, une attention qui a conduit à décerner la médaille Fields à Selberg en 1950. Le théorème lui-même était ancien [54] ; ce qui était neuf en était la démonstration élémentaire, « élémentaire » renvoyant ici à quelque chose d'apparenté à ce que nous entendons par « topiquement pure ».

Cette démonstration a transformé quelque chose de mystérieux (la relation entre la densité des nombres premiers et la fonction zêta de Riemann, telle qu'elle apparaît dans les démonstrations de Hadamard et de la Vallée Poussin) en quelque chose de fondé sur le concept même de nombre premier [55]. Il y avait là, de l'avis général, un résultat remarquable.

Des mathématiciens autres que Rota ont exprimé un avis semblable sur l'importance de la démonstration élémentaire du théorème des nombres premiers. Ainsi, dans un compte-rendu du travail de Selberg et d'Erdős, A. E. Ingham décrit leurs démonstrations comme « ne dépendant pas [. . .] d'idées éloignées du problème lui-même » [56]. En fait, bien avant leurs travaux, Ingham contestait déjà l'emploi de méthodes analytiques pour démontrer ce genre de théorèmes, arguant que celles-ci « introduisent des idées très éloignées du problème de départ » [57]. Dans un esprit similaire, H. G. Diamond loue plus généralement l'usage de méthodes élémentaires pour résoudre les problèmes qui concernent la distribution des nombres premiers, parce que celles-ci « ne requièrent pas d'introduire des idées aussi éloignées des questions arithmétiques considérées » [58].

La démonstration élémentaire du théorème des nombres premiers fournit ainsi une illustration frappante du fait que persiste, parmi les mathématiciens, un intérêt pour une pureté aristotélicienne au sens large. Ce n'est cependant pas un cas isolé. Il semble en fait que, d'une manière générale, les combinatoriciens se préoccupent fréquemment de la pureté. Un bon exemple en est un article récent de Stanton et Zeilberger, dans lequel ils motivent leur projet en remarquant que, « pour un véritable

54. Comme Rota l'écrit, il « avait déjà été mis à plusieurs sauces » (Rota, 1997b, p. 114).

55. Ou peut-être sur ce concept combiné à certains autres, nécessaires pour voir le problème comme authentiquement *combinatoire*.

56. Ingham, 1949, p. 595.

57. Ingham, 1932, p. 5.

58. Diamond, 1982, p. 556.

combinatoricien, un résultat combinatoire n'est véritablement démontré qu'une fois qu'il a reçu une *démonstration combinatoire directe* » [59]. Ils avancent également une suggestion intéressante sur l'avantage d'une telle démonstration, à savoir qu'elle apporte un surcroît de « compréhension » au combinatoricien.

L'idée semble être que (i) ceux qui sont les plus susceptibles de faire quelque chose d'important d'une solution à un problème dans un domaine donné sont les spécialistes de ce domaine ; (ii) leur avantage est augmenté si la solution en question est formulée en termes des concepts qui leur sont les plus familiers ; (iii) plus une démonstration est pure, plus la solution qu'elle fournit fait cela. Vue sous cet angle, la pureté est une vertu *pragmatique*, quoique servant des fins épistémiques (à savoir l'utilisation efficace des connaissances pour produire davantage de connaissances). Ce n'est pas une vertu en elle-même épistémique : le simple fait qu'une démonstration soit pure n'en fait pas une meilleure justification du théorème démontré. En revanche, une telle démonstration est un instrument plus efficace pour acquérir des connaissances supplémentaires. En d'autres termes, l'idée suggérée est que la pureté accroît l'efficacité d'une division du travail épistémique fondée sur la spécialisation [60].

La pureté est donc une préoccupation répandue parmi les combinatoriciens. Elle ne leur est cependant pas exclusive. On la retrouve en effet dans une grande variété de domaines mathématiques ; chercheurs comme enseignants s'en sont soucié tout au long du XXᵉ siècle.

Une illustration simple en est la recherche d'une démonstration pure du théorème d'Erdős-Mordell. (Soit ABC un triangle et soit P un point à l'intérieur de ce triangle. Soient A′, B′ et C′ les perpendiculaires à chaque coté passant par P. Le théorème d'Erdős-Mordell affirme que $PA + PB + PC \geq 2(PA' + PB' + PC')$.) Les décennies du milieu du XXᵉ siècle ont vu une activité constante pour en trouver une démonstration élémentaire, qui a abouti à la fin des années 1950 [61].

D'autres exemples en sont Formanek (1973), Edmonds (1986), Gilmer et Mott (1971) et Woo (1971). Le premier donne une démonstration d'un théorème d'algèbre (le théorème d'Eakin-Nagata), qui est dite avoir pour vertu de n'utiliser que les *définitions* des termes figurant dans

59. Stanton et Zeilberger, 1989, p. 39.

60. Rappelons ici la remarque de Bolzano, 1804, p. 172 citée dans la section 2 concernant les avantages de la pureté non seulement pour rendre l'éducation plus systématique, mais aussi plus facile et plus efficace.

61. *Cf.* Kazarinoff, 1957 ; Bankoff, 1958.

l'énoncé du théorème [62]. Le second présente une démonstration purement topologique d'un théorème de topologie, et, comme Stanton et Zeilberger plus haut, exprime l'espoir qu'une telle démonstration rende le théorème plus « accessible » aux spécialistes.

Le troisième porte sur un théorème initialement démontré par Abraham Robinson au moyen de méthodes de théorie des modèles. Robinson avait affirmé que ce théorème, quoique de caractère algébrique, n'avait pas de démonstration purement mathématique accessible qui soit indépendante de son approche par la théorie des modèles, ce que Gilmer et Mott contestent en présentant une démonstration purement algébrique [63].

Je mentionne cet exemple parce qu'il conduit à une question plus large concernant la pureté, à savoir celle de savoir s'il existe toujours des démonstrations pures. Cette question conduit à son tour à une autre question fondamentale : comment convient-il de comprendre la notion de *sujet* (ou *topique*) d'un théorème ?

Un aspect de cette question est de savoir comment juger de ce sur quoi porte un problème. Supposons, par exemple, qu'un certain problème soit formulé comme un problème concernant les racines réelles d'un certain type d'équation polynomiale. Supposons de surcroît que ces racines ne puissent être déterminées que par des méthodes qui font un usage inéliminable de nombres complexes [64]. *Sur quoi* porte donc notre problème ? Le fait que toutes les racines qui nous intéressent soient réelles suggère que le problème *porte sur* les nombres réels. En d'autres termes, il porte sur les choses que dénotent les termes qui y figurent.

D'un autre côté, on pourrait plutôt considérer que notre problème porte sur les choses et concepts auxquelles notre raisonnement semble devoir faire appel pour le résoudre [65].

Le quatrième article mentionné ci-dessus (*i.e.*, Woo, 1971) donne une démonstration d'un théorème de théorie de la mesure (le théorème de décomposition de Lebesgue) dont il affirme qu'elle est plus pure que les démonstrations antérieures parce qu'elle ne fait pas appel à la théorie de la mesure au-delà des définitions nécessaires pour *énoncer* le

62. Le théorème affirme que si T est un anneau commutatif noethérien qui est finiement engendré comme R-module, avec R un sous-anneau de T, alors R est également noethérien.

63. Pour un autre exemple concernant la pureté algébrique, voir Friberg (1973), p. 421.

64. Je pense bien sûr ici au *casus irreducibilis* ou *cas irréductible* de l'équation cubique générale.

65. Il y a bien sûr des questions à poser sur ce que veulent dire « devoir » et « résoudre ». Toutefois, cela ne rend pas la question moins pertinente, mais seulement plus complexe.

théorème. Là encore, cependant, la motivation n'en est pas entièrement claire. Plus précisément, ce qui n'est pas clair est de savoir si la pureté est présumée fournir une justification épistémiquement supérieure du théorème démontré, ou un instrument plus efficace pour promouvoir certains projets épistémiques (y compris peut-être pédagogiques) plus larges [66].

Tous ces cas témoignent d'un souci pour une forme de pureté que l'on pourrait dire, au sens large, topique. Les motivations n'en sont pas toujours les mêmes, quoiqu'elles semblent toutes refléter des préoccupations épistémiques, concernant la qualité des solutions offertes aux problèmes et de l'efficacité de ces solutions à servir de fondement pour le développement ultérieur de nos connaissances mathématiques.

4 Conclusion

L'idéal de pureté qui semble avoir le plus d'importance dans la pratique mathématique moderne est celui que j'ai appelé ici pureté *topique*. Il s'agit d'une forme de pureté qui, en pratique, impose une forme de symétrie entre les ressources conceptuelles utilisées pour démontrer un théorème et celles qui sont nécessaires pour en clarifier le *contenu*. L'idée fondamentale est qu'idéalement, une démonstration ne devrait faire appel qu'aux ressources qui déterminent le contenu du théorème démontré.

Deux conceptions de la valeur de cette symétrie sont possibles. Pour les aristotéliciens, les néo-aristotéliciens (comme Leibniz et, dans une certaine mesure, Bolzano) ainsi que certains néo-platoniciens (comme Wallis et, dans une certaine mesure, Bolzano), dont de nombreux praticiens des mathématiques (à ceux déjà mentionnés, on peut par exemple ajouter Rota et Ingham), elle représente (ou a représenté) un idéal épistémique, une conception du *type qualitatif* de connaissance qu'une démonstration doit, ou du moins pourrait idéalement, nous procurer. Selon cette conception, les meilleures démonstrations sont celles qui nous fournissent une connaissance

66. En ce qui concerne les projets pédagogiques, l'idée est en substance que les démonstrations devraient être conduites avec le moins d'outillage préalable possible. Dans ce contexte, la pureté aristotélicienne semble constituer un minimum : il est clair qu'il n'y aurait guère de sens à tenter de démontrer un théorème sans avoir introduit suffisamment de définitions pour que le contenu en soit intelligible. À l'inverse, une démonstration qui aurait atteint le point de ne faire appel qu'à ces définitions-là serait d'une remarquable efficacité pédagogique. Mullin (1964), Luh (1965), Spitznagel (1970) et Jenkins (1982) font par exemple le lien entre la pureté et ce genre de motivations.

des raisons les plus fondamentales pour lesquelles la proposition démontrée est vraie.

Pour d'autres, dont de nombreux praticiens des mathématiques, il s'agit plutôt d'un idéal stratégique ou pragmatique, quoique servant des fins épistémiques. Je veux dire par là que si l'on accorde de la valeur à de telles démonstrations, c'est moins pour les connaissances qu'elles *constituent* en elles-mêmes que pour les connaissances que, d'une manière au sens large pragmatique, elles permettent d'acquérir.

De ce second point de vue, on a pu dire de cet idéal qu'il a « une grande vertu formatrice pour l'esprit » [67], c'est-à-dire qu'il procure un entraînement mental qui accroît le potentiel de développement épistémique futur de qui s'y prête. On a aussi pu dire qu'il rend l'enseignement scolaire plus efficace en diminuant le temps et la distance conceptuelle qui séparent la définition des termes nécessaires à la compréhension d'une proposition de la démonstration de cette proposition [68]. Enfin, on a pu lui attribuer la vertu d'accroître l'efficacité épistémique d'une communauté en permettant un meilleur usage de sa ou ses formes de division du travail : les démonstrations pures mettent les théorèmes à la disposition de ceux qui, par leur formation et leur expertise, sont les plus à même de les utiliser et de développer une connaissance plus approfondie des concepts en jeu.

Même lorsque la valeur de pureté est conçue de manière essentiellement pragmatique, il est donc vrai en général qu'elle est considérée comme servant des fins épistémiques, qu'il s'agisse d'accroître le champ des connaissances ou d'en améliorer l'efficacité.

67. Dieudonné, 1964, p. 13.

68. *Cf.* notes 60, 66 ainsi que la citation de Bolzano, 1804, p. 72, donnée à la page 191.

Chapitre VII

LA PURETÉ DES MÉTHODES

> ... arithmetica arithmetice, geometrica geometrice doceantur
>
> Pierre de la Ramée (Ramus)

1 Introduction

En mathématiques, il est traditionnel de préférer la pureté plutôt que l'impureté dans les preuves de théorèmes et les solutions de problèmes. De manière générale, la « pureté » en mathématiques a été interprétée comme une relation privilégiée entre les ressources utilisées pour prouver un théorème ou résoudre un problème et celles requises pour comprendre ou concevoir ledit théorème ou problème. En ce sens, est pure une preuve ou une solution qui n'utilise que ces moyens qui sont, en un certain sens, *intrinsèque au* théorème démontrée, ou au problème résolu (c'est-à-dire intrinsèque à leur véritable compréhension).

Toutefois, ni la nature supposée de ce caractère intrinsèque, ni sa valeur présumée, ne sont réellement claires. L'histoire des mathématiques ne suggère pas non plus de thèses prédominantes à leur égard. Tout ce qui est clair, c'est qu'il y a eu une tendance largement répandue et persistante à penser que les ressources utilisées dans une preuve/solution peuvent, de diverses manières, correspondre ou non au théorème prouvé/problème résolu, et qu'atteindre une véritable correspondance peut, de quelque(s) façon(s), améliorer la preuve/solution ainsi produite.

En soi, il y a là une raison suffisante pour motiver la recherche d'une meilleure compréhension de la pureté et de sa valeur supposée, et ce sont là nos objectifs principaux ici. Nous souhaiterions clarifier d'emblée, toutefois, que nous ne prétendons pas offrir une description générale de la pureté – une description qui rendrait justice à l'entière variété des formes que la pureté a pu prendre, et les fins pour lesquelles elle a été visée au cours de l'histoire. Notre but, plus modeste, est de clarifier le caractère et l'importance épistémique de ce que nous pensons être la, sinon l'une des conceptions centrales de la pureté – une conception que nous appellerons conception *topique*.

Le plan de cet article est le suivant : dans la prochaine section, nous donnerons une contextualisation historique. Dans la troisième section, nous introduirons, motiverons, et caractériserons la notion de pureté au premier plan ici – la conception *topique*. Dans les quatrième et cinquième sections, nous présenterons et discuterons deux exemples, et dans la dernière section, nous proposerons quelques conclusions.

2 UNE BRÈVE HISTOIRE DE LA PURETÉ

Le défenseur majeur de la pureté, dans le monde antique, est Aristote, qui dans ses *Seconds Analytiques* [1], écrivait : « on ne peut donc pas, dans la démonstration, passer d'un genre à un autre : on ne peut pas, par exemple, prouver une proposition géométrique par l'Arithmétique » [2]. L'influence d'Aristote sur ces questions était telle que son énoncé mérite d'être appelé l'énoncé *classique* de la pureté [3]. Les mathématiciens antiques et médiévaux, en général, acceptaient la prohibition établie par Aristote. En conséquence, ils cherchaient généralement à éviter les recours à des dispositifs arithmétiques dans leur travail géométrique, et vice-versa.

L'injonction d'Aristote contre le mélange des genres était une conséquence de son ontologie, dans laquelle il y a une hiérarchie des genres,

1. Aristote, 1938, 75a38-39.

2. En utilisant l'expression grecque « passer d'un genre à un autre », la contrainte de pureté d'Aristote est parfois appelée son « interdiction de la *metabasis eis allo genos* ».

3. Pour une bonne présentation de l'histoire de la prohibition aristotélicienne du mélange des genres en tant qu'idéal général pour la recherche scientifique, *cf.* la thèse non publiée Livesey, 1982.

dont tout agent connaissant se devait de récapituler l'ordre saillant dans ses « démonstrations scientifiques ». Étant donné le déclin général de l'influence des idées ontologiques et épistémologiques d'Aristote dans l'ère moderne, il est peut-être surprenant d'observer le degré auquel les mathématiciens de l'époque moderne ont conservé l'idéal d'une preuve qui ne franchit pas les frontières entre les genres et sujets.

Cet idéal a gardé son attrait, pourtant, même parmi ceux qui étaient en faveur de l'usage croissant des méthodes algébriques dans le raisonnement géométrique. Newton est un exemple clair de ce phénomène. Malgré le développement du calcul infinitésimal et l'usage magistral qu'il en fit en physique, Newton défendait néanmoins la pureté comme un idéal du raisonnement, et décriait l'usage de plus en plus répandu des méthodes algébriques en géométrie :

> Une équation est l'expression d'un calcul arithmétique, et n'a aucune place convenable en géométrie, hormis dans la mesure où des quantités véritablement géométriques (c'est-à-dire des lignes, surfaces, solides, et proportions) peuvent être posées comme égales à d'autres. Les multiplications, les divisions, et ce genre de calculs ont été récemment reçus en géométrie, et ce de manière imprudente, et contraire à la conception première de cette science [...] C'est pourquoi ces deux sciences ne doivent pas être confondues. Les anciens faisaient un si grand effort pour les distinguer l'une de l'autre, qu'ils n'ont jamais introduit de termes arithmétiques en géométrie. Et les modernes, en confondant les deux, ont perdu la simplicité en laquelle toute l'élégance de la géométrie consiste [4].

Par « modernes », Newton fait référence à Viète, Descartes, Wallis, et d'autres qui faisaient un usage libéral des méthodes algébriques dans la résolution de problèmes géométriques. Il proteste contre l'idée alors très commune que les méthodes algébriques avaient simplifié le raisonnement géométrique. En effet, il considère que les méthodes classiques étaient plus simples en ce qui concerne les aspects les plus importants, et, pour lui, cette simplicité était ultimement liée à des questions de justification.

> [...] est arithmétiquement le plus simple, ce qui est déterminé par des équations les plus simples, mais est géométriquement le plus simple, ce qui est déterminé par le plus simple traçage de lignes ; et en géométrie, il faut estimer le plus hautement ce qui le plus simple géométriquement [5].

Il y a là un écho de la thèse, banale à l'époque de Newton, que la construction d'une figure géométrique est en un sens approprié sa cause efficiente. Combinée avec la thèse, tout aussi banale à l'époque, que l'on

4. Newton, 1720, p. 229-230.
5. *Ibid.*, p. 230.

connaît d'autant mieux une chose qu'on la connaît par sa cause, cela conduit à la croyance que la construction des objets géométriques en sous-tend une meilleure connaissance que le raisonnement algébrique [6].

Tous ne souscrivaient pas à cette vue de la construction classique, toutefois. Un exemple particulièrement intéressant est Wallis, qui a proposé une conception plus platonicienne (c'est-à-dire moins dépendante des constructions) de notre connaissance des figures géométriques.

> [...] outre la construction supposée pour une Ligne ou une Figure, il y a quelque chose dans la nature de ce qui est construit qui peut être considéré en faisant abstraction de cette construction ; et qui l'accompagne même lorsque la construction est autre que celle qu'on a supposée [7].

Ainsi, Wallis conçoit le savoir géométrique comme ayant d'avantage à faire avec les propriétés invariantes par construction des figures géométriques, plutôt qu'avec les propriétés qui découlent de leur construction. De plus, il considère que les méthodes algébriques offrent un gain de simplicité remarquable par rapport à leurs homologues classiques. En cela, ses positions semblent directement opposées à celles de Newton. En particulier, Wallis n'était pas convaincu que le seul type de simplicité pertinente dans le cas du raisonnement géométrique était celui que Newton avait décrit comme « le plus simple traçage de lignes » [8]. Selon lui, l'usage des méthodes algébriques rendait communément possible la *découverte* de raisons convaincantes (à distinguer des preuves et démonstrations à proprement parler) pour des vérités géométriques, et ce de manière plus efficace. Pour Wallis, les préférences « officielles » des géomètres traditionnels n'avaient pas reflété justement la valeur de cette efficacité [9].

Lorsque Colin MacLaurin, l'interprète en mathématiques de Newton, écrivait ses avertissements contre l'usage aveugle des méthodes algébriques infinitaires de Wallis, il suivait l'exemple de Locke, l'interprète en philosophie de Newton. Pour autant, MacLaurin a reconnu l'efficacité

6. Connaître par la cause minimale ou la cause la plus simple aurait été encore meilleur, bien entendu, puisque on pourrait s'attendre à ce que cela distille une espèce de cause « pure » en séparant ce qui est essentiel dans la construction d'une figure de ce qui y est accidentel.

7. Wallis, 1685, p. 291.

8. *Loc. cit.*

9. La préférence de Wallis n'est donc pas correctement décrite comme une préférence pour le plus simple envers le moins simple. C'est plutôt une préférence pour un type particulier de simplicité – la simplicité de découverte – dont il pensait qu'elle avait été traditionnellement sous-évaluée.

de ces méthodes [10]. La défense de la simplicité des méthodes classiques semble ainsi plus faible chez lui que chez Newton.

> M. Locke [. . .] observe que, « tandis que les hommes parlent et se disputent au sujet des quantités infinies [là où MacLaurin donne "quantités", Locke donne "espace ou durée"], comme s'ils en avaient des idées complètes ou positives comme ils en ont des noms qu'ils utilisent pour elles, ou comme ils en ont pour un mètre, ou une heure, ou toute autre quantité déterminée, il ne faut pas s'étonner si la nature incompréhensible de la chose sur laquelle ils dissertent, ou raisonnent, les plonge dans des perplexités et des contradictions [. . .] » En effet, les mathématiciens raccourcissent leurs calculs par la supposition des infinis ; mais lorsqu'ils prétendent les traiter au même titre que les quantités finies, ils sont parfois amenés à des doctrines qui valident l'observation de ce judicieux observateur. [. . .] Ces suppositions [concernant l'infini], peuvent toutefois être utiles, lorsqu'elles sont employées avec précaution, pour le raccourcissement de calculs dans l'étude de théorèmes, ou même pour leur démonstration lorsqu'une exactitude scrupuleuse n'est pas requise. [. . .] Les géomètres ne peuvent être trop scrupuleux lorsqu'ils admettent les infinis, dont nos idées sont si imparfaites [11].

MacLaurin répète ainsi l'observation banale selon laquelle les méthodes algébriques n'ont pas la même valeur pour *démontrer* des vérités que les méthodes traditionnelles et constructives. Wallis croyait que cette observation était compatible avec l'idée que les méthodes algébriques possédaient une grande valeur en tant qu'instruments de découverte et de recherche. MacLaurin ne rejète pas cet argument, et, en fait, le répète lui-même. Soumises à un contrôle approprié, les méthodes algébriques ont une valeur distincte comme méthodes de recherche. Il est important, pourtant, de ne pas confondre méthodes de recherche et méthodes de démonstration, et ainsi de ne pas perdre de vue les limites des méthodes algébriques comme méthodes de démonstration. Du moins, telles sont les thèses de MacLaurin [12].

10. Maclaurin a expressément cité les arguments donnés dans Wallis, 1656 à titre d'exemples du type qu'il avait en tête (*cf.* MacLaurin, 1742, p. 48).

11. MacLaurin, 1742, p. 230.

12. Un relecteur a noté, à juste titre, que malgré le fait que MacLaurin était l'interprète de Newton, l'opposition entre ses vues et celles de Wallis n'était pas la même que celle entre les vues de Newton et de Wallis. Newton s'opposait à l'usage des méthodes algébriques en géométrie au nom de la pureté. MacLaurin s'y opposait premièrement au nom de la fiabilité et de la certitude. En fait, la situation complète est encore plus compliquée. Comme nous le verrons d'ici peu, la préférence de Wallis pour les méthodes algébriques peut être en partie justifiée par des considérations de pureté. Il croyait que la géométrie était (ou devait être) une

Malgré les réserves de Newton à l'égard des méthodes algébriques, les mathématiciens à partir du XVIIIe siècle ont généralement suivi Descartes et Wallis en autorisant l'usage relativement libre des méthodes algébriques et « impures » en géométrie [13]. Nous ne cherchons pas à suggérer, cependant, qu'il y a eu un déclin général de l'importance de la pureté comme idéal du raisonnement mathématique. Même (et peut-être tout particulièrement) des thèses comme celles de Wallis ont encouragé à retenir la pureté comme idéal de la preuve. Ce qui sépare ces thèses, c'est une conception différente du sujet de la géométrie. Il s'agissait toujours des figures géométriques, mais ces dernières n'étaient plus conçues de la manière usuelle. En particulier, elles n'étaient plus considérées comme essentiellement liées à des moyens caractéristiques de construction. Leurs traits essentiels étaient plutôt définis comme ceux qui étaient invariants par rapport à la ou aux méthode(s) de construction. Tout du moins, c'est là la thèse que nous défendons [14].

La caractéristique distinctive des algébristes était donc non pas de s'être départis de la pureté comme un idéal de la preuve, mais de s'être départis de la conception traditionnelle des objets géométriques. Plus spécifiquement, ils s'étaient départis de la vue selon laquelle les objets géométriques sont donnés ou déterminés par leurs méthodes (classiques) de construction, et se sont rapprochés de la vue selon laquelle les propriétés essentielles des figures géométriques sont celles qui sont invariantes par rapport aux moyens de construction. Pour Wallis, il s'agissait principalement des caractéristiques arithmétiques ou algébriques.

La pureté fut également un idéal expressément avancé par des figures plus tardives comme Lagrange, Gauss, Bolzano, von Staudt, ou encore Frege. Elle figure de manière particulièrement proéminente dans la recherche par Bolzano d'une preuve purement analytique (c'est-à-dire non géométrique)

question d'invariants qui transcendaient les constructions, et que les méthodes algébriques reflétaient ces invariants avec plus de pureté que ne le faisaient les méthodes géométriques traditionnelles. De plus, il est important de garder à l'esprit que Newton, bien qu'il préférait « officiellement » les méthodes géométriques aux méthodes algébriques dans le cadre de recherches géométriques, utilisait abondamment ces dernières en pratique.

13. Cela est d'avantage vrai au sujet des mathématiciens continentaux qu'à celui des mathématiciens anglais. Sur la réception des méthodes algébriques en Angleterre, voir Pycior, 1997. Pycior décrit la réception des thèses de Newton parmi les mathématiciens britanniques, et le ralentissement de l'adoption des nouvelles méthodes algébriques qu'elles occasionnèrent pendant un siècle et demi.

14. Sur le concept d'invariance dans les pratiques modernes, voir Detlefsen, 2005, section 4.2.1.

du théorème des valeurs intermédiaires [15], dont il décrivait la motivation principale en ces termes :

> [...] il y a là une faute intolérable contre la *bonne méthode* qui consiste à vouloir déduire les vérités de la mathématique *pure* ou universelle (c'est-à-dire de l'arithmétique, de l'algèbre ou de l'analyse) de considérations qui appartiennent à une partie *appliquée* (ou spéciale) seule, à savoir à la *géométrie*. N'a-t-on pas, depuis longtemps, senti et reconnu l'incongruité d'une pareille *metabasis eis allo genos* ? Ne l'a-t-on pas déjà évité dans cent autre cas, où l'on connaissait le moyen de le faire, et n'a-t-on pas considéré cette élimination comme méritoire ? [...] En effet, dans la science, les démonstrations ne doivent nullement être de simples procédés de *certification* [*Gewissmachungen*], mais doivent être bien plutôt des *fondements* [*Begründungen*] ; il faut exposer le fondement objectif que possède la vérité à démontrer : celui qui se rend compte de lui-même de cela saura qu'une démonstration véritablement scientifique, c'est-à-dire le fondement objectif d'une vérité valable pour *toutes* les grandeurs, qu'elles soient ou non dans l'espace, ne peut pas se trouver dans une vérité valable seulement pour les grandeurs qui appartiennent à l'*espace* [16].

Pour Bolzano, donc, une preuve véritablement scientifique est une démonstration tirée des fondements objectifs, et ceci est en accord avec les exigences de la pureté.

Le programme logiciste de Frege contient également un appel à la pureté – spécifiquement, un appel à purifier l'arithmétique de la géométrie.

> Même à l'époque pré-scientifique, en raison des besoins de la vie quotidienne, les nombres entiers positifs ainsi que les fractions avaient été reconnus. Les nombres irrationnels et négatifs furent également acceptés, mais non sans réticence – et c'est avec encore plus de réticence que les nombres complexes ont finalement été introduits. Le dépassement de cette réticence a été facilité par des interprétations géométriques ; mais avec ces dernières, quelque chose d'étranger a été introduit dans l'arithmétique. Le désir d'éliminer ces aspects géométriques n'a pas manqué d'apparaître. Il semblait contraire à toute raison que des théorèmes purement arithmétiques doivent reposer sur des axiomes géométriques ; et il était inévitable que des preuves qui apparemment établissent une telle dépendance devaient paraître obscurcir le véritable ordre des choses. La tâche de faire dériver ce qui est arithmétique

15. Le théorème des valeurs intermédiaires affirme que, si une fonction f est continue sur un intervalle fermé et borné $[a, b]$, et si c est entre $f(a)$ et $f(b)$, alors il existe un x sur l'intervalle $[a, b]$ tel que $f(x) = c$.

16. Bolzano (1817b), p. 210-211.

> de moyens purement arithmétiques, c'est-à-dire purement logiques, ne pouvait pas être rejetée [17].

En exprimant son souci que les preuves révèlent « le véritable ordre des choses », Frege fait écho à Bolzano. Tous deux ont cru en l'existence d'un certain type d'ordre objectif des vérités mathématiques, dont la plus haute vocation pour toute preuve était de l'exposer (ou du moins de le refléter).

La pureté est restée un idéal qui a également guidé la pensée du XXe siècle. Un exemple en est donné par la recherche d'une preuve « élémentaire » du théorème des nombres premiers, qui affirme que le nombre de nombres premiers entre 1 et n est approximativement $\frac{n}{\log n}$. Le théorème des nombres premiers a été prouvé pour la première fois par Hadamard et de la Vallée Poussin en 1896. Toutefois, leurs preuves étaient communément considérées comme imparfaites parce qu'elles utilisaient des méthodes d'analyse complexe [18]. En 1949, Paul Erdős [19] et Atle Selberg [20] ont trouvé des preuves qui évitaient ce genre de méthodes. Cette découverte a été considérée comme suffisamment importante pour contribuer de manière significative à l'attribution à Selberg d'une médaille Fields.

Mais bien qu'ils aient poursuivi et valorisé tous deux la pureté, Selberg et Erdős n'en ont ni donné de caractérisation générale claire, ni expliqué pourquoi elle devrait être valorisée. Le *Bourbakiste* Jean Dieudonné a fait mieux.

> Ma dernière remarque générale concerne un aspect de la Mathématique moderne en quelque sorte complémentaire de ses tendances unificatrices, à savoir sa capacité de dissocier ce qui était indûment confondu. [..] Peut-être cette insistance sur la « pureté » des raisonnements paraîtra-t-elle superflue et pédantesque à certains ; pour ma part, je crois que l'on a toujours intérêt à essayer de *comprendre* aussi bien que possible ce que l'on fait, et qu'il y a une grande vertu formatrice pour l'esprit à rechercher dans sa démarche l'économie des moyens et l'adaptation étroite des hypothèses aux conclusions, dans la mesure du possible [21].

Dieudonné, de toute évidence, pense que la « fidélité » ou la « proximité » topique entre les prémisses et la conclusion d'une preuve en est une importante qualité. Il semble également croire que travailler à la maxi-

17. Frege, 1885, p. 116-117.
18. *Cf.* Ingham, 1932, p. 5, et une remarque de G. H. Hardy citée dans Nathanson, 2000, p. 320.
19. Erdős, 1949.
20. Selberg, 1949.
21. Dieudonné, 1964, p. 13.

misation de cette proximité contribue typiquement au développement intellectuel du prouveur (*prover*) [22].

Nous voyons ici une appréciation non pas de la valeur épistémique de la pureté, mais de ce que, suivant l'usage courant, nous pourrions appeler sa valeur *accidentelle* (*intervenient value*). En prenant une telle position, Dieudonné rejoint une longue tradition de penseurs qui ont promu l'étude des mathématiques comme une méthode pour l'amélioration des capacités au raisonnement. Francis Bacon, un défenseur bien connu de cette position, a comparé dans un passage mémorable les bénéfices de l'exercice des mathématiques pures à ceux de l'exercice du tennis.

> Je ne peux faire état d'aucune carence dans les mathématiques, si ce n'est que les hommes ne comprennent pas suffisamment l'excellente utilité des mathématiques pures, dans ce qu'elles servent de remède et de cure à de nombreux défauts de notre esprit et de nos facultés intellectuelles. Car si l'esprit est trop émoussé, elles l'aiguisent; s'il est trop vagabond, elles le fixent; s'il est trop attaché aux sensations, elles le rendent abstrait. De sorte que comme le tennis est un jeu sans utilité en lui-même, mais d'une très grand utilité en ce qu'il rend l'oeil rapide et le corps capable de prendre toutes sortes de postures, aussi en mathématiques, cet usage qui est collatéral et *accidentel* [*interventient*] ne vaut pas moins que celui qui est principal et intentionnel [23].

De nombreux autres penseurs ont émis des avis similaires [24]. Parmi eux, on trouve Bolzano, qui a écrit que :

> [i]l est bien connu que la mathématique peut procurer, en dehors de l'avantage très répandu de son *application* à la vie pratique, un autre avantage, à peine moins important même s'il tombe moins sous le sens : à savoir la promotion d'une manière de penser solide et profonde en exerçant l'entendement à devenir plus pénétrant [25].

Nous attirons l'attention sur cette conception de la pureté comme une vertu accidentelle ou développementale afin de la distinguer du traitement de la pureté que nous proposons ici. La valeur accidentelle est d'un caractère largement pragmatique. Au contraire, ce qui nous intéresse, c'est la valeur spécifiquement épistémique ou justificative de la pureté, dont nous discuterons une certaine variété dans les paragraphes 3 et 4.

22. Sur ces points, on trouvera des remarques critiques dans Freudenthal, 1967.
23. Bacon, 1605, Livre 2, VIII, 2. Nous soulignons.
24. Voir par exemple la dédicace anonyme dans Saunderson, 1740, p. XVI-XV.
25. Bolzano, 1804, p. 71.

Pour nous, donc, la question est : « Quelle est la *valeur épistémique* de la pureté ? » La littérature à ce sujet est relativement mince. Nous allons maintenant parcourir le peu qui existe.

Dans l'allocution de 1900 où il donne sa liste de *Problèmes*, Hilbert s'exprime en des termes qui suggèrent qu'il considère la pureté comme une vertu épistémique. Plus spécifiquement, il affirme que dans la résolution d'un problème mathématique, on doit rester aussi proche que possible des ressources conceptuelles utilisées dans son énoncé, ou peut-être encore mieux, de celles utilisées dans la *compréhension* de ce problème. En ses termes :

> Il reste à discuter brièvement quelles exigences générales peuvent être justement posées pour la résolution d'un problème mathématique. Je devrais dire tout d'abord ceci : qu'il sera possible d'établir la correction d'une solution aux moyens d'un nombre fini d'étapes, basées sur un nombre fini d'hypothèses *qui figurent dans la présentation du problème* [*in der Problemstellung liegen*] et qui doivent toujours être formulées de manière exacte [26].

Malheureusement, Hilbert n'a pas exprimé plus clairement ce qu'il entendait par une hypothèse « figurant dans » la définition ou présentation d'un problème. Il n'a pas non plus indiqué pourquoi restreindre les solutions d'un problème donné à de telles hypothèses pourrait être exigé, ou du moins bénéfique [27].

Ailleurs, il a clairement montré que son approbation de la pureté était nuancée [28]. En effet, dans la conclusion des *Grundlagen der Geometrie*, un texte écrit à peu près en même temps que l'allocution des *Problèmes*, Hilbert a caractérisé la pureté comme une contrainte *subjective* – spécifiquement, une forme subjective de ce qu'il avait nommé le « *Grundsatz* » des *Grundlagen* [29], qu'il présentait comme suit :

> [...] Pour considérer chaque question qui se présente, de manière à examiner [...] s'il est possible ou non d'y répondre en suivant une

26. Hilbert, 1901, p. 257. Nous soulignons.

27. Au sujet des thèses de Hilbert au sujet de la pureté, *cf.* Hallett, 2008, et Detlefsen, 2008, p. 188 [*cf.* chapitre VI de ce volume pour cette dernière référence].

28. Cela mérite d'être noté, ne serait-ce que parce que plusieurs interprètes de Hilbert ont suggéré le contraire, et notamment Kreisel ; *cf.* Kreisel, 1980, p. 150, 163, 167, Kreisel, 1969, p. 60, Kreisel, 1984, p. 74-75.

29. En classifiant sa préférence pour les preuves pures comme quelque chose de *subjectif*, Hilbert semble avoir eu l'idée suivante à l'esprit : généralement, nous avons autant à apprendre d'une preuve impure que d'une preuve pure ; par conséquence, une préférence systématique pour les preuves pures n'est pas justifiée (et, en ce sens, « subjective »).

> méthode déterminée au préalable, et en employant certains moyens limités [30].

Ces moyens limités ou pré-déterminés *peuvent* représenter une restriction aux méthodes *pures*, mais ils peuvent tout aussi bien représenter autre chose. La restriction aux preuves pures n'est qu'un type de restriction. Et bien qu'ils puissent offrir quelque chose à apprendre, on peut dire la même chose d'autres types de restrictions. Qu'il y ait plus à apprendre d'une restriction aux méthodes pures que d'autres types de restrictions est une hypothèse injustifiée. En conséquence, une préférence systématique pour les preuves pures est également injustifiée. C'est, du moins, ce que Hilbert semble avoir avancé dans le passage des *Grundlagen* donné ci-dessus.

La pureté comme idéal de preuve a continué à avoir des adeptes jusqu'à nos jours. Gel'fond et Linnik, par exemple, la voient comme une représentation d'un « désir naturel » de trouver des solutions élémentaires à des problèmes élémentaires.

> Personne ne songe à renoncer aux méthodes transcendantes dans la théorie des nombres moderne. Pourtant, le chercheur ressent un *désir naturel* de chercher des approches plus arithmétiques à la résolution de problèmes qui peuvent être énoncés en des termes élémentaires. Outre l'évidente valeur méthodologique d'une telle approche, elle est importante en ce qu'elle fournit un aperçu simple et naturel des théorèmes ainsi obtenus, et des causes qui sous-tendent leur existence [31].

Il y a d'autres cas que nous pouvons mentionner également [32]. Nous estimons, cependant, avoir dit suffisamment pour motiver notre intérêt

30. Hilbert, 1899, p. 89.

31. Gel'fond et Linnik, 1966, p. IX. Nous soulignons.

32. Pour un autre exemple récent, *cf.* Dieudonné, 1974, p. 27-28. De plus, un numéro publié en 2002 de l'*American Mathematics Monthly* défend la valeur de la poursuite de la pureté dans l'enseignement au niveau licence, selon les termes suivants :

> Problème 10830. Proposé par Floor van Lamoen, Goes, Pays-Bas. Un triangle est divisé par ses trois médianes en 6 plus petits triangles. Montrer que les circoncentres de ces petits triangles sont tous sur un même cercle.
> Note des éditeurs. Les solutions proposées ont eu recours à la géométrie analytique (ou aux nombres complexes), et à de longs calculs (certains réalisés avec Maple ou Mathematica). Les éditeurs sont d'avis qu'un énoncé sans coordonnées mérite une solution sans coordonnées; une telle solution peut éclairer d'avantage les raisons pour lesquelles la proposition est vraie (*cf.* Edgar, Hensley et West, 2002).

Comme Dieudonné, les éditeurs ici cités justifient leur préférence pour la pureté en raison de sa valeur explicative. Nous ne poursuivrons pas cette suggestion dans cet article, notamment parce que le concept d'explication en mathématiques reste largement sous-développé (*cf.* Mancosu, 2008).

pour la pureté. Dans les sections restantes, nous allons tenter de dire plus clairement ce qu'est la pureté, et comment elle fonctionne en tant que vertu épistémique. Nous allons également présenter et commenter quelques exemples.

3 L'IGNORANCE SPÉCIFIQUE ET SA DÉLIVRANCE

Un objectif important du développement épistémique est de réduire l'ignorance dont une chercheuse est consciente, et dont, en un certain sens important, elle cherche à se délivrer. Parmi les différents types d'ignorance dont des chercheurs peuvent chercher à se soulager se trouve ce que nous appelons « l'ignorance spécifique ». Il s'agit de l'ignorance des solutions à des problèmes spécifiques dont nous sommes conscients, et dont nous désirons la solution [33]. Comment, précisément, la délivrance de cette ignorance doit être conçue, et comment, ainsi conçue, cette ignorance et sa délivrance doivent être mesurées, ce sont là des questions subtiles et compliquées. Dans cet article, nous travaillons à partir d'une conception basique mais seulement partiellement développée de l'ignorance et de sa délivrance. Selon cette conception, l'ignorance spécifique peut être l'objet d'une délivrance même dans des cas où l'ignorance globale (mesurée, par exemple, par le nombre de problèmes que nous ne savons pas résoudre, ou par la proportion des problèmes que nous savons résoudre parmi les problèmes dont nous sommes conscients) peut ne pas l'être.

À ce stade, nous devons dire quelques mots au sujet de la terminologie de la « délivrance ». Nous parlons de « délivrance » plutôt que de « réduction », de « baisse », ou autres termes similaires, parce que nous pensons que soulager un cas d'ignorance spécifique peut être un bien épistémique même si, globalement, il n'en résulte à long terme qu'une réduction de l'« étendue » de notre ignorance [34]. Cela étant dit, nous ne pensons pas que, dans l'absolu, toutes les façons d'éliminer des instances d'ignorance spécifique doivent être comptées comme des *délivrances*. Plus spécifiquement, nous ne

33. Nous ne supposons aucune raison spécifique, ou type de raison, derrière ce désir. Plus spécifiquement, nous ne supposons pas que ce désir représente ce qui pourrait être considéré comme une raison ou un motif purement épistémique.

34. Nous pensons que cela s'appliquera aussi bien à la conception *cardinale* de l'étendue (c'est-à-dire le simple nombre des instances de notre ignorance spécifique) qu'à la conception *proportionnelle* de l'étendue (c'est-à-dire la proportion des instances d'ignorance spécifique dont on n'a pas été délivré).

comptons pas l'élimination d'un cas d'ignorance spécifique comme une délivrance si l'application des moyens de cette élimination elle-même produit systématiquement d'autres cas d'ignorances spécifiques qu'elle n'élimine pas. Ainsi, même si la *délivrance* de l'ignorance spécifique en elle-même n'implique pas nécessairement une réduction, elle doit tout de même ne présenter aucun effet systématique de recharge.

Ainsi, dans notre cadre théorique, la délivrance de l'ignorance spécifique et la pure résolution de problème marchent main dans la main. Les mettre ainsi en relation, bien entendu, requiert plusieurs hypothèses de notre part. Plus spécifiquement, cela requiert que nous supposons que (i) les personnes à la recherche de savoir, que nous appellerons plus généralement les *chercheurs*, peuvent être conscients de cas d'ignorance spécifique, et que (ii) ils sont dans leur droit (c'est-à-dire qu'ils opèrent dans les limites de leurs rôles de chercheurs) lorsqu'ils cherchent à s'en délivrer [35]. Selon la conception que nous allons maintenant présenter, la vertu épistémique fondamentale des solutions *pures* à un problème est qu'elles sont des moyens particulièrement effectifs de se délivrer de l'ignorance spécifique.

3.1 Problèmes

Par le terme de « recherches dirigées », nous nous référerons de manière générale aux tentatives des chercheurs de se délivrer de l'ignorance spécifique. Nous appellerons « questions directrices » et « problèmes directeurs » les questions et les problèmes vers lesquels ces recherches sont orientées. Les problèmes directeurs qui nous occuperont seront principalement sous la forme de questions fermées : par exemple, « Y-a-t il une infinité de nombres premiers ? ». Nous choisissons cette focale non seulement parce qu'elle est pratique, mais aussi parce que nous pensons que la forme fermée « oui/non » est peut-être la forme fondamentale des questions et des problèmes.

Nous représentons les problèmes oui/non qui dirigent des recherches dirigées sous la forme de triplets ordonnés $\mathcal{P} = (?_{o/n}, \mathrm{P}, \phi)$, où '$?_{o/n}$' représente ce que nous appellerons une *attitude interrogative* « oui/non » ; 'P' un contenu propositionnel ; et 'ϕ' une *formulation* de P (à partir des

35. À noter que nous ne concevons pas en général les chercheurs comme étant individués de la même manière que les personnes ou les êtres humains. Ils doivent plutôt être conçus comme les conducteurs de recherches. En des termes plus généraux, une même personne humaine peut être, et le plus souvent est, impliquée dans plusieurs activités de recherche à un instant donné.

ressources formulatives pertinentes à la disposition de la chercheuse en question). Il y a ainsi trois éléments qui déterminent l'identité d'un problème directeur oui/non – son attitude, son contenu, et les moyens formulatifs par lesquels le contenu est représenté à la chercheuse qui l'étudie [36].

3.2 Solutions

Dans notre analyse, les problèmes directeurs sont résolus par des recherches dirigées. Plus précisément, ils sont résolus par les *résultats* de recherches dirigées. Ici, par « résultat », nous entendons l'ensemble des preuves produit par une recherche dirigée, menée dans le but de répondre à sa question directrice. Une « réponse », dans notre analyse, est donc une réponse « oui » ou « non » étayée par des preuves, et pas seulement une réponse « oui » ou « non ».

Répondre à une question est une façon de mettre fin à une recherche de manière appropriée. Une autre façon de faire cela est de *dissoudre* la question. Ce type de « solution » est en fait suggéré par l'étymologie même du verbe « résoudre », qui provient du latin *solvere* – desserrer, relâcher, dénouer. Nous prenons au sérieux cet aspect des solutions qui consiste en une « relâche », bien qu'il ne faille pas comprendre ce terme de manière totalement littérale. Si les problèmes sont à résoudre afin de se délivrer d'une ignorance spécifique, alors, en général, une solution à un problème peut être n'importe quoi qui élimine l'ignorance spécifique qu'il représente. Par conséquent, nous pensons qu'il y a deux chemins qui

36. Les questions d'un autre type interrogatif (tel que les problèmes « qu'est-ce que » ou « pourquoi ») n'expriment pas d'ordinaire une proposition, mais seulement des fonctions propositionnelles (*cf.* Searle, 1969, p. 31). Par exemple, considérons la question « Que vaut $\int_0^1 x dx$? ». Son contenu est la fonction propositionnelle $\int_0^1 x dx = X$, où X est une variable propositionnelle parcourant un domaine intentionnellement défini (nous choisirons ici les nombres complexes). On peut alors reformuler la question « Que vaut $\int_0^1 x dx$? », et demander à la place « Y a-t-il un X tel que $\int_0^1 x dx = X$? » Bien que cette reformulation donne lieu à une question différente, le changement n'affecte que le type interrogatif et la formulation de la question, mais pas son contenu ; et de fait, les changements dans la formulation ne font que refléter le changement du type interrogatif. Pour cette raison, nous considérons cette reformulation comme convenablement proche de la question telle qu'elle était posée à l'origine pour la soumettre à notre analyse. Les problèmes d'un type interrogatif qui n'est pas « oui/non » peuvent ainsi être représentés comme des problèmes oui/non par des quadruplets ordonnés $(?_{o/n}, \mathrm{P}(\overline{\mathrm{X}}, \phi), \overline{\mathrm{D}})$, où $\overline{\mathrm{X}}$ renvoie aux variables propositionnelles (en nombre fini) qui apparaissent dans $\mathrm{P}(\overline{\mathrm{X}})$, et qui parcourent, respectivement, les domaines $\overline{\mathrm{D}}$. Les problèmes oui/non sont alors un cas particulier où les $\overline{\mathrm{X}}$ (et donc $\overline{\mathrm{D}}$) sont tous vides.

diffèrent largement, mais qui tous deux mènent à une solution (dans le sens que nous venons de donner) d'un problème directeur :

(1) y apporter une réponse,

et

(2) le dissoudre rationnellement [37].

L'idée derrière (2), bien entendu, est que lorsqu'un problème cesse d'être un problème directeur pour une chercheuse, il ne représente plus un lieu d'ignorance spécifique pour lui. Comme nous l'avons déjà dit plus haut, nous considérons que la vertu épistémique représentée par les solutions pures de problèmes – ou, en particulier, ce que nous allons appeler des solutions *topiquement* pures – réside dans leur capacité particulière à *délivrer* de l'ignorance spécifique. Le fait qu'elles aient cette capacité est due à leur potentiel distinctif pour la dissolution de ces problèmes qu'elles ne résolvent pas de manière durable.

3.3 Co-finalité, solution stable, & dissolution

Notre analyse de la résolution de problème est centrée sur une relation entre les problèmes et leurs solutions que nous appelons « co-finalité ». Schématiquement, un problème $\mathcal{P} = (?_{o/n}, \mathrm{P}, \phi)$, où '$?_{o/n}$' et sa solution par une recherche $\mathcal{I}_{\mathcal{P}}$ sont « co-finaux » pour une chercheuse α lorsque le résultat $\mathcal{E}$ de $\mathcal{I}_{\mathcal{P}}$ conserve son statut de solution de $\mathcal{P}$ pour α tant que P continue de représenter le contenu de $\mathcal{P}$ pour α, et donc le problème qu'elle cherche à résoudre. La co-finalité implique donc qu'une solution va perdurer en tant que solution d'un problème donné tant que le problème lui-même continue d'être le même.

Une solution co-finale d'un problème assure donc une réduction de l'ignorance spécifique qui en découle. Il en va ainsi parce que la découverte d'une solution co-finale entraîne l'une des deux conséquences suivantes. Ou bien la solution va survivre en tant que solution, ou bien elle va cesser d'en être une. Dans le premier cas, l'ignorance spécifique est réduite car un problème que la solution résout continue d'en être un. Dans le second cas, le problème va nécessairement cesser d'être un problème. Toute modification

37. L'intuition derrière la notion de dissolution est que lorsqu'un problème se constitue en tant que tel (c'est-à-dire en tant que problème) pour une chercheuse, cela est en partie dû aux engagements pris par le chercheur. Ces engagements déterminent le caractère et le contenu du problème. Dans cette mesure, une rétraction de ces engagements aurait pour effet brut une élimination du problème d'origine. La rétraction d'engagements peut donc affecter non seulement la solution d'un problème, mais le problème lui-même. Nous reviendrons sur cette question.

qui a changé la solution originale en une non-solution aura également retiré le problème de la liste des problèmes à résoudre. Dans chacun de ces deux cas, l'ignorance spécifique représentée par le fait que problème original soit un problème a été réduite. Cette réduction aura eu lieu soit par l'ajout d'une solution pérenne, soit par la suppression d'un problème de la classe de problèmes à résoudre.

Nous allons maintenant regarder de plus près les notions centrales en jeu dans les énoncés que nous venons de donner.

Co-finalité

$\mathcal{E}$ est co-final avec $\mathcal{P} = (?_{o/n}, \mathrm{P}, \phi)$ pour α dans le seul cas où toute rétraction de $\mathcal{E}$ par α aurait pour effet de *dissoudre* $\mathcal{P}$ pour elle. Ici, par *rétraction*, nous entendons un changement dans l'attitude de α, après lequel (i) il y aurait une prémisse ou une inférence dans $\mathcal{E}$ que α n'accepte plus, et (ii) ce qui subsiste dans $\mathcal{E}$ une fois cette prémisse ou inférence retirée (que l'on peut appeler $\mathcal{E}^-$) n'est plus une justification (ou une réfutation) de P pour α. L'esprit général de cette réflexion est le suivant : (i) parmi les choses qui contribuent à faire de $\mathcal{P}$ un problème, se trouvent divers engagements et croyances ; (ii) ces engagements peuvent se trouver parmi les engagements contractés par une solution donnée de $\mathcal{P}$, et donc (iii) parmi les effets de la rétractation d'une solution d'un problème peut figurer la dissolution du problème lui-même.

Selon l'analyse développée ici, la co-finalité est cet aspect des solutions pures à des problèmes, qui est la cause principale de leur valeur épistémique – à savoir, leur capacité unique à délivrer de l'ignorance spécifique.

Solution stable

Une recherche dirigée $\mathcal{I}_{\mathcal{P}}$ produit une *solution stable* de son problème directeur $\mathcal{P} = (?_{o/n}, \mathrm{P}, \phi)$ pour une chercheuse α si elle fournit des preuves $\mathcal{E}$ (ce que nous appelons le *résultat* de $\mathcal{I}_{\mathcal{P}}$, ou la *solution* de $\mathcal{P}$) telles que les deux conditions suivantes soient vérifiées :

(i) (a) $\mathcal{E}$ justifie une croyance en P pour α (en vertu de standards appropriés de justification) ou (b) $\mathcal{E}$ justifie une croyance en non-P pour α,

et

(ii) $\mathcal{E}$ est *co-final avec* $\mathcal{P}$ pour α.

L'importance de la *stabilité*, définie ainsi, est qu'une solution stable à un problème donné perdure aussi longtemps que le problème. Globalement, cela semble être une propriété désirable pour des solutions. Cela semble également être un dictat de la « logique » de la notion de (véritable) *solution à un problème*. Nous considérons que cette logique implique qu'une confiance rationnelle en le fait que σ résout $\mathcal{P}$ ne peut excéder la confiance rationnelle en le fait que σ va continuer à résoudre $\mathcal{P}$ tant que ce dernier continue à être le même problème [38].

Les solutions stables à des problèmes promettent de délivrer de l'ignorance spécifique en réduisant la réserve de problèmes que les agents peuvent se représenter (ce qui peut suffire pour que les agents décident de les considérer comme de véritables problèmes) mais ne peuvent résoudre. Une telle réduction peut prendre la forme soit d'une solution à un problème conservé, soit de la dissolution, et donc de la non-conservation d'un problème. Dans chaque cas, on est *délivré* de l'ignorance spécifique parce que la résolution et la dissolution entraînent toutes deux l'élimination d'un problème $\mathcal{P}$ qui est (a) conservé, mais (b) non résolu.

Dissolution

Un problème $\mathcal{P} = (?_{o/n}, \mathrm{P}, \phi)$ est *dissous* pour α si il est, pour α, dissous au niveau de l'« attitude », du « contenu », ou de la « formulation ». $\mathcal{P}$ est *dissous au niveau de l'attitude* pour α si des raisons suffisantes pour garantir l'acception par α de $?_{o/n}$ vis-à-vis de P ne lui sont plus accessibles. $\mathcal{P}$ est *dissous au niveau du contenu* pour α si les ressources formulatives de ce dernier cessent d'inclure la portion de ϕ qui permettait à α de se représenter P [39].

38. Par cet aspect, la résolution de problème ressemble à du savoir. Je ne peux pas savoir que P et en même temps croire que, à un instant futur, P va être faux ou injustifié. De la même façon, je ne peux pas rationnellement croire que σ est une solution à $\mathcal{P}$ tout en croyant qu'à un certain instant futur, il n'en sera plus une.

39. La condition pour la dissolution au niveau de la formulation est la même que celle pour la dissolution au niveau du contenu. Toutefois, ces deux notions de dissolution ne sont pas identiques. La dissolution au niveau de la formulation est constituée par un changement des engagements de la chercheuse, à la suite duquel ϕ cesse d'être une formulation acceptable d'un contenu P. Cela peut se produire parce que les engagements en question constituent des changements quant à ce qui fait qu'une expression compte comme une formulation d'un contenu en général, des changements quant à ce qui fait qu'une expression compte comme une formulation de P, ou encore parce que ces engagements retirent une condition qui était nécessaire pour l'acception de ϕ comme une formulation de P selon un point de vue donné quant à ce que de telles conditions d'acception sont.

L'idée centrale derrière la dissolution, c'est que les engagements qui sont abandonnés dans la rétraction d'une solution *pure* à un problème sont parmi ceux qui déterminent le contenu du problème ou son attitude interrogative. Dès lors, la rétraction peut changer non seulement l'engagement de la chercheuse vis-à-vis de la solution du problème, mais aussi les caractéristiques qui identifient le problème lui-même. Bien sûr, cela ne « détruit » pas du contenu qui faisait auparavant partie des contenus problématiques de la chercheuse. Cela ne change pas non plus le fait qu'une attitude interrogative particulière était auparavant adoptée vis-à-vis de ce contenu. Ce que cela change, cependant, ce sont les problèmes particuliers qui figurent dans le fichier « actif » de la chercheuse – ce que nous appellerons son *corpus de recherche*. Ce sont là les problèmes qui représentent (les instances de) l'ignorance spécifique que les recherches dirigées de la chercheuse visent à soulager [40].

Ce que nous appelons des rétractions (résolutoires) peut, bien entendu, prendre différentes formes et être employé pour différentes raisons. Parmi ces différentes formes, on peut compter des passages de la croyance à l'incroyance, et de la croyance à divers types et/ou degrés d'incroyance. Parmi ces différentes raisons, on peut compter la conviction que quelque chose auparavant cru vrai est en réalité faux, ou que quelque chose auparavant cru vrai est en fait incohérent ou rationnellement absurde. Généralement, il y aura autant de façons de dissoudre un problème qu'il y a de façons d'entraîner des changements au niveau du contenu, de l'interrogation, ou de la formulation dudit problème par le biais d'une « rétraction résolutoire » [41].

40. Intuitivement, le *corpus de recherche* de α est pensé comme la famille de problèmes pour lesquels elle veut des solutions, et vers les solutions desquels elle dirige ses efforts de recherche.

41. La dissolution d'un problème est-elle, ou doit-elle être, sensible aux différences entre les différents types de raisons derrière une rétraction ? Nous n'avons pas de réponse générale à cette question. Cependant, notre argumentation ne nécessite nullement que nous en ayons une. Lorsque nous affirmons que les rétractions de solutions peuvent amener à la dissolution de problèmes, nous disons simplement que certaines croyances (ce que nous appellerons des *croyances qui déterminent des problèmes*) figurent communément parmi les éléments qui déterminent notre saisie ou notre compréhension de problèmes mathématiques. Lorsque nous relions la pureté d'une solution d'un problème et la dissolution de problème, nous attirons l'attention sur une notion de pureté (à savoir, la pureté *topique*) qui vise à restreindre la solution d'un problème en exigeant qu'elle ne fasse usage que de croyances qui déterminent des problèmes. À proprement parler, cela même n'est pas exact. Nous sommes seulement requis d'exiger que les croyances *rétractables* utilisées dans une solution pure soient des croyances qui déterminent des problèmes.

Pour que ce soit le cas, bien entendu, il faut que les croyances figurent communément parmi les choses qui déterminent les problèmes, et que quelles que soient les actions et attitudes comprises dans une « rétraction résolutoire », une portion importante de cet éventail soit constituée de croyances *qui déterminent des problèmes* [42].

3.4 La dynamique de la pureté : une illustration

Afin de rendre plus concrète cette description théorique des effets et interrelations entre les divers éléments de la pureté, un exemple peut être utile. Nous allons donc brièvement décrire un cas qui émerge d'un problème géométrique d'abord posé par J. J. Sylvester [43], et reformulé par la suite par Erdős [44] dans les termes suivants : « Soient *n* points donnés tels que toute droite qui en joint deux passe nécessairement par un troisième. Montrer que les *n* points sont nécessairement alignés ».

Différentes solutions au problème de Sylvester ont été produites. La solution « métrique » donnée par Kelly [45] est particulièrement intéressante pour nous. Nous appelons cette preuve « métrique » parce qu'elle fait l'hypothèse qu'il existe une droite de longueur minimale entre chaque droite et chaque point qui n'est pas sur cette droite. En d'autres termes, elle utilise une notion métrique de *distance*.

Puisqu'une droite (ou un segment) est, par définition, la distance la plus courte entre deux points, il est raisonnable de penser que la distance est un concept pertinent pour ce problème [46]. Malgré cela, les définitions métriques de la droite ne sont pas la règle dans la géométrie récente. Une illustration des attitudes en jeu ici est donnée dans la discussion par Hilbert

42. Il a été suggéré que cela nous engage en faveur de la thèse peu plausible suivante :

> Δ : si nous passons d'une croyance en la proposition P à la croyance en sa fausseté, soit le contenu de P, soit notre compréhension de ce contenu doit changer également.

Nous ne sommes pas engagés en faveur de Δ, et, en fait, nous sommes du côté de ceux qui la considèrent comme peu plausible. Penser que nous sommes forcés d'accepter Δ, c'est ne pas distinguer deux idées assez différentes – à savoir, (a) que rejeter une croyance qui détermine des problèmes change *son* contenu (celui de la croyance), et (b) que rejeter une croyance qui détermine des problèmes change le contenu du problème qu'*elle détermine (partiellement)*. Nous sommes engagés en faveur de (b), mais pas de (a).

43. Sylvester, 1893.

44. Erdős, 1943.

45. Coxeter, 1948, p. 28.

46. Archimède, Leibniz, et Legendre, par exemple, ont tous accepté une telle définition à un moment ou un autre.

de son quatrième problème [47]. Ce dernier rejetait la *définition* métrique de la droite, car il pensait que ce devait être un théorème plutôt qu'une définition.

Coxeter était d'accord, car il estimait que la distance est « essentiellement étrangère à ce problème, qui ne traite que d'incidence et d'ordre [48] ». Supposons que Hilbert et Coxeter aient raison, et qu'accepter l'hypothèse métrique ne soit pas crucial pour notre capacité à comprendre ce problème. Comme résultat, nous pourrions « rétracter » notre engagement en faveur de l'hypothèse de Kelly qu'il existe une droite de longueur minimale entre chaque droite et chaque point hors de cette droite, sans pour autant changer notre compréhension du problème de Sylvester. Il s'ensuivrait alors que la preuve métrique de Kelly n'est pas une solution co-finale du problème de Sylvester.

Pour notre étude, l'hypothèse critique de la solution de Kelly est qu'il existe une droite de longueur minimale entre chaque droite et chaque point hors de cette droite. Si Kelly avait rétracté cette prémisse, sa compréhension du problème de Sylvester n'aurait pas changé [49]. Par conséquent, sa solution

47. Hilbert, 1901.

48. Coxeter, 1948, p. 27. Expliquons brièvement ce que Coxeter entendait par « incidence et ordre ». Une incidence en géométrie est seulement une question de points, de droites, d'incidence de points sur des droites, et d'intersections de droites (en des points). La grammaire de surface du problème de Sylvester indique ouvertement qu'il s'agit d'un problème d'incidence : elle mentionne des points, des droites, et l'incidence de points sur des droites. Le fait que ce problème soit aussi une question d'ordre est moins évident. Ailleurs, Coxeter a donné un argument pour soutenir cette affirmation :

> L'idée essentielle [pour des problèmes comme celui de Sylvester] est celle d'*intermédiarité* (ou « le fait d'être entre »), dont Euclide a fait usage dans sa célèbre définition : « *Une droite (ou un segment) est ce qui est placé également entre ses extrémités* ». Cela suggère la possibilité de concevoir l'intermédiarité comme un concept primitif, et de l'employer pour définir un segment comme l'ensemble des points entre deux points; *cf.* Coxeter, 1989, p. 176.

La thèse de Coxeter consiste en l'affirmation que la véritable définition de la droite fait recours à l'ordre, comme on le voit à travers la définition d'Euclide. Ici, Coxeter utilise une traduction inhabituelle de la définition I.4 d'Euclide. Par contraste, la traduction de Heath donne « une *droite* est une ligne qui est placée également par rapport aux points qui sont sur elle », évitant ainsi toute référence à l'ordre. Pour une comparaison minutieuse, dans l'esprit des mathématiques à rebours, des systèmes axiomatiques suffisants pour la formalisation des diverses solutions au problème de Sylvester, y compris celle de Kelly et celle de Coxeter (qui fait usage de la théorie de l'ordre), *cf.* Pambuccian, 2009.

49. Le statut des hypothèses métriques en géométrie a été un sujet de controverses depuis bien longtemps, si bien que des géomètres comme von Staudt ont cherché à éliminer le métrique de la géométrie, et en particulier de la géométrie projective. La remarque mentionnée ci-dessus de Hilbert, selon laquelle la définition métrique des droites devrait être plutôt vue

ne peut être comprise comme une solution stable du problème de Sylvester, et donc n'est pas une solution pure dans le sens qui nous occupe ici. Voilà, du moins, l'argument que nous proposons.

3.5 La pureté topique

Généralement, une contrainte de pureté restreint les ressources qui peuvent être employées dans la solution d'un problème à ces ressources seules qui *déterminent* le problème. Nous pouvons traiter la mesure d'une telle détermination comme un paramètre, et étudier des mesures particulières et la contrainte de pureté que chaque mesure induit. Dans cet article, nous nous concentrons sur la « détermination topique » [50]. Les engagements topiquement déterminants d'un problème ϕ sont ceux qui, collectivement, déterminent le contenu dudit problème pour une chercheuse donnée.

En mathématiques, parmi ces choses qui déterminent des contenus, on trouve des définitions, des axiomes portant sur des termes primitifs, des inférences, etc. Nous désignerons généralement ces objets par le terme d'*engagements*. Ce que nous appelons la *topique* $\mathcal{T}_{\mathcal{P}}$ d'un problème $\mathcal{P}$ (ou, ce qui revient au même, de la recherche $\mathcal{I}_{\mathcal{P}}$) est un ensemble d'engagements. Plus spécifiquement, c'est l'ensemble des engagements dont chaque élément est tel que si α le rétractait, le contenu de ϕ ne serait plus le même pour α.

Nous disons qu'une solution $\mathcal{E}$ de $\mathcal{P}$ est *topiquement pure* si elle ne s'appuie que sur de tels engagements qui déterminent topiquement $\mathcal{P}$.

L'importance épistémique de la pureté topique découle de la stabilité qu'elle apporte aux solutions de problèmes. Chaque solution topiquement pure $\mathcal{E}$ à un problème $\mathcal{P}$ est *stable* dans le sens où si α rétractait une inférence ou une prémisse de $\mathcal{E}$, le contenu de $\mathcal{P}$ changerait pour α. En d'autres termes, sa rétraction dissoudrait $\mathcal{P}$ au niveau du contenu pour α (c'est-à-dire $\mathcal{E}$ serait co-finale avec $\mathcal{P}$ pour α). Par contraste, si $\mathcal{E}$ était une solution topiquement impure de $\mathcal{P}$, il existerait des prémisses ou des inférences dans $\mathcal{E}$ que la chercheuse pourrait rétracter sans dissoudre $\mathcal{P}$ au niveau du contenu. Dans ce cas, $\mathcal{E}$ ne serait pas *stable* au sens défini précédemment.

comme un théorème, doit être lue dans cette perspective. On peut voir ce désengagement du métrique en géométrie chez les géomètres du XIXe siècle comme un exemple de rétraction.

50. Pour des études d'autres mesures de la détermination de problème, *cf.* Arana, 2008 et Arana, 2009.

Pour rendre complète une théorie de la pureté topique, il nous faudrait bien entendu rendre compte de la façon dont les topiques des problèmes sont déterminées en général. C'est là une tâche difficile, qui va au-delà de ce que nous savons présentement faire. Une première étape, toutefois, peut être accomplie en donnant quelques cas dont nous pensons qu'ils illustrent la pureté topique. C'est à cela que nous nous attelons maintenant.

4 QUELQUES EXEMPLES SUPPLÉMENTAIRES

Considérons le problème de l'infinité des nombres premiers (IP) (c'est-à-dire, le problème de savoir si pour tout entier naturel a, il existe un entier $b > a$ tel que b est premier), et prenons-le au pied de la lettre. Nous entendons par là une compréhension de IP déterminée par les engagements suivants :

1. Les axiomes pour le successeur (pour un entier n, nous le notons $\mathrm{S}(n)$) ;
2. les axiomes d'induction (du premier ordre) qui permettent de rendre précise l'idée que les entiers naturels 'commencent' avec 1 et 'continuent' à partir de là ;
3. les définitions et axiomes pour l'ordre sur les entiers naturels qui, de manière usuelle, déterminent un ordre linéaire discret ;
4. une conception habituelle de la primalité, selon laquelle un entier a est premier si et seulement si $a \neq 1$ et les seuls entiers qui divisent a sont 1 et a ;
5. et les définitions de la divisibilité et de la multiplication qui l'accompagnent (e.g., a divise b (que l'on écrira $a|b$) si et seulement si il existe un x tel que $a \cdot x = b$).

Les axiomes de Peano du premier ordre pour les entiers naturels fournissent une formulation raisonnable de ces engagements, à laquelle on rajoute les définitions de la primalité et de la divisibilité décrites ci-dessus.

La solution la plus célèbre de IP est probablement celle donnée dans les *Éléments*, IX.20. L'argument qui y figure fonctionne essentiellement de la manière suivante. Si $a = 1$, alors puisque $2 = \mathrm{S}(1)$ est premier, nous savons qu'il existe un premier plus grand que $a = 1$. Supposons donc $a > 1$. Soient $p_1, p_2, \ldots, p_n$ tous les nombres premiers inférieurs ou égaux à a, et soit $\mathrm{Q} = \mathrm{S}(p_1 \cdot p_2 \cdots p_n)$. Notons que Q a un diviseur premier b. Pour chaque

i, on a nécessairement $b \neq p_i$, car sinon, on aurait $b|(p_1 \cdot p_2 \cdots p_n)$ et $b|S(p_1 \cdot p_2 \cdots p_n)$, et donc $b = 1$, ce qui contredit la primalité de b. Donc soit $b > a$, soit $b \leq a$, mais puisque $b \leq a$ contredit le fait que les p_i sont tous les premiers inférieurs ou égaux à a, on en conclut que $b > a$.

Cette preuve contient plusieurs étapes qui chacunes nécessitent une preuve. Par exemple, c'est le cas de l'étape qui consiste en l'assertion que si $b|(p_1 \cdot p_2 \cdots p_n)$ et $b|S(p_1 \cdot p_2 \cdots p_n)$, alors $b = 1$; ou encore de l'étape à laquelle il est affirmé que si $a|b$ et $a|S(b)$ alors $a = 1$. Les preuves usuelles de ces résultats (par exemple celles des manuels d'arithmétique élémentaire) peuvent être obtenues à partir des axiomes de Peano, et il est donc raisonnable de penser que ces axiomes, pris avec les définitions susmentionnées de la primalité et de la divisibilité, sont au moins une bonne approximation de la topique de IP [51].

Une solution de IP qui sort clairement de la topique que nous venons d'identifier est la preuve topologique proposée en 1955 par Furstenberg [52], que nous allons maintenant étudier en détail.

1. L'ensemble $\{B_{a,b} : a, b \in \mathbb{Z}, b > 0\}$, où $B_{a,b}$ désigne la progression arithmétique $\{a + bn : n \in \mathbb{Z}\}$, est une base qui génère une topologie sur les entiers. [Cela se prouve au moyen de considérations élémentaires d'arithmétique et de topologie des ensembles de points [53].]

51. Les axiomes de Peano contiennent des axiomes pour l'addition. Cependant, l'addition n'est pas explicitement mentionnée dans IP tel que nous l'avons formulé ici. Par conséquent, il est possible de maintenir qu'une solution pure de IP ne repose pas sur des ressources additives. Une discussion plus complète de cette question nous entraînerait trop loin pour pouvoir être développée ici, et nous y reviendrons ailleurs.

52. Furstenberg, 1955.

53. Preuve : on vérifie les deux conditions nécessaires pour qu'un ensemble soit la base d'un espace topologique sur les entiers. Premièrement, chaque entier x doit être contenu dans un élément de la base $B_{a,b}$. Pour cela, il suffit de prendre $B_{x,b}$, avec n'importe quel terme $b > 0$. Deuxièmement, si un entier x appartient à l'intersection de deux éléments de la base $B_{a,b}$ et $B_{c,d}$, alors il doit appartenir à un troisième élément de la base $B_{e,f}$, tel que $B_{e,f} \subset B_{a,b} \cap B_{c,d}$. Pour cela, on peut prendre $e = x$ et $f = ppcm(b, d)$ (où $ppcm(x, y)$ désigne le plus petit commun multiple de x et y), de sorte que $B_{e,f} = \{x + ppcm(b, d) \cdot n : n \in \mathbb{Z}\}$. Il est clair que $x \in B_{e,f}$. Il faut alors montrer que si $y \in B_{e,f}$, alors $y \in B_{a,b} \cap B_{c,d}$. On sait que $y = x + ppcm(b, d) \cdot n$ pour un certain n. Donc $y = x + bn'$ pour un certain n', et $y = x + dn''$ pour un certain n'' ; d'où $y \in B_{x,b} \cap B_{x,d}$. Puisque $x \in B_{a,b} \cap B_{c,d}$ par hypothèse, et puisque tout membre d'une progression arithmétique peut être choisi comme son terme initial, on a que $B_{a,b} = B_{x,b}$ et $B_{c,d} = B_{x,d}$. Donc $y \in B_{a,b} \cap B_{c,d}$.

2. Pour tous $a, b \in \mathbb{Z}, b > 0$, $B_{a,b}$ est à la fois ouvert et fermé. [Cela se prouve au moyen de considérations élémentaires d'arithmétique et de topologie des ensembles de points [54].]
3. Dans une topologie, les unions d'un nombre fini d'ensembles fermés sont également fermées. [Cela se prouve au moyen de considérations élémentaires de topologie des ensembles de points, en particulier l'utilisation des opérations booléennes sur les ensembles.]
4. L'union d'un nombre fini de $B_{a,b}$ est fermée. [Cela découle de (2) et (3).]
5. Chaque entier m exceptés ± 1 a un facteur premier, c'est-à-dire qu'il existe un nombre premier p et un entier n tels que $m = pn$. [D'après le Théorème Fondamental de l'Arithmétique.]
6. Chaque entier exceptés ± 1 est contenu dans un $B_{0,p}$ où p est un nombre premier. [Cela découle de (5) et de la définition de $B_{0,p} = \{pn : n \in \mathbb{Z}\}$.]
7. Soit $A = \bigcup_p B_{0,p}$, où p parcourt l'ensemble des nombres premiers. Alors $A = \mathbb{Z} - \{-1, 1\}$. [Cela découle de (6).]
8. (a) Supposons qu'il n'existe qu'un nombre fini de nombres premiers, de sorte que A soit l'union d'un nombre fini de $B_{0,p}$.
   (b) Alors A est un ensemble fermé dans notre topologie. [Cela découle de (4).]
   (c) Alors $\{-1, 1\}$, comme complémentaire d'un ensemble fermé, est un ensemble ouvert. [D'après la définition d'un ensemble fermé.]
   (d) Les ensembles ouverts de la base $B_{a,b}$ sont tous infinis. [Cela découle du fait que $\mathbb{Z}$ est infini.]
   (e) Chaque ensemble ouvert est un sur-ensemble d'un des ouverts de la base. [Par définition des bases topologiques.]

54. Preuve : il suffit de remarquer que

$$B_{a,b} = \mathbb{Z} - \bigcup_{1 \leq i \leq b-1} B_{a+i,b}$$

c'est-à-dire le complémentaire de l'union des autres progressions arithmétiques avec la même raison b que $B_{a,b}$. Puisque l'union d'ensembles ouverts $B_{a,b}$ est ouverte (par définition des espaces topologiques), $B_{a,b}$ est le complémentaire d'un ouvert, et donc est fermé.

(f) Cela contredit la finitude de $\{-1, 1\}$. [Cela découle de (8c), (8d), (8d).]

9. Il y a donc une infinité de nombres premiers, et donc pour tout entier a, il existe un nombre premier $b > a$.

5 UNE DISCUSSION DE LA SOLUTION DE FURSTENBERG

D'après nous, la solution de Furstenberg à l'IP est topiquement impure. La première étape de sa preuve établit que certaines progressions arithmétiques forment une base d'un espace topologique. Accepter cette étape engendre plusieurs engagements en rapport à la théorie des ensembles. Cela nécessite également des engagements vis-à-vis des définitions d'un espace topologique et d'une base topologique. La seconde étape rajoute d'autres engagements vis-à-vis des définitions des ensembles fermés et ouverts dans une topologie. De notre point de vue, la rétraction de n'importe lequel de ces engagements ne nécessiterait pas en soi un changement corrélatif dans notre compréhension de IP.

Quelques explications concernant la rétraction des définitions s'imposent ici. Lorsque nous acceptons une définition, nous nous représentons le concept qu'elle définit comme étant formulé par cette définition. La rétraction d'une définition n'implique ni qu'aucune autre définition de ce concept ne peut être acceptée, ni que rien ne tombe sous le coup de ce concept. Nous avons vu cela auparavant lorsque nous avons envisagé la possibilité de rétracter la définition métrique de la droite : elle était remplacée par d'autres définitions du même concept, comme par exemple la définition de Coxeter qui faisait appel à la théorie de l'ordre [55].

55. Cela soulève la question de savoir *pourquoi* des engagements vis-à-vis de définitions seraient rétractés, à laquelle nous allons brièvement répondre. L'incohérence que l'on peut percevoir dans une définition est une raison de la rétracter, mais il y en a d'autres. D'une manière générale, la « fécondité » fournit une autre (classe de) raison(s). Les mathématiciens peuvent retirer, et en fait ont retiré (c'est-à-dire changé) des définitions parce qu'ils pensaient qu'une nouvelle définition représentait une manière plus féconde de concevoir les choses qui les intéressent (*cf.* Tappenden, 1995 pour plus de détails). Par ailleurs, il se peut simplement qu'une nouvelle définition, même une dont l'extension coïncide avec celle de la définition rétractée, soit plus économique au niveau de la formulation que la seconde. Une autre raison apparaît dans la tradition de la géométrie projective au XIXe siècle. Comme nous l'avons déjà remarqué, les considérations métriques (y compris les définitions métriques de la droite, par exemple) ont été rétractées et remplacées par des considérations purement restreintes à la théorie de l'incidence, pour des raisons de généralité et de simplicité. Étudier la géométrie à partir d'hypothèses métriques en vigueur revient à limiter la généralité de l'étude à un seul

Dans le cas particulier qui nous occupe, si je rétracte mon engagement vis-à-vis d'une définition d'un espace topologique, je ne me représente plus le concept d'espace topologique de la façon formulée par cette définition. Puisque ma compréhension de IP ne requiert pas que je me représente ce concept, cette rétraction ne dissout pas le problème.

Il s'ensuit que la solution de Furstenberg de IP est topiquement *impure*, et qu'il lui manque cette connexion spéciale avec IP qui est requise pour qu'elle soit co-finale avec ce problème [56]. Cela s'explique par le fait que la solution de Furstenberg semble avoir été inspirée par l'idée selon laquelle, au fond, l'arithmétique (ou, du moins, la portion de l'arithmétique qui a à voir avec IP) est d'une nature véritablement topologique.

Colin McLarty a essentiellement soulevé cette question (dans une correspondance). De son point de vue, il existe une façon privilégiée de comprendre IP, par laquelle on s'engage en faveur de principes topologiques tels que ceux employés par Furstenberg. D'après McLarty, donc, le contenu de IP est à la fois topologique et arithmétique, et la preuve de Furstenberg ne devrait donc pas être considérée comme impure simplement parce qu'elle fait appel à des principes topologiques.

Lorsqu'il dit cela, McLarty se range du côté de la tradition bourbakiste en recherche arithmétique, une tradition à laquelle le travail de Furstenberg appartient également [57]. En 1940, Chevalley a publié un article séminal sur la théorie des corps de classes [58], qui contenait un travail qu'il considérait comme appartenant à l'arithmétique, malgré le rôle central que la topologie y jouait. Chevalley considérait que l'engagement dans la topologie était

cas spécial de la géométrie, là où les concepts géométriques pourraient être développés d'une façon plus générale ou plus basique au travers de considérations projectives non-métriques. Ce sont là quelques raisons pour lesquelles des rétractions, et en particulier des rétractions de définitions, peuvent avoir lieu.

56. Lorsque nous disons cela, nous ne suggérons bien sûr pas que la solution de Furstenberg n'a pas d'autres vertus épistémiques spéciales en elle-même. Nous ne prenons nullement position sur cette dernière question. Nous nous contentons de dire qu'elle n'est pas topiquement pure en le sens que nous avons donné à ce terme.

57. Cette tradition a été développée en particulier par Claude Chevalley, l'un des fondateurs de Bourbaki. McLarty identifie la solution de Furstenberg comme étant bourbakiste en ce qu'elle commence par le déploiement d'une topologie sur les entiers, dont la base est l'ensemble des $B_{a,b} = \{a + bn : n \in \mathbb{Z}\}$, pour tous $a, b \in \mathbb{Z}, b > 0$. McLarty note qu'au sein de cette tradition, le choix de Furstenberg pour la base des ouverts n'est pas accidentel. Prendre les progressions arithmétiques comme base des ouverts génère ce qui est appelé la « topologie profinie » sur les entiers, un type d'espace topologique qui est toujours l'objet d'un large intérêt. Pour une définition précise de la topologie profinie, et une discussion de son origine dans les travaux de Kronecker, Dedekind, et Hensel, *cf.* Schwermer, 2007, p. 162-164.

58. Chevalley, 1940.

d'une nature essentiellement *axiomatique* ou *ensembliste*, et pas d'une nature, plus typique de la conception de la topologie à la Poincaré-Lefschetz, dans laquelle un usage essentiel est fait de continua comme les lignes réelles ou complexes. Chevalley estimait que la topologie en ce second sens n'était pas arithmétique.

Digression historique

L'une des raisons qui fait que ce cas d'étude est pertinent, c'est que plusieurs de ses protagonistes principaux, Claude Chevalley et les Bourbakistes, reconnaissaient le caractère « révolutionnaire » de leurs opinions quant à la pratique arithmétique, et ont donc publié des commentaires explicites à cet effet. Bourbaki a ainsi décrit ce travail en 1948 comme la preuve que, « chose étonnante, la topologie envahit ce qui était jusqu'alors le règne du *discret*, du discontinu par excellence, l'ensemble des nombres entiers [59] ». Ils pensaient que cette combinaison de la topologie et de l'arithmétique donnait lieu à une compréhension « plus profonde » des problèmes arithmétiques en général.

> Là où l'observateur superficiel ne voit que deux ou plusieurs théories en apparence très distinctes, se prêtant, par l'entremise d'un mathématicien de génie, un « secours inattendu », la méthode axiomatique enseigne à rechercher les raisons profondes de cette découverte, à trouver les idées communes enfouies sous l'appareil extérieur des détails propres à chacune des théories considérées, à dégager ces idées et à les mettre en lumière [60].

Et plus loin :

> La méthode axiomatique a montré que les « vérités » dont on voulait faire le pivot des mathématiques n'étaient que des aspects très spéciaux de conceptions générales, qui n'y limitaient nullement leur portée. Si bien qu'en fin de compte, cette intime fusion dont on nous faisait admirer l'harmonieuse nécessité, n'apparaît plus que comme un contact fortuit de deux disciplines dont les liens sont beaucoup plus cachés qu'on ne pouvait le supposer *a priori* [61].

Appliquée au cas particulier de IP, cette conception consisterait à dire que le travail de Furstenberg révèle des éléments topologiques et ensemblistes du contenu de IP, qui jusque-là n'avaient pas été remarqués [62].

59. Bourbaki, 1948, p. 43.
60. *Ibid.* 38.
61. *Ibid.* 46.
62. On peut observer que, dans de nombreux autres cas, la dynamique du changement topique n'est pas aussi claire que dans ce cas ci. On pourrait penser au passage de Viète à

Fin de la digression

La conception de McLarty est donc que, si on la comprend de manière adéquate, la topique de IP laisse de la place pour des éléments topologiques, et qu'il est ainsi erronné de classifier la preuve de Furstenberg parmi les preuves impures simplement parce qu'elle fait usage de tels éléments. C'est une affirmation sérieuse, mais avec laquelle nous sommes en dernière analyse en désaccord.

Selon nous, les ressources conceptuelles qui sous-tendent notre compréhension de IP n'impliquent nullement des éléments topologiques de la façon suggérée par McLarty. La vérité centrale, de notre point de vue, est la suivante : notre compréhension basique de IP ne changerait pas si on se contentait de nous donner des raisons de rétracter, par exemple, la définition d'un espace topologique employée par Furstenberg dans sa solution de IP. En d'autres termes, notre compréhension de IP – tel que présenté, par exemple, par Euclide dans le Livre IX des *Éléments* – ne serait pas dissoute simplement parce qu'on nous aurait donné une raison de rétracter la définition d'un espace topologique qui figure dans la preuve de Furstenberg.

Cela suggère une distinction assez délicate entre certaines notions de « profondeur » et certaines notions du « caractère basique » des preuves et

Descartes au sujet de l'interprétation algébrique de la multiplication (*cf.* Bos, 2001, chapitres 8 et 21). Il existe un sens naturel en lequel on peut comprendre la dimension des quantités géométriques : un segment de droite est uni-dimensionnel, tandis qu'un rectangle est bi-dimensionnel. Viète a suivi ce sens lorsqu'il a interprété la multiplication : le produit de deux quantités donne une quantité d'une dimension supérieure, de sorte que le produit ab désigne une quantité de dimension supérieure à a et à b pris séparément. Ainsi, par exemple, si a et b désignent des segments de droite, alors le produit ab était perçu comme désignant un rectangle.

L'algèbre de Viète, par conséquent, impose une exigence d'« homogénéité » dimensionnelle, selon laquelle seuls des termes de même dimension peuvent être combinés dans une opération arithmétique (*cf.* Viète, 2004, p. 20). Pour Descartes (qui développa ses idées dans la *Géométrie*), une telle restriction n'était pas nécessaire. Selon lui, le produit ab de deux segments de droite a et b est simplement un autre segment de droite. Les avantages de l'approche de Descartes par rapport à celle de Viète sont presque immédiatement évidents, et la dimensionnalité des quantités a vite été abandonnée.

Puisque, pour Viète, la dimensionnalité et l'engagement en faveur de l'homogénéité étaient aux fondements de sa compréhension de la multiplication algébrique, il n'est pas déraisonnable de voir ce virage cartésien comme un virage de la topique de la multiplication algébrique. Contrairement au cas de Furstenberg, cependant, ce virage n'était pas une affaire de ferveur réformiste, mais plutôt d'accommodation au pouvoir des méthodes cartésiennes. On pourrait citer d'autres exemples issus de pratiques plus récentes. L'identification de topiques pour de tels cas peut ainsi dépendre de virages méthodologiques moins dramatiques que dans le cas de Furstenberg.

des solutions de problèmes. Une solution topologique de IP peut fournir ce qui, en un certain sens, en sera la solution *la plus profonde* sans pour autant en fournir la solution *la plus basique*. Ici, par *la plus basique*, nous entendons quelque chose comme la plus rudimentaire, c'est-à-dire, possédant au plus haut degré cette qualité des solutions qui n'emploient que les ressources conceptuelles qui correspondent au plus près à celles qui sont nécessaires pour comprendre le problème.

La pureté topique, telle que nous la concevons, vise à atteindre ce caractère rudimentaire, plutôt que la profondeur de la solution. C'est le cas, du moins, tant qu'on conçoit la profondeur ainsi que McLarty semble le faire – à savoir, comme une propriété d'une solution qui reflète le fait, pour des raisons de simplicité, que les ressources conceptuelles dont la solution fait usage sont d'un type qui peut, ou peut-être doit, être utilisé pour résoudre tous, la plupart, ou au moins une gamme d'une étendue impressionnante de problèmes mathématiques.

Rechercher une profondeur de ce type peut être, selon la suggestion de Bourbaki, une façon d'atteindre « une économie de pensée considérable [63] ». Cette économie a peut-être une grande valeur ; assez, peut-être, pour lui donner priorité sur une solution pure de IP [64]. Rien de tout cela, cependant, ne justifie d'identifier la pureté avec la profondeur en ce sens, ou encore de considérer la preuve de Furstenberg comme étant (topiquement) pure.

6 CONCLUSION

Nous nous sommes concentrés sur une conception de la pureté, que nous avons appelée la pureté *topique*. Selon nous, l'importance épistémique de ce type de pureté réside dans le fait qu'elle fournit un moyen particulièrement stable de réduire l'ignorance spécifique dans les recherches dirigées. Des solutions topiquement pures perdurent en tant que solutions tant que les problèmes directeurs restent les mêmes problèmes. Cette 'stabilité' des solutions pures est, pour nous, leur principal avantage épistémique. L'amélioration du savoir prend parfois la forme d'une réduction de l'ignorance spécifique. Dans ces cas, cette amélioration est d'autant meilleure que, toutes choses égales par ailleurs, elle réduit plus effectivement l'ignorance spécifique en jeu. Nous avons défendu l'idée

63. Bourbaki, 1948, p. 42.
64. *Ibid.*, p. 35-36.

selon laquelle les solutions stables à des problèmes directeurs garantissent de réduire plus effectivement l'ignorance représentée par ces problèmes que des solutions impures. Cela découle du fait que les solutions stables, contrairement aux solutions instables, garantissent de réduire l'ignorance par dissolution même lorsque leur capacité à la réduire par résolution n'aboutit pas.

Nous avons proposé un modèle pour expliquer comment la pureté topique peut être une vertu de la preuve. Nous n'avons pas défendu l'idée selon laquelle c'est la vertu suprême des preuves. Il existe de nombreuses autres vertus épistémiques que des solutions à des problèmes peuvent avoir ou dont elles peuvent manquer, et nous ne voyons aucune raison de penser que des solutions uniques peuvent, en général, toutes les réaliser. Dans cette mesure, il y a peut-être de bonnes raisons derrière la pratique courante de la recherche de solutions multiples à un même problème [65].

65. *Cf.* Dawson Jr., 2006 pour une discussion plus large de la question des raisons pour lesquelles les mathématiciens redémontrent des théorèmes.

CHAPITRE VIII

PAIX, JUSTICE ET CALCUL : LE PROGRAMME DE LEIBNIZ ET LA SIGNIFICATION MORALE ET POLITIQUE DU THÉORÈME DE CHURCH

1 LE PROGRAMME DE LEIBNIZ

Tout au long de sa vie, Leibniz se consacra à des projets qu'il jugeait susceptibles d'améliorer les conditions de la vie humaine. Celui d'entre eux qui présentait le plus d'importance à ses yeux était la mise au point de son *ars combinatoria*. Cet ambitieux projet, esquissé dès ses premiers écrits [1] et inlassablement repris tout au long de sa vie (cf. la lettre du 10 janvier 1714 à Nicolas Rémond [2]), se divisait initialement en trois sous-projets : (i) le *calculus ratiocinator* (Calcul du raisonnement), dans lequel il espérait codifier, sous une forme mécanique, toutes les formes acceptables de raisonnement logique, (ii) la *characteristica universalis* (ou caractéristique universelle), censée servir de langage logiquement transparent pour l'expression de toute pensée rationnelle, et (iii) l'*encyclopedia* de la connaissance humaine, supposée cataloguer la totalité des connaissances

1. Cf. *De Arte combinatoria*, 1666.

2. Leibniz y écrit : « si j'avais été moins distrait, ou si j'étais plus jeune, ou assisté par de jeunes gens bien disposés, j'espérerais donner une manière de Spécieuse Générale, où toutes les vérités de raison seraient réduites à une façon de calcul. Ce pourrait être [...] une manière de langue ou d'écriture universelle [...] car les caractères et les paroles mêmes y dirigeraient la raison, et les erreurs (excepté celles de fait) n'y seraient que des erreurs de calcul. »

admises par l'humanité [3]. Leibniz estimait que la réunion de ces trois outils rendrait possibles des progrès significatifs dans la connaissance humaine et dans les conditions de vie humaine en général.

Il estimait même que ces outils pourraient servir les fins de la paix et de la justice. La paix y gagnerait si l'on mettait au point des méthodes mécaniques permettant de résoudre les débats épistémiques. La justice y gagnerait si la mécanisation de la pensée permettait de répandre plus équitablement les biens épistémiques, de sorte que les personnes épistémiquement défavorisées reçoivent une part plus importante.

La mécanisation de la pensée servirait les intérêts de la paix en permettant aux parties opposées d'un débat épistémique de « calculer » pacifiquement la voie menant à la résolution. Elle servirait les intérêts de la justice en permettant aux personnes possédant une faible capacité de raisonnement innée ou « intuitive » d'arriver presque à égalité épistémique avec les personnes mieux pourvues à cet égard. Qui plus est, elle donnerait accès aux bénéfices sociaux de la connaissance même aux personnes à qui elle n'arriverait pas à donner accès à la connaissance elle-même.

Nous appellerons *programme de Leibniz* ce programme général de promotion de la paix et de la justice par la formalisation ou mécanisation de la raison. Ce faisant, nous ne prétendons pourtant pas qu'il corresponde

3. Plus tard, Leibniz réunit les trois sous-projets en deux, en fusionnant le *calculus ratiocinator* et la *characteristica universalis* en un unique projet, nommé « science générale ». Il écrivit ainsi dans les « Nouvelles ouvertures » :

> Je trouve que deux choses seraient nécessaires aux hommes pour profiter de leur avantages, et pour faire tout ce qu'ils pourraient contribuer à leur propre félicité, au moins en matière de connaissances [...] Ces deux choses sont, premièrement un INVENTAIRE exact de toutes les connaissances acquises mais dispersées et mal rangées (au moins de celles qui nous paraissent au commencement les plus considérables), et secondement la SCIENCE GÉNÉRALE qui doit donner non seulement le moyen de se servir des connaissances acquises mais encor la Méthode de juger et d'inventer, à fin d'aller plus loin, et de suppléer à ce qui nous manque. Cet inventaire dont je parle serait bien éloigné des systèmes, et des dictionnaires, et ne serait composé que de quantité de Listes, dénombrements, Tables, ou Progressions, qui serviraient à avoir toujours en vue dans quelque méditation ou délibération que ce soit le catalogue des faits et des circonstances et des plus importantes suppositions et maximes qui doivent servir de base au raisonnement. [...] [Dans un inventaire désordonné] nos richesses mêmes nous rendent pauvres à peu près comme il arriverait dans un grand magasin qui manquerait de l'ordre nécessaire pour trouver ce qu'il faut. [...] La science générale ser[t] encor à faire bien dresser l'inventaire. [...] C'est par elle qu'il faudra toujours commencer. (C'est Leibniz qui souligne ; l'ajout entre crochets est de moi. Le texte français a été établi par Louis Couturat dans Leibniz, 1903, p. 228-229.)

en tout point à ce que le Leibniz historique pouvait avoir eu à l'esprit. Ce sont les idées elles-mêmes qui nous intéressent avant tout, plutôt que la parfaite fidélité dans l'attribution. Nous estimons néanmoins que ce que nous décrivons ici sous le nom de programme de Leibniz est une interprétation plausible des conceptions de Leibniz en personne.

Nous avons l'intention d'évaluer la vraisemblance du programme de Leibniz. L'évaluation que nous proposons s'appuie sur la fameuse démonstration par Church de l'indécidabilité de la validité classique du premier ordre. Elle est largement pessimiste, mais pas totalement. Nous soutenons que le théorème de Church borne sérieusement les chances de succès de programmes comme celui de Leibniz. Si tel est bien le cas, le théorème de Church s'avérerait avoir des implications non triviales dans le domaine de la philosophie sociale et politique. Ces implications semblent être restées largement inaperçues.

Notre évaluation du programme de Leibniz repose sur l'identification de ce que nous considérons comme son élément clef : une condition que nous appellerons le Réquisit de calculabilité. Ce réquisit se présente sous la forme doctrinale d'un Programme épistémico-social déterminant les critères au nom desquels des individus peuvent prétendre influencer les croyances et actions d'autres personnes appartenant à la même communauté épistémique qu'eux. Plus précisément, ce réquisit stipule que pour être légitime (c'est-à-dire pour être à même de produire une obligation de croyance qui soit contraignante aux yeux de la communauté), toute entreprise d'influence ou de mise en conformité des croyances d'autrui dans une communauté épistémique doit s'appuyer sur un « calcul épistémique ». Par « calcul épistémique » d'une proposition quelconque, nous entendons, en deux mots, une démonstration formalisée vérifiable de manière effective [4] de la proposition à partir de prémisses appartenant à l'encyclopédie ou inventaire des connaissances admises par la communauté [5].

Leibniz préconisait d'obéir à ce genre de conditions parce qu'il considérait la faculté de calculer comme une sorte de « plus petit dénomi-

4. J'appelle « vérifiable de manière effective » une démonstration formelle dont on peut décider de manière effective si elle est inférentiellement bien formée, eu égard aux standards de ce que la communauté admet comme bien formé.

5. L'encyclopédie est entendue de manière quelque peu abstraite et idéale. Plus précisément, elle est entendue comme contenant non seulement tout ce qui, dans la connaissance actuelle, peut être confirmé par des moyens communément possédés et acceptés dans une communauté quelconque, mais plus généralement toute connaissance pouvant être confirmée de cette manière, qu'elle soit actuelle ou non.

nateur commun » aux êtres humains – une compétence cognitive qui compte parmi les compétences partagées à part égale par les êtres humains (ou peu s'en faut). C'est cette croyance dans le caractère élémentaire ou commun de la pensée calculatoire que nous désignerons dans cet article sous le nom de *thèse de Leibniz*. Son importance tient au fait que, par ses ressorts mêmes, cette compétence communément partagée semble permettre à toutes et à tous, y compris aux personnes cognitivement défavorisées, de réaliser un certain objectif épistémico-politique : celui de l'autonomie épistémique, la conduite de leurs affaires épistémiques selon leurs propres lumières épistémiques.

La thèse de Leibniz explique pourquoi il est souhaitable pour une communauté d'instituer le Réquisit de calculabilité comme Programme épistémique. Si l'on admet la thèse de Leibniz, le respect d'une condition telle que le Réquisit de calculabilité est nécessaire pour que soit protégée comme il se doit l'autonomie épistémique des membres cognitivement les plus défavorisés d'une communauté. Tel est du moins le cas si la communauté en question est un échantillon raisonnablement représentatif de la disparité des compétences cognitives humaines.

Pour être plus précis, le respect d'une condition telle que le Réquisit de calculabilité semblerait nécessaire pour que soit protégé ce que nous désignerons sous le nom d'*autonomie épistémique faible*. Par autonomie faible, nous entendons le droit limité qu'a un individu de ne croire et/ou de n'agir qu'en suivant sa propre conviction. Le Réquisit de calculabilité protège l'autonomie faible des individus épistémiquement les plus défavorisés d'une communauté en soumettant toute revendication de conformité épistémique à de drastiques contraintes d'élémentarité. Si l'on respecte ces contraintes, la conviction de toutes et de tous, y compris des personnes les moins bien pourvues épistémiquement, devrait atteindre à la conformité autonome, leur autonomie individuelle faible étant par là préservée.

Le respect du Réquisit de calculabilité est ainsi souhaitable dans la mesure où il permet de garantir l'autonomie épistémique de tous les membres d'une communauté, quelles qu'en soient les disparités cognitives. Nous soutiendrons pourtant qu'il se trouve également mettre en péril un autre type d'autonomie épistémique – l'autonomie épistémique forte – chez ceux qui sont cognitivement les mieux pourvus.

Par autonomie épistémique forte, nous entendons le droit limité qu'a un individu d'influencer les croyances et/ou les actions d'autrui selon la manière dont il pense qu'elles devraient rationnellement être influencées.

Nous soutiendrons que les intérêts des autonomies épistémiques faible et forte ne peuvent être servis simultanément que dans une certaine limite et que cette limite tient vraisemblablement au théorème de Church. Nous affirmons ainsi que le théorème de Church réduit l'espoir d'un état durable de paix épistémique (c'est-à-dire d'un état dans lequel les conflits épistémiques puissent être résolus de manière pacifique). Nous soutiendrons également que le théorème de Church (et toute une famille de résultats apparentés, liés au « problème de la décision ») réduit les chances qu'une justice épistémique – et notamment une répartition équitable des biens épistémiques de base – progresse par des moyens globalement semblables à ceux proposés par Leibniz. Nous estimons donc que le théorème de Church n'a pas seulement des ramifications sociales et politiques, mais aussi morales.

2 La paix et les conflits épistémiques

Les conflits épistémiques, tels que nous les examinerons, surviennent quand (i) un certain membre d'une communauté exige de tout ou partie des autres membres de la communauté une mise en conformité épistémique, et que (ii) un ou plusieurs autres membres de la communauté n'accèdent pas à cette injonction de mise en conformité épistémique. Nous supposons qu'il règne dans la communauté en question un consensus précis sur la compréhension (1) de ce qu'il faut entendre par conformité ou non-conformité épistémique, (2) des conditions sous lesquelles la conformité peut légitimement être revendiquée et (3) des mesures qui peuvent légitimement être prises pour garantir la conformité. Il n'est pas nécessaire de traiter ici des détails de ces éléments sur lesquels nous supposons que règne un consensus.

De notre point de vue, tout conflit épistémique commence ainsi par ce que nous désignerons sous le nom de « revendication épistémique », c'est-à-dire le fait d'enjoindre une communauté à conformer sa croyance à une ou plusieurs propositions données. Il s'agira généralement de propositions auxquelles adhère personnellement l'auteur de l'injonction, mais cela n'est pas indispensable pour émettre une revendication épistémique. Ce qui est indispensable est qu'elles s'adressent à des communautés et qu'elles revendiquent l'acquiescement d'autrui sur certains sujets d'engagement épistémique [6].

6. Afin d'éviter toute confusion, quelques clarifications préalables s'imposent. Premièrement, j'entends la notion de communauté de façon assez large et souple. En particulier,

Pour être plus précis, une revendication épistémique est un quintuple d'éléments. Le premier est le requérant (le *conformateur*), qui émet la revendication. Le deuxième est la communauté cible à laquelle s'adresse la revendication. Le troisième est un élément propositionnel p qui fournit le contenu propositionnel de l'attitude que le requérant propose d'adopter. Le quatrième est un élément d'attitude A détaillant la ou les attitudes épistémiques et/ou postures actancielles particulières qui, selon le requérant, devraient être adoptées envers p. Le cinquième, enfin, est un élément modal, par lequel le requérant formule une modalité normative (c'est-à-dire une obligation ou une autorisation d'un certain type) caractérisant à ses yeux les responsabilités de la communauté cible eu égard à l'attitude épistémique dont il réclame l'adoption.

On voit que, comprises de cette manière générale, les revendications épistémiques peuvent être divisées en deux grands types, selon que l'élément normatif ou modal de la revendication est une obligation ou une autorisation. Nous appellerons *conformatrices* les revendications stipulant une obligation de croire (ou d'agir comme si on croyait). Les revendications non-conformatrices, quant à elles, n'affirment pas ce genre d'obligation, mais se contentent d'indiquer une autorisation à croire et/ou à agir d'une certaine façon. Elles servent donc en premier lieu soit à informer les membres d'une certaine communauté cible de certaines prises de position épistémiques du requérant, soit à faciliter le partage de positions non-conformatrices parmi les membres de la communauté au nom de principes tels que l'enrichissement épistémique général.

La distinction entre revendications conformatrices et non-conformatrices est cruciale pour notre notion de conflit épistémique. Tous les conflits, estimons-nous, supposent le dépôt d'une revendication

je suppose qu'un même individu peut appartenir à plusieurs communautés épistémiques à la fois et que ces communautés peuvent tout à fait être étroites. En fait, je serais même prêt à accepter de compter comme une sorte de communauté les différentes personnalités d'un schizophrène si par hasard il s'avérait pertinent d'effectuer ce genre d'individualisation épistémique (ce qui peut très bien ne pas être le cas). Deuxièmement, je suis parfaitement conscient qu'un grand nombre de conflits épistémiques ne portent pas tant sur la vérité ou la fausseté d'une croyance quelconque que sur la force des éléments de preuve en sa faveur ou en sa défaveur. Je suppose cependant que tous les désaccords de ce type peuvent être représentés comme des désaccords sur la valeur de vérité d'une certaine proposition (par exemple des propositions comme « l'élément de preuve en faveur de p est concluant » ou « l'élément de preuve en faveur de p est plus fort que l'élément de preuve en faveur de q »). De ce fait, j'estime que les formes élémentaires de débat ici esquissées permettent de représenter des types de conflits apparemment plus complexes, comme ceux qui portent sur les différences de force de croyance des différentes parties au litige.

conformatrice (à adopter une attitude épistémique ou une posture actancielle A envers une proposition *p*) à laquelle un certain membre (le non-conformateur) de la communauté cible du conformateur ne se conforme pas à ce moment-là.

Pour qu'une revendication conformatrice soit légitime, le conformateur doit fournir une raison susceptible de pousser les membres de la communauté cible à adopter en toute autonomie la position (attitude épistémique ou posture actancielle) à laquelle il enjoint autrui dans sa revendication. La formulation d'une revendication conformatrice à une communauté soumet donc le conformateur à un devoir : celui de fournir aux membres le moyen de se mettre en conformité en toute autonomie. L'obligation de conformité qui est invoquée dans la revendication conformatrice n'est en effet pas suivie d'effet tant qu'on ne n'est pas acquitté de ce devoir.

Il s'agit là d'un élément clef de notre conception du conflit épistémique. C'est de lui que dépend ce que l'on pourrait appeler une *règle de conservatisme* dans les relations entre les requérants de conformité et leurs communautés cibles. En vertu de cette règle, aucun changement dans les attitudes épistémiques ou actancielles des membres d'une communauté cible n'est requis tant que le conformateur ne leur fournit pas en contrepartie une garantie que leur mise en conformité préservera leur autonomie épistémique et actancielle. La règle de conservatisme prend ainsi sa source dans le souci de protéger l'individu de l'autoritarisme dans sa vie épistémique et actancielle et elle est conçue pour assurer que l'autonomie épistémique de l'individu soit prise en compte comme il se doit dans toute exigence légitime de conformité épistémique.

La formulation d'une revendication conformatrice suppose donc une contrepartie de la part du conformateur. Ce genre de contrepartie doit généralement prendre la forme d'un argument ou d'une raison susceptible de pousser rationnellement les membres de la communauté cible à adopter en toute autonomie l'attitude ou la posture actancielle à laquelle il enjoint autrui dans sa revendication conformatrice. Une contrepartie conformatrice digne de ce nom doit aussi rendre passible de poursuites la non-conformité, en associant comme contrepartie à toute violation de la rationalité une culpabilité de non-conformité.

Les propriétés spécifiques du système de contreparties d'une communauté dépendront en partie du degré auquel elle estime que les mécanismes de résolution des conflits peuvent s'immiscer dans les vies épistémique et actancielle des individus. Celles et ceux qui estiment que les croyances et postures actancielles ancrées de façon relativement solide et profonde devraient être soumises à des exigences de conformité requerront que les conformateurs fournissent en contrepartie des raisons particulièrement fortes afin de pousser les agents rationnels à se mettre en conformité en toute autonomie. Celles et ceux qui pensent que seules des convictions moins profondément ancrées devraient être sujettes à des exigences de conformité auront la liberté d'adopter en contrepartie un système de raisons plus faibles [7].

Cette conception de la contrepartie conformatrice repose essentiellement sur l'autonomie épistémique et actancielle de l'individu. On peut considérer que ce souci d'autonomie repose, quant à lui, sur un souci d'authenticité. L'idée directrice est qu'un individu que l'on enjoint à croire une proposition quelconque p doit recevoir quelque chose qui soit susceptible de rendre authentique sa croyance en p ou être naturellement et rationnellement débarrassé des convictions et inclinaisons qui lui appartiennent littéralement. Si les convictions d'une personne s'opposaient jusque là à ce qu'elle croie en p, sa croyance en p ne peut être authentique que si elle reçoit quelque chose qui soit à même de faire pencher son moi épistémique autonome vers l'acceptation de p. Il en va de même pour les postures actancielles d'un individu.

Nous insistons sur ce type d'autonomie – la liberté de ne croire et/ou de n'agir que selon nos convictions et inclinaisons propres – parce que cela nous semble crucial pour le problème de la résolution pacifique des conflits épistémiques. Toute menace à son encontre peut provoquer et légitimer le recours d'un individu à la force contre une communauté. Exiger d'un individu rationnel, et qui se considère légitimement comme rationnel, qu'il croie une chose que ses convictions mûrement réfléchies et élaborées en toute responsabilité ne l'inclinent pas à croire, c'est l'enjoindre de faire

7. N'allons pas supposer qu'il y ait une corrélation automatique entre ce que nous entendons ici par « profondeur » de la croyance individuelle et la force des éléments de preuve requis pour que sa révision soit contraignante. Ce qu'une communauté compte comme élément de preuve, et donc ce qui doit être accepté comme élément de preuve par ses membres individuels, doit pouvoir faire l'objet d'un consensus de leur part. Mais dans le même temps, il pourrait se trouver qu'un élément de preuve faisant consensus ne soit considéré par aucun membre de la communauté comme l'élément de preuve le plus décisif à sa disposition. Dans ce genre de cas, une importante distinction s'impose entre, d'une part, les éléments de preuve que l'on peut considérer comme publics ou comme privés et, de l'autre, au moins une partie de ce que les divers membres individuels de la communauté comptent comme faisant partie de leurs éléments de preuve les plus décisifs quoique outrepassant les bornes de ceux qui sont publics. Ceci n'empêche aucunement qu'il règne un consensus suffisant (et suffisamment important) entre les membres d'une communauté pour que leur formation en communauté ait un sens et une raison d'être.

une chose qui *lui* est littéralement impossible en tant qu'individu rationnel. Ce genre d'exigence suppose soit qu'il devienne un individu autre que lui-même, soit qu'il cesse complètement d'exister comme individu. Ce genre d'injonctions n'est pas toujours illégitime. Mais lorsqu'elles s'adressent à des individus qui n'ont aucune obligation de réformer ou de reconfigurer leurs croyances, elles ne sont légitimes que si la personne qui formule l'injonction lui fournit aussi un moyen (c'est-à-dire un motif ou une raison) permettant de faire que le changement soit authentique.

Pour que les conflits épistémiques trouvent une résolution pacifique, il importe également de préserver un type d'autonomie similaire – que nous désignerons ici sous le nom d'*intégrité* – dans la sphère de l'action (par opposition à celle de la pure croyance). Par intégrité, nous entendons ce complexe de croyances et d'actions qui fait que les actions d'une personne expriment ses croyances de façon fidèle et pleinement rationnelle. Ce n'est qu'en préservant ce type de relation entre ses croyances et ses actions qu'un individu se protège contre la sorte de violation du moi actanciel qu'il subit lorsqu'il n'a pas la liberté d'agir conformément à ses propres convictions et qu'on le contraint à exprimer par son moi actanciel la volonté ou les croyances d'autrui. Lorsque c'est le cas, cela transforme le moi actif d'une personne en un appendice actanciel ou en automate d'une autre, et l'autonomie actancielle (intégrité) est perdue.

À elles deux, l'authenticité et l'intégrité incarnent les deux aspects du type d'autonomie que nous désignons ici sous le nom d'autonomie faible : cette liberté négative de ne croire et/ou de n'agir que selon ses propres convictions. Leibniz, nous semble-t-il, tenait à préserver ce type d'autonomie. Il semble avoir suivi sur ce point les traces de son précurseur protestant Luther [8]. Il y a des raisons de penser que l'usage de « calculs » du genre de ceux que Leibniz envisage dans son *Ars combinatoria* permettrait d'assurer la conformité à des revendications conformatrices tout en préservant l'autonomie. Voici le raisonnement.

Par « calcul », entendons un argument dont tous les membres de la communauté puissent considérer les prémisses comme appartenant à l'« encyclopédie » commune des propositions qu'ils admettent et dont la validité puisse être déterminée par un type rudimentaire de reconnaissance de caractères et de jugement combinatoire qui soit à la portée de tous. En vertu de cette définition, chaque membre de la communauté serait à

8. Nous n'entendons pourtant pas suggérer par là que la théologie de Leibniz fût entièrement luthérienne. Il était tout autant influencé par des penseurs catholiques – en particulier par le jésuite Friedrich Spe (*cf.* Lieder, 1912).

même de vérifier les prémisses d'un calcul en consultant l'encyclopédie de la communauté. De même, chaque membre de la communauté serait à même de vérifier la validité du calcul parce que les éléments de preuve requis pour ce genre de vérification sont extrêmement simples : il suffit d'une capacité rudimentaire de reconnaître et de distinguer un ensemble fini de formes de base et de dire si elles se trouvent dans un certain type d'ordre simple [9]. Selon Leibniz, la confiance en ce genre de compétence nous procurerait « une certaine direction sensible et comme mécanique de l'esprit, que même le plus stupide percevrait [10] ». De ce fait, elle pourrait amener les membres d'une communauté à croire en toute autonomie en la validité du calcul, en supposant du moins que ce soit en toute autonomie qu'ils adhèrent aux standards de la communauté. Cette croyance, jointe à celle que les membres ont, en toute autonomie, des prémisses (c'est-à-dire de l'encyclopédie), devrait les amener à croire la conclusion en toute autonomie. La mise en application du Réquisit de calculabilité devrait donc préserver l'autonomie faible, et par là contribuer à l'existence épistémique pacifique, de cette portion de la communauté composée des personnes qui adhèrent authentiquement aux propositions de l'encyclopédie de la communauté et qui acceptent les inférences faisant partie de celles que la communauté s'accorde à reconnaître comme « valides [11] ».

Le Réquisit de calculabilité devrait cependant aussi contribuer d'une autre manière à la paix épistémique de la communauté tout entière : en

9. À la connaissance intuitive, Leibniz opposait la pensée algébrique, qui repose sur ce que nous appelons ici la reconnaissance de caractères (*cf.* Leibniz, 1961, p. 422-425, l'essai intitulé « *Meditationes de Cognitione, Veritate et Ideis* »). Celle-là porte directement sur les notions tandis que celle-ci ne porte que sur les signes utilisés pour désigner les notions. Ainsi, dans la pensée intuitive, les notions elles-mêmes sont directement les objets de notre attention et de nos manipulations, tandis que dans la pensée algébrique (que Leibniz désignait aussi sous le nom de « pensée aveugle »), ce sont les expressions symboliques qui jouent ce rôle. *Cf.* Leibniz, 1997, p. 17-19, pour une étude générale de la nature et de l'utilité du raisonnement symbolique.

10. *Cf.* Lettre à Oldenburg (entre 1673 et 1676), dans Leibniz, 1961, p. 14.

11. C'est évidemment idéaliser les communautés que de supposer que tous leurs membres (normaux) sauraient déterminer précisément la validité des règles formelles mobilisées dans le Calcul qu'ils acceptent. Cette restriction en devient-elle inintéressante pour autant ? Ce n'est pas notre avis. Nous concédons volontiers que le fait qu'un Calcul du raisonnement permette de préserver l'autonomie épistémique faible ne dépend pas seulement de la connaissance « sensible » ou « algébrique » au sens strict, mais cela ne retire rien à son utilité comme moyen de faire avancer la connaissance de personnes qui ne sont pas douées de facultés logiques intuitives et de soumettre à leur jugement logique bien des cas de raisonnements valides (ou invalides) qu'autrement ils ne découvriraient jamais car ils n'y auraient jamais pensé. Qui plus est, cette extension des facultés des personnes intuitivement défavorisées serait au moins largement due au caractère « mécanique » du Calcul.

donnant accès à toutes et à tous aux bénéfices sociaux de la connaissance ou de la croyance authentique. Pour que les débats de conformité trouvent une résolution pacifique, il est crucial que tous les membres de la communauté obéissent aux mêmes règles et que chacune et chacun soit capable de déterminer pour soi-même si une étape de raisonnement quelconque est conforme à ces règles. En d'autres termes, on doit pouvoir déterminer de manière universelle si une étape de raisonnement quelconque compte dans une communauté comme valide et, dès lors, comme un raisonnement que les membres de cette communauté sont contraints de respecter. La mise en application du Réquisit de calculabilité, qui permettrait de déterminer ce genre de choses de manière combinatoire ou calculatoire, devrait satisfaire cette attente. Dès lors, même les personnes qui ne sont pas capables d'adhérer de manière authentique aux thèses de l'encyclopédie et aux inférences du Calcul logique auront l'occasion de bénéficier des avantages offerts par la revendication conformatrice sans pour autant risquer de le céder à d'autres requérants.

Pour préserver la paix épistémique, l'élément-clef est qu'il existe une méthode commune à tous et applicable par tous pour déterminer si une étape quelconque de raisonnement est conforme ou non aux standards de validité de la communauté. En étayant les revendications conformatrices sur des calculs – le « Programme » du « Réquisit de calculabilité » – on devrait pouvoir se procurer ce genre de méthode. Dès lors, cela devrait aussi nous fournir une manière d'assurer une conformité épistémique au moins prétendue (ce qui ne veut pas dire authentique). Telle est du moins la conclusion de l'argument leibnizien qui nous occupe ici. Comme nous allons le voir, le théorème de Church a son mot à dire sur cette question et sur celle de savoir si le Réquisit de calculabilité permet de préserver à la fois l'autonomie faible et la forte.

3 LA JUSTICE ÉPISTÉMIQUE

Si le Calcul du raisonnement est censé promouvoir la paix épistémique, c'est ainsi en raison du caractère élémentaire du calcul symbolique. Cette même caractéristique laisse à penser que la mise en application du Réquisit de calculabilité pourrait aussi contribuer à augmenter la *justice épistémique* – c'est-à-dire la répartition des biens épistémiques malgré la grande diversité des catégories de compétences cognitives, aussi bien naturelles qu'acquises.

Les biens épistémiques peuvent bien sûr être d'un grand bénéfice privé pour un individu. Ils peuvent aussi en même temps être d'une grande valeur sociale. L'aptitude à acquérir et à « employer » publiquement des biens épistémiques semble clairement être un facteur important du bien-être humain. Il est tout aussi clair que la répartition génétique et (de manière générale) sociétale de ce genre de biens n'est rien moins qu'équitable. La naissance, l'éducation, l'usage et l'abus des pouvoirs personnels, sociaux et politiques donne souvent un avantage épistémique injustifié à certains et un désavantage épistémique injustifié à d'autres.

Ces inégalités tracassaient Leibniz, qui considérait leur rectification comme une exigence de justice. Il semblait estimer que la mise au point de son art combinatoire permettrait ce genre de rectification. L'élément-clef, une fois encore, résidait dans son caractère calculatoire. Son caractère épistémiquement élémentaire le met à la portée de compétences plus équitablement répandues dans la communauté humaine que ne le sont les dons intellectuels de naissance et les contextes d'éducation favorables.

En deux mots, l'idée était que le Calcul de la pensée reposerait davantage sur la force de la volonté que sur l'aptitude intellectuelle. Il réduirait ainsi en pratique les différences intellectuelles à des différences de force de volonté, et ce genre de différences pourrait ensuite être estompé par l'entraînement (éventuellement assidu) de la volonté [12]. De plus, selon Leibniz, la maîtrise calculatoire pourrait tellement être améliorée par la pratique qu'un tâcheron borné mais appliqué pourrait, par la force de sa détermination, rattraper et même dépasser les dons épistémiques de personnes intellectuellement mieux pourvues. C'est du moins ainsi qu'il concevait que la mise au point de son art combinatoire pourrait contribuer à une plus juste répartition des biens épistémiques.

Pour mieux comprendre ceci, examinons brièvement comment Leibniz concevait de manière générale la justice. Il la caractérisait comme « la charité du sage (*caritatem sapientis*) » [13]. Il définissait la charité, quant à elle, comme « bienveillance universelle » (*ibid.*), la bienveillance comme l'« habitude d'aimer » (*ibid.*), l'amour comme l'inclination qui fait trouver du plaisir dans le bien ou le « bonheur d'autrui » (*ibid.*) (ou le fait de

12. Leibniz admet finalement qu'il existe également, d'un être humain à l'autre, quelques inégalités mineures dans la force de volonté. Dès lors, la justice – épistémique – exige de motiver même les démotivés. *Cf.* Leibniz, 1999, p. 120

13. *Cf.* la préface du *Codex juris gentium diplomaticus* (1693), dont une traduction anglaise partielle est parue dans Leibniz, 1951, p. 559-563. *Cf.* aussi « Éléments de droit naturel » (1670-1671), p. 133-134 dans .

regarder la félicité d'autrui comme « la nôtre »), et le plaisir ou la félicité comme un « sens » ou une reconnaissance de la perfection [14].

De ce qui précède, il suit que puisque Dieu est le plus parfait ou le plus beau de tous les êtres [15], c'est dans l'amour que nous Lui portons que nous trouvons notre plus grand bonheur ou plaisir [16]. On ne peut, cependant, aimer Dieu sans aimer en même temps nos semblables. La raison en est qu'en aimant Dieu, ce sont ses perfections que nous aimons. De ce fait, puisque nos semblables sont capables de progresser dans les mêmes perfections, nous devons désirer voir ces perfections reproduites au plus haut degré en eux [17]. Il s'ensuit dès lors que, dans la mesure où nous aimons vraiment Dieu (c'est-à-dire dans la mesure où nous « sentons » vraiment Sa perfection), nous devons aussi cultiver, chez les êtres humains, le progrès de celles des perfections de Dieu qui peuvent (ne fût-ce qu'imparfaitement) être réalisées en eux [18].

Pour Leibniz, c'était ainsi une exigence de justice que de rechercher la perfection de nos semblables. En outre, parmi les moyens de perfectionner l'humanité, aucun n'était plus important que la perfection de la connaissance et de la raison. Tous les autres dons, disait Leibniz, peuvent corrompre un être humain ; la raison et elle seule est inconditionnellement salutaire pour eux [19]. Le progrès de la raison s'accompagne du progrès de l'aptitude à reconnaître la perfection en général et à reconnaître la perfection rationnelle en particulier. Le progrès de la raison devrait donc non seulement renforcer l'amour de Dieu, mais aussi l'amour de nos semblables [20]. Comme le formulait Leibniz lui-même :

> la religion que je suis exactement m'assure que l'amour de Dieu consiste dans un désir ardent de procurer le bien général, et la raison m'apprend qu'il n'y a rien qui contribue davantage au bien général de tous les hommes que ce qui la perfectionne [21].

14. *Cf.* la lettre à Nicaise de 1698, p. 567-568 dans Leibniz, 1951.
15. *Cf.* , p. 134, et Leibniz, 1951, p. 560.
16. Tel est du moins le cas à condition que nous ayons la même aptitude à reconnaître ou à sentir les perfections de Dieu qu'à sentir les perfections des autres êtres.
17. Ainsi qu'en nous-mêmes, naturellement.
18. *Cf.* Leibniz, 1951, p. 567-570.
19. *Cf.* Leibniz, 1951, p. 23-25, et , p. 224. Wiener date de 1677 ce fragment décrivant la caractéristique universelle, Loemker d'environ 1679. *Cf.* Leibniz, 1961, p. 184-189, pour le latin original.
20. *Cf.* Leibniz, 1951, p. 24-25.
21. *Cf.* Leibniz, 1951, p. 17 (extrait de la préface à « La science générale »). Un autre passage menant à ce résultat, quoiqu'il ne s'inscrive pas dans le contexte d'une discussion plus vaste de l'*ars combinatoria* et de son usage, se trouve dans la *Théodicée*, où Leibniz écrit :

> Il n'y a point de plus grand intérêt particulier que d'épouser celui du général, et on se satisfait à soi-même en se plaisant à procurer les vrais avantages des hommes.

La « calculatorisation [22] » leibnizienne de la connaissance était donc censée répandre les perfections de la raison et de la connaissance à tous les agents (ou presque), quel que soit leur niveau cognitif naturel [23].

La possibilité de répandre effectivement la connaissance par ce genre de moyens connaît pourtant certaines limites. Ces limites affectent en particulier leur usage effectif pour répandre la connaissance authentique. La raison en est que la connaissance ou la croyance authentique ne se réduit pas à la faculté d'effectuer un Calcul. Elle requiert aussi la capacité de juger authentiquement comme vraies les propositions de l'encyclopédie et comme valides les inférences du Calcul. De ce fait, on peut s'attendre à ce que la mise en application d'un Calcul de la pensée ne permette la répartition de biens épistémiques authentiques qu'à celles et ceux qui possèdent ce genre de compétences.

Nous devrions peut-être aussi relever que Leibniz, comme Luther avant lui, tenait profondément à l'authenticité, puisqu'elle était à ses yeux un ingrédient indispensable à la justification de la croyance religieuse. Cette insistance est fondée sur la conception luthérienne de la justification devant Dieu, dont le moment critique était la « croyance du cœur » (*Glauben von Herzen*), importance soulignée autant par le prophète Habakkuk [24] que par

> [...] Des chrétiens se sont imaginé de pouvoir être dévots sans aimer leur prochain, et pieux sans aimer Dieu ; ou bien on a cru de pouvoir aimer son prochain sans le servir, et de pouvoir aimer Dieu sans le connaître. Plusieurs siècles se sont écoulés sans que le public se soit bien aperçu de ce défaut ; et il y a encore de grands restes du règne des ténèbres. (Leibniz, 1999, p. 2-3)

22. Par « calculatorisation », j'entends le fait d'indiquer comment décider de la valeur de vérité de propositions par le biais du calcul. Un problème important, quant à la question de savoir si un outil tel que l'art combinatoire de Leibniz permet de redistribuer les biens épistémiques, est de savoir s'il y a ou non déperdition de biens épistémiques essentiels au cours de ce que l'on pourrait appeler la « traduction ». Tel serait le cas si certaines des caractéristiques qui font épistémiquement le prix des justifications non combinatoires étaient perdues lors de leur échange contre des justifications combinatoires, sans que l'on puisse toujours s'attendre à un gain en contrepartie. On pourrait par exemple s'inquiéter de la perte de (certains types de) simplicité ainsi que de choses difficiles à obtenir, telles que l'authenticité épistémique. Nous y reviendrons plus loin.

23. La complexité est ici une préoccupation légitime. La complexité des justifications peut tendre à croître dramatiquement et péniblement lorsque l'on remplace des démonstrations non combinatoires par des démonstrations combinatoires. C'est un phénomène bien connu en théorie des nombres et, de fait, la source d'inspiration originelle du domaine connu comme théorie analytique des nombres. C'est un phénomène sur lequel Hilbert s'est appuyé pour motiver son Programme.

24. Habakkuk 2:4 : « Il est plein d'orgueil, celui dont l'âme n'est pas droite, mais le juste vivra par sa foi. »

saint Paul : « Le *juste* vivra *par la foi.* [...] En effet, c'est *avec le cœur* que l'on croit et parvient à la *justice* [25] ».

Luther visait par là celles et ceux qui tentaient de « mécaniser » ou d'automatiser la justification en la réduisant à l'effectuation de certains actes rituels ou, pire encore, à certaines transactions financières. Ce genre de pratiques, disait-il, mettent en péril la vraie justification devant Dieu. Plus particulièrement, elles peuvent induire en erreur le pratiquant en lui faisant miroiter qu'elle ou il a satisfait aux conditions suffisantes de la justification alors qu'il n'en est rien. C'est précisément pour cette raison que Luther dénonçait des pratiques comme la vente d'indulgences [26]. De manière générale, il fallait rejeter toute entreprise de ritualisation ou de mécanisation de la foi – toute entreprise de substitution d'une « recette » pratique à l'élément essentiel de la croyance du cœur. Toute justification suppose l'authenticité de la croyance ; en faire moins, c'est, de la part du croyant, manquer d'engagement envers Dieu.

Leibniz tenait donc à l'authenticité de la croyance (et de l'action). Il est donc peut-être curieux qu'il ait pensé que l'utilisation d'un Calcul de la pensée permettrait de répandre la croyance. Ce genre de calcul permettrait peut-être à quelqu'un de se parer des atours d'une croyance authentique, mais pour que la croyance soit vraiment authentique, il faudrait aussi que l'on soit réellement convaincu de l'encyclopédie du Calcul et de la fiabilité de sa logique. Aucune des deux convictions ne peut être fournie par des moyens purement calculatoires [27].

Un Calcul de la pensée ne permettrait ainsi de répandre d'authentiques biens épistémiques qu'à celles et ceux qui croient en la vérité de son

25. Romains 117, 10:10 (trad. Segond). C'est moi qui souligne. *Cf.* aussi Galates 3:11, Philippiens 3:9 et Hébreux 10:37 38.

26. Étaient notamment visées ce que l'on a appelé les « indulgences du Jubilé », qui, selon les déclarations du pape Léon X en 1507 puis à nouveau en 1513, devaient permettre de lever des fonds pour reconstruire Saint-Pierre-de-Rome. Un collecteur particulièrement célèbre, un frère dominicain du nom de Johann Tetzel, est représenté dans des documents imprimés en 1521 ayant recours à une comptine décrivant dans ses grandes lignes le mécanisme reliant l'achat d'une indulgence et l'état de l'âme d'un cher disparu à l'intention duquel elle a été achetée : « Sitôt tinte l'obole que l'âme aux cieux s'envole » [*So bald der Gulden in Becker klingt / Im hui die Seel im Himmel springt*].

27. Il n'en va pourtant pas inévitablement ainsi. Une encyclopédie pourrait être intégralement composée de vérités qui s'imposeraient même à l'intellect le moins puissant. De même, les inférences acceptées comme valides ou invalides par une communauté pourraient être telles de manière évidente. On ne peut cependant pas s'attendre à ce qu'un Calcul de la pensée capable de régler des problèmes aussi litigieux et difficiles que l'existence de Dieu et la divinité du Christ (et, en réalité, même des problèmes bien moins litigieux de la science ordinaire et de la vie de tous les jours) ne soit composé que de ce genre de principes.

encyclopédie et en la fiabilité de sa logique. Ceci laisse à penser que Leibniz aurait aussi dû considérer ce genre de croyance comme susceptible d'être largement répandue aux êtres humains.

Outre l'authenticité, une partie importante de ce qui fait (du moins en grande partie) le prix de la connaissance authentique est son potentiel bénéfice social – c'est-à-dire sa faculté d'assurer la conformité épistémique et actionnelle et de repousser ce genre d'injonctions indésirées venant d'autrui. En d'autres termes, une partie significative de ce qui fait le prix de la connaissance est ce qui fait socialement son prix, à savoir le fait qu'elle permette l'exercice de l'autonomie forte (c'est-à-dire le dépôt effectif de revendications conformatrices) et la protection de l'autonomie faible (c'est-à-dire la prévention des revendications conformatrices indésirées).

Du point de vue de l'intérêt social, le plus important n'est donc pas l'authenticité mais l'aptitude à identifier les croyances et inférences auxquelles la communauté est tenue. Ceci résulte d'abord du fait qu'on ne l'emporte dans un débat épistémique ni en montrant que notre propre revendication est logiquement impliquée par des prémisses que nous croyons vraies ni en montrant que la revendication de notre adversaire n'est pas impliquée par les prémisses qu'elle ou il croit authentiquement, mais bien plutôt (si l'on est le conformateur) en montrant que notre revendication dérive de prémisses et inférences que même l'adversaire doit reconnaître comme convaincantes, ou (si c'est notre adversaire qui est le conformateur) en montrant que sa propre position n'en dérive pas.

La mise au point d'un Calcul qui permettrait à toutes et à tous de manipuler effectivement la pensée acceptée dans une communauté contribuerait à répandre équitablement les bénéfices sociaux de la connaissance ou de la croyance authentique. La question est donc de savoir s'il existe ce genre de Calcul. On pourrait penser que ce n'est pas possible, et ce pour des raisons analogues à celles que l'on a données plus haut pour montrer l'impossibilité de mécaniser la croyance ou la connaissance véritables. La croyance véritable ne suppose pas seulement un Calcul, mais aussi la croyance en sa fiabilité. De même, pourrait-on dire, l'utilisation sociale d'un Calcul suppose non seulement ce Calcul mais aussi la croyance en son acceptation par la communauté. Cette dernière croyance ne peut pourtant pas davantage être assurée par le Calcul lui-même que ne peut l'être la fiabilité du Calcul. Dès lors, en poursuivant le raisonnement, les usages sociaux et les bénéfices de la connaissance ne seraient pas plus susceptibles de mécanisation que ne l'est la connaissance elle-même.

Nous estimons que ce raisonnement est fautif. Il néglige le fait important que l'appartenance à une communauté épistémique présuppose une compréhension de base (fût-elle imparfaite) de la spécification qu'une communauté fait, d'une manière ou d'une autre, des propositions et inférences qu'elle accepte et qu'elle rejette. Nul ne peut être dit appartenir à cette communauté s'il n'a pas ou ne peut pas avoir cette compréhension, parce qu'il ne pourrait pas formuler de manière à la fois authentique et simple les standards de la communauté. Non seulement ce genre de personnes ne peut pas jouer le rôle de membre authentique de la communauté (c'est-à-dire de quelqu'un qui accepte authentiquement les pratiques de la communauté), mais elle ne peut même pas faire *comme si* elle en était un.

Si ce raisonnement est correct, la mise en application d'un Calcul de la pensée pourrait au moins garantir les bénéfices sociaux de la connaissance. Elle devrait aussi en cela faire progresser la justice épistémique. Nous verrons plus loin quels sont les effets potentiels du théorème de Church à cet égard.

4 LE THÉORÈME DE CHURCH

Dans leur livre de 1928, *Grundzüge der theoretischen Logik*, Hilbert et Ackermann posèrent un problème de logique fondamental : « est-il possible de déterminer si un énoncé quelconque relevant d'un domaine de savoir est une conséquence des axiomes [donnés pour ce domaine – MD] ? » [28]. Hilbert et Ackermann baptisèrent ce problème le *problème de la décision*. Hilbert s'intéressait à ce problème et le tenait pour fondamental pour la raison suivante : si celui-ci recevait une solution positive et que l'on se donnait un système *complet* de raisonnement logique et une axiomatisation *complète* de chaque domaine de connaissance, il deviendrait en principe possible de résoudre dans chacun de ces domaines tous les problèmes de manière purement mécanique (si par solution à un problème P relevant d'un domaine F l'on entend la dérivation logique d'une réponse à P à partir de la classe des vérités reconnues de F).

28. *Cf.* p. 108 de la traduction anglaise de la seconde édition de Hilbert et Ackermann, 1938.

Le réquisit de la complétude axiomatique de F [29] est essentiel puisque sans lui, il n'est pas légitime d'identifier la question de la résolubilité d'un problème de F et celle de l'extraction par des moyens purement logiques de la réponse à ce problème à partir des axiomes de F. Pour des raisons analogues, le réquisit de complétude de l'appareil logique [30] (autre problème auquel Hilbert et Ackermann ont réussi à donner une forme précise) est essentiel. Si l'appareil logique d'un système n'est pas complet, alors, même en supposant complète son axiomatique, la non-déductibilité d'un énoncé quelconque n'impliquera pas l'irrésolubilité du problème correspondant.

Bien sûr, Gödel démontra en 1930 l'existence d'un appareil formel complet pour la conséquence logique classique du premier ordre. Il démontra ensuite l'incomplétude de toute axiomatique formelle consistante d'une théorie du premier ordre comprenant l'arithmétique élémentaire. Aucune de ces deux démonstrations ne réglait pour autant le problème de la décision. Refuser le théorème d'incomplétude de Gödel et ajouter parmi les hypothèses la complétude des axiomatiques en jeu ne réglait pas non plus le problème [31]. La complétude axiomatique suppose seulement que

29. En appelant complète une axiomatique de F, nous voulons dire qu'une réponse à chaque problème de F (c'est-à-dire tout problème formulable dans un langage permettant d'exprimer tout ce dont il est question dans F) peut être obtenue à partir des axiomes de F par des moyens purement logiques. Il s'agit là évidemment d'une définition informelle de la complétude, mais elle représente ce que les définitions plus formelles sont censées saisir. La définition formelle habituelle de la complétude pour un système axiomatique formel T est la suivante : pour tout énoncé S formulable dans le langage de T, soit S est un théorème de T, soit ¬S est un théorème de T. Ceci suppose naturellement que les problèmes de F dont on cherche des solutions sont exactement coextensifs avec ce que l'on pourrait appeler les *problèmes de vérité classique de* F – c'est-à-dire les problèmes relatifs à la vérité ou à la fausseté classiques d'un énoncé ou d'une proposition quelconques. Nous appelons classiques ce genre de problèmes parce que la conception classique de la vérité est supposée dans la définition : de toute paire (S, ¬S), il est présupposé qu'exactement un élément sera vrai. Il existe cependant d'autres types de problèmes – par exemple les *problèmes de validité classique*. Ces problèmes portent sur la validité logique classique d'un énoncé ou d'une proposition quelconque. Pour ce genre de problèmes, la définition formelle de la complétude ci-dessus est inadéquate puisqu'il n'est pas classiquement le cas qu'exactement un membre de chaque paire (S, ¬S) soit logiquement valide. Ainsi, les définitions formelles de la complétude ne dépendent pas seulement du choix de formalisations pour F mais aussi du *type de problèmes* dont on examine la résolubilité. La seule chose qu'on exige généralement de la complétude semble être qu'elle résolve tous les *problèmes*... en entendant par là qu'à différents types de problèmes à résoudre correspondront différentes définitions formelles de la résolubilité.

30. Par complétude d'un appareil logique, nous entendons que tout raisonnement logiquement valide est représenté par une dérivation qui y soit acceptable. Une fois encore, il s'agit là d'une définition informelle, mais c'est celle que les définitions plus formelles de la complétude logique sont censées saisir.

31. Il faut aussi la dénombrabilité effective de l'ensemble des théorèmes.

pour tout énoncé S relevant d'un domaine quelconque F, ou bien S ou bien sa négation est une conséquence des axiomes de F – et c'est une chose de savoir *que* ou bien S ou bien sa négation est une conséquence logique des axiomes donnés, mais c'en est une tout autre que de savoir *lequel*. C'est encore autre chose que d'être capable de déterminer pour tout énoncé S que soit lui soit sa négation est une conséquence logique des axiomes de F en exécutant quelque procédure ou algorithme effectif général capable de décider toutes les questions de ce genre.

C'est à ce dernier type de problèmes – à savoir les problèmes de détermination effective par des algorithmes généraux – que s'est attelé Church dans son article pionnier de 1936, « Note sur l'*Entscheidungsproblem* [problème de la décision] ». Il répondit négativement au problème général de détermination de la validité classique du premier ordre. En d'autres termes, il montra qu'il n'existait pas d'algorithme général pour déterminer si un énoncé relevant d'un certain domaine de connaissance est ou non une conséquence logique classique du premier ordre des axiomes donnés pour ce domaine [32]. Plus précisément et plus généralement, il montra qu'il n'existe pas de procédure effective P telle que pour un ensemble quelconque d'énoncés Σ et un énoncé quelconque S d'un langage non-monadique du premier ordre (c'est-à-dire un langage du premier ordre contenant au moins un prédicat d'arité supérieure ou égale à 2) [33], l'exécution de P détermine si S est une conséquence logique de Σ ou non. En supposant la complétude logique d'une théorie axiomatique formelle F quelconque, ceci implique qu'il n'existe pas de procédure effective P engendrant, pour un énoncé quelconque S du langage de F, soit une démonstration soit une réfutation de S dans F.

Nous voudrions maintenant étudier la portée de cette découverte pour des projets comme ceux que nous avons examinés dans les sections précédentes du présent article, à savoir ceux qui concernent l'usage d'un outil calculatoire comme celui de Leibniz pour (i) résoudre pacifiquement des débats épistémiques et (ii) réparer les injustices de la répartition naturelle des biens épistémiques.

32. En fait, il y avait une erreur dans la démonstration originale de Church, mais elle fut corrigée et la correction fut publiée dans le même volume (à savoir le premier) du *Journal of Symbolic Logic* que la démonstration originale.

33. La restriction aux langages non-monadiques est nécessaire parce que le problème de la décision pour le Calcul des prédicats monadiques reçoit une solution positive. Selon Ackermann, ceci fut démontré pour la première fois par Löwenheim dans son article de 1915 *Über Möglichkeiten im Relativkalkül* (*cf.* Ackermann, 1954, p. 34).

5 LA PAIX : AUTONOMIE FAIBLE, AUTONOMIE FORTE ET THÉORÈME DE CHURCH

Nous avons laissé entendre que la capacité d'un mécanisme quelconque à permettre la résolution pacifique d'un conflit dépendait de son aptitude à préserver l'autonomie faible. Nous voudrions maintenant examiner un type d'autonomie qui lui est lié et que nous désignerons sous le nom d'*autonomie forte*. Nous entendons par là la liberté qu'a un individu d'entreprendre de mettre une communauté en conformité avec ses croyances ou actions personnelles. Cette liberté est cruciale pour qu'un individu puisse réaliser les buts de sa vie dans le cadre d'une communauté tout en continuant à en être membre.

Toute atteinte à ce type de liberté, comme toute atteinte à l'autonomie faible, met significativement en péril la paix, et pour des raisons comparables. Refuser de manière persistante d'autoriser une personne à poursuivre ses objectifs en émettant des revendications conformatrices revient à nier à son « moi conformateur » toute place dans la communauté. Nous n'excluons pas qu'il puisse y avoir des raisons légitimes de restreindre ou de rejeter des tentatives d'action conformatrice. Il pourrait très bien y en avoir. Il n'empêche que ce genre de restriction peuvent aussi fournir un motif de violence ou de sécession envers la communauté l'ayant exercée [34].

Par souci de paix, il pourrait ainsi sembler s'imposer au moins une certaine liberté d'exercer l'autonomie forte. En même temps, pourtant, les entreprises de mise en conformité des croyances et actions d'autrui ne devraient être contraignantes qu'à la condition de protéger comme il se doit l'autonomie faible des personnes sur lesquelles pèsera l'injonction à la conformité. La question est alors de savoir jusqu'où devrait aller la liberté d'émettre des revendications conformatrices dans un système où l'obéissance au Réquisit de calculabilité est supposée permettre la protection de l'autonomie faible.

C'est ici que le théorème de Church entre en scène. Il restreint pour des raisons théoriques la liberté qu'ont les individus soumis au Réquisit de calculabilité de formuler des revendications conformatrices. Tel est notamment le cas lorsque (a) la revendication en question soutient qu'une

34. Tout au long de cet article, lorsque nous parlons de la résolution pacifique de conflits entre un individu et une communauté, nous entendons des résolutions qui non seulement évitent la violence mais laissent également intacte l'appartenance de l'individu à la communauté (c'est-à-dire permettent au conflit de trouver une solution sans « désertion » de la communauté par l'individu).

certaine forme de raisonnement est invalide et que (b) l'invalidité de cette forme de raisonnement ne peut pas, en raison du théorème de Church, être « calculée » dans le Calcul donné. Cette restriction n'existerait pas s'il y avait, contrairement à ce qu'énonce le théorème de Church, une procédure effective générale permettant de déterminer pour toute forme d'inférence si elle est valide ou non.

En vertu du théorème de Church, rien ne nous met de façon générale à l'abri de situations où un conformateur potentiel se trouverait en état de vouloir formuler une revendication conformatrice pour invalidité (en sachant ou en croyant de manière justifiée qu'une inférence est invalide) sans pour autant en avoir le droit [35]. Ce genre de situations frustrera évidemment le conformateur potentiel dans son désir d'une communauté épistémique rationnelle. Si ce genre de frustration devenait suffisamment persistante ou que, même sans être persistante, elle se répétait dans des cas suffisamment préoccupants, elle ferait peser sur la paix d'une communauté les mêmes dangers que des violations de l'autonomie faible. Toutes deux, en aliénant un individu de sa communauté, lui fournissent un mobile pour en troubler la paix.

En supposant donc que le Réquisit de calculabilité (ou tout autre réquisit qui lui soit suffisamment apparenté) soit nécessaire pour protéger comme il se doit l'autonomie faible face aux exigences potentielles de conformité épistémique, surgit ici une tension de principe entre les autonomies faible et forte. Cette tension est due au théorème de Church [36].

35. Nous ne supposons évidemment pas que la croyance authentique elle-même, ou qu'une action supposant en quelque sorte l'activation directe de véritables convictions, sera élective ou volontaire au sens strict.

36. Ceci ne signifie évidemment pas qu'il n'existe pas d'autres sources de tension entre individus et communautés que le théorème de Church. Les théorèmes d'incomplétude de Gödel fournissent un type de tension parallèle à celui-ci. Cela se produit lorsque l'on prend conscience que l'on est nécessairement tenu d'accepter certains énoncés, quand bien même ils ne sont pas impliqués logiquement par l'encyclopédie de la communauté (par exemple les énoncés de Gödel pour les systèmes formels s'appuyant sur l'encyclopédie), pour la raison que l'on est tenu d'accepter l'encyclopédie. Nous estimons cependant que la tension qui surgit du théorème de Church est généralement plus sérieuse. Ceci tient au fait qu'elle s'applique à un éventail plus large d'énoncés. Il a fallu attendre 1977 (*cf.* Paris et Harrington, 1977) pour que Paris et Harrington trouvent le premier exemple d'énoncé qui soit à la fois indécidable et mathématiquement intéressant. Mais Paris et Harrington ont aussi montré que l'indécidabilité de leur énoncé intéressant est impliquée par l'indécidabilité de l'énoncé de Gödel. En ce sens, ils ont réfuté toute déclaration prétendument générale selon laquelle la construction de Gödel échouerait à saisir quoi que ce soit qui présente un intérêt mathématique.

Une autre source de tension, qui pourrait être de plus grande importance pratique, est celle qui a trait à la complexité ou à la tractabilité des cas décidables du problème de la décision. La longueur et/ou toute autre forme de complexité d'un calcul pourrait rendre impossible son effectuation ou sa compréhension humaine. Il semble en effet aujourd'hui que

6 LA JUSTICE : LES EFFETS DU THÉORÈME DE CHURCH SUR LA RÉPARTITION DES BÉNÉFICES SOCIAUX DE LA CONNAISSANCE

Comme nous l'avons montré dans la troisième section, le Réquisit de calculabilité est intrinsèquement incapable de mener à une répartition équitable de la connaissance authentique. Nous avons cependant montré dans le même temps qu'il s'avérait plus efficace pour distribuer les bénéfices sociaux de la connaissance authentique. Nous allons maintenant examiner les éventuels effets du théorème de Church sur l'un et l'autre point.

Penchons-nous d'abord sur la répartition de la connaissance authentique. Supposons à cet égard, pour les besoins de l'argument, que la croyance authentique en l'encyclopédie d'une communauté et en la logique qu'elle accepte puisse être largement répandue en son sein. La question que nous posons est alors la suivante : ce genre d'hypothèses en faveur d'une répartition de la connaissance authentique suffit-il à nourrir l'espoir que la mise au point d'un Calcul de la pensée entraînerait une répartition équitable de la croyance authentique ou de la connaissance au sein de la communauté ?

Le théorème de Church laisse entendre une réponse négative à cette question, ne serait-ce que dans la mesure où certaines aptitudes logiques sont inégalement répandues dans la communauté. Nous pensons tout particulièrement à l'aptitude logique de produire de façon justifiée des jugements de la forme « S ne suit pas logiquement de Σ ». Supposons que la compétence de produire ce genre de jugements sans s'appuyer sur un calcul ne soit pas répandue de façon homogène au sein d'une communauté. En vertu du théorème de Church, les personnes qui peuvent les produire de manière justifiée auront accès à des biens épistémiques inaccessibles à celles qui ont besoin d'une confirmation par le calcul. En supposant (ce qui semble raisonnable) que la possession de ce genre de biens constitue une sorte de perfection épistémique privée pour la personne qui le possède, il existera des perfections épistémiques qui seront à la portée des personnes les plus douées logiquement et qui ne pourront être partagées avec les personnes logiquement moins douées. Sans le théorème de Church, ce genre d'asymétries de la connaissance logique pourrait au moins en principe être éliminé par le truchement d'un algorithme général de décision des

le problème de la décision pour la conséquence classique ne soit généralement pas traitable, à l'exception d'une classe relativement petite de formes d'arguments.

questions de validité (ou d'invalidité). Mais le théorème de Church l'interdit formellement. Il met ainsi au jour un type d'inégalité épistémique qui n'est aucunement éliminable par la mise au point d'un Calcul de la pensée logique (classique).

L'inégalité que nous venons de décrire ne signifie pas pour autant que seul le théorème de Church pose des restrictions à la justice épistémique. On peut en effet voir des inégalités analogues surgir de sources qui n'ont rien à voir avec le théorème de Church, par exemple des inégalités entre des membres de la communauté quant à la connaissance véritable de l'encyclopédie de la communauté et de sa logique. Toute limite à une véritable connaissance de fait, quelle qu'elle soit, posera pour le partage épistémique le même type général de restriction que le théorème de Church pour la connaissance logique. Par conséquent, les restrictions que pose le théorème de Church à la juste répartition de la connaissance ou de la croyance authentiques ne lui sont guère spécifiques.

On doit dire à peu près la même chose des effets du théorème de Church sur la juste répartition des bénéfices sociaux de la véritable connaissance ou croyance. Le théorème de Church semble en effet ne même pas avoir d'effets qui ne lui soient pas propres dans ce domaine. Il y a une raison générale à cela : les inégalités dans la répartition des effets sociaux de la connaissance ou de la croyance véritables ne proviennent pas d'inégalités dans la connaissance ou de la croyance authentiques mais d'inégalités dans l'aptitude à utiliser ou à manipuler le Calcul *établi* par une communauté pour poursuivre nos fins personnelles (que l'agent qui utilise ou manipule ce Calcul possède cette aptitude de manière authentique ou non). Le théorème de Church n'implique cependant pas d'inégalités de ce dernier type puisque celles-ci ne portent pas sur le lien entre un Calcul logique et la réalité logique qu'il calcule (c'est-à-dire la validité ou l'invalidité en soi des inférences), mais seulement sur l'utilisation du Calcul lui-même.

En définitive, les effets du théorème de Church sur la partie du programme de Leibniz relative à la justice épistémique semblent donc être à la fois moins graves et moins spécifiques que ceux qui ont trait à la paix épistémique.

7 CONCLUSIONS

Pour tout ce qui précède, on pourrait évidemment incriminer non pas le théorème de Church mais le Réquisit de calculabilité. Son intervention, après tout, est nécessaire aussi bien dans l'argument selon lequel le théorème de Church induit une tension entre les autonomies faible et forte (et ainsi dans la menace qu'il fait peser sur la résolution pacifique de conflits épistémiques) que dans les arguments selon lesquels les biens épistémiques authentiques sont inégalement répandus. Comme il s'agit en outre d'un principe plus facile à « négocier » que le théorème de Church, cela pourrait donner à penser que ce soit plutôt lui que le théorème de Church qu'il faille considérer comme la vraie source de la signification morale et politique que j'ai attribuée à ce dernier.

J'ai deux réponses à cette objection. La première est une clarification : je ne prétends pas que le théorème de Church impliquerait *en lui-même* des limites de quelque sorte que ce soit. Ma thèse est plutôt que (1) le théorème de Church, *en conjonction avec* le Réquisit de calculabilité ou une autre condition similaire, a ce genre de conséquences, et que (2) cette autre condition ne les a pas si on la prend isolément.

Cette thèse n'aurait évidemment que peu d'intérêt si le Réquisit de calculabilité s'avérait être un outil invraisemblable pour une communauté cherchant à promouvoir la paix et la justice épistémiques. Mais tel ne semble pas être le cas, du moins antérieurement au théorème de Church. Ce qui nous mène donc à un second point, peut-être plus surprenant : il n'y a rien d'improbable à ce que l'on institue une condition telle que le Réquisit de calculabilité en vue de promouvoir la paix et la justice dans une communauté. Permettez-moi de préciser.

Pour commencer, remarquons que le Réquisit de calculabilité est, en principe, juste. Il faudrait obéir à ce réquisit, ou à une autre condition du même genre, si la paix épistémique et la justice devaient être réalisées dans un monde où (i) la thèse de Leibniz serait vraie, (ii) toute restriction sur les autonomies faible et forte tendrait à menacer la paix comme nous l'avons indiqué plus haut, (iii) on serait fondé à compter comme un bien épistémique le fait d'avoir une connaissance extra-calculatoire d'un cas de non-conséquence, et (iv) il y aurait des disparités entre les individus quant à leur faculté générale à saisir de manière extra-calculatoire des cas de non-conséquence.

Je ne crois pas que les conditions (i)-(iv) soient improbables. En ce qui concerne (i), je pense qu'elle n'est plausible que dans des communautés dans lesquelles les membres individuels sont représentatifs d'un large éventail de compétences cognitives humaines. Mais cela me semble un modèle plutôt correct de ce à quoi ressemble une communauté épistémique humaine typique. Même si toutes les communautés épistémiques ne sont pas de ce type, il n'en semble pas moins vrai que l'on ne peut pas exclure totalement d'une communauté épistémique les personnes entravées par leurs faibles compétences logiques en général sans manquer en même temps à notre devoir de justice épistémique. Il en va des biens épistémiques comme des autres types de biens : la justice exige que nous essayions de trouver des manières de corriger les inégalités de naissance, d'éducation et d'autres facteurs accidentels de (mal)répartition épistémique. Participer à des communautés qui incluent les personnes logiquement déficientes semblerait donc être une conséquence vraisemblable de la recherche de justice épistémique dans un monde comme le nôtre.

Les doutes que l'on adressera au Réquisit de calculabilité viendront cependant plus probablement d'ailleurs : (1) certains doutent qu'une communauté soit capable de parvenir à une forme satisfaisante d'encyclopédie, (2) d'autres doutent de l'existence d'un algorithme parvenant à proposer des reformulations logiques acceptables de phrases formulées dans un langage naturel (en supposant l'existence du, ou au moins d'un type de langage dans les termes duquel seront réalisées les transactions épistémiques de la communauté typique qui nous occupe) et (3) d'autres encore considèrent que l'utilisation de calculs à l'appui d'une revendication conformatrice ne suffit pas et que celle-ci doit s'accompagner d'une certaine connaissance extra-calculatoire. On pourrait penser que ces problèmes sont plus profonds ou plus sérieux que ceux que pose le théorème de Church. Pour les raisons que je vais indiquer, je ne partage pas ce point de vue.

Commençons par la question de l'encyclopédie. Afin d'éviter tout quiproquo, disons d'entrée de jeu que je partage l'opinion selon laquelle il est hautement improbable que nous autres, membres de la communauté totale des êtres humains, parvenions jamais à une encyclopédie commune qui soit suffisamment robuste pour apporter des solutions manifestes sur la plupart des sujets (ou même la plupart des sujets les plus importants) d'intérêt moral et religieux, tout en faisant l'objet d'un consensus.

Cela ne signifie pas pour autant que de plus petites communautés, capables de nous fournir la plupart des avantages que l'on peut attendre au premier chef de l'appartenance à une communauté, dussent subir le même destin. Il en va ainsi, en tout cas, tant que ce genre d'opinions ne s'accompagne pas d'une incapacité générale des membres de la communauté à fournir des biens et des services importants pour leur bien-être général.

Il est peu vraisemblable que l'on puisse dire la même chose de communautés où règne une disparité dans les compétences logiques.

En se restreignant à des communautés où l'aptitude logique des autres ne dépasseraient pas les nôtres et où les nôtres ne dépasseraient pas les leurs, on minimiserait à coup sûr les conflits entre autonomie faible et autonomie forte. Mais en même temps, il pourrait y avoir des liens entre aptitude logique et aptitude cognitive en général, ce qui aurait pour conséquence que si l'on n'appartenait qu'à des communautés composées de membres d'un niveau logique homogène, les biens et services seraient moins disponibles en général. Dans cette mesure, il y aurait là une raison (du moins pour les personnes qui ne sont pas les plus douées) de rejoindre des communautés dont les membres sont de niveau logique hétérogène. Le théorème de Church implique cependant que ces communautés sont exposées aux conflits entre autonomie faible et autonomie forte. Dès lors, le théorème de Church semblerait d'une certaine façon être une menace plus profonde et plus persistante pour la communauté que ne l'est la difficulté d'obtenir une encyclopédie commune. Même des communautés utopiques crédibles (par exemple des communautés dans lesquelles règne un consensus sur des sujets généralement aussi controversés que la croyance et les pratiques religieuses et/ou politiques malgré des disparités significatives d'aptitudes logiques) devraient redouter ses effets.

Venons-en maintenant à la deuxième des trois objections formulées plus haut contre notre traitement du Réquisit de calculabilité : selon cette objection, l'obstacle que constitue le théorème de Church serait mineur comparé à la difficulté de déterminer les formes logiques correspondant aux revendications conformatrices. L'argumentaire qui sous-tend cette objection peut être présenté comme suit. (a) Les revendications conformatrices doivent être formulées dans un langage naturel. (b) Pour se prêter au calcul, les revendications conformatrices doivent être exprimées dans un langage logiquement transparent (c'est-à-dire dans un langage qui clarifie leur forme logique). (c) La ou les formes logiques des revendications formulées dans le langage naturel ne sont généralement pas transparentes, dépendent généralement du contexte et, en tout état de cause, ne relèvent pas du ou des types de choses déterminables par le biais d'un algorithme. Par conséquent, (d) le Réquisit de calculabilité sera transgressé avant même que nous n'en venions au théorème de Church (c'est-à-dire avant même que nous n'en ayons à étayer sur un calcul la revendication conformatrice). Il faudra recourir à des procédés non algorithmiques pour exprimer les revendications conformatrices sous une forme logiquement transparente (c'est-à-dire dans le langage d'un calcul des prédicats du premier ordre ou d'ordre supérieur). Ainsi, ce n'est pas le théorème de Church qui menace le plus fondamentalement le programme de Leibniz, mais l'absence d'algorithme permettant de traduire les revendications du langage naturel au langage d'un calcul logique.

J'admettrai, pour les besoins de l'argument, la thèse formulée dans la prémisse (b) et concentrerai mon attention sur la prémisse (a) – ou plutôt sur la relation entre (a) et (c). Il est à mon avis incorrect de considérer que le programme de Leibniz implique (a). Du moins pas en présence de (c). On pourrait en effet tout à fait enjoindre les auteurs de revendications conformatrices à les *présenter* sous une forme logiquement transparente, par exemple dans le langage d'un Calcul logique (une *characteristica universalis*). À défaut de cela, un conformateur ne présenterait pas à la communauté une injonction de conformité qui soit suffisamment claire pour s'exposer clairement à une contre-revendication effective venant d'éventuels non-conformateurs. Il semblerait donc que la présentation dans des termes logiquement transparents soit une condition légitime pour toute formulation de revendication conformatrice.

Dans cette mesure, la présente objection s'évanouit pourtant. Soit (c) est correct, et dans ce cas les revendications formulées en langage naturel ne sont typiquement pas logiquement transparentes et (a) ne devrait pas être accepté, soit les revendications en langage naturel ne possèdent pas un niveau adéquat de transparence logique, (c) est incorrect et il n'y a pas de problème à traduire du langage naturel vers une forme logiquement transparente. Il peut être très difficile d'atteindre la transparence sous une forme logique. Il le faut pourtant pour qu'un conformateur se mette à adhérer à un jugement logique. (Comment un conformateur pourrait-il être rationnellement convaincu par un jugement de validité ou d'invalidité sans être également convaincu de la forme logique (pertinente) de la ou des entités qu'elle ou il juge valides ou invalides ?) Dès lors, la difficulté d'atteindre la transparence ne devrait pas interférer avec le désir rationnel de formuler des revendications conformatrices.

Examinons enfin la troisième des objections formulées plus haut : selon elle, un certain corps de connaissances extra-calculatoires serait nécessaire pour confirmer la correction d'un Calcul de la pensée. Selon cet argument, s'il n'y avait pas ce genre de connaissance, les calculs produits par application d'un Calcul de la pensée seraient incapables d'influencer les croyances des agents rationnels ainsi que le suppose le programme de Leibniz (dans son souci d'autonomie faible). Il ne suffit pas que les calculs du *calculus ratiocinator* soient élémentaires pour que soit élémentaire en général la connaissance que nous avons des énoncés obtenus par calcul.

Il faudrait en particulier, semble-t-il, que l'on connaisse aussi de façon élémentaire la fiabilité du Calcul.

Il est certes nécessaire qu'une communauté croie de manière générale en la fiabilité du Calcul qui y est en vigueur. Toute la question est de savoir comment satisfaire cette nécessité. Nous estimons que pour cela il n'est pas indispensable de posséder (fût-ce par ouï-dire) une *démonstration* de fiabilité. Plus précisément, nous estimons qu'elle peut s'appuyer sur une vague et rudimentaire connaissance inductive du Calcul et de ses produits – une vague connaissance qui pourrait être à la portée même de personnes ayant des aptitudes cognitives relativement basses. Après tout, l'intégralité, ou presque, de ce qui, en bas de l'échelle de la cognition, peut être appris par des manipulations symboliques simples peut l'être aussi par un apprentissage inductif simple. De ce fait, il se pourrait qu'une connaissance inductive rudimentaire de la fiabilité d'un calcul soit à peu près aussi répandue que l'aptitude à utiliser ce Calcul. En conséquence, la nécessité de connaître la fiabilité du Calcul ne poserait pas d'obstacle essentiel à la réalisation du programme de Leibniz.

Nous avons présenté quelle était l'idée de Leibniz (le programme de Leibniz) pour apporter la paix et la justice épistémiques dans les communautés humaines. Nous avons aussi soutenu que le théorème de Church constituait une limitation théorique fondamentale à la réalisabilité de ce programme et d'autres du même genre. Il n'y aurait pourtant rien d'étonnant à ce que notre compréhension de ces sujets s'affine à l'occasion d'un examen plus détaillé de certains sous-cas du problème de la décision pour la validité classique et de la question de la complexité calculatoire, qui lui est liée. Ce genre de travail pourrait même indiquer comment redonner vie au programme de Leibniz en identifiant des sous-domaines du raisonnement logique dans les bornes desquels s'inscriraient complètement des pans larges et importants du raisonnement humain, et en montrant que la validité du raisonnement dans ces domaines est décidable, voire faisable [37].

37. Je voudrais remercier les auditoires de l'Université de Notre Dame, de l'Université de Queensland, de l'Université de Sydney, de l'Université LaTrobe, de l'Université Monash et de l'Université de Montréal ; les discussions sur ce texte m'ont été précieuses. De manière plus individuelle, j'ai une reconnaissance particulière envers Alastair MacIntyre, Graham Priest et feu Ian Hinckfuss pour leurs profondes remarques.

CHAPITRE IX

LE THÉORÈME DE LÖB COMME LIMITATION DU MÉCANISME

1 INTRODUCTION

Nous allons appliquer le théorème de Löb pour obtenir une limitation du mécanisme. Notre argument fait appel à une distinction entre deux types de dispositifs « humanoïdes », l'un qui est appelé « observatrice » et l'autre « autorité » et à ce que nous pensons être une relation réalisable entre les deux. En faisant appel à cette relation, il est possible de défendre, via une application du théorème de Löb, que ou bien l'ensemble des croyances de l'autorité [1] n'est pas mécanisable, ou bien, s'il l'est, il n'y pas de système formel particulier tel que l'observatrice puisse savoir (ou croire sincèrement) qu'il s'agit de l'ensemble de ses théorèmes [2]. Notre objectif est donc de montrer que tout dispositif connu spécifiquement par une observatrice comme étant mécanique ne peut pas être utilisé comme une autorité épistémique (d'un type particulier) par cette observatrice.

1. Nous parlerons généralement de l'autorité comme s'il s'agissait d'une personne. Il n'y a, néanmoins, rien dans notre argument qui requiert cela. Les autorités pourraient aussi bien être des théories ou d'autres sources d'information qui ne soient pas des personnes. Maintenant que cela est dit, nous continuerons à parler des autorités comme s'il s'agissait d'agents humanoïdes.

2. De manière générale, nous dirons que l'agent α a une *connaissance spécifique* de la mécanisabilité d'un ensemble $\mathcal{E}$ quand il y a un ensemble $\mathcal{R}$ tel que α sache à la fois que $\mathcal{R}$ est récursivement énumérable et qu'il est égal à $\mathcal{E}$.

Avant de présenter cet argument, certaines clarifications, définitions et remarques préliminaires sont nécessaires. La première concerne notre façon de comprendre le mot « mécanisme ». Nous le prenons comme une position qui implique que l'ensemble des croyances de ce que nous appelons un agent « humanoïde » est récursivement énumérable (r.é.). La notion d'un agent épistémique « humanoïde » et le système de croyances humanoïde qui lui correspond sont des idéalisations de leur pendant strictement humain. En particulier, ils permettent des idéalisations de certaines capacités logiques et métamathématiques élémentaires des véritables agents humains.

Les idéalisations particulières que nous étendons aux « humanoïdes » autorités (**A**) et observatrices (**O**) sont les suivantes :

Idéalisation (I) : L'ensemble des croyances de **A** et de **O** (ensembles que nous noterons $\mathcal{A}$ et $\mathcal{O}$ respectivement) sont fermés par déduction logique.

Idéalisation (II) : $\mathcal{A}$ et $\mathcal{O}$ contiennent l'arithmétique nécessaire pour assurer les types habituels d'arithmétisation de la syntaxe formelle. Précisément, ils contiennent assez d'arithmétique pour assurer la *représentation faible* de tous les ensembles récursivement énumérables [3].

Idéalisation (III) : **O** est autorisée à avoir quelques croyances modestes concernant les caractéristiques logiques du concept de croyance qu'elle applique à **A**. Plus précisément, elle est autorisée à croire sur des instances particulières que le concept de croyance qu'elle applique à **A** satisfait le *modus ponens* [4].

3. Soient **S** la théorie représentante, $\mathcal{R}$ la propriété ou l'ensemble à représenter et $\mathcal{L}_{\mathbf{S}}$, le langage de **S**, on dit que la formule $\mathfrak{R}(x)$ de $\mathcal{L}_{\mathbf{S}}$ d'une variable libre x *représente faiblement* $\mathcal{R}$ si, pour tout objet n de la bonne sorte, $n \in \mathcal{R}$ si, et seulement si, $\mathfrak{R}(\mathbf{n})$ est un théorème de **S** (où **n** désigne canoniquement n dans $\mathcal{L}_{\mathbf{S}}$). $\mathfrak{R}(x)$ *représente fortement* $\mathcal{R}$ dans **S** si pour tout objet n de la bonne sorte, si $n \in \mathcal{R}$ alors $\mathfrak{R}(\mathbf{n})$ est un théorème de **S** et si $n \notin \mathcal{R}$ alors $\neg\mathfrak{R}(\mathbf{n})$ est un théorème de **S**. Enfin, nous disons que $\mathcal{R}$ est faiblement (resp. fortement) représentable dans **S** seulement dans le cas où il existe une formule de $\mathcal{L}_{\mathbf{S}}$ qui la représente faiblement (resp. fortement) dans **S**. Plus tard, nous introduirons ce que nous appellerons des Conditions de Dérivabilité, nous rencontrerons une condition (CD1) qui revient à la représentabilité faible dans la direction de gauche à droite. Nous nous référerons parfois à cette condition plus faible comme l'énumérabilité, et nous disons que $\mathfrak{R}(x)$ énumère $\mathcal{R}$ dans **S** quand elle est satisfaite.

4. Cela veut dire que pour toute paire d'énoncés $\mathfrak{A}$ et $\mathfrak{B}$ de $\mathcal{L}_{\mathcal{A}}$ (le language de $\mathcal{A}$) $\vdash_{\mathcal{O}} Bel_{\mathbf{A}}(\ulcorner \mathfrak{A} \rightarrow \mathfrak{B} \urcorner \rightarrow (Bel_{\mathbf{A}}(\ulcorner \mathfrak{A} \urcorner) \rightarrow Bel_{\mathbf{A}}(\ulcorner \mathfrak{B} \urcorner))$, où $\vdash_{\mathcal{O}} \mathcal{E}$ (resp. $\vdash_{\mathcal{A}} \mathcal{E}$) signifie que **O** (resp. **A**) croit en un énoncé donné $\mathcal{E}$ de $\mathcal{L}_{\mathcal{A}}$. Nous en dirons plus au sujet de la signification et de la construction de la formule $Bel_{\mathbf{A}}(x)$ dans la section sur le théorème de Löb, p. 265 sqq.

Au moins certains des effets de ces idéalisations devraient être clairs. En particulier, l'infinitude de $\mathcal{A}$ et celle de $\mathcal{O}$ devraient être claires [5]. Chacune de ces idéalisations le demande, d'une manière ou d'une autre.

Aucun agent humain n'aura, évidemment, un ensemble infini de croyances. Est-ce que l'infinitude de l'ensemble de croyances de nos agents humanoïdes idéalisés implique que les résultats concernant leur mécanisabilité ne sont pas applicables aux véritables agents humains ? Nous ne le pensons pas. Nos descriptions de **A** et de **O** leur attribuent, sans aucun doute, des idéalisations des capacités humaines. Ces idéalisations ne soulèvent, néanmoins, aucune question vis-à-vis du mécanisme. Il est parfaitement possible, pour des agents satisfaisant nos idéalisations, d'avoir un ensemble de croyance récursivement énumérable. En effet, nos idéalisations sont des idéalisations liées à des cas paradigmatiques de dispositifs mécanisables c'est-à-dire diverses machines de Turing et/ou des théories formelles récursivement axiomatisables. Elles ne sont pas, par conséquent, la source de nos conclusions anti-mécanistes.

Nous voulons également dire quelques mots concernant notre observatrice imaginaire **O** et la manière particulière dont elle tente d'utiliser **A** comme une autorité épistémique. Nous allons nous occuper « d'observatrices » qui cherchent à améliorer leur base épistémique en utilisant ce qu'on pourrait appeler « l'extension » ou « l'addition ». Cela veut dire qu'elles améliorent leur base épistémique en leur ajoutant des éléments, et qu'elles le font d'une façon monotone – c'est-à-dire sans supprimer aucune croyance qu'elles étaient déjà supposées avoir. Par conséquent, leurs croyances ne changent, lorsqu'elles changent, que dans un sens, c'est-à-dire dans le sens d'une accumulation progressive.

Il y a, bien sûr d'autres manières par lesquelles une observatrice donnée peut chercher à utiliser une autorité épistémique. Elle pourrait, par exemple, chercher à l'utiliser pour l'aider à éliminer les éléments faux ou injustifiés de son corpus de croyances. L'argument donné ici ne concerne pas ce genre d'usages « correctifs » ou » soustractifs » d'autorités épistémiques. Il est plus restreint en portée et ne s'applique qu'aux usages « additifs » de l'autorité. Quoi qu'il en soit, nous pensons que cet argument est nouveau et d'importance.

5. Soulignons, néanmoins que bien que nous autorisions nos agents humanoïdes à avoir des ensembles infinis de croyances, nous n'autorisons pas l'ensemble des croyances primitives ou non dérivées à être non mécanisables. Tout ce que nous disons sur $\mathcal{A}$ et sur $\mathcal{O}$ est compatible avec le fait qu'ils aient des ensembles récursifs de croyances primitives ou non dérivées.

2 COMMENT NOTRE ARGUMENT DIFFÈRE DES AUTRES ARGUMENTS ANTI-MÉCANISTES

Ce dernier point pourrait paraître douteux. Il y a, après tout, des arguments bien connus qui ont des conclusions qui pourraient paraître similaires [6]. La thèse centrale de ce genre d'arguments est que soit nous ne sommes pas des machines, ou, si nous le sommes, nous ne pouvons pas savoir que nous le sommes, ou au moins nous ne pouvons pas savoir quelle(s) machine(s) spécifique(s) nous sommes. De telles thèses ont des ressemblances reconnaissables avec celle défendue dans cet article, ce qui peut mettre la nouveauté de cette dernière en doute.

À cela, nous apportons deux réponses. La première est que même si l'on suppose que les conclusions sont similaires, notre argument est différent de tous ceux qui viennent d'être cités. La deuxième est que la conclusion est différente elle aussi.

Notre conclusion affirme une incompatibilité entre le mécanisme et les caractéristiques structurelles d'un type fondamental de situation d'apprentissage – à savoir le type « additif » de situation d'apprentissage que nous avons décrit ci-dessus, où le corpus épistémique d'une observatrice est étendu par son observation d'une autorité. À notre connaissance, personne n'a encore argumenté en faveur d'une telle conclusion.

Notre argument est différent sur au moins deux points. Tout d'abord, à la différence d'arguments de la tradition inspirée par Lucas, il ne repose pas sur des thèses concernant nos capacités à évaluer des systèmes soit particulièrement forts soit particulièrement complexes. Notre argument ne requiert pas non plus, à la différence de l'argument originel de Lucas, un appel à la conscience ou quelque autre qualité supposée spéciale liée à une évaluation « à la première personne ». Cela est vrai, d'ailleurs, que l'on prenne cet accès à la première personne comme impliquant une capacité particulière à identifier, et donc à examiner et à évaluer nos croyances (comme chez Lucas) ou comme un composant essentiel d'un état cognitif spécial – un état de « compréhension » – qui est la base d'une capacité d'évaluation spéciale (comme chez Penrose).

Ces différences permettent d'éviter certaines objections qui ont été adressées contre les arguments provenant de la tradition de Lucas (c'est-à-dire les arguments de Lucas et de Penrose et également celui de Benaceraff, si

6. Voir par exemple Lucas, 1961, Penrose, 1989 ; Penrose, 1994. Voyez aussi Benacerraf, 1967, où il tente de donner une version améliorée de l'argument de Lucas.

on considère sa thèse comme anti-mécaniste). Pour la plupart, ces objections ont été dirigées contre des suppositions problématiques concernant notre capacité à évaluer notre corpus épistémique ou celui d'autres agents. L'objection a parfois été que les systèmes supposés évaluables de manière fiable ne l'étaient pas parce qu'il étaient trop puissants [7]. D'autres fois, l'objection a été non pas que les systèmes de croyances en question sont trop puissants, mais ou bien qu'ils ne sont pas (et, peut-être, en un certain sens, ne peuvent pas nous être) donnés sous la forme d'un système formel (la forme de quelque chose à quoi les théorèmes d'incomplétude de Gödel s'appliquent clairement), ou bien qu'ils ne nous sont pas donnés sous une forme qui les rende facilement évaluables [8].

Notre argument évite ces objections. En conséquence, que nous nous accordions ou non avec elles, elles ne nous posent pas problème. La base métamathématique de notre argument est également différente de celle de la tradition lucasienne. Lucas, Benaceraff et Penrose ont présenté leurs arguments comme reposant sur le premier théorème de Gödel. Si l'on clarifie convenablement leurs arguments, toutefois, on peut voir qu'ils reposent plutôt sur le second théorème de Gödel (G2). Notre argument, quant à lui, repose sur une version généralisée du théorème de Löb. Son ingrédient clef est l'affirmation d'une opposition entre la sorte de structure de co-prouvabilité posée dans le théorème de Löb (*i.e.* la co-prouvabilité de « $Prov_{\mathrm{T}}(\ulcorner \mathcal{A} \urcorner) \rightarrow \mathcal{A}$ » et de « $\mathcal{A}$ ») et la structure du corpus épistémique de l'agent fonctionnant additivement. Il n'y a pas, autant que nous puissions voir, d'opposition parallèle de ce genre entre G2 et la structure du corpus épistémique de l'agent fonctionnant additivement. Cela ne remet pas en cause le fait qu'il puisse y avoir des applications indirectes de G2 qui parasitent l'application préalable du théorème de Löb. Il nous semble néanmoins que c'est le théorème de Löb, pas G2, qui est premier ici.

Les idées et arguments esquissés ci-dessus sont explorés en plus grands détails dans la dernière section (*cf.* page 280 sqq.). Nous les mentionnons ici pour donner une première indication de la nouveauté de notre argument.

7. *Cf.* Boolos, 1990 où, contrairement à ce que Lucas a, comme chacun sait, suggéré, il est défendu que nous ne savons pas si la théorie des ensembles Zermelo-Fraenkel ou aucune autre « approximation raisonnable de la totalité des mathématiques que nous utilisons » est cohérente.

8. *Cf.* Chalmers, 1995. *Cf.* aussi Putnam, 1960 pour un argument similaire.

3 LA STRUCTURE DE NOTRE ARGUMENT

La description d'une certaine relation d'apprentissage entre observatrice et autorité est centrale à notre analyse. La caractéristique essentielle de l'observatrice **O** dans cette relation est son usage d'une projection inductive (dans le sens de Hume) de ses observations de l'activité épistémique de l'autorité **A**. En faisant cette projection **O** est modestement équipée. Précisément, elle n'a accès qu'à un nombre fini d'observations concernant les croyances de **A** et elle est supposée n'avoir que de très simples capacités inductives. Ses observations de **A** et les projections basées sur ces dernières déterminent ses croyances. Plus exactement, $\mathcal{O}$, l'ensemble des croyances de **O**, est supposé être un sous-ensemble de $\mathcal{A}$, l'ensemble de croyances de **A**. Cela est en accord avec notre conception selon laquelle **O** est un agent qui ne cherche pas à corriger des croyances faillibles qu'elle pourrait avoir, mais seulement à accroître le nombre de ses bonnes croyances [9]. La relation épistémique entre **O** et **A** est donc à la fois simple et restreinte, et n'épuise évidemment pas les formes possibles de relations vraisemblables et épistémiquement fécondes que les relations entre observatrice et autorité peuvent prendre.

Le caractère basique de la relation entre **O** et **A** étant maintenant clarifié il nous reste à : (1) établir ce que nous appellerons le « caractère anti-Löbien » [*anti-Löblikeness*] de $\mathcal{A}$ en tant que vu par **O**, et (2) montrer que ce caractère anti-Löbien empêche **O** de savoir ou de croire sincèrement que n'importe quel système $\mathcal{F}$, reconnu par **O** comme un système formel, puisse être identique (*i.e.*, co-extensif) à $\mathcal{A}$.

Puisque le théorème de Löb prend une place si importante dans notre argument, nous commençons par en présenter une preuve dans la section suivante. Suite à cela, dans la section d'après, nous décrivons la relation entre **O** et **A** en entrant d'avantage dans les détails et établissons le caractère anti-Löbien de $\mathcal{A}$ telle que vue par **O**. Nous défendons ensuite que le caractère anti-löbien de $\mathcal{A}$ en tant que vu par **O** empêche cette dernière d'avoir une connaissance spécifique du caractère mécanisable de $\mathcal{A}$. Enfin, dans la dernière section, nous considérons certains points possiblement peu clairs et de possibles doutes concernant notre argument ainsi que la façon dont ce dernier pourrait être étendu et généralisé.

9. Nous supposons uniquement que $\mathcal{O}$ est *en fait* un sous-ensemble de $\mathcal{A}$ – pas que **O** *croit* que c'est le cas. Cette deuxième option semble impliquer une limitation indésirable de notre argument, nous y reviendrons.

4 LE THÉORÈME DE LÖB

Notre argument est basé sur une version légèrement modifiée du théorème de Löb. Dans sa forme originale (et commune) le théorème de Löb est formulé comme suit.

Théorème de Löb. *Soit T une théorie qui vérifie LD ([Lemme de Diagonalisation] formulé plus bas) et dont la logique préserve la validité des schémas d'inférences classiques habituels (à savoir les schémas d'inférences suivants :* $\mathcal{A} \rightarrow \mathcal{B}, \mathcal{A} \therefore \mathcal{B}$; $\mathcal{A} \rightarrow \mathcal{B}, \mathcal{B} \rightarrow \mathcal{C} \therefore \mathcal{A} \rightarrow \mathcal{C}$; $\mathcal{A} \rightarrow (\mathcal{B} \rightarrow \mathcal{C}), \mathcal{A} \rightarrow \mathcal{B} \therefore \mathcal{A} \rightarrow \mathcal{C}$*)*[10]*. De plus, soit « $Prov_T(x)$ », une formule de $\mathcal{L}_T$ qui satisfait CD1-CD3 ([Conditions de Dérivabilité] formulées ci-dessous). Alors pour tout énoncé $\mathcal{A}$ de $\mathcal{L}_T$, $\vdash_T Prov_T(\ulcorner\mathcal{A}\urcorner) \rightarrow \mathcal{A}$ seulement si $\vdash_T \mathcal{A}$.*

Les conditions LD et CD1-CD3 sont formulées comme suit :

LD : Pour toute formule $\mathcal{F}(x)$de $\mathcal{L}_T$ à une variable libre x, il y a un énoncé $\mathfrak{D}$ de $\mathcal{L}_T$ tel que $\vdash_T \mathcal{D} \leftrightarrow \mathcal{F}(\ulcorner\mathcal{D}\urcorner)$.

CD1 : Pour toute formule $\mathcal{A}$ de $\mathcal{L}_T$, si $\vdash_T \mathcal{A}$ alors $\vdash_T Prov_T(\ulcorner\mathcal{A}\urcorner)$.

CD2 : Pour toutes formules $\mathcal{A}$, $\mathcal{B}$ de $\mathcal{L}_T$,

$$\vdash_T Prov_T(\ulcorner\mathcal{A} \rightarrow \mathcal{B}\urcorner) \rightarrow (Prov_T(\ulcorner\mathcal{A}\urcorner) \rightarrow Prov_T(\ulcorner\mathcal{B}\urcorner)).$$

CD3 : Pour toute formule de $\mathcal{A}$ de $\mathcal{L}_T$,

$$\vdash_T Prov_T(\ulcorner\mathcal{A}\urcorner) \rightarrow Prov_T(\ulcorner Prov_T(\ulcorner\mathcal{A}\urcorner)\urcorner).$$

La version modifiée du théorème de Löb que nous utilisons dans notre argument permet une grande diversité de relations particulières entre l'observatrice **O** et l'autorité **A**. En particulier, elle permet à O d'être et de rester un sous-ensemble propre de $\mathcal{A}$[11]. Pour tenir compte de cette

10. Cette supposition concernant la logique de **T** n'est pas triviale. En effet, l'un des principes – à savoir $\mathcal{A} \rightarrow (\mathcal{B} \rightarrow \mathcal{C}), \mathcal{A} \rightarrow \mathcal{B} \therefore \mathcal{A} \rightarrow \mathcal{C}$ – est essentiellement une forme de Syllogisme Disjonctif, et il s'agit là d'un schéma d'inférence qui, on le sait bien, n'est pas vérifié en général dans ce que certains (à savoir les logiciens de « la pertinence ») considèrent comme des systèmes logiques proprement délimités. Nous ne voyons néanmoins pas de raison de penser que les instances particulières de ce principe qui sont utilisées dans la preuve du théorème de Löb n'ont pas d'antécédents et de conséquents qui sont liés de manière « pertinente ».

11. Nous adoptons cette conception concernant la relation entre les ensembles de croyances $\mathcal{A}$ et O, parce que, typiquement, nous ne voulons pas que l'observatrice, même après toutes ses observations de l'autorité, soit dans une position d'atteindre le niveau de croyances de l'autorité. Cela rend notre argument plus réaliste et augmente sa généralité en autorisant des améliorations « modestes » de la base épistémique de l'observatrice – améliorations qui ne doivent pas nécessairement mener à une parité (même uniquement dans l'étendue de leurs croyances) entre l'observatrice et l'autorité.

possibilité, nous modifions légèrement le Lemme de Diagonalisation et les Conditions de Dérivation (dans ce qui suit **S** joue le rôle générique de la théorie observante, **T** le rôle générique de la théorie observée, et il est supposé que **S** $\subseteq$ **T**) [12].

CD1* : Pour toute formule $\mathcal{A}$ de $\mathcal{L}_\mathbf{T}$ si $\vdash_\mathbf{T} \mathcal{A}$ alors $\vdash_\mathbf{S} Prov_\mathbf{T}(\ulcorner\mathcal{A}\urcorner)$.

CD2* : Pour toutes formules $\mathcal{A}$, $\mathcal{B}$ de $\mathcal{L}_\mathbf{T}$,

$$\vdash_\mathbf{S} Prov_\mathbf{T}(\ulcorner\mathcal{A} \to \mathcal{B}\urcorner) \to (Prov_\mathbf{T}(\ulcorner\mathcal{A}\urcorner) \to Prov_\mathbf{T}(\ulcorner\mathcal{B}\urcorner)).$$

CD3* : Pour toute formule $\mathcal{A}$ de $\mathcal{L}_\mathbf{T}$,

$$\vdash_\mathbf{S} Prov_\mathbf{T}(\ulcorner\mathcal{A}\urcorner) \to Prov_\mathbf{T}(\ulcorner Prov_\mathbf{T}(\ulcorner \mathrm{A}\urcorner)\urcorner).$$

LD* : Pour toute formule $\mathcal{F}(x)$ à une variable libre x, il y a un énoncé $\mathcal{D}$ de $\mathcal{L}_\mathbf{T}$ tel que $\vdash_\mathbf{S} \mathcal{D} \leftrightarrow \mathcal{F}(\ulcorner\mathcal{D}\urcorner)$.

À partir des conditions ci-dessus, on obtient une forme généralisée du théorème de Löb :

Théorème 1 (Théorème de Löb Generalisé). Soit **S** $\subseteq$ **T** une théorie pour laquelle LD* est valide et dont la logique vérifie la variété usuelle des formes classiques d'inférence. Et soit $Prov_\mathbf{T}(x)$ une formule de $\mathcal{L}_\mathbf{S}$ qui satisfait CD1*-CD3*. Alors, pour tout énoncé $\mathcal{A}$ de $\mathcal{L}_\mathbf{T}(= \mathcal{L}_\mathbf{S})$, $\vdash_\mathbf{S} Prov_\mathbf{T}(\ulcorner\mathcal{A}\urcorner) \to \mathcal{A}$ seulement si $\vdash_\mathbf{S} \mathcal{A}$.

Démonstration. Par LD*, Pour tout énoncé $\mathcal{A}$ de $\mathcal{L}_\mathbf{T}$, il y a un énoncé $\mathfrak{L}$ (l'énoncé de Löb) de $\mathcal{L}_\mathbf{T}$ tel que :

$$\vdash_\mathbf{S} \mathfrak{L} \leftrightarrow (Prov_\mathbf{T}(\ulcorner\mathfrak{L}\urcorner) \to \mathcal{A}) \tag{1}$$

À partir de cela et de notre hypothèse **S** $\subseteq$ **T**, nous obtenons le même point fixe dans **T**, c'est-à-dire

$$\vdash_\mathbf{T} \mathfrak{L} \leftrightarrow (Prov_\mathbf{T}(\ulcorner\mathfrak{L}\urcorner) \to \mathcal{A}). \tag{2}$$

En décomposant le $\leftrightarrow$ dans (2), on obtient :

$$\vdash_\mathbf{T} \mathfrak{L} \to (Prov_\mathbf{T}(\ulcorner\mathfrak{L}\urcorner) \to \mathcal{A}). \tag{3}$$

En appliquant CD1* à (1), on obtient :

$$\vdash_\mathbf{S} Prov_\mathbf{T}(\ulcorner\mathfrak{L} \to (Prov_\mathbf{T}(\ulcorner\mathfrak{L}\urcorner) \to \mathcal{A}\urcorner)). \tag{4}$$

12. Plus bas, nous considèrerons le cas **S** = **T**

En appliquant CD2* à la formule (4), on obtient :

$$\vdash_{\mathbf{S}} Prov_{\mathbf{T}}(\ulcorner \mathfrak{L} \rightarrow (Prov_{\mathbf{T}}(\ulcorner \mathfrak{L} \urcorner) \rightarrow \mathcal{A})\urcorner) \rightarrow (Prov_{\mathbf{T}}(\ulcorner \mathfrak{L} \urcorner) \rightarrow Prov_{\mathbf{T}}(\ulcorner Prov_{\mathbf{T}}(\ulcorner \mathfrak{L} \urcorner) \rightarrow \mathcal{A}\urcorner)). \quad (5)$$

D'après (4) et (5) et la supposition que le *modus ponens* est disponible dans **S**, on obtient :

$$\vdash_{\mathbf{S}} (Prov_{\mathbf{T}}(\ulcorner \mathfrak{L} \urcorner) \rightarrow Prov_{\mathbf{T}}(Prov_{\mathbf{T}}(\ulcorner \mathfrak{L} \urcorner) \rightarrow \mathcal{A})). \quad (6)$$

En appliquant CD2* une fois de plus, mais cette fois sur le conséquent de (6), nous obtenons :

$$\vdash_{\mathbf{S}} Prov_{\mathbf{T}}(\ulcorner Prov_{\mathbf{T}}(\ulcorner \mathfrak{L} \urcorner) \rightarrow \mathcal{A}\urcorner) \rightarrow (Prov_{\mathbf{T}}(\ulcorner Prov_{\mathbf{T}}(\ulcorner \mathfrak{L} \urcorner)\urcorner) \rightarrow Prov_{\mathbf{T}}(\ulcorner \mathcal{A}\urcorner)). \quad (7)$$

En utilisant (6) et (7) et la supposition que la logique de **S** valide le schéma d'inférences $\mathcal{A} \rightarrow \mathcal{B}, \mathcal{B} \rightarrow C \therefore \mathcal{A} \rightarrow C$, on a :

$$\vdash_{\mathbf{S}} Prov_{\mathbf{T}}(\ulcorner \mathfrak{L} \urcorner) \rightarrow (Prov_{\mathbf{T}}(\ulcorner Prov_{\mathbf{T}}(\ulcorner \mathfrak{L} \urcorner)\urcorner) \rightarrow Prov_{\mathbf{T}}(\ulcorner \mathcal{A}\urcorner)). \quad (8)$$

En appliquant ensuite CD3* à « $\mathcal{L}$ », on obtient :

$$\vdash_{\mathbf{S}} Prov_{\mathbf{T}}(\ulcorner \mathfrak{L} \urcorner) \rightarrow Prov_{\mathbf{T}}(\ulcorner Prov_{\mathbf{T}}(\ulcorner \mathfrak{L} \urcorner)\urcorner). \quad (9)$$

Cette dernière proposition avec (8), avec le fait que le schéma d'inférences $\mathcal{A} \rightarrow (\mathcal{B} \rightarrow C), \mathcal{A} \rightarrow \mathcal{B} \therefore \mathcal{A} \rightarrow C$ est satisfait dans **S**, nous donne :

$$\vdash_{\mathbf{S}} Prov_{\mathbf{T}}(\ulcorner \mathfrak{L} \urcorner) \rightarrow Prov_{\mathbf{T}}(\ulcorner \mathcal{A}\urcorner). \quad (10)$$

Cela complète la première partie de la preuve. La seconde partie commence en supposant l'antécédent du théorème, c'est-à-dire :

$$\vdash_{\mathbf{S}} Prov_{\mathbf{T}}(\ulcorner \mathcal{A}\urcorner) \rightarrow \mathcal{A}. \quad (11)$$

Avec (10), (11) et la supposition que la logique de **S** satisfait $\mathcal{A} \rightarrow \mathcal{B}, \mathcal{B} \rightarrow C \therefore \mathrm{A} \rightarrow \mathrm{C}$, on obtient :

$$\vdash_{\mathbf{S}} Prov_{\mathbf{T}}(\ulcorner \mathfrak{L} \urcorner) \rightarrow \mathcal{A}. \quad (12)$$

En utilisant maintenant (1) (de la droite vers la gauche), (12), et la supposition que la logique de **S** satisfait le *modus ponens*, on a :

$$\vdash_{\mathbf{S}} \mathfrak{L}. \quad (13)$$

Par cette dernière proposition et le fait que $\mathbf{S} \subseteq \mathbf{T}$, on a que :

$$\vdash_{\mathbf{T}} \mathfrak{L}, \tag{14}$$

à laquelle on applique CD1* pour obtenir :

$$\vdash Prov_{\mathbf{T}}(\ulcorner \mathfrak{L} \urcorner)). \tag{15}$$

Finalement, (15), (12) et l'hypothèse que la logique de **S** satisfait le *modus ponens* nous donnent le conséquent du théorème

$$\vdash_{\mathbf{S}} \mathcal{A}. \tag{16}$$ □

Il s'agit du théorème autour duquel notre argument, qui sera développé dans la section « Le caractère anti-löbien et non mécanisable de $\mathcal{A}$ tel qu'observé par **O** » (page 275 sqq.), est construit.

5 Les systèmes $\mathcal{A}$ et $\mathcal{O}$

Nous décrivons maintenant les ensembles $\mathcal{A}$ et $\mathcal{O}$. La première chose à remarquer est que **O** n'est pas supposée être capable d'élargir $\mathcal{O}$ jusqu'au point où il serait égal à $\mathcal{A}$. Plus précisément, **O** est supposée être un observatrice « modeste » de **A**, c'est-à-dire une observatrice qui n'arrive jamais à observer toutes les croyances de **A**. (Il est important de distinguer entre les observations de **O** des croyances de **A** et les croyances de **O** concernant les croyances de **A**. Les premières sont purement et simplement le résultat des observations que **O** fait de **A**. Les deuxièmes incluent également l'infinité d'autres croyances qui sont déductibles depuis ces observations.)

Pour préserver le caractère humain de **O**, nous supposerons aussi qu'elle ne peut faire qu'un nombre fini d'observations sur les croyances de **A**. Nous idéalisons les capacités logiques de **O** (et de **A**) et autorisons $\mathcal{O}$ (et $\mathcal{A}$) à être clos par déduction. Nous permettons donc aux croyances de **O** d'être infinies mais nous demandons que ses observations soient finies.

Nous supposons que les croyances de **O** et de **A** peuvent être exprimées dans un langage commun. Plus précisément, nous supposons que les énoncés appartenant à la fois à $\mathcal{A}$ et $\mathcal{O}$ sont des énoncés d'un langage du premier ordre $\mathcal{L}_{\mathcal{A}}$ (c'est-à-dire le langage de $\mathcal{A}$), et nous supposons que $\mathcal{L}_{\mathcal{A}}$ est une extension du langage standard de l'arithmétique du premier ordre (par exemple, le langage de **PA**). Nous supposons que $\mathcal{L}_{\mathcal{A}}$ est formé en ajoutant au langage arithmétique de base les expressions nécessaires à définir une formule $\mathrm{B}el_{\mathbf{A}}(x)$ qui doit être utilisée par **O** pour exprimer qu'un certain énoncé est une croyance de **A**. Un peu plus précisément, $\mathrm{B}el_{\mathbf{A}}(x)$ est destinée à exprimer la propriété qu'un certain énoncé est une croyance de **A** à un certain moment ou à un certain stade de son développement épistémique. $\mathrm{B}el_{\mathbf{A}}(k)$ sera donc vraie quand k (le nombre dénoté par k sous l'interprétation voulue du langage $\mathcal{L}_{\mathcal{A}}$) est le nombre de Gödel d'un énoncé $\mathcal{K}$ de $\mathcal{L}_{\mathcal{A}}$ tel qu'il y a un moment ou un certain stade où **A** croit que $\mathcal{K}$ [13].

Il nous faut également une manière d'exprimer la croyance par **O** et parfois aussi celle par **A** telle qu'elle est en elle-même et non pas (en tous cas pas nécessairement) en tant qu'elle peut être conçue par **O**. On note donc $\vdash_{\mathcal{O}} \mathcal{E}$ pour signifier que $\mathcal{E}$ est une croyance de **O** et $\vdash_{\mathcal{A}} \mathcal{E}$ pour exprimer que $\mathcal{E}$ est une croyance de **A**.

En ayant ainsi décrit la formule $\mathrm{B}el_{\mathbf{A}}(x)$ comme étant, grosso modo, destinée à exprimer dans le langage $\mathcal{L}_{\mathcal{A}}$ le concept qu'a **O** de la croyance de **A**, permettons-nous de dire quelques mots sur le sens de ce « grosso modo ». Un premier élément contribuant à cette approximation est le fait que pour notre objectif, $\mathrm{B}el_{\mathbf{A}}(x)$ n'a pas besoin d'exprimer une croyance *per se*. Tout ce que notre argument demande est que la relation entre **A** et les énoncés de $\mathcal{L}_{\mathrm{A}}$ exprimée par $\mathrm{B}el_{\mathrm{A}}(x)$ soit une relation quelconque que **O** puisse utiliser rationnellement afin de pouvoir « suivre » [*track*] l'assertabilité. En particulier, il ne présuppose pas que **A** ait la capacité d'entrer dans les sortes d'états psychologiques conscients que nous associons généralement à la croyance. Par conséquent, notre argument ne dépend pas du fait que **A** soit consciente [14].

13. Nous particularisons les croyances de **A** à un ou des moments donnés afin de permettre au traitement de **A** par **O** d'être limité à un ou des moments ou intervalles de temps particuliers. Il s'agit là d'une supposition naturelle à la fois pour les observatrices et pour les autorités humanoïdes.

14. Il est peut-être opportun d'ajouter quelques mots concernant notre usage de l'indice **A** dans $\mathrm{B}el_{\mathbf{A}}(\mathrm{x})$. Nous prenons en compte la « présence » de **A** de cette manière, plutôt qu'en passant par une formule de croyance binaire de la forme de $\mathrm{B}el(x, y)$ (qui se lit x croit que y) où **A** serait une valeur possible de x. Nous faisons cela parce que nous ne voulons pas supposer que la propriété de **A** que **O** utilise pour former ses croyances (celles de **O**) soit une qu'**A** partage avec d'autres agents épistémiques (**O** comprise). Autrement dit, nous ne voulons pas supposer que la propriété de **A** que **O** poursuit est une forme générale de relation de croyance qui serait constante d'un agent épistémique à l'autre. Une telle potentielle « intersection » des capacités épistémiques de **A** avec celles d'autres agents épistémiques ne joue aucun rôle essentiel dans notre argument et ne pourrait que restreindre sa portée.

Le cœur de notre argument repose sur une caractéristique de **O** que nous appellerons son *Pouvoir Inductif de Réflexion*. Nous considérons qu'il s'agit là d'une capacité de **O** d'obtenir des portions finies de l'ensemble des croyances de **A** et de passer de cela à une projection inductive rudimentaire concernant la fiabilité de **A** en tant qu'autorité épistémique.

Nous appellerons $\mathcal{O}_{\mathbf{A}\text{-Obs}}$ la portion finie de **A** que **O** peut observer, ou, autrement dit, « l'ensemble des données » de **O** concernant l'ensemble des croyances de **A**. Afin de s'assurer que la capacité de **O** de discerner et de tester les croyances de **A** a un caractère humain, nous demandons que $\mathcal{O}_{\mathbf{A}\text{-Obs}}$ soit fini. Nous appellerons $\mathcal{E}_1, \ldots, \mathcal{E}_n$ les éléments de $\mathcal{O}_{\mathbf{A}\text{-Obs}}$. Ainsi considéré, $\mathcal{O}_{\mathbf{A}\text{-Obs}}$ est un sous-ensemble propre de $\mathcal{O}$.

En observant les croyances de **A**, **O** forme les croyances $\mathrm{B}el_{\mathbf{A}}(\ulcorner\mathcal{E}_1\urcorner)$, $\ldots$, $\mathrm{B}el_{\mathbf{A}}(\ulcorner\mathcal{E}_n\urcorner)$. Avec la notation adoptée ici, pour chaque i (avec $1 \leq i \leq n$), on a $\vdash_{\mathcal{O}} \mathrm{B}el_{\mathbf{A}}(\ulcorner\mathcal{E}_i\urcorner)$ [15]. Pour chaque croyance que **O** observe chez **A** nous supposons qu'elle forme une évaluation, c'est-à-dire que soit elle la confirme, soit elle l'infirme. Nous voulons considérer le cas où elle confirme toutes les croyances qu'elle observe chez **A** [16]. Il ne s'agit là, bien sûr, que d'une manière possible dont peut se passer l'évaluation par **O** des croyances de **A**. Il ne semble, néanmoins, n'y avoir rien d'improbable ou qui élude les questions dans le fait de supposer qu'il s'agit là d'une possibilité.

Nous considérons donc le cas où les évaluations de **O** des énoncés de $\mathcal{O}_{\mathbf{A}\text{-Obs}}$ sont toutes positives et où **O** affirme donc toutes les croyances qu'elle observe chez **A**. Exprimé dans notre notation, il s'agit du cas où, pour chaque $\mathcal{E} \in \mathcal{O}_{\mathbf{A}\text{-Obs}}$, $\vdash_{\mathcal{O}} \mathcal{E}$. En combinant par paire les observations par **O** des croyances de **A** avec l'évaluation correspondante, **O** croira que $\mathrm{B}el_{\mathbf{A}}(\ulcorner\mathcal{E}_1\urcorner)\&\mathcal{E}_1, .., \mathrm{B}el_{\mathbf{A}}(\ulcorner\mathcal{E}_n\urcorner)\&\mathcal{E}_n$ [17]. Autrement dit **O** aura pour base d'induction :

15. Encore plus précisément, pour chaque i (avec $1 \leq i \leq n$), on a $\vdash_{\mathcal{O}_{\mathbf{A}\text{-Obs}}} \mathrm{B}el_{\mathbf{A}}(\ulcorner\mathcal{E}_i\urcorner)$. Cette précision supplémentaire n'est néanmoins pas nécessaire pour nos buts immédiats.

16. Nous devrions peut être noter que nous ne comprenons pas « observer » comme un verbe lié à une « réussite », c'est-à-dire que nous ne l'entendons pas comme signifiant automatiquement que chaque « observation » que **O** fait des croyances de **A** est correcte. Par conséquent, le fait que **O** observe que **A** a la croyance $\mathcal{E}$ n'est pas incompatible avec le fait que **A** n'ait pas la croyance $\mathcal{E}$.

17. Cette « conjonction » des observations par **O** des croyances de **A** avec son affirmation de ces croyances n'est pas triviale. Car même si un agent peut avoir deux croyances, elle ne sera pas nécessairement en position d'en faire la conjonction, à moins qu'elles ne soient suffisamment bien reliées dans sa cognition pour lui permettre non seulement de penser à chacune d'elles, mais également de joindre ses jugements individuels dans un seul jugement composé. Si ces croyances ont été obtenues dans des contextes suffisamment séparés, les

(Base Inductive de **O**) : Pour chaque $\mathcal{E}_i \in O_{\mathbf{A}\text{-Obs}} \vdash_O \mathrm{Bel}_{\mathbf{A}}(\ulcorner\mathcal{E}_i\urcorner)\&\mathcal{E}_i$.

Il s'agit du cœur des capacités épistémiques que nous attribuons à **O** et l'élément central de son évaluation inductive de la fiabilité de **A** en tant qu'agent épistémique. En l'état, néanmoins, la Base Inductive de **O** doit être augmentée avant qu'elle puisse légitimement être vue comme fournissant une base pour la projection inductive de la fiabilité de **A** en tant qu'agent. **O** doit également, d'une manière ou d'une autre, « regrouper » ses observations des croyances de **A** dans une collection qu'elle voit comme la totalité de ses données concernant les croyances de **A**. Elle doit donc affirmer une prémisse exprimant qu'il n'y a pas d'exception à $\mathrm{Bel}_{\mathbf{A}}(\ulcorner\mathcal{E}_i\urcorner)\&\mathcal{E}_i$ parmi celles de ses croyances qui concernent les croyances de **A** qu'elle peut observer (c'est-à-dire pour les croyances de **O** qui sont dans $O_{\mathbf{A}\text{-Obs}}$). Une manière pour elle de faire cela est d'adopter le principe suivant :

(Épuisement de O) : $\vdash_O \forall x(\mathrm{Bel}_{\mathbf{A}\text{-Obs}}(x) \to (x = \ulcorner\mathcal{E}_1\urcorner \vee \ldots \vee x = \ulcorner\mathcal{E}_n\urcorner))$, où $\mathcal{E}_1, \ldots, \mathcal{E}_n$ sont les éléments de $O_{\mathbf{A}\text{-Obs}}$ et $\mathrm{Bel}_{\mathbf{A}\text{-Obs}}(n)$ doit être lu comme « **O** observe que **A** a la croyance (l'énoncé codé par) n ».

Le rôle de ce principe est de faire une croyance de **O** du fait que la classe des croyances de **A** couverte durant l'observation de **A** par **O** est effectivement la totalité des croyances qu'**O** utilise dans son évaluation inductive de **A**.

La Base inductive de **O** et l'Épuisement de O pris ensemble donnent à **O** ce que nous pensons être une base de justification suffisante sur laquelle des projections inductives concernant la fiabilité de **A**, en tant qu'agent, peuvent être faites. Plus précisément, ils lui donnent une justification pour projeter le schéma de fiabilité observé dans son « ensemble de données » aux parties de l'ensemble des croyances de **A** qu'elle n'a pas observées et n'observera pas (à cause de la finitude de l'ensemble de ses observations de **A**) [18]. Ce schéma est $\mathrm{Bel}_{\mathbf{A}}(\ulcorner\mathcal{E}\urcorner) \to \mathcal{E}$).

limitations des capacités d'attention d'un agent peuvent tout à fait rendre cela impossible. Nous supposons donc que la psychologie de **O** « réalise » différentes opérations logiques.

18. En plus de la Base Inductive de **O** et de l'Épuisement de $O_{\mathbf{A}\text{-Obs}}$, un humanoïde **O** semblable à ce que nous décrivons pourrait aussi utiliser certaines observations concernant la taille de l'ensemble de données $O_{\mathbf{A}\text{-Obs}}$ ainsi que sa diversité ou variété (par exemple, le fait qu'il contienne une grande variété d'expressions non logiques de $\mathcal{L}_{\mathcal{A}}$, qu'il puisse s'étendre à des croyances à différents moments, etc.). Tant que ses contraintes sont, comme celles que l'on vient de mentionner, exprimables dans $\mathcal{L}_{\mathcal{A}}$, on est libre de les ajouter à la liste ci-dessus. De plus, même s'il était nécessaire d'enrichir $\mathcal{L}_{\mathcal{A}}$ pour obtenir un langage suffisamment expressif pour accommoder ces contraintes supplémentaires, une version de notre argument ajustée à ce nouveau langage serait toujours possible. Pour finir, nous ne défendons pas le fait que la projection inductive de **O** est la projection inductive la plus forte possible. Nous soutenons simplement qu'il s'agit d'une projection avec une certaine valeur épistémique.

Nous supposons que **O** est prête à projeter ce schéma en général, c'est-à-dire prête à le projeter pour tout $\mathcal{E}$ dans $\mathcal{L}_{\mathcal{A}}$ pour lequel elle pense à le projeter. Cela ne veut néanmoins pas dire qu'elle doit être considérée comme le faisant effectivement. En effet, en accord avec notre volonté de préserver le caractère humain de **O**, nous supposons qu'elle ne fait qu'un nombre fini de telles projections [19]. Ce qui est essentiel pour notre argument est qu'elle projette $\mathrm{B}el_{\mathbf{A}}(\ulcorner\mathcal{E}\urcorner) \rightarrow \mathcal{E}$ pour au moins un $\mathcal{E}$ qu'elle n'a pas encore, au moment de sa projection, affirmé elle-même.

De telles projections seraient en effet naturelles pour elle, puisque le fait qu'elle soit généralement prête à projeter $\mathrm{B}el_{\mathrm{A}}(\ulcorner\mathcal{E}\urcorner) \rightarrow \mathcal{E}$ l'encourage à le projeter pour tout $\mathcal{E}$ auquel elle pense. Il est bien sûr possible que le projet de développement épistémique de **O** (c'est-à-dire étendre son corpus de croyances vraies par imitation de **A**) serait plus efficacement mené à bien si elle ne projetait $\mathrm{B}el_{\mathbf{A}}(\ulcorner\mathcal{E}\urcorner) \rightarrow \mathcal{E}$ que pour les $\mathcal{E}$ dont elle a déjà observé la croyance par **A**. Sans remettre cela en question, nous voudrions néanmoins souligner qu'une telle restriction ne serait pas naturelle pour **O**. Le fait qu'elle soit préparée à projeter $\mathrm{B}el_{\mathbf{A}}(\ulcorner\mathcal{E}\urcorner) \rightarrow \mathcal{E}$ est général. Ses projections de $\mathrm{B}el_{\mathbf{A}}(\ulcorner\mathcal{E}\urcorner) \rightarrow \mathcal{E}$ ne seraient naturellement restreintes aux $\mathcal{E}$ dont elle a observé la croyance par **A** que s'il était aussi naturel pour elle de penser à une possible instance de $\mathrm{B}el_{\mathbf{A}}(\ulcorner\mathcal{E}\urcorner) \rightarrow \mathcal{E}$ uniquement quand elle a observé que **A** croit que $\mathcal{E}$. Nous ne voyons, néanmoins, pas de raison de faire une telle supposition. Par conséquent, nous supposons que **O** a la capacité de projeter $\mathrm{B}el_{\mathrm{A}}(\ulcorner\mathcal{E}\urcorner) \rightarrow \mathcal{E}$ pour des $\mathcal{E}$ dont elle n'a pas (ou du moins pas au moment de la projection) observé la croyance par **A**.

Rien de tout cela ne remet en question le fait que la stratégie de **O** pour s'améliorer épistémiquement soit d'étendre son ensemble de croyances en trouvant des $\mathcal{E}$ qu'elle ne croit pas présentement mais auxquels elle pourrait croire plus tard, après avoir découvert que **A** y croit. Cela revient plutôt à maintenir que certaines des projections de $\mathrm{B}el_{\mathbf{A}}(\ulcorner\mathcal{E}\urcorner) \rightarrow \mathcal{E}$ par **O** sont pour des $\mathcal{E}$ qu'elle ne croit pas encore parce qu'elle n'en a pas, au moment de la projection, observé que **A** croit $\mathcal{E}$.

Nous irons même plus loin en supposant que certaines des projections de **O** de $\mathrm{B}el_{\mathbf{A}}(\ulcorner\mathcal{E}\urcorner) \rightarrow \mathcal{E}$ sont pour des $\mathcal{E}$ qu'elle ne croira jamais. Cette supposition nous semble renforcer le caractère humain de **O**. Étant donné qu'elle ne projette pas uniquement $\mathrm{B}el_{\mathrm{A}}(\ulcorner\mathcal{E}\urcorner) \rightarrow \mathcal{E}$ pour des $\mathcal{E}$ dont

19. Toutefois, en raison de la fermeture logique de $\mathcal{O}$, il contiendra un nombre infini d'instances de $\mathrm{B}el_{\mathbf{A}}(\ulcorner\mathcal{E}\urcorner \rightarrow \mathcal{E})$. Ce que nous affirmons, ici, est que **O** ne fait qu'un nombre fini de telles projections *en tant que projections* (c'est-à-dire en tant qu'inférences inductives à partir de ses données concernant **A**).

elle *a observé* les croyances par **A**, il n'y a pas de raison apparente pour laquelle elle devrait restreindre ses projections de $\mathrm{B}el_{\mathrm{A}}(\ulcorner \mathcal{E} \urcorner) \rightarrow \mathcal{E}$ aux $\mathcal{E}$ qu'elle croira un jour. Les agents épistémiques à caractère humain dans la position de **O** n'ont aucun moyen de savoir à l'avance quels $\mathcal{E}$ elles observeront faire partie des croyances de **A**. *A fortiori*, elles n'ont aucun moyen de restreindre la projection de $\mathrm{B}el_{\mathrm{A}}(\ulcorner \mathcal{E} \urcorner) \rightarrow \mathcal{E}$ aux seuls $\mathcal{E}$ qu'elles pourraient elles-mêmes croire à un moment ultérieur. Nous supposons donc la même chose pour **O**. L'efficacité de son développement épistémique (c'est-à-dire la proportion de ses projections de $\mathrm{B}el_{\mathbf{A}}(\ulcorner \mathcal{E} \urcorner) \rightarrow \mathcal{E}$ qu'elle est capable de convertir en connaissances ou en véritables croyances de $\mathcal{E}$) serait augmentée par une telle restriction, mais il n'y a pas de moyen apparent d'atteindre une telle efficacité une fois que l'on a admis qu'on ne doit pas supposer que **O** restreigne ses projections de $\mathrm{B}el_{\mathbf{A}}(\ulcorner \mathcal{E} \urcorner) \rightarrow \mathcal{E}$ aux $\mathcal{E}$ dont elle a observé la croyance par **A**.

Selon notre conception, donc, **O** ne projette pas $\mathrm{B}el_{\mathbf{A}}(\ulcorner \mathcal{E} \urcorner) \rightarrow \mathcal{E}$ uniquement pour les $\mathcal{E}$ qu'elle croit maintenant ou qu'elle croira dans le futur. Et bien que cela puisse réduire l'efficacité de son développement épistémique, étant donnée la généralité de son engagement vis-à-vis des instances de $\mathrm{B}el_{\mathbf{A}}(\ulcorner \mathcal{E} \urcorner) \rightarrow \mathcal{E}$, cela augmente son caractère humain. Cela ne réduit pas non plus ses espérances d'un développement épistémique significatif. Tout ce qui est nécessaire pour cela est qu'elle projette $\mathrm{B}el_{\mathbf{A}}(\ulcorner \mathcal{E} \urcorner) \rightarrow \mathcal{E}$ pour suffisamment de $\mathcal{E}$ dont elle observe la croyance par **A**.

Nous entendons donc que **O** doit être vue comme projetant $\mathrm{B}el_{\mathbf{A}}(\ulcorner \mathcal{E} \urcorner) \rightarrow \mathcal{E}$ pour au moins un $\mathcal{E}$ qu'elle ne croira jamais (c'est-à-dire pour un $\mathcal{E}$ qui n'est pas dans $\mathcal{O}$). Pour des raisons que nous expliquerons plus bas, nous appellerons cela sa Projection Faible Anti-Löbienne (PFAL) [20]. Formulée dans notre notation, cela donne :

20. Nous l'appelons faible pour deux raisons. D'abord, parce qu'elle n'est affirmée que pour un certain $\mathcal{E}$ qui n'est pas dans $\mathcal{O}$, et non pour tout $\mathcal{E} \in \mathcal{L}_{\mathcal{A}}$.(Encore une fois, conformément à notre volonté de conserver le caractère humain de **O**, nous supposons que le nombre des projections de ce type est fini.). Deuxièmement (et de manière liée), nous l'appelons faible parce qu'elle ne fait poser que des demandes relativement faibles sur le pouvoir conceptuel de **O**. Plus précisément, on ne demande pas que **O** ait un concept de vérité pour les énoncés de $\mathcal{L}_{\mathcal{A}}$. Sa projection n'est pas que pour tous les énoncés $\mathcal{E}$ de $\mathcal{L}_{\mathcal{A}}$, si **A** croit que $\mathcal{E}$, alors $\mathcal{E}$ est *vrai*. Sa projection est plus modeste et peut être plus primitive. Elle ne consiste pas en ou ne provient pas d'une réflexion de sa part sur les croyances de **A** leur attachant un marqueur exprimant son évaluation. Il s'agit plutôt d'une capacité à saisir sa Base Inductive comme un fondement pour affirmer, pour un certain nombre d'énoncés $\mathcal{E} \in \mathcal{L}_{\mathcal{A}}$, que $\mathrm{B}el_{\mathbf{A}}(\ulcorner \mathcal{E} \urcorner) \rightarrow \mathcal{E}$. Elle voit un modèle (*pattern*) dans son observation des croyances de **A** et son test de celles-ci, et c'est *ce modèle* (*pattern*) qu'elle projette.

PFAL de **O** : Pour un certain énoncé $\mathcal{E} \in \mathcal{L}_{\mathcal{A}}$ tel que $\vdash_O Bel_{\mathbf{A}}(\ulcorner\mathcal{E}\urcorner) \rightarrow \mathcal{E}$, ce n'est pas le cas que $\vdash_O \mathcal{E}$.

La description de **O** donnée ci-dessus pose des questions auxquelles nous devons répondre maintenant. La plus importante d'entre elles est peut-être la question de l'indexation temporelle des projections et des croyances de **O**. Nous avons dit qu'elle projetait $Bel_{\mathbf{A}}(\ulcorner\mathcal{E}\urcorner) \rightarrow \mathcal{E}$ pour certains $\mathcal{E}$ qu'elle croyait pas et n'allait pas croire. Cela veut dire que nous considérons que la construction de O par **O** se fait « par étapes » temporelles. Après ses premières observations « qualitatives » de **A** (c'est-à-dire les observations préliminaires au fait qu'elle soit prête à projeter généralement $Bel_{\mathbf{A}}(\ulcorner\mathcal{E}\urcorner) \rightarrow \mathcal{E}$, **O** devient engagée envers des projections de la forme $Bel_{\mathbf{A}}(\ulcorner\mathcal{E}\urcorner) \rightarrow \mathcal{E}$. Elle observe ensuite **A** à nouveau pour déterminer si **A** croit que $\mathcal{E}$. Si elle constate que **A** croit que $\mathcal{E}$, elle affirme donc l'antécédent de de $Bel_{\mathbf{A}}(\ulcorner\mathcal{E}\urcorner) \rightarrow \mathcal{E}$ et en infère le conséquent. Dans cette situation, qui correspond à la stratégie centrale de **O** pour son développement épistémique, sa croyance en $\mathcal{E}$ vient *après* sa projection de $Bel_{\mathbf{A}}(\ulcorner\mathcal{E}\urcorner) \rightarrow \mathcal{E}$ et *après* son observation de **A**. Cependant, en même temps, O représente la somme des croyances accumulées à toutes les étapes du développement du corpus de **O**. Quand nous écrivons que non-$\vdash_O \mathcal{E}$ nous voulons donc dire qu'il n'y a pas de moment – pas avant, pas en même temps, et pas après sa projection de $Bel_{\mathrm{A}}(\ulcorner\mathcal{E}\urcorner) \rightarrow \mathcal{E}$ – où **O** affirme $\mathcal{E}$.

Un autre questionnement qui peut émerger concernant notre description de **O** est le fait qu'elle soit « généralement prête » à projeter $Bel_{\mathbf{A}}(\ulcorner\mathcal{E}\urcorner) \rightarrow \mathcal{E}$. On pourrait penser que cela néglige le fait que **O** soit engagée vis-à-vis de la négation de certains énoncés (comme des contradictions logiques et divers anti-théorèmes de l'arithmétique) et qu'elle ne projetterait donc pas les instances de $Bel_{\mathbf{A}}(\ulcorner\mathcal{E}\urcorner) \rightarrow \mathcal{E}$ correspondant à ces énoncés. En réponse, nous pouvons remarquer que bien que nous ayons effectivement décrit **O** comme étant généralement prête à projeter $Bel_{\mathrm{A}}(\ulcorner\mathcal{E}\urcorner) \rightarrow \mathcal{E}$, les éléments essentiels de notre argument ne dépendent pas de ce choix. Nous pourrions reformuler notre argument pour d'autres choix d'ensembles d'énoncés pour lesquels **O** est prête à projeter $Bel_{\mathbf{A}}(\ulcorner\mathcal{E}\urcorner) \rightarrow \mathcal{E}$. Nous pourrions, par exemple, limiter la projection aux $\mathcal{E}$ qui ne sont pas des contradictions logiques ou des anti-théorèmes de l'arithmétique. Une telle limitation reflèterait une conception de **O** selon laquelle elle serait plus engagée à rejeter les énoncés des classes désignées qu'à accepter que **A** puisse les valider. Une telle limitation pourrait toujours supporter un caractère anti-löbien des projections de **O**. Le fait que **O** refuse d'accepter l'autorité de **A** en ce qui concerne les contradictions logiques et/ou les anti-théorèmes de l'arithmétique et d'autres énoncés semblables est tout à fait compatible avec le fait qu'elle projette $Bel_{\mathbf{A}}(\ulcorner \mathcal{E} \urcorner) \rightarrow \mathcal{E}$ pour des $\mathcal{E}$ qu'elle ne croit pas et ne va pas croire – et c'est la projection $(\ulcorner \mathcal{E} \urcorner) \rightarrow \mathcal{E}$ qui seule est cruciale pour notre argument. Notre supposition concernant le fait que **O** soit généralement prête à projeter $Bel_{\mathbf{A}}(\ulcorner \mathcal{E} \urcorner) \rightarrow \mathcal{E}$ n'est donc pas essentielle à notre argument et n'est faite que pour des soucis de simplicité.

6 LE CARACTÈRE ANTI-LÖBIEN ET NON MÉCANISABLE DE $\mathcal{A}$ TEL QU'OBSERVÉ PAR O

Nous allons défendre que la PFAL de **O** implique qu'elle ne peut pas avoir de connaissance spécifique de la mécanisabilité de $\mathcal{A}$. Autrement dit, nous allons défendre que soit $\mathcal{A}$ n'est pas mécanisable soit, s'il l'est, **O** ne peut pas connaître une machine spécifique dont l'état final soit identique à $\mathcal{A}$. Notre argument sera une réduction à l'absurde qui commence avec la supposition que **O** a une connaissance spécifique de la mécanisabilité de $\mathcal{A}$. Les composants principaux de cet argument sont :

Partie (i) : Un argument qui montre qu'à partir de la supposition que **O** a une connaissances spécifique de la mécanisabilité de $\mathcal{A}$, on peut déduire le « caractère löbien » de $\mathcal{O}$.

Partie (ii) : Un rappel que, par l'argument de la section précédente, l'usage particulier que **O** fait de **A** en tant qu'autorité épistémique implique le caractère anti-löbien de $\mathcal{O}$.

Partie (iii) : La conclusion que **O** ne peut pas à la fois utiliser **A** comme une autorité épistémique comme elle en a l'intention tout en ayant une connaissance spécifique de sa mécanisabilité.

Le but de cette section est donner l'argument pour la partie (i). Il commence en supposant qu'il y a un système formel tel que :

O sait (ou croit sincèrement) que $\mathbf{D}_{\mathcal{A}}$ est un système formel. (1)

et

O sait (ou croit sincèrement) que $\mathbf{D}_{\mathcal{A}}$ est équivalent à $\mathcal{A}$ [21] (2)

À partir de cela et de quelques suppositions auxiliaires on peut déduire le caractère löbien de $\mathcal{A}$. Les détails sont comme suit.

Supposons que $\mathfrak{D}(x)$ soit le moyen pour **O** d'exprimer dans $\mathcal{L}_{\mathcal{A}}(= \mathcal{L}_{O})$ la propriété de prouvabilité-dans$\mathbf{D}_{\mathcal{A}}$. Il suit que, comme (1) l'indique, si **O** sait que $\mathbf{D}_{\mathcal{A}}$ est un système formel, elle doit savoir cela de $\mathfrak{D}$ tel que décrit par $\mathfrak{D}(x)$. Ainsi si, comme dans (1), **O** devait vraiment savoir ou croire que $\mathbf{D}_{\mathcal{A}}$ est un système formel, elle devrait le comprendre à travers sa description $\mathfrak{D}(x)$ de $\mathbf{D}_{\mathcal{A}}$.

Qu'est-ce que cela impliquerait ? Puisque l'ensemble de théorèmes de tout système formel doit être r.é., et puisque tout ensemble r.é. doit être faiblement représentable dans O (par l'Idéalisation (II) de la Section 1), il serait plausible d'exiger que $\mathfrak{D}(x)$ (c'est-à-dire la « description » ou le « concept » de **O** de la notion de prouvabilité-dans-$\mathbf{D}_{\mathcal{A}}$) représente faiblement l'ensemble des théorèmes de $\mathbf{D}_{\mathcal{A}}$ dans O. Nous considérons que (1) nous pousse à accepter la condition que :

$$\text{Pour tout énoncé } \mathcal{E} \text{ de } \mathcal{L}_{\mathcal{A}}, \vdash_{\mathbf{D}_{\mathcal{A}}} \mathcal{E} \text{ seulement si } \vdash_{O} \mathfrak{D}(\ulcorner \mathcal{E} \urcorner). \qquad (3)$$

À partir de (2) et de la supposition que tout ce qui est connu ou cru sincèrement est vrai, nous avons que :

$$\text{Pour tout énoncé } \mathcal{E} \text{ de } \mathcal{L}_{\mathcal{A}}, \vdash_{\mathbf{D}_{\mathcal{A}}} \mathcal{E} \text{ si, et seulement si, } \vdash_{\mathcal{A}} \mathcal{E}. \qquad (4)$$

Et par (4), on peut substituer $\vdash_{\mathcal{A}} \mathcal{E}$ pour $\vdash_{\mathbf{D}_{\mathcal{A}}}$ dans (3) pour obtenir :

$$\text{Pour tout énoncé de } \mathcal{L}_{\mathcal{A}}, \vdash_{\mathcal{A}} \mathcal{E} \text{ seulement si } \vdash_{O} \mathfrak{D}(\ulcorner \mathcal{E} \urcorner). \qquad (5)$$

En supposant maintenant que (i) connaissance ou croyance sincère suppose croyance ; que (ii) $\mathfrak{D}(x)$ est le moyen pour **O** d'exprimer la propriété de prouvabilité-dans-$\mathbf{D}_{\mathcal{A}}$ [22] ; et que (iii) $Bel_{\mathrm{A}}(\ulcorner \mathcal{E} \urcorner)$ est sa manière d'exprimer l'appartenance à $\mathcal{A}$ (*i.e.*, sa manière d'exprimer que $\mathcal{E}$ est une croyance de **A**), alors (2) implique aussi que :

$$\text{Pour tout énoncé } \mathcal{E} \text{ de } \mathcal{L}_{\mathcal{A}}, \vdash_{O} Bel_{\mathbf{A}}(\ulcorner \mathcal{E} \urcorner) \leftrightarrow \mathfrak{D}(\ulcorner \mathcal{E} \urcorner) \qquad (6)$$

En substituant le coté gauche de (6) par le côté droit de (6) dans le conséquent de (5), on obtient :

$$\text{Pour tout énoncé } \mathcal{E} \text{ de } \mathcal{L}_{\mathcal{A}}, \vdash_{\mathcal{A}} \mathcal{E}\text{seulement si } \vdash_{O} Bel_{\mathbf{A}}(\ulcorner \mathcal{E} \urcorner). \qquad (7)$$

21. On dit qu'un système formel $\mathcal{F}$ est *équivalent* à un ensemble (d'énoncés) $\mathcal{E}$ quand $\mathcal{E}$ est l'ensemble des théorèmes de $\mathcal{F}$.

22. Rappelons que nous avons fait usage de cette supposition dans notre justification de (3).

Il s'agit de la Première Condition de Dérivabilité dans la forme désirée CD1*, avec $\mathcal{A}$ jouant le rôle de la théorie observée ou représentée et $\mathcal{O}$ le rôle de la théorie observante ou représentante, et $\mathrm{B}el_{\mathbf{A}}(x)$ comme formule de $\mathcal{L}_{\mathcal{A}}$ servant à enregistrer dans $\mathcal{O}$ les éléments de $\mathcal{A}$ en tant qu'éléments de $\mathcal{A}$. Nous avons donc le premier ingrédient du caractère löbien d'une observatrice, qui comme **O**, satisfait (1) et (2).

Afin d'obtenir la Deuxième Condition de Dérivabilité sous sa forme appropriée (c'est-à-dire CD2*), il nous suffit de rappeler l'une des idéalisations mentionnées plus haut, en l'occurrence Idéalisation (III). Cette idéalisation garantit à **O** une saisie modeste des caractéristiques logiques du concept de croyance qu'elle applique à **A** (c'est-à-dire une saisie par représentation du fait qu'il satisfait le *modus ponens*). Cela rend évidemment plus précise la représentation qu'a **O** de **A**, puisque, par l'Idéalisation (I), les croyances de **A** sont effectivement closes par *modus ponens*. Nous avons donc CD2* :

$$\text{Pour tous énoncés } \mathcal{A}, \mathcal{B} \text{ de } \mathcal{L}_{\mathcal{A}}, \vdash_{\mathcal{O}} \mathrm{B}el_{\mathbf{A}}(\ulcorner \mathcal{A} \rightarrow \mathcal{B} \urcorner) \rightarrow \mathrm{B}el_{\mathbf{A}}(\ulcorner \mathcal{A} \urcorner) \rightarrow \mathrm{B}el_{\mathbf{A}}(\ulcorner \mathcal{B} \urcorner) \quad (8)$$

Il nous faut encore montrer que (1) et (2) nous donnent également la Troisième Condition de Dérivabilité dans la forme souhaitée (c'est-à-dire CD3*). Pour cela, nous procédons comme suit. À partir de (1), la supposition que ce qui est su ou cru sincèrement est vrai, et de la partie de l'Idéalisation (II) qui attribue à $\mathcal{A}$ la capacité de représenter faiblement les ensembles r.é., on peut conclure que :

$$\text{Pour tout énoncé } \mathcal{E} \text{ de } \mathcal{L}_{\mathcal{A}} \text{ si } \vdash_{\mathbf{D}_{\mathcal{A}}} \mathcal{E} \text{ alors } \vdash_{\mathcal{A}} \mathfrak{D}(\ulcorner \mathcal{E} \urcorner). \quad (9)$$ [23]

Si, comme (1) l'affirme, **O** sait que $\mathbf{D}_{\mathcal{A}}$ est un système formel et que **O** a une compréhension minimale des capacités de représentation de **A** exprimées dans l'Idéalisation (II), alors elle doit également savoir de chaque énoncé $\mathcal{E}$ de $\mathcal{L}_{\mathcal{A}}$ qui est un théorème de $\mathbf{D}_{\mathcal{A}}$ qu'il doit être enregistré dans

23. La lectrice devrait remarquer que (9) n'est pas obtenue en utilisant (3) et le fait supposé que $\mathcal{O} \subseteq \mathcal{A}$. Nous dérivons plutôt cet énoncé de (1) et de la clause de l'Idéalisation (II) qui affirme que $\mathcal{A}$ contient assez de théorie des nombres pour permettre une représentation faible de tous les ensembles r.é.. En procédant ainsi, nous évitons la supposition que **O** sait (ou croit sincèrement) que $\mathcal{O} \subseteq \mathcal{A}$ – c'est-à-dire la supposition que $\vdash_{\mathcal{O}} \mathrm{B}el_{\mathbf{O}}(\ulcorner \mathcal{E} \urcorner) \rightarrow \mathrm{B}el_{\mathbf{A}}(\ulcorner \mathcal{E} \urcorner)$. Il semble souhaitable d'éviter cette supposition puisque, dans les faits, cela transforme la reconnaissance de l'autorité **A** par **O** en une reconnaissance de sa propre autorité. Nous ne voulons pas faire de cela une condition de l'usage de **O** de **A** en tant qu'autorité, puisque cela aurait l'effet de réduire la portée de notre argument aux observatrices reconnaissant leur propre autorité.

$\mathcal{A}$ en tant que tel [24]. Considérant la capacité basique de représentation de $\mathcal{A}$, le fait que les théorèmes de $\mathbf{D}_{\mathcal{A}}$ puissent être enregistrés en tant que tels dans $\mathcal{A}$ est une simple conséquence du fait que $\mathbf{D}_{\mathcal{A}}$ est un système formel. Une partie de ce que nous considérons faire partie de la base de la connaissance (ou de la croyance sincère) de $\mathbf{O}$ du fait que $\mathbf{D}_{\mathcal{A}}$ est un sytème formel – une partie de ce que nous considérons comme constituant cette connaissance – est donc une certaine compréhension partielle (c'est-à-dire à partir de certaines instances) de la représentabilité de son ensemble de théorèmes dans des systèmes comme $\mathcal{O}$ et $\mathcal{A}$.

En supposant que cette compréhension est une conséquence de (1) et en supposant, comme plus haut que (i) $\mathfrak{D}(x)$ est la manière de $\mathbf{O}$ d'exprimer la prouvabilité dans $\mathbf{D}_{\mathcal{A}}$, et que (ii) $\mathrm{B}el_{\mathcal{A}}(\ulcorner\mathcal{E}\urcorner)$ est sa manière d'exprimer que $\mathbf{A}$ croit que $\mathcal{E}$ (c'est-à-dire que $\vdash_{\mathcal{A}} \mathcal{E}$), il suit que :

$$\text{Pour tout énoncé } \mathcal{E} \text{ de } \mathcal{L}_{\mathcal{A}}, \vdash_{\mathcal{O}} \mathfrak{D}(\ulcorner\mathcal{E}\urcorner) \rightarrow \mathrm{B}el_{\mathbf{A}}(\ulcorner\mathcal{D}(\ulcorner\mathcal{E}\urcorner)\urcorner). \quad (10)$$

En utilisant (6) et en substituant $\mathrm{B}el_{\mathbf{A}}(\ulcorner\mathcal{E}\urcorner)$ pour $\mathfrak{D}(\ulcorner\mathcal{E}\urcorner)$ dans l'antécédent de (10), on obtient :

$$\text{Pour tout énoncé } \mathcal{E} \text{ de } \mathcal{L}_{\mathcal{A}}, \vdash_{\mathcal{O}} \mathrm{B}el_{\mathcal{A}}(\ulcorner\mathcal{E}\urcorner) \rightarrow \mathrm{B}el_{\mathcal{A}}(\ulcorner\mathfrak{D}(\ulcorner\mathcal{E}\urcorner)\urcorner). \quad (11)$$

Et en appliquant (6) à nouveau, on obtient :

$$\text{Pour tout énoncé } \mathcal{E} \text{ de } \mathcal{L}_{\mathcal{A}}, \vdash_{\mathcal{O}} \mathfrak{D}(\ulcorner\mathcal{E}\urcorner) \rightarrow \mathrm{B}el_{\mathbf{A}}(\ulcorner\mathcal{E}\urcorner). \quad (12)$$

Et en utilisant la supposition que $\mathcal{O} \subseteq \mathcal{A}$, on obtient :

$$\text{Pour tout énoncé } \mathcal{E} \text{ de } \mathcal{L}_{\mathcal{A}}, \vdash_{\mathcal{A}} \mathfrak{D}(\ulcorner\mathcal{E}\urcorner) \rightarrow \mathrm{B}el_{\mathbf{A}}(\ulcorner\mathcal{E}\urcorner)). \quad (13)$$

En appliquant (7) (qui est notre forme de CD1*) à (13), on obtient :

$$\text{Pour tout énoncé } \mathcal{E} \text{ de } \mathcal{L}_{\mathcal{A}}, \vdash_{\mathcal{O}} \mathrm{B}el_{\mathbf{A}}(\ulcorner\mathcal{D}(\ulcorner\mathcal{E}\urcorner) \rightarrow \mathrm{B}el_{\mathbf{A}}(\ulcorner\mathcal{E}\urcorner)\urcorner). \quad (14)$$

(14) et (8) (notre forme de CD2*) via le *modus ponens* dans $\mathcal{O}$ impliquent que :

$$\text{Pour tout énoncé } \mathcal{E} \text{ de } \mathcal{L}_{\mathcal{A}}, \vdash_{\mathcal{O}} \mathrm{B}el_{\mathbf{A}}(\ulcorner\mathfrak{D}(\ulcorner\mathcal{E}\urcorner)\urcorner) \rightarrow \mathrm{B}el_{\mathbf{A}}(\ulcorner\mathrm{B}el_{\mathbf{A}}(\ulcorner\mathcal{E}\urcorner)\urcorner). \quad (15)$$

24. Nous supposons donc que **O** emploie une notion de la mécanisabilité selon laquelle le concept par lequel une machine (ou un système formel) est donné est aussi un concept par rapport auquel elle peut la représenter faiblement. C'est une hypothèse importante de notre argument. Notre justification pour supposer cela est que nous pensons qu'un concept ne peut pas servir comme présentation d une théorie à moins que l'on voit qu'il a la théorie qu'il présente comme extension. Défendre cela correctement est néanmoins une affaire trop complexe pour s'y essayer ici.

Enfin, si l'on prend cela avec (11), on a :

$$\text{Pour tout énoncé } \mathcal{E} \text{ de } \mathcal{L}_{\mathcal{A}}, \vdash_O Bel_{\mathbf{A}}(\ulcorner \mathcal{E} \urcorner) \rightarrow Bel_{\mathbf{A}}(\ulcorner Bel_{\mathbf{A}}(\ulcorner \mathcal{E} \urcorner) \urcorner). \qquad (16)$$

Il s'agit là de la forme de CD3* qui est nécessaire pour notre argument.

À partir de (7), (8) et (16) on obtient le résultat suivant, semblable au théorème de Löb :

Résultat général semblable au théorème de Löb : Pour tout énoncé $\mathcal{E}$ de $\mathcal{L}_{\mathcal{A}}$, si $\vdash_O Bel_{\mathbf{A}}(\ulcorner \mathcal{E} \urcorner) \rightarrow \mathcal{E}$, alors $\vdash_O \mathcal{E}$.

À partir de ce résultat et du fait que (7), (8) et (16) ont été déduits de (1) et de (2) (et de nos idéalisations concernant **O** et **A**), nous pouvons conclure que si **O** a le type de connaissance spécifique de la formalisabilité de l'ensemble des croyances de **A** tel que cette connaissance satisfait (1) et (2), alors elle ne peut pas utiliser **A** comme une autorité de la manière représentée par la PFAL. Elle ne peut donc pas à la fois savoir (ou croire sincèrement) qu'il y a un système formel spécifique coextensif avec son ensemble de théorèmes, et utiliser **A** pour étendre ses (celles de **O**) croyances de manière additive. Nous maintenons donc :

Thèse limitative générale : Il y a des systèmes de croyances humanoïdes $\mathcal{A}$ épistémiquement intéressantes, tels qu'aucun agent observant humanoïde **O** qui utilise **A** comme une autorité épistémique « additive » ne peut ni savoir ni croire sincèrement que **A** est mécanisable (c'est-à-dire savoir que son ensemble de croyances $\mathcal{A}$ est r.é.).

Il s'agit là de la limitation générale que, selon nous, le théorème de Löb place sur le mécanisme. On peut spécifier cette thèse au cas de la première personne, ce qui nous donne :

Thèse limitative spéciale : Il y a des systèmes de croyances humanoïdes $\mathcal{A}$ épistémiquement intéressantes tels qu'il n'y a aucun agent humanoïde dont l'ensemble de croyances est $\mathcal{A}$ qui puisse à la fois se considérer elle-même comme une autorité épistémique et savoir ou croire sincèrement qu'elle (c'est-à-dire que son ensemble de croyances) est mécanisable.

La structure de l'argument pour ces deux thèses est assez similaire. Leurs intentions et effets finaux sont néanmoins assez différents. Une différence claire est que, contrairement à la version générale, il y a peu d'intérêt à voir la version spéciale comme établissant une restriction au point jusqu'auquel un agent épistémique pourrait s'utiliser elle-même comme une autorité additive. La raison en est que cette entreprise manque déjà de cohérence élémentaire. Pour s'utiliser soi-même comme une autorité additive, un agent devrait d'abord s'observer en train de croire un énoncé, et, ensuite, *obtenir* la croyance de cet énoncé en « l'inférant » à partir de son observation de ses propres croyances et de sa projection du fait qu'elle est une observatrice fiable. En plus d'être inutile, une telle procédure semble peu plausible, sinon impossible, d'un point de vue psychologique.

L'effet escompté de l'argument spécialisé ne peut donc pas être plausiblement considéré comme étant le même que celui de l'argument général. Il n'est pas avancé comme une tentative d'établir ce qui semble ne pas avoir besoin d'être établi – à savoir qu'un agent épistémique ne peut pas jouer le rôle d'une autorité additive pour elle-même. Il semble plutôt destiné à seulement indiquer qu'il y a une limite au fait qu'on puisse s'appréhender à la fois comme épistémiquement fiable et comme mécanisable.

Dans la discussion qui va suivre nous appellerons ces deux versions de notre argument – la version générale et la version spéciale – la version **O** et la version **A** respectivement. Le besoin de les distinguer est en partie lié au fait qu'il y a des différences quant à la plausibilité des formes des Conditions de Dérivabilité qu'elles requièrent. C'est également en partie lié au fait que nous ne voulons pas écarter la possibilité qu'il y ait des différences significatives entre l'évaluation à la première personne et l'évaluation d'un agent par un autre. Nous y reviendrons plus loin.

7 DISCUSSION

S'il est correct, l'argument ci-dessus nous montre qu'il y a un conflit entre attribuer la PFAL à une observatrice épistémique **O** dans la version **O** de notre argument, ou à un agent se surveillant elle-même dans la version **A** de notre argument, et leur attribuer les conditions de dérivabilité. Il devient donc important d'essayer d'identifier plus précisément quelles conditions de dérivabilité peuvent être plausiblement retirées. Puisqu'il y a des différences importantes dans la forme que prennent les conditions de dérivabilité dans la version **A** et dans la version **O** de notre argument, nous les traiterons séparément.

7.1 *Les conditions de dérivabilité dans la version* **O**

Nous commençons cette section en remarquant que CD2* est essentielle pour la version **O** de notre argument (nous l'utilisons pour passer de (14) à (15)). Elle ne fait donc pas partie des candidats que l'on pourrait retirer. Il nous reste donc CD1* et CD3* comme candidates possibles pour être rejetées et nous pensons que chacune peut raisonnablement être niée. Considérons CD1* telle que modifiée pour notre objectif, à savoir :

(CD1*-**O**) : Pour chaque énoncé $\mathcal{E}$ de $\mathcal{L}_{\mathcal{A}}$,

$$\vdash_{\mathcal{A}} \mathcal{E} \text{ seulement si } \vdash_{O} Bel_{\mathbf{A}}(\ulcorner\mathcal{E}\urcorner).$$

Ce que CD1*-**O** exige est que les observations de **A** par **O** soient localement complètes c'est-à-dire que pour chaque croyance de **A**, **O** sache, ou croit, que cette croyance est une croyance de **A**.

Il s'agit là, à notre avis, d'une condition trop forte imposée à l'observation de **A** par **O**. Il n'y a rien d'essentiel au projet épistémique de **O** qui lui demanderait d'observer toutes les croyances de **A**. Son but est seulement d'observer et tester assez de croyances de **A** pour lui donner une base inductive pour sa PFAL et cela ne requiert pas (en tous cas pas, en général) d'identifier toutes les croyances de **A**. Cet objectif est en effet une des caractéristiques premières et l'un des attraits épistémiques principaux de la projection inductive en général.

Nous pensons donc que CD1* peut être raisonnablement retirée de **O**. Considérons maintenant CD3*, ou mieux, la version qui est pertinente pour notre argument c'est-à-dire :

(CD3*-**O**) : Pour tout énoncé $\mathcal{E}$ de $\mathcal{L}_{\mathcal{A}}$,

$$\vdash_{O} Bel_{\mathbf{A}}(\ulcorner\mathcal{E}\urcorner) \rightarrow Bel_{\mathbf{A}}(\ulcorner Bel_{\mathbf{A}}(\ulcorner\mathcal{E}\urcorner)\urcorner).$$

La première chose à remarquer est peut-être que CD3*-**O** ne doit pas être pensée comme représentant la formalisation des différentes instances de CD1*-**O** dans $\mathcal{O}$. Une telle condition ressemblerait plutôt à :

(CD3*-**O**Δ) : Pour tout énoncé $\mathcal{E}$ de $\mathcal{L}_{\mathcal{A}}$,

$$\vdash_{O} Bel_{\mathbf{A}}(\ulcorner\mathcal{E}\urcorner) \rightarrow Bel_{\mathbf{O}}(\ulcorner Bel_{\mathbf{A}}(\ulcorner\mathcal{E}\urcorner)\urcorner).$$

(CD3*-**O**Δ), néanmoins, n'implique pas la troisième condition de dérivabilité dans la forme appropriée à nos objectifs, c'est-à-dire une forme permettant la transition de l'étape (8) à l'étape (9) dans la preuve du Théorème de Löb modifié, celle-là même qui figure dans notre argumentaire [25].

La forme appropriée de la troisième condition est donc CD3*-**O**. La question que l'on peut se poser est celle de savoir s'il est plausible que **O** satisfasse cette condition. Nous pensons que tel n'est pas le cas. Concrètement la conséquence de CD3*-**O** est que **O** voit **A** comme étant consciente de ses propres croyances. Plus précisément, CD3*-**O** demande qu'il existe un ensemble de connaissances tel que **O** croit, pour tout énoncé de son langage, que si **A** le croit, alors **A** croit qu'elle le croit. Cela a donc pour effet que **O** sait ou croit des faits qui ne sont pas simplement des faits à propos des croyances de **A**, mais des faits à propos de la conscience qu'a **A** de ses propres croyances – c'est-à-dire des faits concernant la conscience de **A** de ses propres états épistémiques.

De telles croyances ne sont, néanmoins, aucunement essentielles au projet épistémique de **O**. En particulier, elles ne sont pas essentielles au fait qu'elle ait la PFAL. La tâche de **O** est d'observer les croyances de **A** et d'utiliser ses observations, via une application de la PFAL, afin d'élargir son propre corpus épistémique. Afin d'accomplir cela, elle n'a pas besoin de ce que CD3*-**O** semble demander – c'est-à-dire des informations concernant l'état des observations de **A** de ses propres croyances. Elle a uniquement besoin que les croyances qu'elle observe chez **A** soient vérifiées par un test. Mais vérifier une croyance que **A** est censée avoir n'est pas du tout la même chose que de déterminer que **A** est consciente d'avoir cette croyance.

Par conséquent, CD3*-**O** comme CD1*-**O** ne peut pas être raisonnablement vue comme une contrainte déterminant le type de croyance que **O** a de **A**. Par conséquent, ni CD1*-**O** ni CD3*-**O** ne devraient être vues comme des conditions sur notre observatrice inductive **O** dans la version générale (ou version **O**) de notre argument.

25. Nous pourrions bien sûr obtenir CD3*-**O** à partir de CD3*- **O**Δ et d'une condition comme :

(CD3-Aux) : Pour tout énoncé $\mathcal{E}$ de $\mathcal{L}_{\mathcal{A}}$,

$$\vdash_{O} \mathrm{Bel}_{\mathrm{O}}(\ulcorner \mathrm{Bel}_{\mathbf{A}}(\ulcorner \mathcal{E} \urcorner) \urcorner) \rightarrow \mathrm{Bel}_{\mathbf{A}}(\ulcorner \mathrm{Bel}_{\mathbf{A}}(\ulcorner \mathcal{E} \urcorner) \urcorner).$$

Prendre CD3-Aux aurait néanmoins l'effet de réduire inutilement la portée de notre argument aux observatrices **O** qui croient que leur croyances de la forme $\mathrm{Bel}_{\mathbf{A}}(\ulcorner \mathcal{E} \urcorner)$ doivent être aussi crues par **A**. Un tel point de vu serait suffisamment naturel pour une observatrice qui *croirait* que ses croyances sont incluses dans celles de l'autorité qu'elle observe. Il ne serait, en revanche, pas particulièrement naturel pour d'autres types d'observatrices, dont celles dont les croyances sont en fait une partie de celles de l'autorité qu'elles observent. Dans tous les cas, cela placerait une restriction inutile sur notre argument.

7.2 *Les conditions de dérivabilité de la version* **A**

Bien que similaire sous certains aspects avec celui de la version **O**, ce cas n'est pas exactement le même. Plus précisément le statut de la Première Condition de Dérivabilité est différent. La forme appropriée de la Première Condition pour la version **A** est :

(CD1*-**A**) : Pour chaque énoncé $\mathcal{E}$ de $\mathcal{L}_{\mathcal{A}}$,

$$\vdash_{\mathcal{A}} \mathcal{E} \text{ seulement si } \vdash_{\mathcal{A}} Bel_{\mathbf{A}}(\ulcorner \mathcal{E} \urcorner).$$

Ce que demande CD1*-**A** est une sorte « d'enregistrement » par **A** de chacune de ses propres croyances *en tant que* ses croyances. Une telle condition est plausible pour ce que nous pourrions appeler les croyances « explicites » c'est-à-dire des croyances qui demandent une conscience par celle qui croit, à la fois de l'énoncé accepté par sa croyance et du fait qu'elle l'accepte.

Néanmoins, si l'on devait autoriser **A** à avoir des croyances « implicites » (c'est-à-dire des croyances dont elle ne serait pas consciente), les choses seraient différentes. La question est donc : est-ce que le projet de **A** (c'est-à-dire déterminer si elle-même est fiable dans ses croyances) exige que ses croyances soient explicites ? Nous pensons que la réponse est négative. Pour que **A** ait la PFAL, il est nécessaire qu'elle soit consciente de certaines de ses croyances. Il n'est néanmoins pas nécessaire qu'elle soit consciente de toutes ses croyances. Elle pourrait, au moins en principe, s'observer suffisamment bien pour conclure (via une PFAL bien faite) qu'elle est fiable, sans avoir à examiner la totalité de ses croyances. Il semble donc qu'il n'y ait rien dans le projet épistémique de **A** qui lui impose de satisfaire CD1*-A.

CD3*-**A** est même encore moins défendable que CD1*-**A**, et ce pour des raisons essentiellement similaires. Ce qui est important pour le projet de **A** est qu'elle soit capable de s'observer suffisamment bien pour pouvoir faire une bonne PFAL. Toutefois, cela demande seulement qu'elle croit, pour chaque croyance dans sa base inductive, qu'elle la croit. (Puisqu'elle ne doit que tester ses croyances, elle ne prendrait pas pour objet de test un énoncé à moins qu'elle ne croit qu'elle croit cet énoncé.) Il n'est néanmoins pas nécessaire qu'elle connaisse son propre concept de croyance à la manière demandée par CD*3-**A**. En particulier, il n'est pas nécessaire qu'elle croit, pour chacune de ses croyances (celles qu'elle n'a pas observées qu'elle avait, aussi bien que celles qu'elle a observées) qu'elle ait cette croyance. Cette condition plus large est ce qui est nécessaire pour défendre CD3*-**A**.

Ni CD1*-**A** ni CD3*-**A** n'apparaissent donc plausibles en tant qu'exigences à faire peser sur un agent **A** qui s'auto-examine, comme supposé dans la version **A** de notre argument. Pris ensemble avec ce que nous avons dit concernant la version **O**, donc, l'argument que nous venons de donner indique que ni la Première, ni la Troisième Condition de Dérivabilité ne sont inutiles, que ce soit dans la version **A** ou dans la version **O** de notre argument.

7.3 *La relation entre **O** et **A***

Un deuxième problème qui mérite une clarification est l'usage que nous faisons de la supposition $\mathcal{O} \subseteq \mathcal{A}$, supposition qui nous permet de passer de l'étape (12) à l'étape (13) de notre argument du caractère löbien de la relation entre **O** et **A**. Cette condition n'est pas caractéristique de toutes les relations observatrice-autorité. En particulier, elle n'est pas, par exemple, satisfaite par ce que nous pourrions appeler des observatrices « correctives » – c'est-à-dire des observatrices qui ne cherchent pas vraiment à élargir leur part de croyances vraies à travers l'observation d'une autorité, mais plutôt à utiliser cette observation pour réduire leur part de croyance fausses. Afin d'évaluer la portée de notre argument, il nous faut déterminer si la supposition $\mathcal{O} \subseteq \mathcal{A}$ peut être adaptée à d'autre formes de relations observatrice-autorité que celle que nous avons décrite entre les observatrices « additives » et les autorités qu'elles imitent.

Si l'on examine l'usage que nous faisons de $\mathcal{O} \subseteq \mathcal{A}$ pour passer de l'étape (12) à l'étape (13), on observe qu'il ne concerne directement que les croyances de la forme $\mathfrak{D}(\ulcorner\mathcal{E}\urcorner) \rightarrow \mathrm{B}el_{\mathbf{A}}(\ulcorner\mathcal{E}\urcorner)$. Ces croyances peuvent être vues comme exprimant une sorte de comparaison entre l'ensemble de croyances de **A** et un putatif système formel $\mathbf{D}_{\mathcal{A}}$. Elles reviennent à demander que les croyances de **O** concernant les différentes instances d'inclusion que **O** estime exister entre (l'ensemble des théorèmes de) $\mathbf{D}_{\mathcal{A}}$ et l'ensemble des croyances de **A** soient également vues comme telles par **A**. Un tel accord n'implique pas, évidemment, que **O** et **A** aient ou doivent avoir les mêmes estimations de l'étendue des croyances de **A**. **A** peut avoir plus de connaissances sur ce qu'elle croit que **O**. Tout ce que notre usage de $\mathcal{O} \subseteq \mathcal{A}$ demande est que les théorèmes de $\mathbf{D}_{\mathcal{A}}$ que **O** considère comme des croyances de **A** soient vus comme tels par **A**.

Il est difficile de dire précisément à quel point une telle supposition est restrictive concernant la portée et la variété des paires d'observatrice-autorité que l'on peut faire rentrer dans notre argument. Il est néanmoins clair qu'elle est moins restrictive que la condition générale $\mathcal{O} \subsetneq \mathcal{A}$ et qu'elle l'est même suffisamment pour permettre d'étendre notre argument à un champ assez large de paires observatrice-autorité pour lesquelles l'objectif principal de l'observatrice n'est pas d'élargir ses croyances vraies mais plutôt de réduire ses croyances fausses. Essentiellement, **O** peut être n'importe quelle réformatrice qui veuille réformer celles de ses croyances qui ne sont *pas* de la forme $\mathfrak{D}(\ulcorner \mathcal{E} \urcorner) \rightarrow Bel_{\mathbf{A}}(\ulcorner \mathcal{E} \urcorner)$. Ses croyances d'une autre forme peuvent être largement différentes de celles de l'autorité vers laquelle elle se tourne pour sa « correction » épistémique. En particulier, elle peut avoir des croyances fausses qui doivent être corrigées par comparaison avec celles de son autorité. Tout ce que notre argument demande est que ces croyances ne soient pas de la forme $\mathfrak{D}(\ulcorner \mathcal{E} \urcorner) \rightarrow Bel_{\mathbf{A}}(\ulcorner \mathcal{E} \urcorner)$ (ou d'une forme équivalente).

Nous pensons, donc, que notre argument peut être étendu à une variété assez large de types de relations observatrice-autorité.

7.4 Notre argument comparé à ceux de Lucas-Benacerraf-Penrose

Comme dernier élément de discussion, j'aimerais m'étendre sur les brefs commentaires faits dans la deuxième section à propos des différences entre notre argument et les arguments très connus de Lucas, Benacerraf et Penrose. Nous appellerons cette collection d'arguments les arguments « lucasiens ». Comme mentionné dans la deuxième section, ces arguments soulignent, bien que de manière différente, le caractère supposément spécial de l'accès « à la première personne » aux croyances.

Pour Lucas, cet accès spécial semble avoir été interprété par chacun de nous comme un accès à ce que nous croyons particulièrement bon. Cette capacité que nous avons tous (ou au moins les individus normaux) d'identifier quelles sont nos croyances confère une autre capacité particulière, celle d'évaluer la cohérence ou solidité de nos croyances.

Notre position est la suivante : que ces suppositions concernant le caractère spécial de l'accès à la première personne soient correctes ou non, elles sont inadaptées pour servir de base à une application anti-mécaniste des théorèmes de Gödel. La raison en est qu'en plus de la supposition selon laquelle l'accès à la première personne permet d'évaluer ses propres croyances d'une manière spéciale, de telles applications ont également besoin d'une supposition selon laquelle les jugements d'évaluation font eux-mêmes partie du système qui est en train d'être évalué.

Ce que le lucasien fait, en substance, est de considérer une certaine capacité d'évaluation de leurs croyances qu'ont les êtres humains (ou humanoïdes) et de défendre que cette capacité est en conflit avec le second théorème d'incomplétude de Gödel (G2) [26]. G2 n'interdit pas que de telles évaluations puissent être faites de manière justifiée ou même prouvées. Il interdit uniquement qu'elles fassent elles-mêmes partie du sytème même dont elles sont les évaluations. En clair, G2 ne s'occupe pas (ou du moins pas directement) de l'exactitude ou de la justifiabilité des évaluations de consistances faites à la première personne, mais plutôt de leur possible « localisation » – c'est-à-dire si elles peuvent ou non appartenir à la même unité de pensée de la personne pour laquelle elles servent d'évaluation.

Afin d'évaluer les arguments lucasiens, nous avons donc besoin d'une caractérisation plus minutieuse et plus précise de cette capacité cruciale d'évaluation de soi qu'ils considèrent être caractéristique de l'évaluation épistémique à la première personne d'un humain. J'appellerai introspection *particulariste* ou *enumérative* ce qui me semble en être le modèle le plus simple et le plus naturel. Il s'agit d'une évaluation qui a un caractère temporel ou quasi-temporel. Plus précisément, elle est divisible en trois étapes : une étape de mise en place, une étape d'inspection et, enfin, une étape d'évaluation. À la première étape, l'évaluatrice assemble, « reçoit », ou identifie d'une manière ou d'une autre (énumère) un ensemble de croyances individuelles qui va former l'ensemble de croyances qui sont évaluées – à savoir, les siennes. L'ensemble de croyances particulières fixé à cette étape forme le « sujet » de son jugement d'évaluation final. En d'autres termes, la réponse à la question « Qu'est ce qui est effectivement évalué par l'évaluatrice quand elle est décrite comme étant en train d'évaluer "ses propres" croyances ? » est donnée par une énumération d'un ensemble de croyances qui est fixé à la première étape de ce processus évaluatif à plusieurs étapes.

Appelons l'ensemble de croyances fixé à cette étape **C**. Après, mais seulement après, qu'il est ainsi fixé, l'évaluatrice l'inspecte pour voir s'il est cohérent. Cette inspection est la deuxième étape de l'évaluation énumérative et présuppose que la première étape ait été menée à bien.

26. Bien que les arguments anti-mécanistes basés sur les théorèmes de Gödel se présentent le plus souvent comme faisant appel au premier théorème d'incomplétude (G1), le fait est que, s'ils sont reformulés soigneusement, ces arguments sont en fait des applications du second théorème d'incomplétude (G2). Ce fait mérite d'être noté parce qu'il y a des différences importantes entre les preuves des deux théorèmes qu'il est important de garder à l'esprit quand nous évaluons la correction d'arguments gödeliens. Nous reviendrons sur ce point.

La troisième et dernière étape de l'évaluation énumérative est la formation d'un jugement évaluatif même. Cela présuppose non seulement que l'ensemble des croyances sous inspection ait été fixé (étape 1), mais également que l'inspection soit terminée (étape 2). Le jugement évaluatif concernant **C** n'est donc pas formé – dans le sens opératoire, n'existe pas – jusqu'à ce que **C** ait été fixé et inspecté.

Par conséquent, le jugement évaluatif concernant **C** – dans le cas des arguments lucasiens, le jugement de cohérence de **C** – ne peut pas appartenir à **C**. Donc, dans notre modèle, le jugement de consistance concernant **C** ne peut pas être un élément de **C**. Donc ce jugement ne peut être en conflit avec G2. Ce que G2 appliqué à **C** implique n'est pas l'incohérence de **C** ∪ Coh_C mais plutôt l'incohérence de **C** si Coh_C était un élément de **C**. Il n'y a, par conséquent, aucune incompatibilité entre une capacité d'énumérative d'introspection et G2. De ce fait, il n'y a pas d'incompatibilité venant de G2 entre une capacité d'énumération introspective et le mécanisme.

Pour fonctionner, donc, les arguments lucasiens doivent faire usage d'un certain type d'évaluation de croyance qui ne soit pas « par étapes », comme l'est l'introspection énumérative. Une capacité supposée des êtres humains à identifier introspectivement un ensemble de croyances et à évaluer l'ensemble de croyances ainsi fixé ne rentre pas en conflit avec G2 parce qu'elle ne suppose pas une capacité soit de fixer, soit d'inspecter, soit d'évaluer des ensembles de croyances qui contiennent *leurs propres* jugements évaluatifs. Il pourrait, évidemment, y avoir d'autres conceptions de l'évaluation introspective qui seraient plus riches. Si tel est le cas, le lucasien doit les identifier et rendre leur conflit avec G2 clair. Tant que cela n'a pas été fait, le modèle le plus clair dont nous disposons est celui de l'évaluation introspective – le modèle d'introspection énumérative décrit ci-dessus – et celui-ci donne peu de raisons de croire qu'il entre en conflit avec G2.

La question est donc de savoir s'il existe d'autres conceptions plausibles de l'évaluation introspective qui semblent produire le conflit désiré avec G2. Nous ne savons pas, pour l'instant, comment donner une réponse complète à cette question. Néanmoins, nous voudrions examiner brièvement un type basique d'évaluation introspective non-énumérative qui ne semble pas induire un tel conflit. Il s'agit de ce nous appellerons la conception « méthodiste » de l'évaluation.

Dans l'évaluation méthodiste, ce qui est évalué n'est pas, en tous cas pas en premier lieu, une énumération ou un *ensemble* de croyances. Ce qui est évalué est plutôt une *méthode*, une procédure ou encore un critère pour admettre des croyances. De telles « méthodes » peuvent inclure des procédures qui ne sont pas uniquement faites pour tester des systèmes de croyances à l'aune d'une source probante, mais également des procédures pour les tester les unes par rapport aux autres du point de vue de différentes sortes de cohérence. En effet, les évaluations « méthodistes » consistent essentiellement à accorder la prédominance à ces contraintes de cohérence en tant que conditions conditionnant l'acceptabilité de nouvelles croyances. Les candidats à l'intégration à un corpus méthodiste ne seront pas définitivement (*unprovisionally*) admis à moins et jusqu'à ce que l'on sache qu'ils satisfont les contraintes de cohérence qui sont centrales pour cette méthode. De plus, si des propositions qui avaient été admises temporairement à un corpus s'avèrent violer un contrainte de cohérence, elles seront rejetées. Il devrait donc être clair que les (ou du moins certaines) unités basiques ou ultimes d'engagement d'un schéma méthodiste sont les *procédures* ou les critères pour l'admission de croyances, plutôt que des croyances particulières ou des ensembles de telles croyances que ces procédures auraient admises.

Dans une telle situation, l'évaluation à la première personne semble en effet avoir une force spéciale. La raison en est que ce qui est reflété dans une évaluation méthodiste est une intention par l'évaluatrice d'admettre uniquement les croyances en accord avec les critères d'admission. On pourrait donc espérer pouvoir développer un modèle de l'évaluation épistémique à la première personne qui valide la thèse lucasienne concernant la connaissance que nous avons de la consistance de notre propre ensemble de croyance, par exemple en incluant un test de cohérence dans le critère d'admission du corpus méthodiste.

Quoi qu'il en soit, de telles constructions méthodistes ne soutiennent pas, en tous cas pas en général, un résultat du type de G2 [27]. Plus précisément, une théorie méthodiste peut être mécanisable (c'est-à-dire qu'elle peut avoir un ensemble récursivement énumérable de théorèmes) et être tout de même capable de prouver sa propre formule de cohérence (c'est-à-dire une formule construite à partir d'une expression intensionnellement correcte de

27. Les systèmes avec une forme intégrée de cohérence ont été introduits pour la première fois dans Rosser, 1936. S. Feferman a formulé un type différent de telles théories dans Feferman, 1960. Jeroslow, 1975 donne une preuve d'une version de G2 pour certaines variantes de telles théories. Montagna, 1978 introduit une modification de la notion de Feferman afin de lui faire correspondre une notion effective de preuve. Visser, 1989 complète et rajoute des éléments à l'étude de Montagna. Detlefsen, 1990b comprend une brève discussion de certaines questions philosophiques liées à ces théories.

sa relation de preuve, de la même manière que la formule de consistance standard est construite à partir d'une expression correcte de la notion de preuve pour une théorie standard particulariste)[28]. L'adoption d'une conception méthodiste des théories ou des corpus de croyances ne semble donc pas permettre de sauver l'idée lucasienne selon laquelle la conscience, ou le point de vue à la première personne, confère aux agents évaluateurs humains des capacités non mécanisables (ou non mécanisables de manière connue).

De plus, il est intéressant de remarquer que même si on trouvait une forme de construction des croyances méthodiste qui autoriserait une version de G2, cela ne donnerait pas forcément aux arguments de type lucasien une occasion de souligner le caractère privilégié de l'accès à la première personne. Selon la conception méthodiste, quand le corpus épistémique d'un agent est évalué, ce qui est évalué n'est pas l'ensemble de croyances particulières de cet agent, mais plutôt la méthode qu'il a utilisée pour sélectionner ces croyances. Une partie de ce qui serait donc reflété dans une évaluation méthodiste serait l'intention de l'agent d'admettre des croyances en accord avec les standards spécifiés dans sa méthode.

Mais il ne s'agira là que d'une partie. Il y a également la question de savoir si les propositions qui ont fini par être acceptées dans son corpus ont effectivement été acceptées en suivant les exigences de la méthode que l'agent souhaitait suivre. Enfin, il faudrait se demander si un corpus de croyances constitué selon la méthode choisie est effectivement cohérent.

Nous accorderons, au moins pour l'argument, que les agents humains méthodistes pourraient avoir un accès à la première personne à leurs intentions méthodistes spécial ; c'est-à-dire qu'ils auraient une certaine capacité spéciale qui leur permettrait de savoir que leurs intentions sont d'admettre des croyances seulement quand elles satisfont telle et telle conditions. De cela, il ne suit néanmoins ni que (a) ils ont une capacité de première personne spéciale qui leur permette de dire si les conditions qu'ils voulaient utiliser sont les conditions qui ont été effectivement utilisées dans la formation de leurs croyances, ni que (b) ils ont une capacité de première personne spéciale qui leur permette de dire si des ensembles de croyances formés selon le critère qu'ils ont choisis sont cohérents ou non. Savoir si un corpus méthodiste de croyances est cohérent ou non requiert d'avantage

28. Toutes les formules de « cohérence » ne sont pas des expressions adéquates de la cohérence. Il n' y a pas de raison, néanmoins, de penser qu'aucune ne le sera.

que de savoir quelles sont les méthodes qui étaient censées être utilisées pour sa formation.

Tout bien considéré, nous ne voyons aucun moyen de faire usage, pour déterminer les limites du mécanisme, de ce que Lucas semble avoir pris comme les avantages du point de vue à la première personne. Par conséquent notre argument est conçu pour éviter toute suggestion de ce type. Quand elle observe **A**, **O** est dans une position à la troisième personne. On ne suppose pas non plus qu'elle puisse saisir les croyances de **A** de la même manière que **A** elle-même peut les saisir, ni qu'elle puisse avoir des informations particulières sur la capacité de **A** de croire les vérité qu'elle (**A**) croit, ni qu'elle ne « comprenne » au sens de Penrose qui suggère une forme de saisie globale, les vérités que **A** croit. Elle ne dispose que de la capacité de faire des jugements sur les croyances de **A**, de tester les propositions qu'elle pense que **A** croit et d'exécuter la PFAL [29].

Les remarques ci-dessus sont, j'en suis sûr, suffisantes pour rendre claires les différences qui existent entre l'argument anti-mécaniste de Lucas et l'argument donné ici. Je vais donc conclure avec quelques remarques concernant les différences entre mon argument et la forme des argument lucasiens qui s'en approche le plus – à savoir l'argument avancé par Benacerraf dans son article bien connu « God, the Devil and Gödel » Benacerraf, 1967. Je fais cela non pas parce que je pense que c'est essentiel pour les arguments et les thèses de cet article mais pour répliquer à une confusion que j'ai entendue à de nombreuses occasions – à savoir que mon argument est essentiellement le même que celui de Benaceraf.

L'argument de Benacerraf peut être résumé comme suit – en utilisant les mots de Benacerraf lui-même :

> Au mieux les théorèmes de Gödel impliquent [...] qu'étant donnée n'importe quelle machine de Turing $\mathcal{M}$, soit je ne peux pas prouver que $\mathcal{M}$ est adéquate pour l'arithmétique, soit, si je suis un sous-ensemble

29. C'est peut-être le bon moment pour remarquer la différence entre le déploiement par **O** de sa PFAL et son possible usage d'une conception méthodiste de **A** qui interdirait l'application que nous avons faite du théorème de Löb. L'observation de **A** par **O** ne revient pas au fait que **O** *définisse* **A** comme étant correct (*sound*), ni au fait d'imputer à **A** l'utilisation d'une méthode qui par *sa* définition garantie la correction (*soundness*). La croyance en la correction (*soundness*) de **A** est plutôt quelque chose que **O** atteint à travers ses observations des croyances *particulières* de **A**. Elle ne fait aucun usage d'une quelconque définition de comment (*i.e.* par quels moyens ou méthode ou procédure) elle suppose que **A** soit arrivée à ces croyances. L'évaluation inductive comme celle que **O** est censée utiliser est un moyen d'évaluation qui permet de passer d'instances d'observations du comportement épistémique de **A** à une régularité générale du comportement épistémique de **A**.

> de $\mathcal{M}$ alors je ne peux pas prouver que je peux prouver tout ce que $\mathcal{M}$ prouve. Il semble être cohérent avec tout cela que je sois effectivement une machine de Turing, mais dont la table de commandes (programme) serait si complexe que je ne peux pas dire ce que c'est. En un sens pertinent, si je suis une machine de Turing, alors je ne peux sans doute pas dire laquelle [30].

La thèse est donc qu'au plus, les théorèmes de Gödel n'impliquent pas la négation du mécanisme mais plutôt la disjonction moins étonnante qui est que ou bien le mécanisme est faux, ou bien, s'il est vrai que nous (en tant qu'esprits humains) pouvons être simulés par des machines de Turing, nous ne pouvons pas savoir lesquelles. La seule conclusion claire de Benacerraf est que la thèse lucasienne – selon laquelle les théorèmes de Gödel impliquent que nous ne sommes pas mécanisables – n'est pas acceptable. Il ne va pas plus loin pour effectivement affirmer la thèse disjonctive dont il dit qu'elle est « au mieux » ce que les théorèmes de Gödel impliquent.

Cela pointe déjà vers une différence claire entre l'argument de Benacerraf et le mien : j'affirme effectivement la thèse disjonctive (c'est-à-dire la Thèse Général Limitative et sa version Spéciale, toutes deux données plus haut). Notre argument est donc source d'engagement alors que celui de Benaceraff ne l'est pas.

Une différence supplémentaire, et liée, vient du fait que Benacerraf se présente comme voulant articuler et améliorer les idées de Lucas, pas les siennes. Voyez, par exemple, son explication de la première prémisse de l'argument qu'il présente entre les pages 23 et 30 (prémisse (1), p. 23). Il affirme que le sens de « prouvé » dans cette prémisse exige la supposition que ce qui est prouvé est correct. Cette supposition, dit-il, n'est pas seulement faite par Lucas mais est telle que « sans elle, ses arguments [ceux de Lucas] n'atteignent pas leur cible ». Benacerraf met donc en avant la prémisse (1), non pas comme un énoncé qu'il accepte mais comme une prémisse nécessaire à l'argument de Lucas.

De fait, il va plus loin et exprime même des doutes qu'une version suffisamment clarifiée de l'argument de Lucas conduirait à une conclusion dans laquelle la négation du mécanisme serait même un disjoint. Il écrit donc (*ibid.*, p. 29) que sans la connaissance qu'il est une machine de Turing, il peut « joyeusement s'amuser à prouver » sa propre cohérence Il ne peut néanmoins pas le faire de « manière arithmétique » (*loc. cit.*) – c'est-à-dire

30. Benacerraf, 1967, p. 29.

d'une manière qui utilise « son propre prédicat de prouvabilité » (*loc. cit.*). Par cela, il semble vouloir dire qu'il ne peut pas « prouver » sa propre cohérence via une « preuve » qu'il reconnaît comme s'appliquant à lui. Par conséquent, comme les guillemets autour du mot « prouver » l'indiquent, Benacerraf ne voit pas l'argument à la première personne de Lucas pour sa propre cohérence (dans le cas de Bencerraf, la preuve de S* de sa propre cohérence) comme une véritable preuve. Cela étant donné, l'argument que Benacerraf décrit comme étant ce qui est « au mieux » ce que les théorèmes de Gödel peuvent montrer n'est pas un argument pour ne serait-ce qu'une conclusion disjonctive dont l'un des disjoints est le rejet du mécanisme.

Mon argument est donc différent de celui de Benacerraf de la manière la plus claire possible – à savoir dans la conclusion même qui est tirée. Néanmoins, pour les besoins de l'argumentation, je vais considérer que Benacerraf comme défendant qu'il y un bon argument utilisant les théorèmes de Gödel et dont la conclusion serait qu'un certain esprit humain n'est pas mécanisable, ou qu'il l'est mais qu'il n'est pas possible pour lui de dire quelle machine particulière il est. Même avec cette concession, il y a des différences importantes entre l'argument de Benacerraf et le mien. Je vais brièvement en décrire une. Il ne s'agit pas de la seule mais c'en est une qui est importante et claire.

Elle concerne une lacune dans l'argument de Benacerraf et ce qu'il est nécessaire de mettre en place pour combler cette lacune. Si on le clarifie, qu'on le rend plus précis et qu'on le transcrit dans une notation adéquate, l'argument de Benacerraf dit essentiellement que l'ensemble de propositions suivant est incohérent :

(i) $Q \subseteq \mathcal{M}$ [31]
(=$\mathcal{M}$ est adéquat pour l'arithmétique)

(ii) $l \subseteq \mathcal{M}$
(= Je suis une sous-théorie de $\mathcal{M}$) [32]

(iii) $\vdash_\ell \forall x(Prov_Q(x) \rightarrow Prov_{\mathcal{M}}(x))$

31. Ici, Q fait référence à l'arithmétique de Robinson. Benacerraf considère que le fait que Q soit contenu dans un certain système est nécessaire pour que ce dernier puisse être considéré comme un système de l'arithmétique. $\mathcal{M}$ fait référence à un ensemble récursivement énumérable ou mécanisable, et ℓ est le système d'énoncés connus par l'agent à la première personne « je » de l'argument de Benacerraf. « $\mathrm{Prov}_Q(x)$ », « $Prov_{\mathcal{M}}(x)$ » et « $Prov_\ell(x)$ » sont des formules du langage de ℓ qui expriment, respectivement, les propriétés de prouvabilité dans Q, de prouvabilité dans $\mathcal{M}$ et dans ℓ. Enfin, « $\bot$ » fait référence à un énoncé du langage de ℓ (et du langage de Q) dont la non-prouvabilité dans ℓ (respectivement dans Q) signifie la cohérence de ℓ (respectivement de Q).

32. Il s'agit de l'étape 9c de Benacerraf exprimée dans notre notation.

(= Je peux prouver que $\mathcal{M}$ est adéquate pour l'arithmétique) [33]

(iv) $\vdash_\ell \forall x(Prov_{\mathcal{M}}(x) \rightarrow Prov_\ell(x))$

(= Je peux prouver que je peux prouver tout ce que $\mathcal{M}$ peut prouver) [34]

(v) $\vdash_\ell \neg Prov_\ell(\ulcorner\bot\urcorner)$

(= la thèse lucasienne selon laquelle je peux prouver ma propre cohérence)

(vi) $\nvdash_Q \neg Prov_Q(\ulcorner\bot\urcorner)$

(= G2 pour Q)

Le problème est, toutefois, que (i)-(vi) est cohérent. En utilisant (iii), (iv) et (v), on montre seulement que :

$$\text{(vii)} \quad \vdash_\ell \neg Prov_Q(\ulcorner\bot\urcorner)$$

ce qui est tout à fait cohérent avec le reste de l'ensemble d'énoncés.

Pour créer une incohérence du type de celle que Benacerraf a à l'esprit, (vi) doit être étendue à

$$\text{(viii)} \quad \nvdash_{\mathcal{M}} \neg Prov_{\mathcal{M}}(\ulcorner\bot\urcorner).$$

Si l'on fait cela, on peut obtenir à partir de (iv) et de (v) le résultat que :

$$\text{(ix)} \quad \vdash_\ell \neg Prov_{\mathcal{M}}(\ulcorner\bot\urcorner)$$

et à partir de ce résultat et de (ii), on peut déduire que

$$\text{(x)} \quad \vdash_{\mathcal{M}} \neg Prov_{\mathcal{M}}(\ulcorner\bot\urcorner)$$

ce qui contredit (viii).

Soit Benacerraf avait l'intention d'étendre (vi) jusqu'à (viii), soit il n'en avait pas l'intention. S'il ne l'avait pas, alors son argument est basé sur l'idée fausse que (i)-(vi) eux-mêmes, sans (viii), sont incohérents. Sil en avait l'intention, il y a une lacune (de (vi) à (viii)) dans son raisonnement, lacune qui n'est pas facile à combler.

On pourrait penser que l'on peut recouvrir cette lacune de la manière suivante : puisque G2 s'applique à Q (étape (vi)) et puisque Q est une sous-théorie de $\mathcal{M}$ (par (i)), G2 devrait également s'appliquer à $\mathcal{M}$ (étape (viii)). Un tel raisonnement, néanmoins, est confus, et la confusion consiste en une

33. Il s'agit de l'étape 9a de Benacerraf exprimée dans notre notation.
34. Il s'agit de l'étape 9b de Benacerraf exprimée dans notre notation.

fausse conception du type d'entité auquel G2 s'applique. Spécifiquement, ce raisonnement suppose que G2 s'applique à des théories ou à des ensembles d'énoncés *per se*, alors qu'en réalité c'est au paires théorie/représentation de la théorie. Expliquons nous [35].

Nous utilisons « théorie » comme signifiant un ensemble d'énoncés. Parfois, une théorie **T** (appelons-la la théorie « représentée ») est *représentée* dans une théorie **S** (la théorie représentante) [36]. Ce que nous appelons une *représentation de* la théorie **T** (dans **S**) est une formule qui, dans un certain sens « exprime » le *concept* d'être un élément (*i.e.*, être un théorème) de **T**. Si l'on applique cela à l'argument de Benacerraf, la formule « $\mathrm{P}rov_Q(x)$ » dans (iii) et (vi) est censée exprimer la prouvabilité dans Q et donc, être une représentation de la théorie Q. De même, l'argument de Benacerraf suppose que la formule « $\mathrm{P}rov_{\mathcal{M}}(x)$ » dans (iii), (iv), (viii), (ix) et (x) exprime la notion de prouvabilité dans $\mathcal{M}$ et est donc une représentation de la théorie $\mathcal{M}$.

La vérité est néanmoins que G2 ne s'applique pas uniquement à Q mais à Q en tant que représentée par une formule « $\mathrm{P}rov_Q(x)$ » de Q. Cette formule est considérée comme représentant le concept de prouvabilité-dans-Q dans Q, concept qui sera utilisé pour représenter le concept de la cohérence de Q dans Q. De même pour $\mathcal{M}$. G2 ne s'applique pas à $\mathcal{M}$ *per se* mais à $\mathcal{M}$ en tant que représentée par la formule « $\mathrm{P}rov_{\mathcal{M}}(x)$ » de $\mathcal{M}$ qui est choisie pour servir de représentation de $\mathcal{M}$ afin d'exprimer la cohérence de $\mathcal{M}$ dans $\mathcal{M}$.

Le raisonnement de Benacerraf est donc fallacieux. À partir des suppositions que :

(a) $\mathcal{M}$ est mécanisable (*i.e.*, son ensemble de théorème est récursivement énumérable),

(b) $\mathcal{M}$ contient Q,

(c) G2 s'applique à Q en tant que représenté par la formule « $\mathrm{P}rov_Q(x)$ » et

(d) « $\mathrm{P}rov_{\mathcal{M}}(x)$ » représente le concept d'être un théorème de $\mathcal{M}$,

il ne s'en suit pas que G2 est valable pour la paire $\mathcal{M}/\mathrm{P}rov_{\mathcal{M}}(x)$. En d'autres termes, on ne peut pas déduire que (viii) à partir de (a)-(d).

35. Il est intéressant de remarquer que même si ce raisonnement n'était pas confus, il n'expliquerait toujours pas l'usage de Benacerraf de (iii) (son étape 9a). (iii) est superflu dans le raisonnement de (i) et (vi) vers (viii)

36. **T** et **S** n'ont pas besoin d'être des théories différentes. En effet, dans la formulation habituelle de G2, la théorie représentée et la théorie représentante sont la même théorie.

Penser autrement néglige le fait qu'une théorie (*i.e.*, un ensemble d'énoncés) peut nous être donné de façon à faire de sa cohérence une caractéristique manifeste ou identifiante, et que, de cette manière, G2 ne s'appliquera pas, en général, à cette théorie bien qu'elle soit, en fait, mécanisable (*i.e.* récursivement énumérable) et qu'elle contienne, en fait, des éléments comme Q. Disons-le à nouveau, G2 s'applique non pas à des théories mais plutôt à des théories *en tant que données par* des concepts ou des représentations. Pour le dire autrement, les formules de cohérence classifiées comme non prouvables par G2 ne sont pas des formules de cohérence pour des théories *per se*. Elles sont plutôt des formules de cohérence pour des ensembles de théorèmes *en tant que représentés par* des concepts particuliers de prouvabilité – concepts qui sont supposés être exprimés ou représentés par les formules de prouvabilité utilisés pour formuler lesdites formules de cohérence [37]. La mécanisabilité, d'un autre côté, s'applique à des théories (*i.e.*, des *ensembles* de formules) *per se*, et non pas seulement à des théories en tant que présentées par des formules prises comme exprimant certains concepts de prouvabilité. Elle demande seulement qu'il y ait une procédure effective pour ordonner l'ensemble des théorèmes d'une théorie. Elle ne demande pas qu'une telle procédure soit manifestée par un quelconque concept particulier par lequel cet ensemble de théorème peut être donné.

L'argument de Benacerraf ne semble pas porter suffisamment attention à ces subtilités. Par conséquent, il néglige une question importante – c'est-à-dire la question de savoir s'il y a des théories **T** et des concepts de prouvabilité $\mathbf{C_T}$ qui déterminent ces théories de sorte que, en utilisant $Prov_{\mathbf{T}}(x)$ qui exprime $\mathbf{C_T}$ pour formuler la formule de cohérence $Con_{\mathbf{T}}$ pour **T**, il est possible que **T** soit mécanisable et également possible que G2 ne s'applique pas à la paire $\mathbf{T}/Con_{\mathbf{T}}$. Trouver une réponse satisfaisante à cette question est, nous pensons, le défi principal auquel devra faire face n'importe quelle tentative d'utiliser G2 pour argumenter contre le mécanisme.

37. C'est le *concept* ou la *présentation* de **T** plutôt que **T** elle-même qui est exprimée par la formule « $\mathrm{Prov}_{\mathbf{T}}(x)$ ».

CHAPITRE X

LE THÉORÈME DES QUATRE COULEURS ET LA NOTION DE DÉMONSTRATION MATHÉMATIQUE

Dans un article récent [1], Thomas Tymoczko considère la démonstration de la célèbre conjecture des quatre couleurs récemment publiée par Appel, Haken et Koch, comme fondamentalement nouvelle et de première importance. Parmi les thèses qu'avance Tymoczko, l'une affirme que la démonstration d'Appel, Haken et Koch du Théorème des Quatre Couleurs (ci-après, 4CT) fait appel à l'évidence empirique d'une manière tout à fait inédite en mathématiques. D'où la nouveauté fondamentale de la démonstration d'Appel-Haken-Koch. Selon Tymoczko, la nécessité de l'appel à l'évidence empirique provient du fait que le calcul effectué par un IBM 370-160A afin de déterminer la réductibilité [2] de certaines configurations est trop long pour que des mathématiciens humains puissent le « vérifier » ou le « superviser » [3]. Tymoczko en déduit que quelle que soit l'évidence à

1. Tymoczko, 1979

2. Nous ne définirons pas la plupart des termes techniques (tels que 'réductibilité') qui figurent dans la discussion de la démonstration du 4CT. Le lecteur intéressé pourra se rapporter à l'article de Tymoczko ou à certains des articles (par exemple, ceux de Bernhart et Haken dans le *Journal of Graph Theory*) cités par Tymoczko dans son texte.

3. NdT : Dans le texte, *surveyed*. Les mots dérivés du verbe *to survey* (*surveyable*, *surveyability*) apparaissent souvent dans l'article, avec une signification qui est discutée dans la première section, p. 310. Leur présence au sein de la philosophie des mathématiques contemporaine de langue anglaise prend sa source dans la traduction par E. M. Anscombe des *Bemerkungen über die Grundlagen der Mathematik* de Wittgenstein, où *surveyable* et *surveyability* traduisent respectivement les mots allemands *übersehbar* et *übersehbarkeit*. Wittgenstein considérait l'*übersehbarkeit* comme une propriété des démonstrations mathématiques et, pour lui, cette qualité était clairement nécessaire : « *Der Beweis muss*

notre disposition de la fiabilité de l'IBM 370-160A pour déterminer la réductibilité des configurations, celle-ci ne peut prendre la forme d'une démonstration « supervisable » d'une telle fiabilité. Il en conclut donc que l'évidence doit être de nature empirique.

Nous ne sommes pas en désaccord avec l'affirmation de Tymoczko selon laquelle une évidence de type empirique est utilisée dans la démonstration du 4CT. Ce que nous ne trouvons pas acceptable, c'est qu'il prétende qu'il y ait là quelque nouveauté. Nous essaierons donc d'indiquer la raison pour laquelle nous pensons que les démonstrations impliquant des calculs dépendent typiquement, ou du moins souvent, de l'évidence empirique; en particulier si, à la suite de Tymoczko, on caractérise une démonstration comme un raisonnement qui « ne nécessite rien d'extérieur à lui-même pour convaincre » [4]. Notre premier objectif est donc d'élucider ce que nous considérons être une faille sérieuse dans l'argument de Tymoczko.

Selon Tymoczko, la nouveauté de la démonstration d'Appel-Haken-Koch réside dans le fait qu'elle est d'une longueur qui la rend non supervisable. De plus, il affirme que c'est à cause de ce « caractère non supervisable » que la démonstration d'Appel-Haken-Koch est contrainte d'utiliser des considérations empiriques. Cependant, il nous semble que la question du « caractère supervisable » d'une démonstration n'a que peu de pertinence vis-à-vis de la question concernant l'usage de considérations empiriques. En effet, en utilisant un raisonnement tout à fait analogue à celui employé par Tymoczko dans son analyse de la démonstration du 4CT, on pourrait montrer qu'une grande partie des mathématiques traditionnelles – fondées sur des démonstrations « supervisables » – présente un caractère empirique. Le facteur crucial pour déterminer le caractère empirique de la démonstration du 4CT ne tient donc nullement au fait qu'elle n'est pas « supervisable ».

Si ce que nous disons est vrai, alors Tymoczko n'a pas réussi à faire le lien entre la prétendue nouveauté de la démonstration du 4CT (à savoir, le fait qu'elle est « non supervisable ») et les conséquences

übersehbar sein », écrit-il explicitement dans la remarque III.55. Detlefsen et Luker affirment la même chose à propos de la *surveyability*. En français, c'est superviser qui correspond étymologiquement à *survey* et *übersehen*. Nous avons choisi d'employer ce terme et ses dérivés dans notre traduction en nous résignant en particulier au néologisme supervisable pour traduire *surveyable*, ceci de préférence au terme synoptique qui est certes généralement employé en français pour traduire le *übersehbar* de Wittgenstein, mais ne nous paraît pas être une traduction adéquate de *surveyable* au sens où cet adjectif est employé dans l'article. Nous remercions Danièle Moyal-Sharrock pour son aide à propos de cette question.

4. Tymoczko, 1979, p. 59.

philosophiques importantes qu'il lui assigne [5]. Si l'on observe de surcroît (nous développerons cette observation dans la suite) que la démonstration du 4CT *ne* semble *pas* être la première occurrence d'une démonstration mathématique « non supervisable », il apparaît que Tymoczko se trompe deux fois : dans sa manière de concevoir l'importance du fait que de la démonstration du 4CT est « non supervisable », et dans la nouveauté qu'il voit dans cette démonstration. Cela étant dit, hâtons-nous d'ajouter que cette dernière erreur nous semble d'une importance relativement mineure. Car si Tymoczko avait raison dans son interprétation philosophique de la démonstration du 4CT, ses négligences historiques pourraient lui être volontiers pardonnées.

Plus généralement, nous avons bien plus à objecter contre la manière dont Tymoczko traite du « caractère supervisable » des démonstrations mathématiques. Nous jugeons en outre qu'il spécule de manière infondée sur le fait que toutes les démonstrations futures du 4CT seraient dépourvues de ce caractère. À plusieurs reprises [6], il affirme en effet qu'il est extrêmement improbable que l'on trouve un jour une démonstration « supervisable » du 4CT. Nous ne croyons pas qu'il existe une véritable évidence en faveur de cette affirmation, et nous allons tenter d'indiquer la confusion sous-jacente, selon nous, à une prophétie si assurée.

Bien que la teneur de cet article soit principalement critique, nous aimerions souligner que notre critique a des implications que nous considérons comme positives. La principale d'entre elles est une interprétation du calcul ou de la computation [7] qui amène à considérer que ceux-ci injectent un contenu empirique au sein des démonstrations dans lesquelles ils interviennent. S'il est vrai que nous ne proposons pas une version complètement élaborée de ce point de vue à propos de la nature de la computation, nous pensons toutefois que nous en disons assez pour que celui-ci soit pris au sérieux.

5. Tymoczko, 1979, p. 63, thèses 1-4.
6. Tymoczko, 1979, p. 58, 62, 74, 77.
7. NdT : Dans la langue anglaise, *computation* désigne l'*action* associée au calcul (*calculation*), dit autrement l'acte de calculer ou l'effectuation du calcul, alors qu'en français, les deux mots « calcul » et « computation » sont synonymes et désignent indifféremment l'action ou son résultat. Dans notre traduction, nous avons choisi par souci de fidélité et de simplicité de conserver *computation* qui devra donc être compris dans le sens anglais.

1 L'USAGE DE CONSIDÉRATIONS EMPIRIQUES DANS LES DÉMONSTRATIONS MATHÉMATIQUES

Dans cette section, nous allons essayer de donner deux arguments (le premier mineur, le second majeur) destinés à montrer que la démonstration assistée par ordinateur du 4CT n'est pas d'une nature nouvelle. L'argument mineur consiste à énumérer, de manière peu ou pas élaborée, une classe de démonstrations assistées par ordinateur – toutes d'une longueur qui les rend « non supervisables » – datant d'avant la démonstration du 4CT. L'argument majeur tente d'établir que la fiabilité empirique de ce que l'on pourrait appeler des « computations » ou des « calculs » est une caractéristique stable et persistante, bien que non universelle, des démonstrations mathématiques traditionnelles. Nous soutiendrons que la seule différence entre les recours plus anciens et plus récents au « calcul » réside dans la nature du calculateur [8]. Traditionnellement, le « calculateur » était un mathématicien humain. De nos jours, il peut s'agir aussi d'un IBM 370-160A. Nous ferons valoir que la nature épistémique d'un tel recours est essentiellement la même.

Cela fait déjà quelque temps qu'il est question de démonstrations utilisant des ordinateurs. Ceci est particulièrement le cas de la recherche des nombres premiers de Mersenne [9], où l'algorithme de Lucas-Lehmer [10] est utilisé depuis environ un demi-siècle pour tester de manière automatisée si un nombre de Mersenne est premier. Mais cela est aussi le cas d'autres branches des mathématiques. La démonstration informatisée par Elsie Cerutti, P. J. Davis et un IBM 360-50 [11] d'un théorème de Pappus d'Alexandrie (*ca.* 320 après JC) en offre un exemple frappant. La section 7 de cet article est intitulée « Qu'est-ce qui constitue une démonstration en mathématiques ? ». Dans le premier paragraphe de cette section, les auteurs écrivent :

8. NdT : Le jeu de mots efficace que l'on retrouve dans le texte original est difficilement traduisible en français : « *the only difference between the older and the newer appeals to "by computer" is in the nature of the computer* ».

9. Un nombre premier de Mersenne est un nombre premier qui peut être exprimé sous la forme '$2^p - 1$', où p est premier.

10. L'algorithme de Lucas-Lehmer a été conçu par le mathématicien français Edouard Lucas en 1876 et amélioré par D. H. Lehmer en 1930. Le nombre d'étapes de calcul requises par l'algorithme est proportionnel au cube de l'exposant p du nombre premier de Mersenne. Récemment [en 1980 (NdT)], la démonstration que $2^{21701} - 1$ est premier nécessitait quelques 350 heures de temps de calcul par un ordinateur. En 1971, B. Tuckerman utilisa un ordinateur pour démontrer que $2^{19937} - 1$ était premier. Le nombre de Tuckerman a été, jusqu'à la découverte de $2^{21701} - 1$, le plus grand nombre premier connu.

11. Cerutti et Davis, 1969.

> Le lecteur qui n'a pas l'habitude de penser aux mathématiques en termes de travail-machine pourrait s'opposer à l'affirmation selon laquelle la sortie 'DE = 0' constitue une démonstration du théorème de Pappus. Et si la programmation était erronée ? Et si les données initiales étaient fausses ? Et s'il y avait eu un dysfonctionnement de la machine ? Et si le programmeur, par dépit, avait simplement programmé l'ordinateur pour qu'il écrive 'DE = 0', et s'en était arrêté là ? [...] Ce sont certainement des objections valides. [...] Quel est notre recours ? Pour les démonstrations-machine [...] nous pouvons (*a*) exécuter le programme plusieurs fois, (*b*) inspecter le programme, (*c*) inviter d'autres personnes à inspecter le programme ou à écrire et exécuter des programmes similaires. De cette manière, si le même résultat est obtenu à plusieurs reprises, le degré de croyance dans le théorème augmente. [...] Ces considérations nous conduisent à une position – rarement discutée dans les ouvrages de philosophie des mathématiques et très impopulaire – : une démonstration mathématique a beaucoup en commun avec une expérience physique, et sa validité n'est pas absolue, mais repose sur un même fondement, la répétition de l'expérience [12].

Ce passage devrait rendre clair le fait qu'une démonstration assistée par ordinateur, *ainsi que la thèse particulière concernant sa signification philosophique avancée par Tymoczko*, se trouvait en circulation au moins dix ans avant son article. Nous ne soulevons pas ce point pour discréditer le travail de Tymoczko, mais seulement pour rectifier ce que nous pensons être un point de vue tout à fait erroné quant à la nouveauté de la démonstration assistée par ordinateur du 4CT [13].

Un point plus important encore, ayant complètement échappé selon nous à Tymoczko, est que certaines propriétés, qui sont en principe tout à fait semblables à celles attribuées par Tymoczko (ainsi que par Cerutti et Davis) aux démonstrations assistées par ordinateur, peuvent être attribuées aussi surement aux démonstrations humaines. Cerutti et Davis notent ce point après avoir considéré les objections (par exemple, un programme possiblement erroné, des données initiales possiblement fausses, etc.) qu'on peut soulever à l'encontre des démonstrations assistées par ordinateur. Ils écrivent que :

> De semblables objections peuvent toutefois être soulevées à l'égard des démonstrations conventionnelles. L'un des aspects d'une démonstration mathématique est qu'elle consiste en une chaîne finie de symboles qui

12. Cerutti et Davis, 1969, p. 903-904.

13. Nous espérons que ceci permettra également de rectifier certaines affirmations erronées faites par d'autres concernant la nouveauté de l'interprétation philosophique de Tymoczko en matière de démonstration assistée par ordinateur.

> doivent être reconnus un par un et traités ou bien par une personne, ou bien par une machine, ou par les deux. Or les symboles doivent avoir des traces physiques sur le papier, dans le cerveau, ou bien ailleurs, et ne peuvent être reproduits et reconnus avec une fidélité parfaite. Le traitement humain est soumis à des facteurs tels que la fatigue, une connaissance ou une mémoire limitée, et le désir psychologique de forcer un résultat particulier à sortir [14].

Dans un article prolongeant la discussion [15], Davis revient sur ce point encore plus vigoureusement :

> L'arithmétique ordinaire est l'une des disciplines mathématiques les plus élémentaires. Parmi les théorèmes de l'arithmétique figurent différentes sommes. Voici un théorème d'arithmétique : 12 345 + 54 321 = 66 666. Si ce théorème ne vous enthousiasme pas vraiment, ceci tient à votre jugement de valeur et demeure étranger à la structure mathématique. Il pourrait enthousiasmer un kabbaliste ou un conseiller fiscal. Or, comme nous l'avons observé, l'arithmétique des très grands nombres ne peut être développée qu'avec une exactitude décroissante. Dès que l'on s'éloigne des sommes évidentes, les opérations arithmétiques sont enveloppées d'un brouillard d'incertitude. La somme de 12 345 + 54 321 n'est pas 66 666. Cette somme n'est pas un nombre. C'est une distribution de probabilités de réponses possibles parmi lesquelles 66 666 apparaît être la plus plausible [16].

Nous trouvons cette comparaison entre les calculateurs non-humains et les calculateurs humains très convaincante, mais pas seulement pour les raisons mentionnées par Davis. Une raison supplémentaire pour insister sur un tel parallélisme, au moins dans certains cas, réside dans le fait qu'un calcul employé par un mathématicien pour démontrer un théorème dépend de considérations empiriques (en fait, de considérations comme celles mentionnées par Tymoczko dans le cas de la démonstration du 4CT). Ironiquement, quelque chose de tel semble aussi s'appliquer à la démonstration « humaine » d'un théorème de Gauss selon lequel la somme des 100 premiers entiers positifs est égale à 5 050. Tymoczko propose cette démonstration comme un cas paradigmatique d'une démonstration purement non-empirique et purement *a priori*. Il décrit la démonstration comme suit :

14. Cerutti et Davis, 1969, p. 903.
15. Davis, 1972.
16. *Ibid.*, p. 258.

> Écrivez ces nombres sur deux lignes de cinquante colonnes, comme indiqué ci-dessous :
>
> | 1 | 2 | 3 | 4 | ... | 49 | 50 |
> |---|---|---|---|---|---|---|
> | 100 | 99 | 98 | 97 | ... | 52 | 51 |
>
> Observez que la somme des deux nombres dans chaque colonne est 101 et qu'il y a 50 colonnes. Concluez que la somme des 100 premiers nombres positifs est 5 050 [17].

Il nous semble pourtant qu'une computation substantielle s'insère entre l'« observation » (que la somme de chaque colonne est 101 et que le nombre de colonnes est 50) et la « conclusion » (que la somme des 100 premiers nombres positifs est 5 050) ; à savoir une computation dans laquelle 50 est multiplié par 101, ou encore, une computation dans laquelle une série de 50 entrées égales à 101 est sommée. Sur quoi se fonde notre confiance dans les résultats d'une telle computation ?

Afin de répondre à cette question, il est utile de distinguer quatre hypothèses distinctes qui sont requises pour se fier au résultat d'une computation :

(a) que l'algorithme sous-jacent utilisé est mathématiquement correct ;

(b) que le programme utilisé implémente cet algorithme sans erreur (nous considérons qu'un algorithme consiste en l'architecture logique d'un processus qui peut être implémenté dans n'importe quel langage de programmation concret. Il s'agit, en un mot, d'un « proto-programme ») ;

(c) que l'agent qui calcule exécute le programme sans erreur ;

(d) que le résultat rapporté est celui qui a été effectivement obtenu.

Les parties (a) et (b) sont soumises à une démonstration déductive, du moins en principe. Les parties (c) et (d), en revanche, ne le sont pas. La croyance en leur validité se fonde en dernier ressort sur des considérations empiriques, que le calcul soit effectué par un IBM 370-160A ou par un mathématicien humain.

Il est clair, dans le cas de la démonstration du petit théorème de Gauss, que le calcul employé pour passer de l'« observation » à la « conclusion » dépend d'hypothèses ayant la forme générale (a)-(d). Comme les hypothèses employées, de forme générale (c) et (d), sont fondées sur des considérations empiriques, on doit considérer que la démonstration du théorème emploie, à son tour, des prémisses empiriques.

17. Tymoczko, 1979, p. 59.

Il est possible d'établir un parallèle entre cette interprétation de la démonstration du théorème de Gauss et l'analyse de Tymoczko de la démonstration du 4CT. Car Tymoczko écrit ceci :

> Le recours aux ordinateurs, dans le cas du 4CT, implique deux thèses : (1) que toute configuration en U soit réductible si une machine ayant telle ou telle caractéristique, lorsqu'elle est programmée de telle ou telle manière, produit un résultat affirmatif pour chaque configuration ; et (2) qu'une telle machine ainsi programmée ait produit des résultats affirmatifs pour chacune des configurations. La deuxième thèse consiste en le compte rendu d'une certaine expérience. Il a été établi expérimentalement qu'une machine de type T, lorsqu'elle est programmée par P, donnera la sortie 0 [18].

Tymoczko poursuit en observant que même la thèse (1) est « au mieux, une vérité empirique et n'est pas soumise à une démonstration traditionnelle ». Il affirme que sa vérité dépend de (i) la croyance que la machine exécute le programme qu'elle est supposée exécuter, et de (ii) la croyance que le programme fait ce qu'il est censé faire (ce qui, dans ce cas, consiste à vérifier la réductibilité de chaque membre de U).

Notre point (d) est précisément l'analogue du point (2) de Tymoczko et donc, si ce que Tymoczko a à dire sur la thèse (2) (à savoir, qu'il s'agit à proprement parler du compte rendu d'une certaine expérience) est vrai, alors on devrait être prêt à énoncer la même thèse pour (d). En outre, notre point (c) est l'exacte réplique du point (i) ci-dessus. Si Tymoczko pense que (i) est une croyance empirique, alors ceci devrait s'appliquer aussi à (c). Timoczko semble réunir nos points (a) et (b) dans son seul point (ii). En outre, il affirme que les bases ultimes de la croyance dans (ii) sont « diffuses », et apparemment de nature empirique. Nous croyons que les points (a) et (b) sont en principe démontrables, même si, bien sûr, nous pourrions ne pas toujours être en possession d'une démonstration effective. Si, par conséquent, on suit le raisonnement de Timoczko [c'est-à-dire si on fait appel à (1) – et donc à (i) et (ii) – et à (2)] pour établir le caractère empirique de la démonstration de la 4CT, alors il semblerait que l'on doive, du fait de la similitude du raisonnement, être forcé de conclure que la démonstration du petit théorème de Gauss (que Tymoczko considère comme un cas paradigmatique de démonstration purement non-empirique et purement *a priori*) est aussi de type empirique.

18. *Ibid.*, p. 73.

Tout ceci n'est, bien sûr, destiné qu'à révéler les difficultés « internes » au raisonnement de Tymoczko. Si l'on suit son raisonnement de manière cohérente, on est obligé de voir des ingrédients empiriques dans les démonstrations que Tymoczko veut présenter (vraisemblablement en raison de leur « caractère supervisable ») comme des paradigmes de ce raisonnement purement non-empirique et purement *a priori*, qu'on considère caractériser le raisonnement mathématique. Cela crée un dilemme pour Tymoczko. En effet, ou bien l'on rejette son raisonnement, auquel cas Tymoczko se retrouve dépourvu d'argument quant à la nature empirique de la démonstration du 4CT, ou bien on accepte son raisonnement, mais alors on est forcé de reconnaître que la présence d'un calcul ou d'une computation dans une démonstration introduit un élément empirique au sein de cette démonstration. La conséquence d'une telle idée est que les démonstrations empiriques (c'est-à-dire les démonstrations dans lesquelles des considérations empiriques sont employées) sont beaucoup plus répandues que ne l'indique Tymoczko. Quant à nous, nous acceptons le raisonnement de Tymoczko et, par conséquent, nous pensons que les démonstrations empiriques sont un phénomène relativement répandu.

À ce stade, un certain nombre d'objections contre ce que nous venons de faire pourraient être soulevées. Nous aimerions faire une pause pour en examiner quelques-unes.

Tout d'abord, on pourrait faire valoir qu'il y a quelque chose d'erroné dans notre tentative de considérer la démonstration de théorèmes ordinaires tels que le théorème de Gauss comme strictement analogue, du point de vue de leur dépendance à l'égard de considérations empiriques, à la démonstration du 4CT. On pourrait dire que notre argument confond les situations dans lesquelles les considérations empiriques font réellement partie de l'argument menant à la conclusion du théorème (c'est-à-dire, lorsque elles font réellement partie de la démonstration), avec les situations dans lesquelles les considérations empiriques sont plutôt invoquées pour répondre à des doutes quant au fait que ce qui se donne pour une démonstration en est réellement une. En appliquant cette objection à notre traitement du théorème de Gauss, on serait amené à dire que les calculs par lesquels nous déterminons que la somme de chacune des colonnes est 101 et ceux par lesquels nous déterminons que 101 multiplié par 50 donne 5 050 n'appartiennent pas vraiment à la démonstration du petit théorème de Gauss, mais plutôt à un argument qui confirme que la démonstration de Gauss (dans laquelle on « observe » que la somme de chaque colonne est 101 et donc on « conclut » que la somme des 100 premiers nombres positifs est 5 050) est vraiment une démonstration.

Nous ne sommes pas convaincus par une telle objection, bien que pour y répondre pleinement, nous devrions défendre une certaine conception de la démonstration, ce qui nous ferait sortir du cadre du présent article. Mais ce que nous pouvons dire, c'est que si l'on adopte (comme le fait explicitement Tymoczko à la page 59 de son article) une vision de la démonstration comme étant une unité de raisonnement qui *n'a besoin de rien d'extérieur à elle-même pour convaincre*, alors on est à fondé à dire que les considérations (a) à (d), y compris les considérations empiriques (c) et (d), font bien partie de la démonstration du petit théorème de Gauss. Nous disons cela parce qu'il semble clairement qu'en passant de l'« observation » de Gauss que la somme de chaque colonne est 101 à la « conclusion » de Gauss que la somme des 100 premiers nombres positifs est 5 050, on entre typiquement dans une phase qu'on peut considérer comme du calcul ou de la computation. Et, typiquement, ce calcul est ce qui nous permet de faire la transition entre l'« observation » et la « conclusion » avec *confiance ou conviction.* (En fait, nous voudrions soutenir que la computation est probablement déjà utilisée pour parvenir à l'« observation » de Gauss.) Si nous considérons à présent que la démonstration de Gauss fait intervenir une computation et que nous adoptons le point de vue sur la démonstration proposée auparavant, il semble que nous soyons contraints de dire que les considérations (a)-(d) font partie de notre démonstration. Car une unité de raisonnement qui emploie les computations et les calculs utilisés pour dériver la « conclusion » de Gauss à partir de l'« observation » de Gauss *échouera* à convaincre, à moins que les considérations (a)-(d) ne fassent au moins tacitement partie de cette unité de raisonnement. Ainsi, si une démonstration est une unité de raisonnement qui contient en elle-même *tout* ce qui est nécessaire à la conviction, nous pouvons conclure qu'une unité de raisonnement qui utilise des calculs afin de dériver la « conclusion » de Gauss à partir de son « observation », mais qui *ne contient pas* (a)-(d), n'est pas une démonstration [19] !

Bien sûr, on pourrait ne pas accepter la notion de démonstration adoptée ci-dessus. Comme nous l'avons noté précédemment, une défense complète de cette conception de la démonstration nous amènerait bien au-delà des

19. Ce que nous avons dit ici à propos de la computation peut, bien sûr, être généralisé à d'autres éléments entrant en jeu dans la construction d'une démonstration. Si une démonstration est considérée comme un bloc épistémique auto-suffisant, alors les réflexions concernant la fiabilité de *toute sorte* d'étape déductive (*pas* seulement les étapes de computation) employée dans la construction de la démonstration devront être considérées comme faisant partie de la démonstration si elles sont requises pour produire la conviction.

limites de cet article. Mais pour les besoins de la critique, le fait crucial est que Tymoczko lui-même endosse clairement une telle conception. Ainsi, même si l'objection que nous venons d'examiner s'avère au bout du compte fondée, elle ne représente pas un type de raisonnement disponible pour Tymoczko.

Il convient également de noter que la manière dont Tymoczko caractérise une démonstration semble entrer en tension avec la distinction qu'il opère entre ce que l'on pourrait appeler des démonstrations *empiriques* et et des démonstrations *empyréennes* [20]. Car il veut inclure parmi les démonstrations *empyréennes* des démonstrations telles que celle donnée par W. Feit et J. G. Thompson concernant la résolubilité des groupes finis d'ordre impair [21]. Mais la confiance dans ce théorème doit certainement prendre en compte la possibilité d'erreurs non identifiées dans sa démonstration. À ce jour [1980 : NdT], plusieurs erreurs ont été découvertes dans la démonstration du théorème de Feit-Thompson, et quelque confiance qu'on ait dans les versions révisées, celle-ci doit être au moins partiellement fondée sur une prémisse empirique, à savoir que la démonstration n'inclut aucune « grave » erreur. Daniel Gorenstein, lui-même éminent théoricien des groupes, a mis l'accent sur ce point, en discutant la solution du problème de la classification des groupes simples finis :

> C'est le moment d'ajouter une mise en garde sur le sens du mot « démonstration » dans le présent contexte, car présenter un argument de plusieurs centaines de pages avec un raisonnement serré et une précision absolue paraît outrepasser la capacité humaine. Je ne parle pas des inévitables erreurs typographiques, ni de la structure conceptuelle de la démonstration, mais bien d'arguments « locaux » qui ne sont pas tout à fait corrects – un énoncé erroné, une lacune, ou ce que vous voulez. Ceux-là peuvent presque toujours être corrigés sur-le-champ, mais l'existence de telles erreurs « temporaires » est pour le moins déconcertante. En effet, celles-ci soulèvent la question fondamentale suivante : si au début les arguments sont souvent *ad hoc*, comment peut-on garantir que le « crible » n'ait pas laissé échapper une configuration conduisant à un autre groupe simple ? Malheureusement, il n'y a aucune garantie – il faut vivre avec cette réalité. Cependant, le sentiment qui prévaut est qu'avec autant d'individus travaillant sur les groupes simples au cours des 15 dernières années, souvent avec des perspectives tout à fait différentes, chaque configuration significative apparaîtra suffisamment de fois et ne

20. Les premières sont les démonstrations qui utilisent des considérations empiriques. Les secondes sont censées être des démonstrations qui ne sont aucunement fondées sur des considérations empiriques, mais sur un éclair intuitif *a priori*.

21. Feit et Thompson, 1963.

> pourra donc pas rester longtemps inaperçue. D'autre part, cela indique clairement la nécessité de réexaminer constamment les « démonstrations » existantes [22].

Une telle profession de foi à l'égard des considérations empiriques semble n'être que du bon sens lorsqu'on a affaire à une démonstration aussi longue et complexe que celle qu'on a donnée du théorème de Feit-Thompson. Mais même pour des démonstrations aussi simples que celle du théorème de Gauss décrite ci-dessus, si l'on considère une démonstration comme une unité de raisonnement qui ne nécessite rien qui lui soit étranger pour convaincre, alors les considérations empiriques devront être admises comme des éléments constitutifs de la démonstration.

En général donc, lorsqu'une démonstration est considérée comme une unité de raisonnement autosuffisante, la distinction supposée entre les situations dans lesquelles les considérations empiriques font effectivement partie de la démonstration et les situations dans lesquelles les considérations empiriques sont invoquées pour répondre aux doutes portant sur le fait que la démonstration prétendue en est véritablement une, n'est pas une distinction aussi claire qu'on pourrait le penser. Si, pour emporter la conviction, nous devons répondre à des doutes concernant la légitimité d'un argument, alors les considérations invoquées pour répondre à ces doutes devront être comptées comme faisant partie de la démonstration.

Une deuxième objection consiste à dire que quelle que soit la computation utilisée dans une démonstration du théorème de Gauss, celle-ci peut-être « vérifiée » par d'autres mathématiciens, alors que le calcul effectué par l'IBM 370-160A dans la démonstration du 4CT ne peut l'être. Mais une telle réponse est vaine. Car, en laissant d'autres mathématiciens « vérifier » une démonstration du théorème de Gauss, on ne peut que vérifier les performances d'un calculateur au moyen des performances d'un autre calculateur. Et les computations de l'IBM 370-160A dans la démonstration du 4CT peuvent être (et furent) vérifiées par d'autres ordinateurs.

Bien sûr, on pourrait aussi soutenir que la croyance en un énoncé mathématique – le théorème de Gauss inclus – peut (dans un sens suffisamment faible de « peut ») toujours être fondée non pas sur la computation, mais plutôt sur une sorte d'intuition pure et immédiate n'impliquant aucune computation – une vision empyréenne ardente. Mais ici, deux points méritent d'être notés. Premièrement, le fait qu'il puisse exister des démonstrations empyréennes d'un énoncé S n'implique pas que

22. Gorenstein, 1979, p. 52.

les arguments pour S ne possédant *pas* cette qualité « empyréenne » ne devraient pas être inclus dans le corpus des raisonnements mathématiques recevables. Deuxièmement, si l'on croit que le théorème de Gauss a pu être établi dans l'éclair d'une vision empyréenne, quelle raison y a-t-il de supposer que la même chose ne pourrait pas se produire dans le cas du 4CT [23] ?

Une dernière objection qui pourrait nous être présentée dépend de ce que nous considérons être un grave malentendu sur la nature de la computation. Selon cette objection, l'usage de la computation dans la construction d'une démonstration n'entraîne pas l'introduction de considérations empiriques. La raison en est qu'une computation est considérée comme étant composée d'étapes élémentaires. Chacune de ces étapes « produit par soi une conviction entière » et est parfaitement claire pour l'intellect. Ainsi, « le calcul produit une connaissance qui est *a priori* ».

Cette objection est certainement fondée sur une conception erronée de la nature du « caractère élémentaire » des étapes d'un calcul ou d'un algorithme. Les étapes d'un calcul *n'ont pas* besoin d'être *mathématiquement transparentes* [*perspicuous*]. Elles ne sont pas censées représenter des étapes auxquelles la lumière éclairante de l'intuition mathématique donne son sceau d'approbation (bien que, assurément, elles puissent être supposées telles). Leur « caractère élémentaire » est plutôt censé résider dans le fait qu'elles représentent une tâche purement mécanique et routinière, n'impliquant aucune ingéniosité ni intelligence. Déterminer si une étape de cette nature a été exécutée est censé être une question purement mécanique et routinière. Cependant, il existe des opérations purement mécaniques et routinières que l'on peut effectuer sur des symboles qui ne représentent *pas* ou ne correspondent *pas* à des opérations élémentaires sur les choses que les symboles sont censés représenter. Et les calculs ou les computations, tels que nous les traitons, sont considérés comme des ensembles de règles visant à opérer sur des symboles, et *non* sur les choses que les symboles sont susceptibles de représenter !

23. Nous ne voyons aucune raison impérieuse qui nous amènerait à considérer qu'une démonstration empyréenne du 4CT serait plus improbable qu'une démonstration empyréenne du théorème de Gauss. Existe-t-il vraiment une bonne raison de supposer que l'on puisse simplement considérer 50 colonnes dont les sommes sont égales à 101 et « simplement voir » dans un éclair de vision empyréenne que la somme des colonnes est égale à 5 050 ?

2 LE CARACTÈRE SUPERVISABLE DES DÉMONSTRATIONS MATHÉMATIQUES

Nous avons déjà indiqué que notre confiance dans le petit théorème de Gauss est en partie fondée sur des considérations empiriques. Sa démonstration est supervisable en certains des sens utilisés par Tymoczko pour ce terme. Car cette démonstration est

> [...] une construction qui peut être examinée, revue, et vérifiée par un agent rationnel [24],

et

> [...] peut être en définitive contrôlée par les membres de la communauté mathématique [25].

Une partie du contrôle consiste à confronter les performances d'un calculateur (humain) à celles d'un autre. Les calculs (par exemple, du produit de 50 par 101) qu'un mathématicien x pourrait utiliser dans la construction d'une démonstration sont considérés comme ayant été « examinés », « contrôlés », « revus », et « vérifiés » par un mathématicien y si, *en calculant*, y obtient le même résultat pour la même tâche de calcul, en utilisant ce qu'il croit être une méthode de calcul correcte et équivalente. Mais, bien entendu, la confiance dans les résultats du calcul de y est tout autant une affaire empirique que la confiance dans ceux de x. Ainsi, bien que les computations de y puissent très bien vérifier celles de x (et par conséquent la démonstration construite par x à l'aide ses calculs), cette vérification possède néanmoins un caractère (partiellement) empirique. Ceci paraîtrait montrer qu'une démonstration du théorème de Gauss, bien qu'elle soit supervisable dans le sens admis par Tymoczko, pourrait malgré tout rester fondée sur des considérations empiriques comme celles mentionnées auparavant dans cet article. Le calcul peut être une « expérience de pensée » réalisée dans la tête du mathématicien, ou bien une expérience visuelle réalisée avec du papier et un crayon, mais c'est toujours une expérience.

D'après cela, il devrait être clair que ce n'est pas le caractère non supervisable de la démonstration d'Appel-Haken-Koch du 4CT qui est, au fond, responsable du fait que celle-ci soit fondée sur des considérations empiriques. Car même si un mathématicien humain devait vérifier les computations de l'IBM 370-160A utilisé par Appel, Haken et Koch pour

24. Tymoczko, 1979, p. 59.
25. *Ibid.*, p. 60.

démontrer le 4CT, la croyance en cette fiabilité humaine nécessiterait toujours le recours à certaines prémisses empiriques. En substance, un tel contrôle ne reviendrait toujours qu'à faire vérifier le travail d'un calculateur (l'IBM 370-160A) par un autre calculateur (un mathématicien humain). En effet, il pourrait très bien s'avérer que les vérifications effectuées par des calculateurs humains puissent accorder moins de crédibilité au fonctionnement d'un IBM 370-160A que les vérifications effectuées par un autre IBM 370-160A. Cela pourrait se produire si l'on pouvait déterminer d'une manière ou d'une autre que le risque d'erreur humaine est minimisé, par exemple en concevant un programme à exécuter sur un calculateur-machine, plutôt qu'en exécutant en direct une longue computation.

Ainsi, nous voyons que le caractère supervisable d'une démonstration ne garantit pas que celle-ci n'est pas fondée sur des considérations empiriques. À la lumière de ceci, il est difficile de voir comment certaines affirmations de Tymoczko concernant la signification du caractère supervisable des démonstrations mathématiques pourraient être vraies. Par exemple, il est difficile de voir comment il pourrait être vrai de dire que

> [...] le caractère supervisable d'une démonstration permet de la comprendre par le pur pouvoir de l'intellect – de la superviser par l'œil de l'esprit pour ainsi dire [26].

Et il est difficile de voir comment il pourrait être vrai de dire que

> [e]n raison de ce caractère supervisable, les théorèmes mathématiques se voient attribuer par certains philosophes une sorte de certitude impossible à obtenir dans les autres sciences. Les théorèmes mathématiques sont connus *a priori* [27].

Il ne semble pas possible de rendre compte du prétendu caractère *a priori* et de la certitude inhabituelle des théorèmes mathématiques en faisant appel au caractère supervisable de leurs démonstrations ; en tout cas, pas si l'on caractérise ce caractère supervisable comme le fait Tymoczko.

Un autre point troublant en relation avec la manière dont Tymoczko traite du caractère supervisable des démonstrations résulte de l'usage qu'il fait de la fable de Simon, le grand mathématicien martien. Cette fable est ainsi narrée :

> Les mathématiques martiennes, on le suppose, se développaient à peu près comme les mathématiques terrestres jusqu'à l'arrivée sur Mars du génie mathématique Simon. Simon démontra de nombreux nouveaux

26. *Ibid.*, p. 60.
27. *Ibid.*, p. 60.

> résultats par des méthodes plus ou moins traditionnelles, mais au bout d'un certain temps, il commença à justifier ses nouveaux résultats par des phrases telles que : « La démonstration est trop longue pour être incluse ici, mais je l'ai moi-même vérifiée. » [. . .] Cependant, le prestige de Simon était si grand que les mathématiciens martiens acceptèrent ses résultats ; et ceux-ci furent incorporés dans le corps des mathématiques martiennes sous la rubrique « Simon a dit » [28].

Tymoczko poursuit en disant que les logiques des recours à « Simon a dit » et à « par ordinateur » sont remarquablement semblables parce que les ordinateurs ne sont, dans le contexte des démonstrations mathématiques, qu'un autre type d'autorité, certes assurée. Il semble penser que cet appel à l'autorité introduit des considérations empiriques au sein de la démonstration du 4CT d'une manière qui la rend radicalement et qualitativement différente des démonstrations mathématiques traditionnelles. Il raisonne ainsi : puisque la démonstration du 4CT n'est pas supervisable, on ne pourra jamais se dispenser d'un appel à l'autorité du fait de superviser la démonstration, alors qu'avec les démonstrations traditionnelles qui font appel à l'autorité (par exemple, en faisant référence au travail publié d'un autre mathématicien), leur caractère supervisable permet plus facilement, en principe, de se dispenser d'un tel appel à l'autorité. Tymoczko poursuit en affirmant que :

> Puisque nous sommes enclins à accepter le recours aux ordinateurs dans le cas du 4CT et à rejeter le recours à Simon dans l'exemple hypothétique, lors d'un compte rendu philosophique des démonstrations assistées par ordinateur, nous devons admettre que la fiabilité des ordinateurs apporte une évidence [. . .]. Quelle que soit cette évidence, elle ne peut pas prendre la forme d'une démonstration traditionnelle supervisable. [. . .] La conclusion est que le recours aux ordinateurs introduit une nouvelle méthode dans les mathématiques [29].

Mais s'il existe une ressemblance notable entre la logique des recours à « Simon a dit » et à « par ordinateur », il existe également une similitude frappante entre la logique des recours à « Simon a dit » et à « par une supervision de première main ». Alors que Tymoczko soutient que quelle que soit l'évidence qui existe en faveur de la fiabilité des ordinateurs, cette évidence ne peut prendre la forme d'une démonstration traditionnelle supervisable, nous pouvons dire tout autant que quelle que soit l'évidence de la fiabilité d'une supervision de première main, cette évidence ne peut pas prendre la forme d'une démonstration traditionnelle supervisable. La fiabilité d'une supervision de première main est tout aussi incapable d'être

28. *Ibid.*, p. 71.
29. *Ibid.*, p. 72.

démontrée que la fiabilité d'un ordinateur donné. De surcroît, la supervision n'est pas une garantie d'exactitude, comme le montrent de nombreux cas dans l'histoire des mathématiques. Kempe publia ainsi une démonstration erronée du 4CT qui demeura exempte de critiques durant onze ans. Cauchy, Lamé et Kummer crurent tous qu'ils avaient démontré la conjecture de Fermat à un certain moment. Et Rademacher affirma en 1945 qu'il avait résolu l'hypothèse de Riemann. Comme le dit Davis,

> La dérivation d'un théorème ou la vérification d'une démonstration n'a qu'une validité probabiliste. Que l'instrument de dérivation ou de vérification soit un homme ou une machine ne fait aucune différence. Les probabilités peuvent varier, mais sont à peu près du même ordre de grandeur lorsqu'on les compare aux probabilités cosmiques [30].

Si, comme le dit Tymoczko, une démonstration est une unité de raisonnement qui ne nécessite rien d'extérieur à elle-même pour convaincre et si, comme cela semble clair, pour qu'une démonstration supervisée de première main soit convaincante, nous devons croire en la fiabilité de notre supervision, alors, puisque cette fiabilité n'est pas quelque chose qui se prête à une démonstration traditionnelle, supervisable, nous pouvons conclure que le recours à une supervision de première main introduit le même type de méthode dans les mathématiques que celle introduite par le recours aux ordinateurs. Il est donc erroné d'arguer, comme Tymoczko, que « le recours aux ordinateurs introduit une nouvelle méthode au sein des mathématiques » parce que quelle que soit l'évidence dont on dispose de la fiabilité des ordinateurs, « elle ne peut pas prendre la forme d'une démonstration traditionnelle supervisable ». Le recours à « par une supervision de première main », comme le recours à « par ordinateur », injecte un élément empirique au sein de la démonstration mathématique. Nous pensons que l'exigence de Tymoczko selon laquelle les démonstrations doivent être des unités de raisonnement autonomes capables de convaincre de manière indépendante d'autres arguments est incompatible avec l'esprit de son exigence concernant leur caractère supervisable. En effet, le caractère supervisable des démonstrations est vue comme épistémiquement significatif. Pourtant, si nous incluons les résultats épistémiques de la supervision dans l'unité de raisonnement qu'est une démonstration, alors la démonstration en vient à inclure certains éléments empiriques. Si, d'autre part, les résultats épistémiques de la supervision ne sont pas

30. Davis, 1972, p. 262.

considérés comme faisant partie de la démonstration, alors la démonstration cesse d'être un raisonnement autonome et convaincant par lui-même.

C'est le caractère empirique de la supervision et le caractère empirique du calcul ou de la computation qui sont responsables (du moins en grande partie) de la présence d'éléments empiriques dans la démonstration mathématique. Ceci suggère bien sûr que les considérations empiriques en mathématiques ont une généalogie dont le lignage est bien plus ancien que celui proposé par Tymoczko qui ne débute qu'avec la démonstration du 4CT.

3 Y AURA-T-IL UN JOUR UNE DÉMONSTRATION SUPERVISABLE DU 4CT ?

Comme nous l'avons noté auparavant dans cet article, Tymoczko adopte la position extrême consistant à dire qu'il est très improbable qu'une démonstration supervisable du 4CT soit jamais donnée. S'il s'agit simplement d'un pari de la part de Tymoczko sur le fait qu'à la suite de la démonstration d'Appel-Haken-Koch, l'intérêt concernant la découverte d'une démonstration supervisable du 4CT diminuera jusqu'à devenir négligeable, alors nous n'avons pas de désaccord particulier avec lui. Mais nous nous opposons catégoriquement à toute suggestion selon laquelle il n'existerait pas de démonstration supervisable ; nous nous y opposons non pas comme à une fausseté, mais comme à une affirmation infondée.

Comme l'ont fait remarquer P. Kainen et T. Saaty [31], toute démonstration du 4CT s'appuyant sur les chaînes de Kempe et sur leur réductibilité doit être extrêmement complexe et nécessiter une assistance informatique. Et il se pourrait même que, comme Kainen et Saaty le supposent, il n'y ait pas grande chance d'obtenir une nouvelle démonstration qui utiliserait des théorèmes géométriques plus puissants que la formule d'Euler. Mais rien de tout cela ne rend improbable l'existence d'une axiomatisation de la théorie des graphes qui donnerait lieu à une nouvelle démonstration, à la fois brève et convaincante. En fait, cela pourrait très bien être vrai de l'axiomatisation de la théorie des graphes qui pourrait s'avérer être

31. Kainen et Saaty, 1977, p. 95. À la page 69 de son article, Tymoczko cite de manière erronée un argument avancé dans Kainen et Saaty, 1977, qui donne des raisons de douter qu'une démonstration brève du 4CT sera jamais donnée, comme s'il apparaissait page 96. Cet argument apparaît en fait à la page 95.

finalement la meilleure axiomatisation de la théorie des graphes. Il n'y a simplement aucun moyen de relier la longueur de la démonstration actuelle du 4CT aux longueurs des démonstrations dans toutes les axiomatisations de la théorie des graphes qui admettent une démonstration convaincante. Pour cette raison, nous considérons que l'affirmation répétée de Tymoczko selon laquelle il n'y aura jamais de démonstration supervisable du 4CT est sans fondement, au pire, et confuse et trompeuse, au mieux.

4 LES TRAVAUX DE RABIN

Récemment, Michael Rabin [32] a étudié des exemples de problèmes que les ordinateurs ne peuvent pas résoudre (par manque de temps d'exécution) s'ils doivent se limiter à une solution obtenue par le truchement d'une démonstration, mais qu'ils peuvent résoudre de manière efficace s'ils sont autorisés à donner une solution non déductive. L'un de ces problèmes consiste à déterminer la primalité de grands nombres. Rabin a développé un algorithme probabiliste pour attaquer ce problème qui produit des résultats avec un degré de confiance extrêmement élevé dans des périodes de temps d'exécution très courtes.

L'algorithme de Rabin se fonde sur le travaux de G. L. Miller [33] , qui a conçu un test de primalité. Le test de Miller incorpore un algorithme simple et efficace pour déterminer si un nombre positif donné b inférieur à n est ce qu'on appelle un « témoin » du fait que n est composé. Si n possède un tel témoin b, alors n est composé.

Rabin a pu montrer que, si n est composé, alors au moins la moitié des nombres entiers compris entre 1 et n en seront témoins. Ainsi, si k nombres compris entre 1 et n sont aléatoirement choisis, et que tous échouent à être des témoins du fait que n est composé, alors la probabilité que n soit un nombre composé est inférieure à $\left(\frac{1}{2}\right)^k$. Par exemple, si le test est effectué 30 fois sans produire de témoin, alors la probabilité que n soit composé est inférieure à un sur un-milliard.

Partant de cela, il semblerait clair que le degré de certitude ou de fiabilité des méthodes probabilistes n'est pas une raison pour ne pas les accepter au sein du canon des méthodes de démonstration reçues en mathématiques.

32. Rabin, 1976. Le travail de Rabin et son impact sur la notion de démonstration sont discutés dans un petit résumé utile de G. B. Kolata, 1976.

33. Miller, 1975.

Car il existe certainement de nombreux résultats au sein des mathématiques traditionnelles dont le degré de certitude est surpassé par celui que l'on peut obtenir en employant les techniques de Rabin. En effet, certains mathématiciens (par exemple, Ronald Graham des Laboratoires Bell) ont déclaré qu'ils avaient *davantage* confiance dans les résultats obtenus par les techniques de Rabin que dans les résultats obtenus par des démonstrations traditionnelles longues et compliquées. Un cas apportant du crédit à une telle opinion est apparu récemment en topologie. Ce cas est présenté de la manière suivante dans un article récent par R. A. DeMillo, R. J. Lipton, et A. J. Perlis :

> Récemment, deux groupes indépendants de topologues, les uns Américains, les autres Japonais, ont annoncé indépendamment des résultats concernant le même type d'objet topologique, ce qu'on appelle un groupe d'homotopie. Les résultats se sont avérés être contradictoires, et comme les deux démonstrations impliquaient des calculs symboliques et numériques complexes, il n'était pas du tout évident de savoir qui s'était trompé. Mais les enjeux étaient suffisamment importants pour justifier que l'on insistât sur cette question, si bien que les Japonais et les Américains échangèrent leurs démonstrations. Manifestement, chaque groupe était extrêmement motivé pour découvrir une erreur dans la démonstration des autres ; manifestement, l'une ou l'autre démonstration était incorrecte. Mais ni la démonstration des Japonais, ni la démonstration des Américains ne purent être discréditées [34].

Graham et Paul Erdős pensent que certaines des longues démonstrations publiées

> [...] sont à la limite de la quantité d'informations que l'homme peut traiter [35].

Ainsi, le degré de confiance que l'on peut avoir dans de nombreuses démonstrations complexes et ardues données récemment en mathématiques est limité par le fait que la probabilité d'erreur augmente avec la complexité de la démonstration. Mais même dans les mathématiques plus traditionnelles, la certitude est limitée par la faillibilité humaine, le spectre d'axiomes inconsistants et la conscience du fait que les erreurs sont monnaie courante dans l'histoire des mathématiques. Pour cette raison, la certitude limitée mais extrêmement élevée procurée par les techniques de Rabin n'est pas une raison pour exclure cette méthode des méthodes de démonstration mathématique. Cependant, si on reçoit de telles méthodes, le caractère de

34. DeMillo, Lipton et Perlis, 1979, p. 272.
35. Kolata, 1976, p. 990.

la démonstration mathématique sera fondamentalement changé, puisque pour la première fois dans l'histoire des mathématiques, des arguments non-déductifs seront autorisés à valoir pour des démonstrations. Pour cette raison, nous pensons que les travaux de Rabin sont bien plus capables d'altérer la nature fondamentale de la démonstration mathématique que toutes les démonstrations déductives assistées par ordinateur, y compris celle du 4CT. Bien sûr, il peut y avoir des raisons autres que le désir d'un degré élevé de certitude pour restreindre les méthodes de démonstration à des techniques purement déductives. Si tel est le cas, alors les techniques de Rabin ne pourront jamais intégrer le canon des méthodes appropriées à la construction de démonstrations. Mais il s'agit là d'une question trop difficile et complexe pour que nous puissions l'étudier de manière satisfaisante dans le présent article, et nous renvoyons donc cette étude à plus tard.

CHAPITRE XI

HIÉRARCHIES FRÉGÉENNES ET EXPLICATION EN MATHÉMATIQUES

1 INTRODUCTION

Une longue lignée de penseurs en philosophie des mathématiques ont cherché à fonder une analyse de ce qu'est une preuve sur ce qu'on pourrait appeler un « ordre métaphysique » des vérités des mathématiques. En employant le terme de « métaphysique » pour décrire de tels ordres, je souhaite attirer l'attention sur le fait que les penseurs en question tenaient ces hiérarchies pour *objectives* et non *subjectives* et qu'ils les concevaient essentiellement comme des ordres relatifs à des vérités ou, si l'on veut, à des *faits*, et seulement de manière secondaire ou dérivée comme des ordres relatifs à des *croyances*.

En caractérisant ces ordres comme constituant essentiellement des hiérarchies de vérités ou de faits plutôt que de croyances, je ne veux pas suggérer que le principal enjeu ou application de telles hiérarchies soit en quoi que ce soit autre qu'épistémologique. Cela n'est certainement pas le cas, puisque la grande idée qui motive l'introduction de hiérarchies métaphysiques est *de les traiter comme la source* d'ordres épistémologiquement idéaux de croyances. En conséquence, il s'agit de poser que la maîtrise épistémique d'un domaine est plus grande si l'on saisit les relations métaphysiques objectives qui ordonnent les vérités relatives à ce domaine. Les vérités sont comprises ou expliquées (ce sont là mes propres termes pour parler de maîtrise épistémique optimale) lorsqu'on détermine leurs places dans une hiérarchie métaphysique correspondant au domaine en question ; et sont épistémiquement optimales les preuves qui donnent accès à la connaissance de ces places en manifestant le segment de la hiérarchie qui la sous-tend.

L'ascendance de ce type de conception remonte au moins à Aristote qui, au Livre I (chap. 1-10) des *Seconds Analytiques*, parle de certaines vérités (dont les vérités des mathématiques) comme étant « premières par rapport » à d'autres vérités, et « causes de » ces dernières. Son idéal épistémique d'une science démonstrative avait pour ingrédient essentiel le relevé de ces relations de priorité dans le système de vérités qui viennent former cette science.

Leibniz, lui aussi, adopta une telle conception. Ainsi, dans les *Nouveaux Essais sur l'Entendement Humain*, déclare-t-il que

> La raison est la vérité connue dont la liaison avec une autre moins connue fait donner notre assentiment à la dernière. Mais particulièrement et par excellence on l'appelle raison, si c'est la cause non seulement de notre jugement, mais encore de la vérité même [1].

Ailleurs (au Livre IV, chap. VII, § 9), dans un passage que Frege citera plus tard pour l'approuver, Leibniz formule cet argument en disant qu'il existe un « ordre naturel des vérités », qui ne doit pas être confondu avec l'ordre d'invention ou de prise de conscience ou de croyance.

Une conception semblable se trouve dans les écrits de Bolzano. Dans sa *Théorie de la Science*, (par ex. au § 525), Bolzano affirme que c'est une « vertu » pour sa preuve que de présenter le « fondement objectif » de sa conclusion, puisque par-là elle fait plus que fournir une connaissance du théorème qu'elle prouve ; elle fournit une évidence « de la plus haute clarté et de la plus haute distinction » (§ 198) et montre « pourquoi » (§ 401) la conclusion est vraie. Par conséquent, le plus possible de preuves d'une « science purement conceptuelle » doivent présenter les fondements objectifs des vérités qui font l'objet d'une preuve. Tel est l'idéal posé pour une preuve et pour une science.

Nous en venons finalement à Frege. Comme indiqué plus haut, Frege cite les conceptions de Leibniz en les approuvant, et affirme que l'objectif véritable d'une fondation des mathématiques n'est pas de présenter des vérités dans l'ordre de leur acquisition ou de leur découverte épistémique, mais plutôt de capturer l'« ordre naturel des vérités » [2] dans sa fixité et son

1. Leibniz, 1882, Livre IV, chap. XVII, § 3.
2. *Cf.* Frege, 1884, p. XXIV.

objectivité [3]. De plus, comme chez Aristote, Leibniz et Bolzano avant lui, sa croyance en un ordre objectif de vérités sert de base à une distinction épistémologique de base entre deux types (et deux qualités) de connaissance, et à une distinction épistémologique correspondante entre deux types de preuves. Suivant la première, il existe une différence importante entre la connaissance que représente le fait de placer une proposition au-delà de tout doute, et la connaissance que représente le fait d'acquérir une compréhension de ses *fondements ultimes* [4]. Celle-ci donne une sorte de connaissance dont celle-là est incapable ; elle fournit une intuition de la source ou du fondement de la vérité du théorème, et fait donc davantage que de simplement placer cette vérité au-delà de tout doute.

C'est la recherche de ce type spécial de connaissance qui tout à la fois motive le programme fondationnel de Frege et distingue ses buts épistémologiques de ceux propres ordinairement aux mathématiques [5].

Comme l'observe Frege, une preuve en mathématiques cherche ordinairement à situer une proposition dans une hiérarchie de justifications (c'est-à-dire dans une hiérarchie de croyances justifiées) ; autrement dit, à produire une justification de cette proposition en identifiant un ensemble de croyances justifiées et en établissant une connexion justificatrice entre ces croyances et la proposition en jeu. Il n'y a rien à dire contre un tel procédé tant que le but recherché est seulement de justifier la croyance dans le théorème prouvé. Toutefois, il faut davantage si l'on cherche à

3. Benacerraf fait de ce point l'élément interprétatif central de son étude récente intitulée « Frege : le dernier logiciste » :

> Nos croyances peuvent comporter une structure hiérarchique, la hiérarchie représentant la relation de fondation ou de justification que les croyances d'une personne peuvent avoir entre elles. La relation de dépendance qui se produit de fait et qui peut varier d'une personne à une autre même si les croyances mises en relation peuvent être presque identiques. Selon certaines conceptions (par ex. fondationnalistes) les croyances forment bien une telle structure ; selon d'autres (par ex. holistes), ce n'est pas le cas. Frege ne s'intéresse pas à une telle relation, mais aux relations de dépendance entre les propositions elles-mêmes, qu'elles soient l'objet de croyance ou non et de quelque manière que ces croyances soient reliées entre elles dans l'univers épistémique d'un individu quelconque. (Benacerraf, 1981, p. 27)

4. *Cf.* Frege, 1884, § 2, 3. [NdT : la traduction française traduit « *tiefsten Grunde* » par « raisons dernières », mais Detlefsen traduit le « *Grund* » frégéen au moyen du terme de « *ground* », et emploie en écho ce même terme dans la phrase suivante, raison pour laquelle nous donnons de l'allemand « *Grund* » la même traduction que celle de l'anglais « *ground* », à savoir « fondement ».]

5. *Cf.* Frege, 1884, § 90 ; Frege, 1893, p. VIII-IX.

parvenir à véritablement comprendre pourquoi ce théorème est vrai. Pour de tels projets, il est nécessaire de reconduire le théorème à ces propositions qui le « rendent » vrai ; et c'est exactement ce que le « situer » dans une hiérarchie métaphysique objective (une « hiérarchie de fondation » [*grounding hierarchy*], dans la terminologie de cet article) est censé faire.

Une telle conception métaphysique de ce qu'est une preuve explicative présente beaucoup d'attrait, ne serait-ce que parce qu'elle tente de faire pour les mathématiques ce que la causation fait pour l'explication dans les sciences de la nature ; à savoir les sortir de l'esprit du mathématicien pour les fonder sur la caractéristique d'une réalité objective, indépendante de l'esprit. Ce faisant, elle cherche à trouver une base dans le domaine de la science considérée, plutôt que dans la psychologie de ceux qui la pratiquent, car ces derniers ressentaient des différences de qualité explicative dans les preuves dont semblaient même avoir conscience ceux qui n'avaient qu'une expérience mathématique tout à fait réduite. Cette conception métaphysique cherche donc à justifier les préférences qui résultent de ce sentiment, et à les incorporer à la pratique scientifique sous forme de standards, référés à la nature du domaine étudié plutôt qu'aux esprits qui l'étudient. Par là, elle fait de ces préférences des caractéristiques d'une investigation mathématique qui sont justifiés objectivement, plutôt que de simples « biais » chez ceux qui la conduisent.

Étant donnés tous les attraits de cette conception, et la liste éminente de ses avocats, il est quelque peu surprenant qu'on ne trouve virtuellement nulle part, dans la littérature récente sur le sujet, quelque attention apportée à cette conception métaphysique de l'explication en mathématiques. On s'attendrait, à tout le moins, à trouver une critique bien développée montrant que cette approche « classique » du sujet n'offre pas une piste actuelle de recherche prometteuse concernant le problème des preuves explicatives. Toutefois, tel n'est pas le cas. L'une des raisons de la rédaction de cet article qui en résulte est de combler cette lacune.

Mais bien que nous pensions que cette conception « classique » de la preuve explicative soit de manière générale intéressante, notre intérêt plus particulier concerne la manière caractéristique qu'a Frege de chercher à la développer (d'où le titre du présent article) – manière qui implique la combinaison d'une analyse métaphysique objective de l'explication en mathématiques avec une vision « globale » de la logique.

Par vision « globale » de la logique, nous entendons une conception qui tient la vérité et l'implication comme restant toujours les mêmes choses ; que ce soit à l'intérieur ou à l'extérieur des mathématiques, et dans un contexte de fondation métaphysique d'une vérité comme dans tout autre contexte. Les lois globales de la logique deviennent ainsi ces principes de la transmission du vrai qui sont permis dans tous les domaines de discours. Elles correspondent à ces principes d'implication qui sont le moins spécifiques possible d'aucun sujet (c'est-à-dire les plus neutres possible quant au sujet), et donc à ces principes d'implication qui valent indépendamment du langage ou du sujet de discours qui est en jeu.

Qu'elle soit juste ou erronée, Frege adhéra à une telle conception. Les principes élémentaires de la pensée, selon lui, sont partout les mêmes ; il n'existe pas de lois élémentaires de la pensée qui soient différentes du fait de convenir à des sortes différentes d'objets de pensée [6]. Bien sûr, ceci n'interdit pas de considérer qu'il existe des principes de pensée « locaux » ; mais signifie plutôt que, quels que soient les principes locaux qu'il puisse y avoir, ils se trouvent « intégrés » dans un cadre ou un arrière-plan de principes globaux – principes qu'on peut employer pour élargir les implications du cadre local.

L'adhésion de Frege à une conception globale de la logique a constitué une caractéristique centrale de son programme logiciste. Ce programme, comme on s'en souvient, était destiné à corriger la conception qu'avait Kant de la nature de l'arithmétique. Selon Kant, et contrairement à Leibniz, la géométrie et l'arithmétique étaient toutes deux synthétiques *a priori*. Frege se rangeait au diagnostic de Kant concernant la géométrie, mais s'opposait à sa conception de l'arithmétique. Selon le diagnostic de Frege, Leibniz avait raison de tenir les vérités arithmétiques pour analytiques.

L'argument fondamental de cette conception est donné dans la section 14 des *Grundlagen*, où Frege décrit selon trois étapes une expérience de pensée que pourrait faire un sujet de connaissance idéal. À chaque étape, le sujet se concentre sur les conséquences qu'entraîne le fait de rejeter un certain type de « loi » de la pensée ; à la première étape, ce sont les lois de la (théorie de la) nature, à la deuxième, les lois de la géométrie, et à la troisième, les lois de l'arithmétique. Le résultat de la première étape de l'enquête est le suivant : en niant une loi de la nature on peut susciter un ensemble de méthodes fausses ou peu sensées pour en faire la théorie, mais on voit néanmoins que la possibilité demeure d'un système de théorie de la nature qui soit cohérent avec lui-même. En effet, on voit que même les principes de la pensée de l'espace perceptif qu'incarnent les lois de la géométrie ordinaire (c'est-à-dire euclidienne) peuvent être maintenus.

6. *Cf.* Frege, 1884, p. III.

Ainsi existe une possibilité tout à fait large pour une théorie systématique, cohérente avec elle-même, qui survive au rejet d'une loi de la nature.

La possibilité d'une pensée systématique et cohérente qui survive au rejet d'une loi géométrique est quelque peu moins large, mais néanmoins incontestable. La part de la pensée ordinaire qui porte sur l'intuition et le raisonnement spatiaux doit alors être abandonnée. Mais, en dépit de cet abandon, un cadre élémentaire de raisonnement « conceptuel » (composé des principes dits « globaux » de la logique) demeure. Un tel cadre offre l'occasion de développer un schéma systématique et cohérent de pensée non-standard de l'espace. Sa capacité à survivre au rejet des lois géométriques atteste l'existence d'un ensemble non négligeable de principes de raisonnement qui sont indépendants de la pensée géométrique standard. Nous voyons ici le rôle qu'a joué la découverte des géométries non euclidiennes dans le développement du programme logiciste propre à Frege. Elle a apporté une justification concrète à l'affirmation que la pensée rationnelle pouvait toujours se déployer en dehors de l'emploi des axiomes d'Euclide. Par là, elle a donné une raison d'analyser plus attentivement le traitement uniforme que Kant a proposé pour la géométrie et l'arithmétique, et suggéré une suite naturelle (que Frege a justement ensuite abordée dans la troisième étape de son expérience de pensée) à l'examen de la conception kantienne ; à savoir déterminer si la pensée rationnelle avait une capacité semblable de survivre au rejet des lois arithmétiques.

Les résultats de cette étape finale diffèrent notablement de ceux des deux précédentes étapes. Lorsqu'on rejette une loi de l'arithmétique, selon Frege, « on engendre une confusion totale » – « il n'est même plus possible de penser ». Par conséquent, il ne reste rien, ni cadre ni partie, de la pensée rationnelle. Ceci montre, nous dit Frege, qu'il doit y avoir un domaine formé des lois élémentaires de la logique (les lois « globales » de la logique, dans notre terminologie), et que les lois de l'arithmétique sont ultimement fondées [*based*] sur elles. Ce qui conduit au logicisme (sous sa forme frégéenne).

À présent, si l'on adopte une telle conception globale des lois fondamentales de la logique, la fondation [*grounding*] d'une proposition revient à la relier aux sources ultimes de vérité au moyen des principes universels ou globaux qui régissent la transmission du vrai. Ceci, toutefois, ne revient pas à dire que des implications fondatrices et des implications non fondatrices sont entièrement semblables, mais plutôt seulement que, quelques différences qu'il puisse y avoir entre les deux, elles ne peuvent pas résider dans le recours à des mécanismes fondamentaux différents pour transmettre le vrai. Ces mécanismes fondamentaux doivent, dans les deux cas, être (ou du moins potentiellement inclure) les principes d'implication globaux. Ceci étant admis, les différences entre implications fondatrices et non fondatrices doivent résider dans des différences concernant les propositions qu'elles mettent en relation. Une différence est qu'une implication fondatrice relie toujours la vérité fondée aux vérités ultimes ou axiomes du schéma théorique. En outre (comme nous allons le voir dans la section qui suit la prochaine), il peut exister d'autres différences. Mais, pour le moment, le point à retenir est que la conception frégéenne des hiérarchies de fondation implique que les différences entre preuves fondatrices et preuves non fondatrices peuvent être caractérisées par les différences concernant les propositions qu'elles mettent en relation, sans qu'on doive faire référence à des notions d'implication spéciales. Tous les principes de raisonnement spéciaux, relevant d'un domaine particulier, doivent s'exprimer sous la forme d'*axiomes*, dont la vérité est alors communiquée aux autres théorèmes du domaine au moyen des principes globaux de la logique. L'essentiel du détail de l'argumentation de cet article vise à évaluer cette façon particulière de concevoir les schémas ou hiérarchies de fondation, et nos conclusions seront principalement négatives.

Une autre voie que cette conception globale des hiérarchies de fondation est une conception « localisée » suivant laquelle diverses espèces différentes de vérité et d'implication doivent être distinguées. Selon la conception globale on peut bien, également, parler de différentes espèces de vérité. Mais cette façon de parler signifiera alors simplement qu'il existe des vérités appartement à des domaines de discours différents, de sorte que ce n'est pas la nature de la vérité qui change lorsqu'on passe d'une espèce de vérité à une autre, mais plutôt la nature du discours. De même, on pourra bien parler de différentes espèces d'implication ; mais toute cette façon de parler ne signifiera en réalité rien d'autre que l'existence de différents axiomes pour caractériser des sujets différents. Selon la conception globale, une vérité mathématique (un type donné de vérité mathématique) n'est donc rien d'autre que la vérité propre à un certain (type donné de) discours mathématique. Par conséquent, si p est une proposition relevant d'un certain (domaine donné de) discours mathématique, et que p est vraie, alors p sera une vérité mathématique (de ce type). De même, une implication mathématique (un type donné d'implication mathématique) n'est-elle rien d'autre qu'une implication globale entre propositions mathématiques (de ce type).

Suivant la conception localisée, les choses s'interprètent de façon passablement différente. À partir du fait que p est une proposition relevant d'un certain (domaine donné de) discours mathématique et que p est vraie, il ne s'ensuit pas que p est une vérité mathématique (du type correspondant à ce domaine de discours). Pas plus que le fait qu'une proposition relevant d'un certain type donné de discours mathématique en implique une autre ne signifie que la première implique ou démontre la seconde d'une manière qui est spécifique de ce domaine. La vérité et l'implication ne sont pas invariantes lorsqu'on passe d'un sujet à un autre comme elles le sont dans la conception globale. Une vérité (resp. implication) localisée n'est pas produite par le fait de prendre un archétype en cours pour la vérité (resp. l'implication) et de le restreindre au discours correspondant au type de cette vérité.

La principale tâche que doivent affronter tout à la fois les conceptions globale et locale des hiérarchies de fondation est celle d'isoler (dans le but de les éliminer) les preuves non explicatives. L'interprétation frégéenne ou globale vise à le faire par un choix judicieux d'axiomes et l'imposition de diverses restrictions concernant les possibles propositions mises en relation par des implications fondatrices. La conception locale, au contraire, bien que pouvant recourir à un choix judicieux d'axiomes et l'imposition de diverses restrictions concernant les propositions qu'il est possible de mettre en relation par des implications fondatrices, estime également nécessaire de modifier, par localisation, la notion même d'implication. De façon générale, les conclusions du présent article défendent l'idée qu'au moins ce travail d'isolation doit pouvoir être effectué si l'on veut donner une analyse correcte des hiérarchies de fondation ; c'est-à-dire une analyse correcte de ce qu'est une conception objective, métaphysique de l'explication en mathématiques.

2 UNE ANALYSE INTUITIVE DE LA RELATION DE FONDATION

Que veut-on dire lorsqu'on dit qu'une vérité ou qu'un ensemble de vérités mathématiques en *fonde* une autre ou un autre [7] ? Pour répondre avec prudence à cette question, nous pourrions commencer par dire qu'une condition nécessaire est qu'une proposition fondatrice doit impliquer la

7. Jusqu'à la fin de cet article, sauf contre-indication, j'emploierai le terme de « fondement » dans le sens d'un fondement objectif, métaphysique.

proposition fondée. Le fondement d'une vérité est ce qui la rend vraie. Ainsi, si le fait qu'une proposition soit vraie en rend vraie une autre, alors la vérité de la première doit être suffisante pour assurer la vérité de la seconde.

Comme je l'ai dit, il ne s'agit cependant que d'un début de réponse. Car cela laisse entièrement de côté la tâche difficile qu'une analyse de la relation de fondation doit accomplir ; à savoir distinguer entre les preuves (c'est-à-dire les conditions démontrées être suffisantes) qui fournissent un fondement pour leurs conclusions, de celles qui ne le font pas. Le gros de cette tâche consiste donc à dire quelles conditions autres que la suffisance de *g* pour assurer *p* sont nécessaires à la fondation de *p* par *g*.

Sur le chemin de cette tâche difficile, nous pouvons commencer par remarquer que, lorsqu'on donne un fondement pour *p*, on est censé identifier la proposition qui est la source de la vérité de *p*. Mais en appelant quelque chose la source d'une vérité, nous n'entendons pas simplement qu'il s'agit d'une condition suffisante de ce qui est fondé [*based*], mais également que cela en est d'une certaine façon une condition *nécessaire*. Ôtez la source de la vérité d'une proposition, et vous devez nécessairement ôter à cette proposition sa vérité. Ainsi, si *g* est le fondement ou la source de *p*, c'est que la non-vérité de *g* doit signifier que *p* également n'est pas vraie. Nous sommes par conséquent amenés à conclure que si *g* doit être le fondement de *p*, alors *g* doit être non seulement suffisant, mais également nécessaire pour *p*.

Un tel argument toutefois, ne saurait être correct à l'échelle d'une analyse générale de la notion de fondation, puisqu'il cesse d'être correct si on l'applique au cas des fondements causaux. Cela résulte du fait qu'on peut à bon droit dire de n'importe quel événement causé qu'il aurait pu être causé par un autre événement que celui qui l'*a de fait* causé. Ce qui est dû, de manière générale, au fait que les lois causales mettent en relation des types d'événements plutôt que des événements particuliers. En conséquence, comme il peut typiquement exister plus qu'un seul événement d'un type donné, un événement pourrait avoir été causé par des événements particuliers autres que ceux qui l'ont de fait causé. Donc, bien qu'il puisse être vrai de dire que si la cause actuelle de *e* ne s'était pas produite, *e* ne *serait* pas produit non plus, il est généralement faux de dire que *e* n'*aurait pas pu* se produire sans que sa cause actuelle ne se fût également produite.

C'est donc que, dans le cas de fondements causaux, on ne saurait dire qu'ils constituent des conditions nécessaires de ce qu'ils fondent. Par conséquent, si l'argument qui vient d'être produit à propos des fondements causaux est transférable au cas des fondements mathématiques, il n'est pas correct de dire qu'un fondement *g* de *p* est une condition nécessaire de *p*, mais seulement que si *g* n'était pas vrai, *p* ne le serait pas non plus.

L'examen de cette possibilité nous conduit à de profondes dissemblances entre fondements causaux et fondements mathématiques. Pour voir quelles elles sont, commençons par remarquer que, pour dénouer le lien entre le fait que *c* soit la cause de *e* et le fait que *c* soit une condition nécessaire de *e*, il faut plus que la simple possibilité que *e* soit causé par un événement autre que *c*. Il faut aussi qu'il existe un monde possible dans lequel *e* est le cas sans que *c* ne soit le cas [8]. En d'autres termes, une cause doit être un événement contingent; un événement qui est « en vigueur » dans certains mondes possibles, mais non « en vigueur » dans d'autres.

Mais qu'est-ce qui rend possible qu'un événement causé se produise (comme événement causé !) bien que sa cause actuelle ne se produise pas ? Une façon pour cette situation de se présenter est qu'il existe des événements d'un type autre que celui de *c* qui soient capables d'agir comme causes d'événements du type de *e*. Si tel était le cas, alors il existerait des situations dans lesquelles *e* se produit comme événement causé bien qu'aucun événement du type nomique de *c* ne se produise.

Mais même à supposer que la loi subsumant *c* et *e* soit la seule loi de causation d'événements du type de *e*, il est néanmoins possible que *e* se produise (comme événement causé) et que *c* ne se produise pas. La raison essentielle en est qu'il est possible qu'il existe des événements autres que *c* qui appartiennent au même type nomique que *c* et qui sont ainsi subsumables sous la même loi que celle qui subsume *c* et *e*.

Les deux scénarios qui viennent d'être esquissés semblent représenter les seules possibilités pour que *c* soit tout à la fois la cause de *e* sans être pourtant une condition nécessaire de *e*. Car si ces clauses se trouvent hypothétiquement annulées, on se retrouve avec une situation où la loi subsumant *c* et *e* est la seule loi causale concernant des événements du type de *e*, et où le seul événement du type nomique de *c* est l'événement *c* lui-même. Dans une telle situation, *e* ne pourrait se produire comme événement causé sans que *c* ne se produise également; autrement dit, *c* serait une condition nécessaire de *e*.

8. Quelle différence entre dire qu'il est possible que *e* soit causé par des événements autres que *c*, et dire qu'il est possible que *e* se produise sans que *c* ne se produise ? La première formulation est plus faible que la seconde; elle est vraie dans des mondes où *c* se produit en même temps que *e* mais sans être la cause de *e*.

Pour résumer cette discussion, donc, nous voyons que ce qui rend possible que *c* joue le rôle de cause de *e* sans en être une condition nécessaire sont les deux caractéristiques (solidaires) suivantes de la fondation causale : premièrement, que *c*, la cause actuelle de *e*, peut être de fait le cas (c'est-à-dire se produire) dans certains mondes, et ne pas être de fait le cas dans d'autres ; et deuxièmement (et corrélativement) qu'il peut exister, soit plus d'un *type* d'événements capable de causer *e*, soit plus d'un événement du seul type capable de causer des événements du type de *e* [9]. Ce qu'il nous reste à présent à faire est de tenter de voir si des possibilités analogues se vérifient dans le cas de la fondation mathématique.

Il est instructif d'aborder cette question en examinant ce que seraient les effets sur la fondation causale dans une situation mettant en jeu la seconde des deux caractéristiques indiquées plus haut, mais non la première. Dans une telle situation, il existe de multiples événements satisfaisant toutes les conditions nécessaires à la causation de *e*, conformément à la satisfaction de la seconde caractéristique. De plus, conformément au postulat que la première caractéristique est violée, tous ces événements sont « en vigueur », ou encore se produisent.

Une telle situation semble incompatible avec l'existence d'une hiérarchie causale en quelque sens littéral que ce soit. Car cela constitue un état de choses dans lequel il existe deux événements ou plus, chacun *entièrement* apte à jouer le rôle de cause de *e*, mais où seul l'un d'entre eux *se trouve de fait* jouer ce rôle. Puisque, par hypothèse, à la fois *c* et *c'* sont entièrement et également aptes à jouer le rôle de causes de *e*, il n'y aurait aucune raison pour que l'un d'entre eux, et non l'autre, doive être de fait la cause de *e*. Cependant, toute hiérarchie de causes actuelles doit spécifier une cause unique et déterminée de *e*. Ainsi, si l'on doit combiner l'existence d'une hiérarchie de causes actuelles avec l'existence de plus d'un événement (entièrement) *capable* de causer un événement donné, alors

9. Il est peut-être temps de dire quelque chose à propos des notions d'être « en vigueur » et d'être « capable » de fonder quelque chose. Dire d'un fondement causal qu'il est « en vigueur » revient à dire qu'il se produit. Dire d'un fondement mathématique qu'il est « en vigueur » revient à dire qu'il est vrai. À quoi il faut ajouter qu'être « en vigueur » et être « capable » sont supposés être des traits minimaux, mutuellement exclusifs et exhaustifs d'un fondement. En d'autres termes, rien ne peut être un fondement à moins d'être capable et en vigueur ; et les « capacités » d'un élément sont exactement les caractéristiques qui, ajoutées au fait d'être en vigueur, en font un fondement actuel. Ceci, bien entendu, est tout sauf sans valeur comme analyse de ce qui entre dans le fait de faire de quelque chose un fondement, mais cela demanderait une analyse claire de ces « capacités » – analyse que nous n'avons pas produite. Toutefois, dans l'optique qui est la nôtre, une analyse aussi grossière sera suffisante.

on doit également soutenir que l'une seulement des causes potentielles qui en sont « capables » est cause actuelle.

Pour cela, on doit adopter un cadre conceptuel qui doit permettre de dire, d'une cause potentielle donnée, qu'elle est en vigueur ou se produit dans certains mondes ou certaines situations, et qu'elle n'est pas en vigueur dans d'autres. En d'autres termes, on doit avoir accès à un dispositif conceptuel correspondant à la première des deux caractéristiques indiquées ci-dessus dont on a vu qu'elles sous-tendent la distinction entre causes et conditions nécessaires.

Dans le cas de la fondation mathématique, toutefois, on ne semble pas pouvoir avoir accès à un tel dispositif. Car les fondements mathématiques, contrairement aux fondements causaux, ne sont pas contingents ; autrement dit, ils ne font pas partie de ce genre de choses qui sont vraies, ou réalisées, dans certaines situations et non dans d'autres. Par conséquent, si l'on disait qu'il existe deux vérités mathématiques g et g', qui sont toutes deux également capables de jouer le rôle de fondement d'une vérité donnée p, on ne serait pas en outre en mesure de dire qu'il existe un fondement unique et déterminé de p. Car comment expliquer que, de deux fondements potentiels également capables de fonder p, tous deux réalisés, seul l'un d'eux se trouve être *de fait* le fondement de p ? Car si g et g' sont tous deux également capables de fonder p, et sont tous deux réalisés, alors il semble que tous les deux peuvent également prétendre à bon droit être le fondement de p. Et pourtant l'*unicité* semble une caractéristique nécessaire de toute fondation [10]. Il ne peut tout simplement pas se faire que la vérité de p découle (complètement) de g et aussi (complètement) de g' ; bien plutôt, l'un exclut l'autre. Ainsi, si g est une source (totale) ou un fondement de p, alors il est *le seul* à être une telle source. Mais si g et g' sont tous les deux entièrement capables de fonder p et tous les deux réalisés, selon quel principe pourrait-on mettre à part l'un d'eux comme étant l'unique fondement de p ?

De tels problèmes suggèrent qu'aucune proposition relevant d'une hiérarchie de fondation ne pourrait être telle qu'il existe deux vérités toutes les deux entièrement capables de la fonder. Car s'il existait plus d'un fondement potentiel (c'est-à-dire entièrement capable de l'être) pour une

10. Ici, comme ailleurs dans cet article, « fondement » signifie « fondement total » ; autrement dit, une source de vérité *entière* ou *complète*. Ce sont ces fondements totaux qui doivent être uniques. Ceci, toutefois, ne nie pas qu'on puisse vouloir aussi introduire une notion de « fondement partiel », au sens de ce dont il faudrait une pluralité pour faire le fondement total d'une proposition.

proposition donnée, alors, puisque tout ce qui sépare un tel fondement potentiel du fait d'en être un actuel est qu'il soit réalisé, et que toutes les vérités mathématiques sont réalisées dans toute situation possible, il y aurait plus d'un seul fondement actuel de cette proposition. Et ce serait donc une violation de la contrainte d'unicité indiquée plus haut.

Ainsi il semblerait qu'il ne puisse y avoir plus qu'un seul fondement potentiel à une vérité mathématique donnée. Toutefois, si le fondement actuel g d'une telle proposition fondée p est la seule vérité qui soit même *capable* de la fonder, alors g semble être nécessaire à p. Car si cette proposition dont la simple vérité est capable de rendre p vraie n'était pas vraie, alors il n'y aurait par principe rien capable de rendre p vraie. Et cette dernière proposition ne pourrait être vraie. Ainsi il semble qu'une proposition fondée peut être vraie seulement si l'un de ses fondements actuels l'est [11] [12].

L'analyse intuitive proposée ci-dessus suggère ainsi que le fondement d'une proposition est, en un sens, l'une de ses conditions nécessaires. Toutefois, elle ne fait guère plus que le suggérer. En particulier, elle ne nous donne aucune indication pour faire d'une telle règle quelque chose de précis ; elle nous dit seulement qu'il y a *un* sens dans lequel elle est vraie. Ainsi sa seule conséquence pour des analyses de la fondation est de les contraindre à assurer un sens dans lequel il est vrai de dire que si une proposition fondée est vraie, alors son fondement l'est aussi.

11. En disant que des fondements sont suffisants et (en un certain sens) nécessaires à ce qu'ils fondent, nous ne voulons pas suggérer qu'un fondement de p est *seulement* une condition nécessaire et suffisante de p. En effet, il ne pourrait pas en être ainsi, puisque la relation consistant à être une condition nécessaire et suffisante est symétrique tandis que la relation de fondation est asymétrique. Donc, outre la nécessité et la suffisance, des fondements peuvent être munis d'une « direction » ; en d'autres termes, d'une certaine caractéristique permettant à la vérité de couler à partir d'eux en direction des propositions qu'ils fondent, mais non vice versa.

12. Au vu de l'argument de cette section, le lecteur pourrait se demander pourquoi nous ne choisissons pas une voie plus aisée quant à la nécessité des fondements. Cette voie plus aisée est celle donnée par le raisonnement suivant : (i) les fondements d'une vérité mathématique sont eux-mêmes des vérités mathématiques, (ii) les vérités mathématiques sont vraies dans tous les mondes possibles, par conséquent (iii) le fondement d'une vérité mathématique p doit être vrai dans tout monde dans lequel p est vraie.

Suivant ce raisonnement, toute vérité nécessaire est une condition nécessaire de toute proposition. Et bien que ce soit là une caractéristique que valident de nombreuses sémantiques modales, il est difficile de la considérer comme autre chose qu'un défaut. De plus, elle n'aide pas, en quoi que ce soit, l'essai de comprendre le sens dans lequel des fondements sont des conditions nécessaires de ces propositions qu'ils fondent. Car, dans la perspective de notre analyse, même des propositions qui ne sont pas clairement des fondements seront des conditions nécessaires.

Dans les deux prochaines sections nous allons considérer ce que nous considérons comme étant les deux manières les plus naturelles pour interpréter cette dernière condition. La première (que nous désignerons comme « le modèle implicationnel ») interprète la nécessité des fondements en termes d'implication. Autrement dit, elle juge que « *g* est nécessaire pour *p* » signifie que *g* est impliqué par *p*. La seconde interprétation (que nous appellerons « le modèle mosaïque ») propose une lecture moins stricte. Elle commence par supposer que les fondements ultimes ou points de départ pour une hiérarchie de fondation (ses « axiomes », si vous voulez) sont « donnés » ou « fixés » depuis le début – comme des lois qui seraient venues du Sinaï. Elle interprète ensuite la nécessité des fondements comme signifiant, non que *p* implique *g*, mais plutôt que *parmi les propositions disponibles* pour être de possibles fondements de *p*, seule la vérité de *g* suffit à la vérité de *p*.

Tels sont donc les deux modèles de nécessité que nous examinerons dans le reste de cet article. Notre but sera de déterminer si l'un de ces deux modèles peut servir de moyen pour développer une conception frégéenne de la fondation ; autrement dit, si l'un d'eux peut fournir un cadre satisfaisant pour combiner l'idée frégéenne d'une hiérarchie objective de fondements avec sa conception globale de la logique. Ce que nous découvrirons est que l'adoption d'une conception globale de la logique rend très difficile de rendre compte de la nécessité des fondements tout en faisant droit aux autres principes qu'une théorie de la fondation doit honorer.

3 LE MODÈLE IMPLICATIONNEL

Nous supposons que les hiérarchies de fondation qui nous concernent peuvent être mises sous la forme de systèmes axiomatiques. Nous pouvons ainsi commencer par nous demander quelles caractéristiques un tel système devrait posséder. Mais nous ne pouvons répondre à cette dernière question qu'en déterminant ce qu'une hiérarchie de fondation est censée permettre de faire.

Pour l'essentiel, une hiérarchie de fondation est chargée de faire deux choses : premièrement, opérer une partition (c'est-à-dire une division exclusive et exhaustive) de toutes les vérités d'un sujet hiérarchiquement structuré en deux classes, celle des vérités ultimes et celle des vérités non ultimes ; deuxièmement, spécifier un mécanisme (le mécanisme

« fondateur ») pour mettre en relation les deux [13]. La première attente (que nous appellerons la condition de « complétude fondationnelle ») exprime l'idée que dans un cadre où l'on prend la notion de fondation au sérieux, il ne doit pas être possible pour une proposition d'être vraie autrement qu'en étant ou bien une vérité ultime ou bien une vérité non ultime. La seconde attente est, de manière générale, seulement une attente de clarté. Toutefois, l'argument exposé dans la dernière section a révélé une exigence substantielle portant sur tout mécanisme qui pourra être identifié comme étant le mécanisme fondateur ; à savoir qu'il doit fournir une façon de comprendre tout fondement comme nécessaire à ce que ce dernier fonde.

Nous disposons par conséquent d'une réponse suffisamment claire à la question de savoir ce que sont les caractéristiques essentielles d'une hiérarchie de fondation : elle doit être fondationnellement complète, et elle doit fournir un mécanisme de fondation qui fasse clairement apparaître en quoi des fondements sont nécessaires à ce qu'ils fondent. Ayant identifié ces deux caractéristiques essentielles, examinons à présent ce qu'elles deviennent dans le modèle implicationnel ; autrement dit, dans le modèle qui énonce que la nécessité des fondements est la pure et simple nécessité implicationnelle, dans une conception globale de l'implication.

Comme nous en avons fait la remarque dans la section I, un schéma global pour l'implication admet seulement les formes d'implication qui ne sont spécifiques à aucun sujet ou domaine de discours. Un tel schéma pour l'implication devrait donc inclure seulement les principes d'inférence qui ne reposent pas sur le contenu d'une proposition, mais plutôt sur sa forme. Par conséquent, il devrait inclure seulement les principes de raisonnement qui appartiennent à la logique classique usuelle.

De tels systèmes de logique, bien entendu, admettent ce qu'on pourrait appeler des « implications par affaiblissement » ; autrement dit, des implications dont la conclusion est plus faible que sa ou ses prémisses (c'est-à-dire qui ne les implique pas). Toutefois, on peut garantir l'emploi d'implications par affaiblissement sans supposer pour cela que la logique

13. Peut-être serait-il bon de remarquer ici que la puissance de l'argument proposé dans cette section ne dépend de manière essentielle d'aucune vue particulière à propos de la question de savoir si des fondements ultimes ou « axiomes » sont à considérer comme leurs propres fondements, ou si, pour suivre Bolzano, ils sont à traiter comme dépourvus de fondement. Nous adoptons la première vue seulement pour être plus concrets. Mais, avec les changements appropriés, nos arguments seraient acceptés par la seconde également. Cependant, si l'on suit cette dernière, l'incomplétude fondationnelle devient trivialement vraie. Pour la rendre un tant soit peu intéressante, il faudrait changer la définition de l'incomplétude fondationnelle pour qu'elle ne s'applique qu'aux non-axiomes.

d'un système de fondation donné contienne les principes usuels du raisonnement formel.

On peut faire appel à la place à certaines caractéristiques *structurelles* très générales de l'implication, qu'ont en commun de nombreux schémas particuliers différents pour l'implication. Un exemple d'une telle caractéristique est celui qu'incarne le principe dit de monotonicité, qui pose que si S est un ensemble de proposition impliquant une proposition donnée P, alors tout sur-ensemble de S doit également impliquer P. Ce principe, qui semble essentiel à la distinction entre implication déductive et implication inductive, suffit pour garantir l'emploi d'implications par affaiblissement dans un système de logique. Il semble par conséquent à peu près certain que n'importe quel système de logique employé dans un schéma frégéen de fondation admettra des implications par affaiblissement (ce qui se vérifie clairement pour le système de logique qui fut de fait celui de Frege).

L'admission d'implications par affaiblissement dans un schéma de fondation met le modèle implicationnel en difficulté quant à la nécessité des fondements. Car dès lors que des implications par affaiblissement sont admises, il existera des axiomes α et des théorèmes τ tels que α implique τ mais que τ n'implique pas α. Dans de tels cas, α ne pourra jouer le rôle de fondement pour τ dans le cadre du modèle implicationnel. Par conséquent, τ devra soit être lui-même un axiome, soit avoir un axiome autre que α pour fondement, soit être sans fondement.

La première branche de l'alternative aurait ultimement pour conséquent de faire de tous les théorèmes des axiomes. Cette répercussion, bien entendu, reviendrait à trivialiser l'entreprise même consistant à rechercher une hiérarchie de fondation, et la priverait ainsi de tout intérêt. Si toute proposition est son propre fondement, alors il n'y a plus lieu d'exhiber aucune véritable structure de fondation. Une telle structure ne se dégage que si certaines propositions dépendent pour leur vérité d'autres propositions ; si certains théorèmes ne sont pas des axiomes.

La première branche est donc irrecevable. Il en va de même de la troisième. Celle-ci constituerait une violation de la condition de complétude fondationnelle mentionnée plus haut, et conduirait le schéma de fondation qui en résulterait à ne pas assurer l'une des choses essentielles pour lesquelles il est fait.

Il ne reste donc plus que la deuxième branche de l'alternative. Elle n'a pas les mêmes conséquences que les deux autres branches. Toutefois, elle les évite uniquement en induisant une relation de dépendance entre les axiomes d'un schéma de fondation. C'est ce dont on peut se rendre compte à partir du raisonnement suivant.

Si τ n'est pas lui-même un axiome du schéma de fondation G, et est cependant pourvu d'un fondement dans G, alors il doit y avoir un axiome α' de G tel que α' est le fondement de τ. Selon le modèle implicationnel pour la nécessité des fondements, cela signifie que τ implique α'. Mais, dans la description initiale de τ, on avait supposé que τ était impliqué par α. Donc (si l'on admet la transitivité de l'implication), il s'ensuit que α implique α', ce qui signifie que les axiomes de G ne sont pas indépendants les uns des autres.

La question qui se pose à nous, dès lors, est celle de savoir si un Frégéen peut admettre une relation de dépendance entre les axiomes d'un schéma de fondation. Nous allons faire valoir que non, et que par conséquent il ne peut envisager la deuxième branche de l'alternative. Et comme il ne peut envisager aucune des deux autres branches, nous devons conclure que le modèle implicationnel ne peut servir à articuler le point de vue frégéen.

Pour débuter notre discussion de la condition d'indépendance, examinons ce que cela signifie de dire qu'un ensemble d'axiomes est le fondement d'un théorème. Cela signifie que chaque axiome de l'ensemble contribue *lui-même* (lui-même *tout entier*, pour mieux souligner les choses) à la fondation du théorème, et que le théorème fondé est le produit conjoint de toutes ces contributions. Cette formulation d'apparence triviale ne l'est en réalité pas du tout, et comme nous allons le voir constitue la raison [*basis*] pour exiger l'indépendance des axiomes qui interviennent dans une preuve fondatrice.

Supposons, donc, que α et α' soient les axiomes qui interviennent à titre de fondements partiels dans la preuve fondatrice de τ. En vertu de l'observation que nous venons de faire, cela signifie que α contribue lui-même tout entier à la fondation de τ, que α' contribue lui-même tout entier à la fondation de τ, et que τ est le produit de ces contributions conjointes. Mais une telle condition ne saurait être satisfaite si α et α' dépendent l'un de l'autre. Car si l'un d'eux implique l'autre, alors il ne semble pas possible pour les deux de contribuer chacun lui-même tout entier à la vérité de τ. Si le membre de la paire impliqué par l'autre y contribue lui-même tout entier, il ne reste à l'autre membre que la place d'y contribuer par une part de lui-même ; à savoir cette part qui excède le membre impliqué. D'autre part, si le membre impliquant l'autre contribue lui-même tout entier à la vérité de τ, alors il semble qu'il ne reste aucune place au membre impliqué pour y contribuer ne serait-ce que par une part de lui-même ! Par conséquent, dans les deux cas, il n'est pas possible de dire qu'à la fois α et α' contribuent eux-mêmes à la fondation de τ.

Bien sûr, il reste vrai que l'argument ci-dessus est formulé en termes métaphoriques. Néanmoins, il convient d'admettre que notre réflexion intuitive à propos de la notion de fondation est métaphorique. Par conséquent, la question importante n'est pas celle de savoir si l'argument qui vient d'être proposé est fondé sur une métaphore, mais plutôt si la métaphore sur laquelle il est fondé convient. On peut voir qu'elle convient si l'on se rappelle un fait essentiel à propos des fondements, signalé plus haut dans ce texte ; à savoir que des fondements sont supposés « rendre » vraies les propositions qu'ils fondent. Si nous prolongeons cette idée essentielle, nous pouvons à présent nous demander en quel sens deux fondements dépendants peuvent tous deux être dits contribuer eux-mêmes à « rendre » vrai un théorème.

Supposons donc que le membre impliquant α d'une paire non indépendante d'axiomes $\{\alpha, \alpha'\}$ contribue lui-même à rendre vrai un théorème. Puisque la vérité de cet axiome suffit à assurer la vérité du théorème prouvé, il semblerait que le théorème doive être vrai sur la seule base de cette contribution. Par conséquent, α' ne contribuerait en rien à « rendre » vrai le théorème. De même dans l'autre direction. Si α' contribue lui-même à « rendre » vrai le théorème, alors il ne reste qu'une partie du théorème à « rendre » vraie ; et cette partie n'est pas assez grande pour correspondre à la contribution du tout de α. Par conséquent, seule une partie de α peut contribuer à rendre vrai le théorème, et par suite il n'est pas correct d'identifier α à un fondement partiel du théorème qui est prouvé.

La métaphore utilisée dans cet argument semblerait par conséquent convenir. Cela étant, on pourrait objecter que cet argument ne suffit pas à défendre l'indépendance en soi, mais seulement l'indépendance des axiomes figurant dans une preuve fondatrice donnée. En d'autres termes, il montre seulement que des axiomes dépendants ne peuvent être autorisés à figurer comme prémisses au sein de la même preuve fondatrice. Une telle interdiction revient à interdire toute dépendance au sein des axiomes d'un schéma de fondation seulement si l'on admet que tout ensemble fini d'axiomes de ce schéma doit figurer dans l'ensemble des prémisses de quelque preuve fondatrice ; or il n'y a aucune raison évidente pour un théoricien de la fondation de faire une telle hypothèse (puisqu'il n'a pas besoin d'admettre, et, en effet, n'admettrait pas, que toute preuve du système devra être une preuve fondatrice).

Mais bien que cette objection repose sur un argument différent de celui qui a été donné plus haut, cet argument peut néanmoins être produit. Car indépendamment de la question de savoir si des axiomes non indépendants figurent dans une seule et même preuve, ces axiomes renvoient à une contrainte dans le choix des axiomes. C'est ce dont on peut se rendre compte à partir du raisonnement suivant.

Soit α et α' deux axiomes d'un schéma de fondation G tel que α implique α'. Il semble alors ou bien (i) que α' doit être éliminé, ou bien (ii) que α' doit être conservé et α éliminé, tandis qu'un nouvel axiome couvrant la « partie » de α qui excède α' est ajouté. Le raisonnement est alors le suivant.

Si α' est réellement une source ultime de vérité, alors il semble incorrect de tenir α pour une source ultime de vérité distincte de α'. Car, en tant que possible source de vérité, α n'est pas réellement distinct de α' (du moins pas entièrement). Tout ce qui pourrait être rendu vrai par cette partie de α qui correspond à α' pourrait également l'être par α'. Par conséquent, identifier α comme étant la source de la vérité de τ alors que τ s'ensuit de α mais non de α' n'est pas convaincant. Pourquoi ne pas dire plutôt qu'une partie du fondement de τ est α', et que l'autre partie (à savoir celle qui correspond à la partie de α excédant α') n'est tout simplement pas identifiée clairement au moyen des axiomes de G ? (Des axiomes doivent typiquement pouvoir être employés au titre de fondements partiels, sinon il faudrait un axiome à part pour jouer le rôle *du* fondement de chaque théorème fondé. Une telle suite diminuerait bien sûr grandement l'intérêt d'un schéma de fondation, puisque cela ne serait pas très différent d'une situation où tout théorème est son propre fondement (c'est-à-dire où tout théorème devient un axiome). Donc, puisque α' doit pouvoir jouer le rôle de fondement partiel pour certains théorèmes, pourquoi pas pour τ ?) Il est bien difficile de ne pas se convaincre qu'un schéma de fondation qui contient à la fois α et α' comme axiomes (même s'il ne les contient pas comme prémisses d'une quelconque même preuve) n'est pas aussi clair à propos des fondements qu'un schéma de fondation est censé l'être.

Voilà qui achève notre défense de l'indépendance comme condition régissant toute hiérarchie frégéenne. Pour autant que cette défense soit valable, les chances du modèle implicationnel s'en trouvent amoindries. Car, comme nous l'avons souligné pour commencer notre discussion, le modèle implicationnel ne peut éviter à la fois la trivialité et l'incomplétude fondationnelle qu'en acceptant une (radicale) interdépendance entre axiomes d'un schéma de fondation. Nous concluons, par conséquent, que le modèle implicationnel ne constitue pas un moyen satisfaisant pour induire une relation de nécessité entre un fondement et ce que ce fondement fonde.

4 LE MODÈLE MOSAÏQUE

L'analyse donnée ci-dessus du modèle implicationnel fait apparaître une tension essentielle entre ce modèle et une conception « globale » de la logique. Le respect de cette dernière implique qu'un ensemble d'axiomes pour une hiérarchie donnée doit être clos pour tous les principes régissant l'implication ou la préservation du vrai qui sont valides dans n'importe quel domaine. Puisque des implications par affaiblissement semblent assurées de faire partie de tels principes, il en résulte un ensemble de vérités dont chacune implique certaines vérités plus faibles qu'elle. La tâche (qui attend le théoricien de la fondation) devient alors celle d'arranger un tel ensemble de vérités en un schéma de fondation de telle manière que certaines sont classées comme ultimes tandis que les autres le sont comme non ultimes.

Adopter le modèle implicationnel ajoute à la difficulté de cette tâche en exigeant en plus que toute vérité non ultime soit appariée à une base ultime à laquelle elle soit équivalente. Comme tout axiome admet des implications par affaiblissement, il va engendrer des théorèmes qui ne lui sont *pas* équivalents, et que par conséquent il ne peut fonder. Pour faire une place à un théorème dans un schéma de fondation, il faut donc ou bien en faire un axiome, ou bien trouver un axiome qui lui soit équivalent. Dans les deux cas, une relation d'interdépendance entre axiomes est induite, ce qui rend le schéma irrecevable.

Le modèle implicationnel semble être le coupable désigné de toutes ces difficultés. Car en exigeant des fondements qu'ils soient équivalents à ce qu'ils fondent, il rend impossible pour un axiome de jouer le rôle de fondement de ses propres implications obtenues par affaiblissement. Donc, si une implication τ obtenue par affaiblissement d'un axiome α doit pouvoir être munie d'un fondement, il doit exister un axiome α' auquel α se rapporte en termes implicationnels de la même manière qu'à τ ; et cela conduit à une violation de la condition d'indépendance. Si l'on abandonne le modèle implicationnel, toutefois, le problème semble disparaître. Car alors un axiome se trouve libre de jouer le rôle de fondement pour ses propres affaiblissements ; et même si, pour une raison ou pour une autre, il ne peut pas le faire, rien ne l'oblige à impliquer un axiome qui le fait ou à être impliqué par lui. Par conséquent, le rejet du modèle implicationnel semblerait nous libérer du dilemme consistant à devoir choisir entre les deux maux symétriques de l'incomplétude et de l'interdépendance.

C'est donc dans un esprit optimiste que nous introduisons le modèle mosaïque. Car, selon ce dernier modèle, un fondement n'a pas à être impliqué par ce qu'il fonde (et par suite à lui être équivalent). Au contraire, il doit seulement être l'ensemble minimal, ou le plus petit, parmi un ensemble donné, fixé de propositions classées comme étant des fondements ultimes. En d'autres termes, en plus d'impliquer τ, un fondement mosaïque doit seulement être tel qu'il appartient à tout ensemble de fondements ultimes qui implique τ. Selon le modèle mosaïque, donc, un fondement α est indispensable ou nécessaire à un théorème τ qu'il fonde, seulement au sens où *si* tout ce au sein de quoi nous devons choisir sont les éléments d'un ensemble donné d'axiomes pour le schéma de fondation, α doit être employé pour établir τ. Cette indispensabilité de α ne persiste pas si l'on passe à une base *plus large* de sélection d'axiomes ; en particulier, une base composée de toutes les propositions formulables dans le langage (ce qui est le point où fondements mosaïques et fondements implicationnels se rejoignent pour coïncider).

Le modèle mosaïque peut donc sembler éviter le conflit entre les deux conditions de complétude et d'indépendance qui s'est avéré si dévastateur pour le modèle implicationnel. Mais cette apparence est illusoire. Car même si le conflit ne se produit pas exactement sous la même forme et pour exactement les mêmes raisons, il est néanmoins présent sous une forme sérieuse. L'argument qui va suivre va nous permettre non seulement de nous convaincre de ce fait, mais aussi (est-ce si surprenant ?) de mettre en avant un certain attrait essentiel du modèle implicationnel dont le modèle mosaïque est dépourvu.

À nouveau, nous commençons par un argument chargé de montrer de quelle manière la présence d'implications par affaiblissement au sein d'un schéma de fondation met en péril la complétude de ce dernier. Cette fois, cependant, le problème viendra non des implications par affaiblissement en général, mais de certains types de telles implications. L'argument est le suivant.

Supposons que α' et α'' soient deux axiomes d'un schéma mosaïque G. Supposons, en outre, que G autorise un type d'implication par affaiblissement qui se comporte à la manière de la règle d'introduction de la disjonction. Puisque G autorise ce type d'implication, la proposition $\theta(\alpha', \alpha'')$ qui résulte de l'application à α' et α'' de l'implication qui vient d'être dite sera un théorème de G. Toutefois, ni $\{\alpha'\}$ ni $\{\alpha''\}$ ne peut être un fondement mosaïque de $\theta(\alpha', \alpha'')$, puisqu'aucun n'est contenu dans l'autre (ni par suite contenu dans *toute* base pour $\theta(\alpha', \alpha'')$ disponible dans G). En vertu du même raisonnement, aucune autre base axiomatique pour $\theta(\alpha', \alpha'')$ ne peut être minimale ; car une telle base ne serait pas contenue dans $\{\alpha'\}$ ou dans $\{\alpha''\}$, ni par suite dans toute base pour $\theta(\alpha', \alpha'')$.

Clairement, le même type d'argument s'applique à toute forme d'implication qui autorise des théorèmes représentant un « chevauchement » implicationnel entre différents axiomes de G (c'est-à-dire, toute forme d'implication qui autorise l'existence d'une proposition impliquée par chacun de deux ou de plusieurs axiomes de G). Par conséquent, pour éviter l'incomplétude fondationnelle qui en résulte, les axiomes d'un système mosaïque doivent non seulement être indépendants, mais de fait entièrement distincts et séparés du point de vue de leurs conséquences (condition qui est bien plus forte que l'indépendance). Toutefois, assurer une telle condition exigerait que les implications par affaiblissement du genre de celles qui donnent lieu à des « chevauchements » entre propositions soient éliminées des modalités légitimes de préservation du vrai. Ce qui, à son tour, irait apparemment à l'encontre de la conception globale de la logique, dans la mesure où il semble raisonnable de penser qu'une telle conception devrait admettre au moins certaines de ces implications.

Le modèle mosaïque fait donc face à une difficulté assez semblable à celle à laquelle est confronté le modèle implicationnel : il n'est pas viable de le combiner à une conception globale de la logique. Ceci suggère qu'il existe un conflit plus profond entre la conception globale de la logique et l'adhésion à des idéaux de fondation aussi essentiels que la complétude et une doctrine de la nécessité des fondements ; un conflit qu'on ne peut surmonter en passant d'un modèle implicationnel à un modèle mosaïque des fondements. Cependant, avant que cette suggestion ne puisse être acceptée, il est nécessaire d'examiner deux objections possibles à l'analyse qui vient d'être faite du modèle mosaïque. L'examen de ces objections aura également l'avantage de nous indiquer une faiblesse du modèle mosaïque qui peut s'avérer plus profonde encore que celle qu'elles sont censées permettre de surmonter.

La première de ces objections vise la possibilité de reformuler la définition du modèle mosaïque. La suggestion consiste à remplacer la clause demandant que le fondement mosaïque de τ soit *contenu dans* tout ensemble d'axiomes impliquant τ par une clause plus faible demandant seulement qu'il soit *impliqué par* tout tel ensemble.

Reformuler la définition de cette manière permettrait de bloquer l'argument donné plus tôt pour prouver une incomplétude fondationnelle, car les α' et α'' de cet argument, bien qu'étant des axiomes distincts, sont néanmoins susceptibles d'être reliés par implication. Ceci étant admis, l'un des deux, disons α', est susceptible d'être impliqué dans toute base pour $\theta(\alpha', \alpha'')$ bien que n'étant pas contenu dans toute telle base. Un tel cas de figure, à tout le moins, n'est pas exclu. Donc α' est susceptible de satisfaire la version reformulée de la définition d'un fondement mosaïque, ce qui aurait pour conséquence de faire échouer l'argument indiqué plus haut pour établir une incomplétude fondationnelle.

Une telle réponse, toutefois, est inopérante, dans la mesure où sa réussite dépend de l'acceptation de ce que nous avons déjà montré être un défaut pour un schéma de fondation ; à savoir l'existence de dépendance entre les axiomes de ce schéma. Pour éviter les répercussions de l'argument dont elle cherche à éviter les répercussions, elle doit exiger que α'' implique α'. (Sinon, on se retrouve exactement dans la même situation que précédemment, c'est-à-dire dans une situation où $\theta(\alpha', \alpha'')$ est dépourvu de fondement car ni α' ni α'' (ni aucun autre axiome impliquant $\theta(\alpha', \alpha'')$) ne satisfait la définition modifiée d'un fondement mosaïque.) Mais en posant cette exigence, elle transgresse la contrainte d'indépendance. Par conséquent, la présente réponse ne propose pas de manière satisfaisante d'éviter l'incomplétude des hiérarchies mosaïques.

La seconde façon dont on pourrait tenter de surmonter l'argument d'incomplétude exposé plus haut commence par accepter l'indépendance pour ensuite tenter de réduire les effets de celle-ci en ramassant les différents axiomes d'un schéma à multiples axiomes [*multiple axiom scheme*] en un unique axiome « maître ». En outre, elle garantit que le schéma qui en résulte est fondationnellement complet ; et ce indépendamment du fait que des implications par affaiblissement pourraient être autorisées dans la logique ambiante [14]. Qu'il en soit ainsi résulte du fait qu'il n'existe plus différents axiomes pour partager un même théorème faisant l'objet d'une preuve, et par conséquent qu'il n'existe plus de possibilité qu'une seule et même base axiomatique échoue à émerger comme le fondement minimal de ce théorème.

14. Ce point suppose que la théorie en question fait partie de cette sorte de théorie qui puisse être ramassée sous la forme d'un seul axiome ; et ceci, bien sûr, n'est pas quelque chose vrai de tout ensemble de théorèmes (par ex. de ceux de PA et de ZF, dont Mostowski, Montague et Ryll-Nardzewski montrèrent qu'ils ne sont pas finiment axiomatisables). Nous n'exploiterons cependant pas ce point, puisque la propriété de ne pas être finiment axiomatisable n'est pas ce qui nous occupe.

Pourtant, en dépit de ses vertus stratégiques, cette manœuvre ne peut guère recevoir l'approbation d'un théoricien de la fondation. Car elle aboutit à faire empirer l'espèce d'imprécision que nous avons signalée en lien avec notre discussion précédente de l'indépendance. En attribuant le même fondement à chaque théorème, elle mystifie au lieu de clarifier. Car si l'axiome maître est plus fort que ce qu'il fonde, comment peut-*il* (par opposition à certaines de ses parties) être ce qui rend ce théorème vrai ? Ne serait-il pas plus correct de dire que le schéma d'axiomes en question a tout simplement échoué à mettre en lumière ce qu'est ce qui rend le théorème vrai ?

Réciproquement, s'il y a des parties de l'axiome maître qui ne joue aucun rôle pour rendre le théorème donné vrai, n'est-il pas erroné de les inclure dans la spécification du fondement de ce théorème ? Ne ferait-on pas mieux de dire que le schéma d'axiomes en question n'a fait qu'échouer à identifier clairement ces vérités fondamentales qui contribuent à la vérité du théorème et à les isoler de celles qui ne le font pas ?

Des questions de ce genre nous convainquent que le coût qu'on encourt en ramassant un schéma à multiples axiomes en un schéma à un seul axiome est un prix trop élevé à payer pour se prémunir contre toute incomplétude. Ce dont le théoricien de la fondation a réellement besoin est quelque chose comme l'équivalent métaphysique d'une « factorisation en éléments premiers » de chaque vérité fondée ; les axiomes jouant le rôle de vérités « premières », et la logique du système servant de mécanisme pour « combiner » ensemble ces éléments premiers sous forme de composés. Un tel schéma produirait une base de vérités fondatrices dont chacune contribuerait elle-même tout entière à la vérité qui se trouve fondée, et dont le produit conjoint donnerait exactement cette vérité. Tout échec d'un élément de base à contribuer lui-même tout entier, ou tout excès dans les éléments de base qui ne sert pas au théorème fondé ne peut que mener au soupçon que les unités fondamentales de vérité et/ou le mécanisme correct pour leur combinaison n'ont pas été réellement trouvés.

Le même type général d'imprécision menace de frapper toutes les hiérarchies mosaïques de manière générale, et ce indépendamment de toute considération d'incomplétude, de non-respect de l'indépendance, ou de l'emploi d'astuces telles que la compression de schémas à multiples axiomes en schémas à un seul axiome. Car elle révèle que tout schéma de fondation qui identifie comme fondement d'un théorème une proposition ou un ensemble de propositions plus fort que ce théorème, a quelque chose de profondément insatisfaisant. De tels fondements sont suspects parce que les théorèmes ainsi fondés ne font appel qu'à une partie seulement des ressources contenues dans le fondement. Cela suggère de manière naturelle l'idée que seule une partie de ce qui est identifié comme fondement constitue réellement le fondement. Dans des cas où nous pouvons vraiment identifier la partie en question (comme lorsque des schémas à multiples axiomes sont ramassés en des schémas à un seul axiome), cette impression est prononcée. Mais même dans les cas où nous ne le pouvons pas, la suspicion que nous ne sommes pas parvenus à la racine des choses est naturelle et, je crois, justifiée ; suspicion que le réel fondement du théorème n'a été que partiellement mis au jour, et que pour parvenir à une clarté totale nous devons continuer à affiner et à encadrer notre estimation du fondement. Aussi ce besoin de clarté, plus que toute analyse concernant la nécessité des fondements, est-il ce qui pousse une conception de la fondation à instituer une équivalence entre des fondements et ce qu'ils fondent.

Un tel raisonnement, bien entendu, revient à un franc rejet de la présupposition mosaïque que les axiomes d'un schéma doivent être traités comme fixés ou donnés. Mais il s'agit d'un rejet motivé et d'un rejet qui, en révélant la difficulté qu'on rencontre en cherchant à se convaincre d'une telle présupposition, montre que la caractéristique même du modèle mosaïque qui semblait au départ lui donner un avantage sur le modèle implicationnel (à savoir son refus de s'accrocher à l'équivalence implicationnelle entre un fondement et ce que celui-ci fonde) peut s'avérer également sa plus grave faiblesse.

5 CONCLUSION

Les deux modèles pour les hiérarchies de fondation examinés dans cet article échouent à réaliser ce que ces hiérarchies sont censées réaliser. De plus, dans les deux cas, le problème semble surgir parce que la classe des vérités à organiser par une hiérarchie de ce genre est tenue pour close pour différentes implications par affaiblissement ; ce qui, à son tour, découle de l'adhésion à une conception globale de la logique.

L'attachement à une telle conception de la logique conduit à tenter de caractériser les implications fondatrices dans les termes d'un contrôle des propositions qu'elles mettent en relation, plutôt que dans ceux d'un contrôle du type d'implication qui est autorisé. L'échec des modèles pour les hiérarchies de fondation qui a été étudié dans cet article suggère donc qu'une conception objective, métaphysique de l'explication en mathématiques pourrait demander de « localiser » la notion d'implication. Toutefois, même cela ne pourrait en rien garantir le succès d'une telle conception. Car cela demanderait aussi d'atteindre cette clarté qui contraint le théoricien de la fondation à égaler les théorèmes fondés à leurs fondements en termes de puissance implicationnelle. Ceci étant admis, même une « localisation » de la logique n'échapperait pas à l'exigence de minimiser la place des implications par affaiblissement, et il n'est pas facile de voir quelles seraient les répercussions d'une telle exigence.

BIBLIOGRAPHIE

ACKERMANN, W. (1940), « Zur Widerspruchsfreiheit der Zahlentheorie », in *Mathematische Annalen* 117, p. 162-194.

— (1954), *Solvable cases of the decision problem*, Amsterdam, North-Holland.

ARANA, A. (2008), « Logical and semantic purity », in *Protosociology* 25, p. 36-48.

— (2009), « On formally measuring and eliminating extraneous notions in proofs », in *Philosophia Mathematica* 17, p. 208-219.

ARCHIMÈDE (1971), *Œuvres. Tome III : Des corps flottants. Stomachion. La méthode. Le livre des lemmes. Le problème des bœufs.* Éd. et trad. par Charles Mugler. Paris, Les Belles Lettres.

ARISTOTE (1926), *Physique (I-IV),* éd. et trad. par Henri Carteron, Paris, Les Belles Lettres.

— (1938), *Organon IV : Les seconds analytiques,* traduction et notes par J. Tricot, Paris, Vrin.

— (1993), *Posterior Analytics,* trad. angl. par Jonathan Barnes, 2e éd., Oxford, Oxford University Press.

ARNAULD, A. et P. NICOLE (1662), *La logique ou l'art de penser*, Ré-édition 1992, Paris, Gallimard.

AYER, A. (1936), *Language, Truth and Logic*, London, Gollancz.

AYER, A. É. (1959), *Logical Positivism*, New York, The Free Press.

BACON, F. (1605), *The two bookes of Francis Bacon. Of the proficience and advancement of learning, divine and humane*, London, Henrie Tomes.

BANKOFF, L. (1958), « An elementary proof of the Erdős-Mordell theorem », in *American Mathematical Monthly* 65, p. 521.

BEESON, M. (1985), *Foundations of Constructive Mathematics*, Berlin, Springer-Verlag.

BENACERRAF, P. (1965), « What Numbers Could Not Be », in *Philosophical Review* 74, p. 47-73. Repr. dans Benacerraf et Putnam, 1983.

— (1967), « God, the Devil and Gödel », in *The Monist* 51, p. 9-32.

— (1973), « Mathematical Truth », in *Journal of Philosophy* 70, p. 661-680. Repr. dans Benacerraf et Putnam, 1983.

— (1981), « Frege : The Last Logicist », in *Midwest Studies in Philosophy* VI.

BENACERRAF, P. et H. PUTNAM (1983), *Philosophy of Mathematics : Selected Readings 2e éd.* Cambridge, Cambridge University Press.

BERKELEY, G. (1734), *The analyst; or, a discourse addressed to an infidel mathematician. Wherein it is examined whether the object, principles, and inferences of the modern analysis are more distinctly conceived, or more evidently deduced, than religious mysteries and points of faith*, London, J. Tonson.

BERNAYS, P. (1935), « Hilberts Untersuchungen über die Grundlagen der Arithmetik », in D. Hilbert, *Gesammelte Abhandlungen*, t. 3, Berlin, p. 196-216.

— (1950), « Mathematische Existenz und Widerspruchsfreiheit », in Bernays, 1976.

— (1967), « Hilbert, David », in *The Encycylopedia of Philosophy*, sous la dir. de P. Edwards, t. 3, New York, Macmillan et the Free Press, p. 496-504.

— (1976), *Abhandlungen zur Philosophie der Mathematik*, Darmstadt, Wissenschaftliche Buchgesellschaft.

BOLYAI, J. n. (1896), *The science of absolute space,* trad. angl. par G.B. Halsted, 4e éd., Austin (TX), The Neomon.

BOLZANO, B., sous la dir. de C. M. et Jan Sebestik, Paris.

— (1804), *Betrachtungen über einige Gegenstände der Elementargeometrie*, Prague, Karl Barth. Trad. fr. partielle de la préface in (références de pages à cette édition).

— (1810), *Beiträge zu einer begründeteren Darstellung der Mathematik*, Prague, C. Widtmann. Trad. anglaise par S. Russ in Ewald, 1996 (références de pages à cette édition).

— (1817a), *Die drey Probleme der Rectification, der Complanation und der Cubierung, ohne Betrachtung des unendlich Kleinen, ohne die*

Annahme des Archimedes und ohne irgend eine nicht streng erweisliche Voraussetzung gelöst ; zugleich als Probe einer gänzlichen Umgestaltung der Raumwissenschaft allen Mathematikern zur Prüfung vorgelegt, Leipzig, Paul Gotthelf Kummer.

— (1817b), *Rein analytischer Beweis des Lehrsatzes, daß zwischen je zwei Werthen, die ein entgegengesetztes Resultat gewähren, wenigstens eine reelle Wurzel der Gleichung liege*, Prague, Gottlieb Haase. Trad. fr. in Bolzano () (références de pages à cette édition).

— (1930), *Funktionenlehre*, Prague, Königliche Bömische Gesellschaft der Wissenschaften. Éd. par K. Rychlik (manuscrit rédigé en 1834).

— (2012), *Théorie de la science*, Paris, Gallimard, Bibliothèque de philosophie. Traduction par J. English d'un recueil de textes des tomes I et II publié par F. Kambartel sous le titre *Grundlegung der Logik, Wissenschaftslehre I/II* (seconde édition 1978).

Boniface, J. (1999), « Kronecker. Sur le concept de nombre », in *Gazette de la Société Mathématique de France* 81, p. 49-70. Trad. fr. de Kronecker, 1887.

Boolos, G. (1990), « On 'seeing' the truth of the Gödel sentence », in *Behavioral and Brain Sciences* 13, p. 655-656.

Bos, H. J. M. (2001), *Redefining Geometrical Exactness*, New York, Springer.

Bostock, D. (1974), *Logic and Arithmetic,* 2 vols, Oxford, The Clarendon Press.

Bourbaki, N. (1948), « L'architecture des mathématiques », in *Les grands courants de la pensée mathématique*, sous la dir. de F. Le Lionnais, Cahiers du Sud, p. 35-47.

Bowen, F. (1864), *A treatise on logic or, The laws of pure thought ; comprising both the Aristotelic and Hamiltonian analyses of logical forms, and some chapters of applied logic*, Cambridge (MA), Sever et Francis.

Bridges, D. (1987), *Varieties of Constructive Mathematics*, Cambridge, Cambridge University Press.

Brouwer, L. E. J. (1905), « Life, Art and Mysticism », in Brouwer, 1975.

— (1907), « On the Foundations of Mathematics », in Brouwer, 1975.

— (1912), « Intuitionism and Formalism », in Brouwer, 1975. Trad. fr. dans Largeault, 1992.

— (1923), « Über die Bedeutung des Satzes vom ausgescholessenen Dritten in der Mathematik, insbesondere in der Funktiontheorie », in *Journal für die reine und angewandte Mathematik* 154, p. 1-7. Trad. angl. dans van Heijenoort, 1967 (références de pages à cette traduction). Trad. fr. dans Largeault, 1992.

— (1928), « Intuitionistische Betrachtungen über den Formalismus », in *Koninklijke Akademie van wetenschappen de Amsterdam. Proceedings of the Section of Sciences*, t. 31, Amsterdam. Trad. angl. avec introduction dans van Heijenoort, 1967 (références de pages à cette traduction). Trad. fr. dans Largeault, 1992, p. 324-329.

— (1948), « Consciousness, Philosophy and Mathematics », in Brouwer, 1975. Trad. fr. dans Largeault, 1992.

— (1954), « Points and Spaces », in Brouwer, 1975.

— (1955), « The Effect of Intuitionism on Classical Algebra of Logic », in Brouwer, 1975. Trad. fr. dans Largeault, 1992.

— (1975), *L. E. J. Brouwer : Collected Works, vol. I*, Amsterdam, North-Holland.

— (1981), *Brouwer's Cambridge Lectures on Intuitionism*, sous la dir. de D. van Dalen, Cambridge, Cambridge University Press.

CARNAP, R. (1930-1), « The Old and the New Logic », in Ayer, 1959.

— (1931), « Die logizistische Grundlegung der Mathematik », in *Erkenntnis* 2, p. 91-121. Trad. angl. dans Benacerraf et Putnam, 1983. Trad. fr. par F. Rivenc dans une une collection de textes de logique de Carnap, à paraître, Vrin.

— (1950), « Empiricism, Semantics, and Ontology », in *Revue internationale de philosophie* 4, p. 20-40. Repr. in Benacerraf et Putnam, 1983.

CERUTTI, E. et P. DAVIS (1969), « Formac Meets Pappus », in *American Mathematical Monthly* 76, p. 895-904.

CHALMERS, D. (1995), « Minds, Machines, and Mathematics : A Review of 'Shadows of the Mind' by Roger Penrose », in *PSYCHE : An Interdisciplinary Journal of Research On Consciousness* 2, p. 11-20.

CHEVALLEY, C. (1940), « La théorie du corps des classes », in *Annals of Mathematics* 41, p. 394-418.

CICÉRON (1843), « Les Topiques », in *Œuvres complètes*, t. 1, Paris, J. J. Dubochet, p. 489-507. Trad. fr. de D. Hinard.

COXETER, H. S. M. (1989), *Introduction to Geometry. Second edition*, New York, Wiley.

COXETER, H. S. M. (1948), « A Problem of Collinear Points », in *American Mathematical Monthly* 55 (1), p. 26-28.

DAVIS, P. J. (1972), « Fidelity in Mathematical Discourse : Is One and One Really Two », in *American Mathematical Monthly* 79, p. 252-263.

DAWSON JR., J. W. (2006), « Why do mathematicians re-prove theorems ? », in *Philosophia Mathematica* 14 (3), p. 269-286.

DEDEKIND, R. (1872), *Stetigkeit und irrationale Zahlen*, Braunschweig, Vieweg. Trad. fr. in Dedekind (2008) (références de pages à cette édition).

— (1877), « Sur la théorie des nombres entiers algébriques », in *Bulletin des Sciences mathématiques et astronomiques*. 1re série, tome XI, 1876 ; 2e série, tome II, 1877. Réimp. dans *Gesammelte mathematische Werke*, vol. 3, p. 262-273 (Braunschweig : Vieweg, 1930) et dans Dedekind, 2008.

— (1888), *Was sind und was sollen die Zahlen ?*, Braunschweig, Vieweg, p. 335-392. Réimp. dans *Gesammelte mathematische Werke*, vol. 3 (Braunschweig, Vieweg, 1930), trad. fr., dans Dedekind, 2008 (références de pages à cette édition).

— (2008), *La création des nombres,* introd., trad. fr. et notes par Hourya Benis-Sinaceur, Paris, Vrin.

DEMILLO, R. A., R. J. LIPTON et A. J. PERLIS (1979), « Social Processes and Proofs of Theorems and Programs », in *Communications of the ACM*, t. 22, 5, New York, Association for Computing Machinery, p. 271-280.

DETLEFSEN, M. (1986), *Hilbert's Program*, Dordrecht, Reidel.

— (1990a), « Brouwerian Intuitionism », in *Mind* 99.396, p. 501-534. Trad. fr. « L'intuitionnisme de Brouwer » dans Gandon et Smadja, 2014.

— (1990b), « On an Alleged Refutation of Hilbert's Program using Gödel's First Incompleteness Theorem », in *Journal of Philosophical Logic* 19, p. 343-377.

— (1992a), « Poincaré Against the Logicians », in *Synthese* 90, p. 349-378.

— (1992b), *Proof and Knowledge in Mathematics*, London, Routledge.

— (1992c), *Proof, Logic and Formalization*, London, Routledge.

— (1993), « Poincaré vs. Russell on the Role of Logic in Mathematics », in *Philosophia Mathematics* III.1, p. 24-49. Trad. fr. « Poincaré versus Russell sur le rôle de la logique dans les mathématiques », *Les Études philosophiques*, 97, p. 153-178, 2011/2.

— (1994), « Philosophy of Mathematics in the 20th Century », in *Philosophy of Science, Logic and Mathematics in The Twentieth Century, Routledge History of Philosophy*, sous la dir. de S. G. Shanker, t. IX, London / New York, p. 50-123.

— (1998), « Constructive Existence Claims », in *The Philosophy of Mathematics Today*, sous la dir. de M. Schirn, Oxford, Oxford University Press, p. 307-338.

DETLEFSEN, M. (2005), « Formalism », in *Handbook of the Philosophy of Mathematics and Logic*, sous la dir. de S. Shapiro, Oxford, Oxford University Press, p. 236-317.

— (2008), « Purity as an Ideal of Proof », in *The Philosophy of Mathematical Practice*, sous la dir. de P. Mancosu, Oxford University Press, p. 179-197.

— (2010), « Rigor, Re-proof and Bolzano's Critical Program », in *Construction. Festschrift for Gerhard Heinzmann*, sous la dir. de P.-E. Bour, M. Rebuschi et L. Rollet, London, College Publications, p. 171-184.

— (2011), « Dedekind against intuition : Rigor, scope and the motives of his logicism », in *Logic and Knowledge*, sous la dir. de C. Cellucci, E. Grosholz et E. Ippoliti, Newcastle upon Tyne, Cambridge Scholars Publishing, p. 273-288.

DIAMOND, H. G. (1982), « Elementary Methods in the Study of the Distribution of Prime Numbers », in *Bulletin of the American Mathematical Society* 7.3, p. 553-589.

DIEUDONNÉ, J. (1964), *Algèbre linéaire et géométrie élémentaire*, 2e éd., Paris, Hermann.

— (1974), *Cours de géométrie algébrique. Vol. 1, Aperçu historique sur le développement de la géométrie algébrique*, Paris, Presses Universitaires de France.

DUMMETT, M. (1959), « Wittgenstein's Philosophy of Mathematics », in *Philosophical Review* 68, p. 324-348.

— (1973), « The Philosophical Basis of Intuitionistic Logic », in *Logic Colloquium '73*, sous la dir. de H. E. Rose et J. C. Shepherdson, Amsterdam, Elsevier, p. 5-40. Repr. in Benacerraf et Putnam, 1983.

— (1977), *Elements of Intuitionism*, Oxford, Oxford University Press.

EDGAR, G. A., D. HENSLEY et D. B. WEST (2002), « Problem 10830 », in *American Mathematical Monthly* 109 (4), p. 396-397.

EDMONDS, A. (1986), « A topological proof of the equivalent Dehn lemma », in *Transactions of the American Mathematical Society* 297, p. 605-615.

ENGEL, F. (1890), *Der Geschmack in der neueren Mathematik*, Leipzig, Alfred Lorentz.

ENGEL, F. et P. STÄCKEL (1895), *Die Theorie der Parallelinien von Euklid bis auf Gauss*, Leipzig, Teubner.

ERDŐS, P. (1943), « Problem 4065 », in *American Mathematical Monthly* 50 (1), p. 65.

— (1949), « On a New Method in Elementary Number Theory Which Leads to an Elementary Proof of the Prime Number Theorem », in *Proceedings of the National Academy of Sciences of the United States of America* 35.7, p. 374-384.

EWALD, W., éd. (1996), *From Kant to Hilbert : A Source Book in the Foundations of Mathematics*, Oxford, Oxford University Press. 2 volumes.

FEFERMAN, S. (1960), « The Arithmetization of Metamathematics in a General Setting », in *Fundamenta Mathematicae* 49, p. 35-92.

— (1964), « Systems of Predicative Analysis », in *Journal of Symbolic Logic* 29.1-30.

— (1968), « Systems of Predicative Analysis, II », in *Journal of Symbolic Logic* 33, p. 193-220.

— (1988), « Hilbert's Program Relativized : Proof-theoretical and Foundational Reductions », in *Journal of Symbolic Logic* 53, p. 364-384.

FEIT, W. et J. G. THOMPSON (1963), « Solvability of Groups of Odd Order », in *Pacific Journal of Mathematics* 13, p. 775-1029.

FICHTE, J. (1797), *Werke III (Wissenschaftslehre)*, Leipzig, Felix Meiner Verlag.

FIELD, H. (1980), *Science Without Numbers*, Princeton, NJ, Princeton University Press.

— (1984), « Is Mathematical Knowledge Just Logical Knowledge ? », in *Philosophical Review* 93, p. 509-552. Repr. (avec appendices) dans Field, 1989.

— (1985), « On Conservativeness and Incompleteness », in *Journal of Philosophy* 82, p. 239-259. Repr. dans Field, 1989.

— (1989), *Realism, Mathematics and Modality*, Oxford, Basil Blackwell.

FORMANEK, E. (1973), « Faithful Noetherian Modules », in *Proceedings of the American Mathematical Society* 41, p. 381-383.

FREGE, G. (1873), « Über eine geometrische Darstellung der imaginären Gebilde in der Ebene, *repr. dans I. Angelelli (éd.),* Kleine Schriften, *Hildesheim, 1967 (références de pages à cette édition). Trad. angl. dans Frege, 1984* », thèse de doct., Universität Göttingen.

— (1874), « Rechnungsmethoden, die sich auf eine Erweiterung des Größenbegriffes gründen », thèse de doct., Universität Jena. Habilitationsschrift. Trad. angl. dans Frege, 1984.

— (1879), *Begriffsschrift, eine der arithmetischen nachgebildete Formelsprache des reinen Denkens*, Halle, Louis Nebert. Trad. fr.

C. Besson, 1999, *L'idéographie. Un langage formulaire de la pensée pure construit d'après celui de l'arithmétique*, Vrin, Paris.

FREGE, G. (1884), *Die Grundlagen der Arithmetik. Eine logisch-mathematische Untersuchung über den Begriff der Zahl*, Breslau, Koebner. Trad. fr. C. Imbert, 1969, *Les Fondements de l'arithmétique*, Paris, Seuil.

— (1885), « Über formalen Theorien der Arithmetik », in *Sitzungberichte der Jenaischen Gesellschaft für Medizin und Naturwissenschaft für das Jahr 1885*, p. 94-104. Trad. angl. par E.-H. W. Kluge, « Formal Theories of Arithmetic », in *Collected Papers on Mathematics, Logic, and Philosophy*, éd. par Brian McGuinness, Oxford : Basil Blackwell, 1984, p. 112-121 (références de pages à cette édition).

— (1891), *Funktion und Begriff, Vortrag gehalten in der Sitzung vom 9. Januar 1891 der Jenaischen*, Jena, Gesellschaft für Medicin und Naturwissenschaft, Verlag Hermann Pohle. Trad. fr. dans C. Imbert, 1971, *Écrits logiques et philosophiques*, p. 80-101. Paris, Seuil.

— (1893), *Grundgesetze der Arithmetik : Begriffsschriftlich abgeleitet*, t. I, Jena, Hermann Pohle.

— (1895), « Kritische Beleuchtung einiger Punkte in E. Schröder's *Vorlesungen über die Algebra der Logik* », in *Archiv für systematische Philosophie* 1, p. 433-456. Trad. angl. dans Frege, 1984.

— (1906), « Über die Grundlagen der Geometrie », in *Jahresbericht der Deutschen Mathematiker-Vereinigung* 15, p. 293-309, 377-403, 423-430. Trad. angl. dans Frege, 1971.

— (1971), *Gottlob Frege : On the foundations of geometry and formal theories of arithmetic*, sous la dir. d'E.-H. W. Kluge, New Haven, Yale University Press.

— (1984), *Gottlob Frege : Collected Papers on Mathematics, Logic and Philosophy*, sous la dir. de B. McGuinness, Oxford, Basil Blackwell.

FREUDENTHAL, H. (1962), « The main trends in the foundations of geometry in the 19th century », in *Logic, methodology, and philosophy of science : Proceedings of the 1960 International Congress*, sous la dir. de P. Suppes, E. Nagel et A. Tarski, Stanford, Stanford U Press., p. 613-621.

— (1967), « Review of Dieudonné, *Algèbre linéaire et géométrie élémentaire* », in *American Mathematical Monthly* 74 (6), p. 744-748.

FRIBERG, B. (1973), « A topological proof of a theorem of Kneser », in *Proceedings of the American Mathematical Society* 39, p. 421-426.

FRIEDMAN, M. (1985), « Kant's Theory of Geometry », in *Philosophical Review* 94, p. 455-506.

— (1990), « Kant on Concepts and Intuitions in the Mathematical Sciences », in *Synthese* 84, p. 213-257.

FURSTENBERG, H. (1955), « On the infinitude of primes », in *American Mathematical Monthly* 62 (5), p. 353.

GANDON, S. et I. SMADJA, éd. (2014), *Textes clés de philosophie des mathématiques. Vol. 1 : Ontologie, vérité et fondements*, Paris, Vrin.

GAUSS, C. (1799), *Demonstratio Nova Theorematis, omnem functionem algebraicam rationalem integram unius variabilis in factores reales primi vel secundi gradus resolvi posse*, Helmstadii, C. G. Fleckeisen.

— (1831), « Theoria residuorum biquadraticorum, commentation secunda (Anzeige) », in *Göttingische gelehrte Anzeigen*. Réimp. in Gauss (1870-1927), vol. II, p. 169-178. Trad. angl. in Ewald (1996), vol. I, p. 307-313 (références de pages à cette édition).

— (1870-1927), *Werke*, Göttingen, Königlichen Gesellschaft der Wissenschaften. 12 vol.

— (1976), *Briefwechsel mit H. W. M. Olbers*, Hildesheim, Georg Olms.

GEL'FOND, A. O. et Y. V. LINNIK (1966), *Elementary Methods in the Analytic Theory of Numbers*, Cambridge, MA, MIT Press. Traduit du russe vers l'anglais par D.E. Brown.

GENTZEN, G. (1936), « Die Widerspruchsfreiheit der reinen Zahlentheorie », in *Mathematische Annalen* 112, p. 493-565. Trad. fr. dans Largeault, 1992.

GILMER, R. et J. MOTT (1971), « An algebraic proof of a theorem of A. Robinson », in *Proceedings of the American Mathematical Society* 29, p. 461-466.

GÖDEL, K. (1931), « Über formal unentscheidbare Sätze der Principia Mathematica und verwandter Systeme I », in *Monatshefte für Mathematik und Physik* 38, p. 173-198. Trad. fr. dans J.-Y. Girard, Kurt Gödel, Ernest Nagel et James R. Newman, *Le Théorème de Gödel*, par J.-B. Scherrer, 1997, Paris, Seuil. Trad. angl. dans Kurt Gödel, *Collected Works*, t. 1, sous la dir. de S. Feferman et. al., Oxford, Oxford University Press, 1986.

— (1947), « What Is Cantor's Continuum Problem ? », in *American Mathematical Monthly* 54, p. 515-525. Trad. fr. dans Largeault, 1992. Repr. dans Kurt Gödel, *Collected Works*, t. 2, sous la dir. de S. Feferman et. al., Oxford, Oxford University Press, 1995.

— (1951), « Some basic theorems on the foundations of mathematics and their implications », in *Collected Works*, sous la dir. de S. Feferman et al., t. 3, Oxford, Oxford University Press, p. 304-323.

GÖDEL, K. (1958), « Über eine bisher noch nicht benützte Erweiterung des finiten Standpunktes », in *Dialectica* 12, p. 280-287. Trad. fr. dans Largeault, 1992. Trad. angl. Dans *Journal of Philosophical Logic* 9 (1958), p. 133-142. Repr. dans Kurt Gödel, *Collected Works*, t. 2, sous la dir. de S Feferman et. al., éd. Oxford University Press, Oxford, 1995.

— (1983), « What Is Cantor's Continuum Problem ? », in *Benacerraf et Putnam, 1983*, p. 470-485. Version révisée de Gödel, 1947.

GORENSTEIN, D. (1979), « The Classification of Finite Simple Groups I : Simple Groups and Local Analysis », in *Bulletin of the American Mathematical Society* 4,1, p. 43-200.

HAHN, H. (1933), *Logik, Mathematik und Naturerkennen*, Vienna, Gerold. Trad. angl. dans Ayer, 1959.

HALLETT, M. (2008), « Reflections on the Purity of Method in Hilbert's Grundlagen der Geometrie », in *The Philosophy of Mathematical Practice*, sous la dir. de P. Mancosu, Oxford University Press, p. 198-255.

HAMILTON, W. (1863), *The logic of Sir William Hamilton, bart.* reduced and prepared by H. N. Day, Moore, Cincinnati, Wilstach & Baldwin.

VAN HEIJENOORT, J. (1967), *From Frege to Gödel : A Sourcebook in Mathematical Logic 1879-1931*, Cambridge, MA, Harvard University Press.

HELLMAN, G. (1989), *Mathematics Without Numbers*, Oxford, Oxford University Press.

HEYTING, A. (1958), « Intuitionism in Mathematics », in *Philosophy in the Mid-Century*, sous la dir. de R. Klibansky, Firenze, La Nuova Italia Editrice, p. 101-115.

— (1971), *Intuitionism : An Introduction,* 3e éd., Amsterdam, North-Holland.

HILBERT, D. (1899), *Grundlagen der Geometrie*, Leipzig, Teubner. Trad. fr. *Les fondements de la géométrie de David Hilbert. Édition critique avec introduction et compléments*, Paul Rossier (éd.). Éditions Jacques Gabay Paris, 1997.

— (1900), « Über den Zahlbegriff », in *Jahresbericht der Deutschen Mathematiker-Vereinigung* 8, p. 180-194.

— (1901), « Mathematische Probleme », in *Archiv der Mathematik und Physik, 3[è] série* 1, p. 44-63 ; 213-237. Trad. fr. par M.L. Laugel dans *Sur les problèmes futurs des mathématiques*, 1990, Sceaux, Jacques Gabay. Trad. angl. par M.W. Newson dans *Bulletin of the American Mathematical Society* 8 : 253-297, 437-479, 1902.

— (1922), « Neubegründung der Mathematik. Erste Mitteilung », in *Abhandlungen aus dem Mathematischen Seminar der Universität Hamburg* 1, p. 157-177. Trad. fr. dans Largeault, 1992.

— (1926), « Über das Unendliche », in *Mathematische Annalen* 95, p. 161-190. Trad. fr. « Sur l'infini », *Acta Math.* 48 (1-2) 91-122, 1926.

— (1927), *The Foundations of Mathematics*, Trad. angl. dans van Heijenoort, 1967.

— (1928), « Die Grundlagen der Mathematik », in *Abhandlungen Aus Dem Mathematischen Seminar Der Universitat Hamburg* 6, p. 1-21. Réimprimé in *Hamburger Einzelschriften*, 5, pp. 1-21. Leipzig : Teubner (références de pages à cette édition). Trad. fr. dans Largeault, 1992.

— (1930), « Naturerkennen und Logik », in Repr. in *Gesammelte Abhandlungen. Dritter Band : Analysis - Grundlagen der Mathematik - Physik Verschiedenes.* (1935), Berlin, Heidelberg, Springer, p. 378-387.

HILBERT, D. et W. ACKERMANN (1938), *Principles of mathematical logic*, New York, Chelsea. Trad. angl. de la deuxième édition allemande, 1950.

HILBERT, D. et P. BERNAYS (1934), *Grundlagen der Mathematik*, t. 1, Berlin, Springer. Trad. fr. *Fondements des mathématiques*, Tome 1, par F. Gaillard et M. Guillaume, 2001, L'Harmattan, Paris.

HODES, H. (1984), « Logicism and the Ontological Commitments of Arithmetic », in *Journal of Philosophy* 81, p. 123-149.

— (1990), « Where do the Natural Numbers Come From ? », in *Synthese* 84, p. 347-407.

HUME, D. (1999), *An Enquiry concerning Human Understanding*, Oxford, Oxford University Press. Edited by Tom L. Beauchamp.

HUNTINGTON, E. (1911), *The fundamental propositions of algebra*, Long Island University, Brooklyn, Galois Institute Press.

INGHAM, A. E. (1932), *The Distribution of Prime Numbers*, Cambridge, Cambridge University Press.

INGHAM, A. (1949), « Review of Selberg (1949) and Erdős (1949) », in *Mathematical Reviews* 10, p. 595-596.

JARDINE, R. (1884), *The Elements of the Psychology of Cognition,* 2nd ed. London, Macmillan.

JENKINS, J. (1982), « A uniqueness result in conformal mapping, II », in *Proceedings of the American Mathematical Society* 85, p. 231-232.

JEROSLOW, R. (1975), « Experimental Logics and Theories », in *Journal of Philosophical Logic* 4, p. 253-267.

JEVONS, S. (1871), *Elementary lessons in logic : deductive and inductive. With copious questions and examples, and a vocabulary of logical terms*, London et New York, Macmillan.

KAINEN, P. et T. SAATY (1977), *The Four Color Problem : Assaults and Conquest*, New York, McGraw-Hill.

KANT, I. (1780), *The Hechsel Logic* (ca. 1780). Königsberg, Trad. angl. dans I. Kant, *Lectures on Logic* par Michael Young, Cambridge University Press, Cambridge, 1992. Les références de pages renvoient à cette traduction.

— (1783), *Prolegomena zu einer jeden künftigen Metaphysik die als Wissenschaft auftreten können*, Riga, Johann Friedrich Hartknoch.

— (1787), *Kritik der reinen Vernunft*, Riga, Johann Friedrich Hartknoch.

— (1800), *The Jäsche Logic*, Reutlingen, Trad. angl. dans I. Kant, *Lectures on Logic* par Michael Young, Cambridge University Press, Cambridge, 1992. Les références de pages renvoient à cette traduction.

— (1801), *Immanuel Kant's Logik : Ein Handbuch zu Vorlesungen*, sous la dir. de J. J. Mäden, Königsberg, Reutlingen.

— (1900), *Gesammelte Schriften*, Berlin, Reimer.

KAZARINOFF, D. K. (1957), « A simple proof of the Erdős-Mordell inequality for triangles », in *Michigan Mathematics Journal* 4, p. 97-98.

KEYSER, C. (1909), « The Thesis of Modern Logistic », in *Science, New Series* 30, p. 949-963.

— (1915), « The Human Significance of Mathematics », in *Science, New Series* 42, p. 663-680.

— (1916), *The Human Worth of Rigorous Thinking*, New York, Columbia University Press.

KITCHER, P. (1983), *The Nature of Mathematical Knowledge*, Oxford, Oxford University Press.

KITCHER, P. et W. ASPRAY, éd. (1988), *History and Philosophy of Modern Mathematics*, Minneapolis, University of Minnesota Press.

KLEIN, F. (1894a), *Lectures on Mathematics, The Evanston Colloquium*, New York, Macmillan & Co.

— (1894b), « On the Mathematical Character of Space-Intuition, and the Relation of Pure Mathematics to the Applied Sciences. *Lecture VI* », in *Klein, 1894a*, p. 41-50.

— (1894c), *The Evanston Colloquium : Lectures on Mathematics*, New York, MacMillan & Co.

— (1926a), *Vorlesungen ü ber die Entwicklung der Mathematik im 19. Jahrhundert*, Berlin, Springer Verlag.

— (1926b), *Vorlesungen über die Entwicklung der Mathematik im 19. Jahrhundert*, Berlin, Springer Verlag. Trad. angl. *Lectures on the Development of Mathematics in the 19th Century* par M. Ackerman. Math Sci Press, Brookline, Massachussetts, 1979.

KNEEBONE, G. T. (1963), *Mathematical Logic and the Foundations of Mathematics*, London et New York, D. van Nostrand.

KOLATA, G. B. (1976), « Mathematical Proofs : The Genesis of Reasonable Doubt », in *Science* 192, p. 989-990.

KREISEL, G. (1958), « Hilbert's Programme », in *Dialectica* 12.3/4, p. 346-372. Trad. fr. dans Largeault, 1992. Repr. in Benacerraf et Putnam, 1983.

— (1969), « Luitzen Egbertus Jan Brouwer : 1881-1966 », in *Biographical Memoirs of Fellows of the Royal Society* 18, p. 39-68.

— (1980), « Kurt Gödel », in *Biographical Memoirs of Fellows of the Royal Society* 26, p. 149-224.

— (1984), « Frege's Foundations and Intuitionistic Logic », in *The Monist* 67, p. 72-91.

KRONECKER, L. (1887), « Über den Zahlbegriff », in *Journal für die reine und angewandte Mathematik* CL.4, p. 337-355. Repr. in *Werke* vol. 3, p. 249-274. Trad. fr. dans Boniface, 1999.

LAGRANGE, J.-L. (1797), *Théorie des fonctions analytiques : contenant les principes du calcul différentiel, dégagés de toute considération d'infiniment petits ou d'évanouissans, de limites ou de fluxions, et réduits à l'analyse algébrique des quantités finies*, Paris, Imprimerie de la République.

LAMBERT, J. H. (1786), « Theory der Parallelinien I. und II. », in *Leipziger Magazin für reine und angewandte Mathematik* 1.2, p. 137-164, et 1(3), p. 325-358. Réimprimé dans Engel et Stäckel, 1895, p. 152-176 et p. 176-207.

LARGEAULT, J. (1992), *Intuitionisme et théorie de la démonstration*, Paris, Vrin.

LEIBNIZ, G. W., 2e éd., Dordrecht, Reidel.

— (1903), *Opuscules et fragments inédits de Leibniz.* Texte établi par Louis Couturat, Paris, Félix Alcan.

— (1951), *Leibniz selections,* P. Wiener (éd.) New York, Charles Scribner's Sons.

— (1961), *Die Philosophische Schriften von Gottfried Wilhelm Leibniz,* C. I. Gerhardt (éd.) T. VII, Hildesheim, Georg Olms.

— (1997), *La monadologie*, Le Livre de Poche.

LEIBNIZ, G. W. (1999), *Essais de Théodicée*, Garnier-Flammarion.

LEIBNIZ, G. W. (1882), « Nouveaux Essais sur l'entendement, *in* Philosophische Schriften, *vol. 5* », in, Éd. par C. I. Gerhardt, Berlin, Weidmannsche Buchhandlung, p. 39-509.

LIEDER, F. W. C. (1912), « Friedrich Spe and the Théodicée of Leibniz », in *Journal of English and Germanic Philology*, p. 149-172 et 329-354.

LIVESEY, S. (1982), « Metabasis : the Interrelationship of the Sciences in Antiquity and the Middle Ages », thèse de doct., University of California, Los Angeles.

LUCAS, J. (1961), « Minds, Machines and Gödel », in *Philosophy* 36, p. 112-127.

LUH, J. (1965), « An elementary proof of a theorem of Herstein », in *Mathematics Magazine* 38, p. 105-106.

MACLAURIN, C. (1742), *A Treatise of Fluxions*, Edinburgh, Ruddimans. 2 volumes.

MADDY, P. (1990), *Realism in Mathematics*, Oxford, Oxford University Press.

MANCOSU, P. (1996), *Philosophy of Mathematics and Mathematical Practice in the Seventeenth Century*, Oxford et New York, Oxford University Press.

— (2008), « Mathematical Explanation : Why It Matters », in *The Philosophy of Mathematical Practice*, sous la dir. de P. Mancosu, Oxford University Press, p. 134-150.

MCGINN, C. (1980), « Truth and Use », in *Reference, Truth and Reality*, sous la dir. de M. Platts, London, Routledge et Kegan Paul.

— (1981), « Reply to Tennant », in *Analysis* 41, p. 120-123.

MERZ, J. T. (1903), *A History of European Thought in the Nineteenth Century, vol. II*, Edinburgh, William Blackwood & Sons.

MILLER, G. L. (1975), « Riemann's Hypothesis and Test for Primality », in *Conference Record of Seventh Annual ACM Symposium on Theory of Computing (May 5th-7th, 1975)*, New York, Association for Computing Machinery, p. 234-239.

MILLER, G. (1900), « A Popular Account of Some New Fields of Thought in Mathematics », in *Science, New Series* 11, p. 528-535.

MONTAGNA, F. (1978), « On the Algebraization of Feferman's Predicate », in *Studia Logica* 37, p. 221-236.

MULLIN, R. C. (1964), « A combinatorial proof of the existence of Galois fields », in *American Mathematical Monthly* 71, p. 901-902.

NATHANSON, M. B. (2000), *Elementary methods in number theory*, New York, Springer-Verlag.

NEWTON, I. (1720), *Universal arithmetick, or, A treatise of aritmetical composition and resolution to which is added Dr. Halley's Method of finding roots of equations arithmetically*, London, J. Senex, W. Taylor, T. Warner, et J. Osborn. Texte initialement publié en 1707. Trad. angl. par Joseph Raphson.

PAMBUCCIAN, V. (2009), « A reverse analysis of the Sylvester-Gallai theorem », in *Notre Dame Journal of Formal Logic* 50 (3), p. 245-260.

PAPPUS (1933), *La collection mathématique*, t. 1, Paris et Bruges, Desclée de Brouwer. Traduction, introduction et notes par Paul Ver Eecke.

PARIS, J. et L. HARRINGTON (1977), « A Mathematical Incompleteness in Peano Arithmetic », in *Handbook of Mathematical Logic*, sous la dir. de J. Barwise, Amsterdam, North-Holland, p. 1133-1142.

PARSONS, C. (1980), « Mathematical Intuition », in *Proceedings of the Aristotelian Society* 80, p. 145-168.

— (1990), « The Structuralist View of Mathematical Objects », in *Synthese* 84, p. 303-346.

PASCH, M. (1882), *Vorlesungen über neuere Geometrie*, Leipzig, Teubner.

— (1918), « Die Forderung der Entscheidbarkeit », in *Jahresbericht der Deutschen Mathematiker-Vereinigung* 27, p. 228-232.

PENROSE, R. (1989), *The Emperor's New Mind*, Oxford, Oxford University Press

— (1994), *Shadows of the Mind*, Oxford, Oxford University Press

POINCARÉ, H. (1902), *La science et l'hypothèse*, Paris, Flammarion.

— (1905), *La valeur de la science*, Paris, Flammarion.

— (1906), « M. Poincaré's Science et hypothèse. Réponse à Russell », in *Mind* 15, p. 141-43.

— (1908), *Science et méthode*, Paris, Flammarion.

— (1913), *Dernières pensées*, Paris, Flammarion.

POLLARD, S. (2010), « "As if" reasoning in Vaihinger and Pasch », in *Erkenntnis* 73, p. 83-95.

PONCELET, J.-V. (1822), *Traité des propriétés projectives de figures*, Paris, Bachelier.

PUTNAM, H. (1960), « Minds and Machines », in *Dimensions of Mind*, sous la dir. de S. Hook, New York, New York University Press, p. 138-164.

— (1967), « Mathematics without Foundations », in *Journal of Philosophy* 64, p. 5-22. Repr. dans Putnam, 1979 et Benacerraf et Putnam, 1983.

PUTNAM, H. (1968), « The Logic of Quantum Mechanics », in *Boston Studies in the Philosophy of Science*, sous la dir. de R. Cohen et M. Wartofsky, t. 5, Reidel, Dordrecht, p. 216-241. Repr. in Putnam, 1979.

— (1971), *Philosophy of Logic*, New York, Harper et Row.

— (1975), « What Is Mathematical Truth ? », in *Historia Mathematica* 2, p. 529-533. Repr. in Putnam, 1979.

— (1979), *Mathematics, Matter and Method*, Cambridge, Cambridge University Press.

— (1984), « Proof and experience », in *Proceedings of the American Philosophical Society* 128, p. 31-34.

PYCIOR, H. M. (1997), *Symbols, impossible numbers, and geometric entanglements*, Cambridge, Cambridge University Press.

QUINE, W. V. O. (1948), « On What There Is », in *Review of Metaphysics* 2, p. 21-38. Repr. in Quine, 1953.

— (1951), « Two Dogmas of Empiricism », in *Philosophical Review* 60, p. 20-46. Repr. in Quine, 1953.

— (1953), *From a Logical Point of View*, New York, Harper et Row.

— (1954), « Carnap and Logical Truth », in *Synthese* 12, p. 350-379. Repr. in Benacerraf et Putnam, 1983.

RABIN, M. (1976), « Probabilistic Algorithms », in *Algorithms and Complexity : New Directions and Recent Results*, New York, Academic Press, p. 21-40.

RAMUS, P. (1574), *The Logike of the Moste Excellent Philosopher P. Ramus Martyr*, London, Thomas Vantroullier. Trad. angl. par M. Roll.

RESNIK, M. (1981), « Mathematics as a Science of Patterns : Ontology and Reference », in *Noûs* 15.4, p. 529-550.

— (1983), « Review of H. Field's Science Without Numbers », in *Noûs* 17.3.

ROSSER, J. B. (1936), « Extensions of Some Theorems of Gödel and Church », in *Journal of Symbolic Logic* 1, p. 87-91.

ROTA, G.-C. (1997a), *Indiscrete Thoughts*, Basel, Boston et Berlin, Birkhäuser.

— (1997b), « The Phenomenology of Mathematical Truth », in Rota, 1997a, Basel, Boston et Berlin, Birkhäuser, chap. IX, p. 108-120.

RUNGGALDIER, E. (1984), *Carnap's Early Conventionalism : An Inquiry into the Historical Background of the Vienna Circle*, Amsterdam, Rodopi.

RUSSELL, B. (1902a), « Letter to Frege », in Trad. angl. dans van Heijenoort, 1967, p. 124-125.

— (1902b), « The teaching of Euclid », in *The Mathematical Gazette* 2.33, p. 165-167.

— (1903), *The Principles of Mathematics*, London, George Allen et Unwin.

— (1905), « Review of Science and Hypothesis by H. Poincaré », in *Mind* 14, p. 412-418.

— (1906a), « Les paradoxes de la logique », in *Revue de métaphysique et de morale*, p. 627-650.

— (1906b), « Rejoinder to Poincaré (1906) », in *Mind* 15, p. 143.

— (1907), « The Regressive Method of Discovering the Premisses of Mathematics, read before the Cambridge Mathematical Club, 9 March, 1907 », in *Russell, 1973*, p. 272-283.

— (1919), *Introduction to Mathematical Philosophy*, London, George Allen et Unwin.

— (1973), *Essays in Analysis*, sous la dir. de D. Lackey, London, Allen and Unwin.

RUSSELL, B. et A. N. WHITEHEAD (1910), *Principia Mathematica*, Cambridge, Cambridge University Press.

SAUNDERSON, N. (1740), *The Elements of Algebra*, Cambridge, Cambridge University Press.

SCHÜTTE, K. (1960), *Beweistheorie*, Berlin, Springer-Verlag.

SCHWERMER, J. (2007), « Minkowski, Hensel, and Hasse : On the Beginnings of the Local-Global Principle », in *Episodes in the History of Modern Algebra (1800-1950)*, sous la dir. de J. J. Gray et K. H. Parshall, Providence, American Mathematical Society, p. 153-177.

SEARLE, J. (1969), *Speech Acts*, Cambridge, Cambridge University Press.

SELBERG, A. (1949), « An Elementary Proof of the Prime-Number Theorem », in *Annals of Mathematics*, 2e sér. 50.2, p. 305-313.

SHANKER, S. (1987), *Wittgenstein and the Turning-Point in the Philosophy of Mathematics*, Albany, NY, State University of New York Press.

SHAPIRO, S. (1983a), « Conservativeness and Incompleteness », in *Journal of Philosophy* 80, p. 521-531.

— (1983b), « Mathematics and Reality », in *Philosophy of Science* 50, p. 523-548.

SIEG, W. (1985), « Fragments of Arithmetic », in *Annals of Pure and Applied Logic* 28, p. 33-72.

SIMPSON, S. G. (1987), « Subsystems of Z2 and Reverse Mathematics », in *Takeuti, 1987*, p. 432-446.

— (1988), « Partial Realizations of Hilbert's Program », in *Journal of Symbolic Logic* 53, p. 349-363.

SMITH, C. et S. BRYANT (1901), *Euclid's elements of geometry : Books I-IV, VI and XI*, London, Macmillan.

SPITZNAGEL, E. (1970), « An elementary proof that primes are scarce », in *American Mathematical Monthly* 77, p. 396-397.

STANTON, D. et D. ZEILBERGER (1989), « The Odlyzko Conjecture and O'Hara's Unimodality Proof », in *Proceedings of the American Mathematical Society* 107.1, p. 39-42.

SYLVESTER, J. J. (1893), « Mathematical Question 11851 », in *Educational Times* 59, p. 98.

TAIT, W. (1981), « Finitism », in *Journal of Philosophy* 78, p. 524-546.

— (1986a), « Critical Notice : Charles Parsons' Mathematics in Philosophy », in *Philosophy of Science* 53, p. 588-606.

— (1986b), « Truth and Proof : The Platonism of Mathematics », in *Synthese* 69, p. 341-370.

TAKEUTI, G. (1975), *Proof Theory*, 1re éd., Amsterdam, North-Holland.

— (1987), *Proof Theory*, 2e éd., Amsterdam, North-Holland.

TAPPENDEN, J. (1995), « 'Extending Knowledge' and 'Fruitful Concepts' : Fregean Themes in the Foundations of Mathematics », in *Noûs* 29, p. 427-467.

TENNANT, N. (1981), « Is This a Proof I See Before Me ? », in *Analysis* 41 (3), p. 115-119.

TODHUNTER, I. (1869), *The Elements of Euclid for the use of schools and colleges*, London, Macmillan.

TRAGESSER, R. (1992), « Three Insufficiently Attended to Aspects of most Mathematical Proofs : Phenomenological Studies », in Detlefsen, 1992c, p. 71-87.

TROELSTRA, A. et D. VAN DALEN (1988), *Constructivism in Mathematics*, t. 2, Amsterdam, North-Holland.

TYMOCZKO, T. (1979), « The Four-Color Problem and Its Philosophical Significance », in *The Journal of Philosophy* 76.2, p. 57-83.

VIÈTE, F. (2004), « Introduction à l'Art Analytique », in *Cahiers François Viète, 1è série* 7, p. 9-37. Texte publié pour la première fois en 1591. Traduit du latin vers le français par F. Ritter, suivi de commentaires par A. Boyé.

VISSER, A. (1989), « Peano's Smart Children : A Provability Logical Study of Systems With Built-In Consistency », in *Notre Dame Journal of Formal Logic* 30, p. 161-196.

WAGNER, S. (1992), « Logicism », in Detlefsen, 1992b, p. 38-64.

WALLIS, J. (1656), *Arithmetica Infinitorum*, London, Tho. Robinson.

— (1685), *A Treatise of Algebra, both historical and practical : shewing the original, progress, and advancement thereof, from time to time, and by what steps it hath attained to the height at which it now is*, London, Printed for Richard Davis by John Playford.

WELTON, J. (1896), *A Manual of Logic*, t. II, London, W. B. Clive.

WEYL, H. (1918), *Das Kontinuum : Kritische Untersuchungen über die Grundlagen der Analysis*, Leipzig, Verlag von Veit & Co. Trad. fr. par Jean Largeault dans *Le continu et autres écrits*, 1994, Paris, Vrin.

— (1928), « Diskussionsbemerkungen zu dem zweiten Hilbertschen Vortrag über die Grundlagen der Mathematik », in *Abhandlungen aus dem mathematischen Seminar der Hamburgischen Universität* 6, p. 86-88. Reprinted in Hamburger Einzelschriften, 5, p. 22-24.

— (1944), « David Hilbert and his mathematical work », in *Bulletin of the American Mathematical Society* 50, p. 612-654.

— (1949), *Philosophy of Mathematics and Natural Science,* éd. angl. révisée et augmentée, Princeton, Princeton University Press.

WHITEHEAD, A. N. (1906), *The axioms of projective geometry*, Cambridge, Cambridge University Press.

WITTGENSTEIN, L. (1939), *Wittgenstein's Lectures on the Foundations of Mathematics* éd. par C. Diamond (1976), Cambridge / Chicago, University of Chicago Press,

WOO, J. (1971), « An elementary proof of the Lebesgue decomposition theorem », in *American Mathematical Monthly* 78, p. 783.

WRIGHT, C. (1980), *Wittgenstein on the Foundations of Mathematics*, Cambridge, MA, Harvard University Press.

YOUNG, J. W. (1911), *Lectures on fundamental concepts of algebra and geometry*, New York, Macmillan Co.

INDEX DES AUTEURS

TABLE DES MATIÈRES

Achevé d'imprimer en novembre 2024
sur les presses de
La Manufacture - Imprimeur – 52200 Langres
N° imprimeur 240914 – Dépôt légal : décembre 2024
Imprimé en France